CAMBRIDGE LIBRARY COLLECTION

Books of enduring scholarly value

Spiritualism and Esoteric Knowledge

Magic, superstition, the occult sciences and esoteric knowledge appear regularly in the history of ideas alongside more established academic disciplines such as philosophy, natural history and theology. Particularly fascinating are periods of rapid scientific advances such as the Renaissance or the nineteenth century which also see a burgeoning of interest in the paranormal among the educated elite. This series provides primary texts and secondary sources for social historians and cultural anthropologists working in these areas, and all who wish for a wider understanding of the diverse intellectual and spiritual movements that formed a backdrop to the academic and political achievements of their day. It ranges from works on Babylonian and Jewish magic in the ancient world, through studies of sixteenth-century topics such as Cornelius Agrippa and the rapid spread of Rosicrucianism, to nineteenth-century publications by Sir Walter Scott and Sir Arthur Conan Doyle. Subjects include astrology, mesmerism, spiritualism, theosophy, clairvoyance, and ghost-seeing, as described both by their adherents and by sceptics.

Über die Überreste der Altbabylonischen Literatur in Arabischen Übersetzungen

Daniel Chwolson (or Khvolson) was born in Vilna in 1819 and educated for the rabbinate. He attended universities in Breslau (Wroclaw) and Leipzig and became a professor of Oriental Studies in St Petersburg in 1855. This important monograph, originally published in German in 1859, was a milestone in the scholarly understanding of the ancient Near East. Chwolson argued, controversially, for the existence of a highly developed civilisation in Babylon long before the rise of the Greeks. His hypothesis was based on Arabic texts, preserved in several manuscripts, which the Muslim author (working in the early tenth century C.E.) claimed to have translated from ancient sources. In this volume Chwolson discusses three complete texts (a 1300-page treatise on agriculture, a medical work on poisons, and an astrological work) and a number of fragments. For each text, he considers the date and context of its composition, its authorship and its content.

Über die Überreste der Altbabylonischen Literatur in Arabischen Übersetzungen

Daniil Avraamovich Khvolson

CAMBRIDGE
UNIVERSITY PRESS

CAMBRIDGE UNIVERSITY PRESS

Cambridge, New York, Melbourne, Madrid, Cape Town, Singapore,
São Paolo, Delhi, Dubai, Tokyo, Mexico City

Published in the United States of America by Cambridge University Press, New York

www.cambridge.org
Information on this title: www.cambridge.org/9781108027465

© in this compilation Cambridge University Press 2011

This edition first published 1859
This digitally printed version 2011

ISBN 978-1-108-02746-5 Paperback

ÜBER DIE ÜBERRESTE

DER

ALTBABYLONISCHEN LITERATUR

IN

ARABISCHEN ÜBERSETZUNGEN

VON

D. CHWOLSON.

———

(Aus den *Mémoires des Savants étrangers, T. VIII.* besonders abgedruckt.)

ST. PETERSBURG.

BUCHDRUCKEREI DER KAISERLICHEN AKADEMIE DER WISSENSCHAFTEN.

1859.

Zu beziehen durch Eggers & Comp. in St. Petersburg, durch Samuel Schmidt in Riga und durch Leopold Voss in Leipzig.

Preis: 1 Rbl. 50 Kop. S. = 1 Thlr. 20 Ngr.

Gedruckt auf Verfügung der Kaiserlichen Akademie der Wissenschaften.

K. Vesselovsky, beständiger Secretair.

Im April 1859.

Buchdruckerei der Kaiserlichen Akademie der Wissenschaften.

Inhaltsverzeichniss.

———

Die Fragmente sind gleichfalls aus einer von Ibn-Wa'hschijjah aus dem Chaldäischen übersetzten Schrift, betitelt:

4) كتاب اسرار الشمس والقمر, «das Buch von den Geheimnissen der Sonne und des Mondes». Der Verfasser dieses Werkes ist mir unbekannt.

Von der erstern Schrift werden wir sogleich ausführlich handeln; das zweite Werk handelt von Giften und Gegengiften und enthält wörtliche Auszüge aus zwei altbabylonischen Schriften; das dritte Werk, klein an Umfang, aber reich an historischen Notizen, ist ein genethliologisches. Das vierte Werk gehört zu den Schriften über natürliche Magie, und die mir bekannten zahlreichen Fragmente handeln von Pflanzen und Metallen. Diese drei Werke nebst den Fragmenten der vierten Schrift würden etwa vier Quartbände von je 600 Druckseiten ausmachen. Da das Buch über «die nabathäische Landwirthschaft» das umfangreichste (gegen 1300 Folioseiten, zu je 25 Zeilen die Seite) und in historischer Beziehung das bei weitem wichtigste Werk unter den eben erwähnten Schriften ist, so wollen wir dieses Werk zuerst und am ausführlichsten behandeln und die Fragen über die Uebersetzung, den Verfasser und die Abfassungszeit desselben erörtern. Um aber ein fast sicher eintretendes Missverständniss zu beseitigen, wollen wir zuvor einige Worte über den Begriff «Nabathäer» vorausschicken.

In meinem Werke über die Ssabier (I. p. 698) habe ich den Satz ausgesprochen, dass die Araber unter «Nabathäer» im engeren Sinne nichts anderes als die ältere und jüngere einheimische Bevölkerung des südlichen Mesopotamien oder des alten Chaldäa und dessen nächster Umgebung verstanden, ferner dass sie fast alle aramäischen Stämme und selbst die Kana'anäer für Nabathäer im weiteren Sinne hielten. Diese Ansicht hat schon Quatremère in seiner bekannten Abhandlung über die Nabathäer ausgesprochen, ohne sie aber hinlänglich präcisirt zu haben. Quatremère hat diese Ansicht durch eine Unzahl von Stellen aus mohammedanischen Schriftstellern bèlegt, zu denen ich (l. c. p. 699 ff.) noch viele neue Belegstellen hinzugefügt habe. Für den ersten Theil jenes Satzes lassen sich noch zwei Stellen aus dem Fihrist-el-Ulûm des en-Nedîm anführen, wo es heisst, dass Kasdäer so viel bedeute wie Nabathäer und dass die alten Babylonier Nabathäisch gesprochen hätten[11]. Die Araber hatten aber in der That ihre guten Gründe den Namen Nabathäer in dem angegebenen Sinne zu gebrauchen; denn in den mir jetzt zugänglichen Schriften der alten Babylonier selbst ist Nabathäer ein genereller Name, etwa wie Germane, und begreift fast alle Völker, die wir Semiten nennen, die Araber und Aethiopier vielleicht ausgenommen. Die verschiedenen Stämme Mesopotamiens (auch die Chaldäer), die Bewohner der Gegend jenseits des Tigris bis nach 'Holwàn, so wie

---

11) In einer der oben Anmk. 4 erwähnten Notizen im Fihrist über Ibn-Wa'hschijjah heisst es ومعنى وهو افصح من كسدانى نبطى. An einer anderen Stelle desselben Buches heisst es von der nabathäischen Sprache: اللسان السريانى وبه نكلّم اهل بابل فلمّا بلبل الله الالسنة تفرّقت الامم الى الاصقاع والمواضع ويبقى لسان اهل بابل على حاله; vgl. H. Chalf. I. p. 71.

auch die der von den beiden Zâbflüssen gebildeten Halbinsel, eben so die Syrer und Kana'a-
näer werden in jenen Schriften Nabathäer genannt. Dieser generelle Name wurde also für
die ältere Schicht der Semiten Vorderasiens gebraucht; die später nach Vorderasien eingewan-
derten Joqthanitischen und Isma'ilitischen Araber — die älteren Araber sind vielleicht gar
keine Semiten — werden nicht ausdrücklich zu den Nabathäern gezählt; die Israeliten werden
in jenen Schriften überhaupt nirgends erwähnt.

Wenn nun die Araber von nabathäischen Schriften sprechen, so verstehen sie darunter
babylonische Bücher, welche sich bei den unter ihnen lebenden Nachkommen der alten
Babylonier erhalten haben. Wenn sie nun auch das erwähnte Werk schlechthin «das Buch von
der *nabathäischen* Landwirthschaft» nannten, so geschah es, erstens weil nabathäisch und
babylonisch bei ihnen identische Begriffe sind; zweitens weil sie nur dieses einzige altbabylonische agronomische Werk kannten, welches sich von der überaus reichen Literatur der alten
Babylonier über diesen Gegenstand erhalten hat; drittens nannten sie es so, um es von anderen
Schriften ähnlichen Inhalts zu unterscheiden. Unter den Arabern cursirten nämlich noch viele
andere alte in's Arabische übersetzte Schriften über Ackerbau, so z. B. «das Buch von der
ägyptischen (oder koptischen) Landwirthschaft»[12), «das Buch von der persischen Land-

---

12) Ibn-Wa'hschijjah zählt in seiner Vorrede zu dem von ihm übersetzten كتاب السموم (p. 9 ff. meiner
Copie) verschiedene Schriften über Gifte auf, die von Indern, Persern und dergleichen andern nichtarabischen Völkern
geschrieben wurden, und bemerkt unter andern: وفي كتب الفلاحة للمصريين لمع واطرف ونيف من ذكر السموم
إذا بيّنها انسان وقف عليها . Wenn كتب hier keine falsche Lesart statt كتاب ist, so müssen zur Zeit des Islâm
sogar Uebersetzungen von verschiedenen ägyptischen Schriften existirt haben, die vom Ackerbau handeln. Desgleichen
erwähnt Schems-ed-Dîn Mohammed ben Ibrâhîm ben Sâ'îd el-Ançârî es-Sachâwî (starb 749 = 1348; s.
Ssabier I. p. 262) in seinem Irschâd el-Qaçid (ed. Sprenger, in der Bibl. Ind. Vol. VI. Nr. 21, Calcutta 1849, p. ٧٩)
die «ägyptische Landwirthschaft», nach der man sich in Aegypten beim Landbau zu richten habe. Auch in dem
4. Fenn des مناهج الفكر ومباهج العبر (Ms. Lug. Bat. Nr. 219) von Mo'hammed ben Ibrahîm el-Ançârî el-
Ketbî, genannt el-Wathwâth (starb 718 = 1318, vgl. m. Ssabier I. p. 257 u. ib. Anmk. 3) findet sich im Capitel: القول
كتاب الفلاحة المصريّة (fol. 97 a. u. folg.) ein ziemlich langes Citat aus dem من زرع ارض مصر والى كم تنقسم
über die Bearbeitung des Bodens, nachdem das Wasser des Nils zurückgetreten ist. In diesem Citat kommen einige
technische Ausdrücke vor, die zum Theil koptisch zu sein scheinen und die dort arabisch erklärt werden. Der Anfang
dieser Stelle lautet: نقلت من كتاب الفلاحة المصرية ان ارض مصر بعد نزول ماء النيل عنها تنقسم على
(bei der Erklärung dieses Wortes: اصطلاح فلاحنها الى برش وباق وري الشراقي وبروبيه ونعاه والنعماه
وشق شمس ونقا (od. وتقا) وسنخ مزدرع ووسخ غالب وخرس وشراقي ومسنجر (ومستبجر) وسباخ ويابر فامّا
البرش فهو حرت الارض الخ und so werden alle eben aufgezählten agronomischen termini technici der Reihe
nach erklärt. Auch bei zwei jüdischen Schriftstellern finden sich einige sehr werthvolle Fragmente dieses Buches. Der
bekannte rabbinische Commentator des 12. Jahrh. Abraham Ibn-'Ezrâ erwähnt in seinem Commentar zur Exod.
II. 10. ein ספר עבודת האדמה, «welches aus der ägyptischen Sprache in die arabische übersetzt wurde», und
woraus er die interessante Notiz mittheilt, dass Moses ägyptisch מוניום hiess. — In einer Handschrift des Karaïten
Firkowitsch findet sich hier am Rande die Variante מוס statt מוניום. — Meine Vermuthung (Ssabier II. p. 779,
Anmk. 11.), so wie auch die Steinschneiders (die fremdsprachlichen Elemente im Neuhebräischen und ihre Be-
nutzung für die Linguistik, Prag 1845, p. 10, Anmk. 20.), dass המצרית aus einer falschen Lesart, wo القبطيّة statt

wirthschaft»[13] und dergleichen andere alte agronomische Werke[14], und so nannten sie unser Buch schlechthin «das Buch von der nabathäischen Landwirthschaft», — obgleich dasselbe im Original einen ganz andern Titel führt—, um es so von den andern Schriften ähnlichen Inhalts anderer Völker zu unterscheiden. Da nun aber die Ausdrücke nabathäisch und babylonisch

النبطية gestanden hat, entstanden sei, ist demnach zu rectificiren. — In dem Zerôr-ha-Môr des Abraham Sab'a, eines jüdischen Schriftstellers aus Spanien aus dem Ende des 15. Jahrh. (vgl. Wolf, Bibl. Hebraea I. p. 93, Nr. 127 u. III. p. 57, Nr. 127), finden sich gleichfalls drei interessante Fragmente jenes ägytischen Buches, auf die mich Hr. Dr. Steinschneider gütigst aufmerksam gemacht hat, und die ich, wegen ihres hohen Interesses, hier mittheilen will. Fol. 68, col. 4 wird dort zu Exod. VIII. 16. bemerkt: וכתבו שבנימוסי המלכים בעבודה המצרית בחלק

הד׳ כתיב שחק מלכי מצרים הוא שיוצאים אל היאור בכל חֹדֶשׁ שתי פעמים בראש כל ירח
ובמילואו לזבוח שם זבחי החֹדֶשׁ וקודם זריחת השמש יָצֹא יָצָא יָשֹׁוב ועל זה אמר השכם בבקר

Diese Mittheilung ist vollkommen historisch; denn wir wissen auch sonst, dass die Aegypter den Neu- und Vollmond mit Opferbringung feierten (vgl. Brugsch, Geograph. Inschr. altägypt. Denkmäler, Leipzig 1857, I. p. 17); nur erfahren wir hier, dass diese Opfer am Ufer des Nils dargebracht wurden. An dieser Stelle wird übrigens von diesem Brauche so gesprochen, als ob er zur Zeit der Abfassung dieses Buches noch üblich gewesen wäre, wonach dasselbe spätestens zur Zeit der Ptolomäer abgefasst worden sein dürfte. — An der zweiten Stelle (fol. 72, col. 4) bemerkt der Verfasser zur Erklärung des Wortes טוטפת (Exod. XIII. 16) folgendes: ויש אומרים שהמלה הזאת היא מצרית בספר

העבודה המצרית בחלק העשירי בתוארי הזקנה תמצאנה כי המראות שישימו האנשים בין
עיניהם לראות בטוב נקראים שם טו אטף גם טפף ליחיד וטטפת ושרש שלשתם שוה

Man nimmt zwar gewöhnlich an, dass die Erfindung der Brillen dem 13. Jahrh. p. Chr. angehört, hier aber sieht man, dass der Gebrauch derselben bei Weitem älter ist. — Auch fol. 79, col. 3, wird zu Exod. XXI. 3. Folgendes bemerkt:

ולשון בנפו אמרו שהוא מצוי בעבודה המצרית בחלק כלי האומנים כי לשון בנפו הוא לשון
כלי אומנות והוא לומר שאם הביא עמו כלי אומנתו שיוציאהו עמו ולא יעכבהו האדון.

Man sieht also aus diesen Fragmenten, dass jenes Buch über «die ägyptische Landwirthschaft» ein grosses Werk ist, welches wenigstens aus 10 Theilen besteht und welches ausser dem Ackerbau von noch vielen anderen Gegenständen handelt; denn wir haben eben gesehen, dass ein Capitel jenes Buches von den die Könige betreffenden Gesetzen, ein anderes von den Werkzeugen der Handwerker handelt, und im zehnten Theile wird von den Eigenschaften des Alters gesprochen. Offenbar finden sich in diesem Buche auch historische Notizen. In meinem Werke über die Ssabier (I. p. 322, Anmk. 3.) habe ich nachgewiesen, dass die Araber viele koptische Schriften historischen und auch anderen Inhalts in arabischen Uebersetzungen vor sich hatten; die Existenz eines altägyptischen Werkes in arabischer Uebersetzung darf uns also weiter nicht befremden; und wer weiss, welche reiche Ausbeute für die Geschichte und die Zustände des alten Aegyptens dasselbe uns bieten würde, wenn es einst irgendwo noch aufgefunden werden sollte. Der erwähnte Abraham Sab'a scheint dieses Buch nur aus Citaten gekannt zu haben. — Die einzige Stelle aus der koptischen Landwirthschaft, die E. Meyer (l.c. III.p.146f.) nach Ibn-Beithâr (ed. Sontheimer I. p.130) anführt, beruht auf

einer falschen Lesart in Sontheimers Handschriften des Ibn-Beithâr, wo es النبطية statt القبطية heissen muss; denn jene Stelle findet sich wirklich in dem Buche über «die nabathäische Landwirthschaft», Cod. Leid. Nr. 303, b. p. 4, Cod. L. Nr. 303, c. p. 7 u. Cod. Paris Nr. 913, fol. 100, a., wo sämmtliche Handschriften برقا مصرا lesen; vgl. Meyer l. c. p. 149, Anmk. 1.

13) In der oben erwähnten Vorrede des Ibn-Wa'hschijjah zum كتاب السموم gedenkt derselbe auch eines كتاب الفلاحة الفارسيّة.

14) Ueber andere den Arabern bekannte Geoponica vgl. E. Meyer l. c. p. 156 ff. u. p. 250 ff.

bei den Arabern völlig identisch sind und da die in, Rede stehenden Schriften, wie wir sehen
werden, in der That von Babyloniern abgefasst wurden, so wollen wir sie auch, um jedes
Missverständniss zu vermeiden, statt nabathäische, lieber nach unserm Sprachgebrauche babylonische nennen.

Dies vorausgeschickt werden wir nun zuerst von dem Verhältniss der Uebersetzung zum
Original, so wie auch von der Herausgabe und Bekanntmachung unseres Buches handeln,
worauf wir dann die Fragen über Verfasser und Abfassungszeit desselben erörtern werden.

Man hat alle Ursache anzunehmen, dass Ibn-Wa'hschijjah im Allgemeinen mit grosser
Treue und Gewissenhaftigkeit übersetzt hat, wenn auch zugegeben werden muss, dass einzelne
Missverständnisse bei der Uebersetzung wohl stattgefunden haben mögen. Es finden sich nämlich in der «nabathäischen Landwirthschaft», so wie auch in dem Buche «über Gifte»
eine grosse Menge längerer oder kürzerer Zusätze vom Uebersetzer, in denen derselbe seine
Uebersetzung rechtfertigt oder sich sonst erklärend oder deutend ausspricht. So bemerkt er oft,
dass die Bedeutung dieses oder jenes Wortes seines Originals ihm unbekannt sei und dass er
es nur vermuthungsweise übersetze. Manchmal heisst es z. B. im Texte: diese oder jene Pflanze
sei zur Zeit irgend einer namhaft gemachten Person nach Babylonien eingeführt worden, und
dieses Ereigniss falle in die Zeit dieses oder jenes Mannes, worauf Ibn-Wa'hschijjah an
einigen Stellen[15] freimüthig bemerkt, dass diese namhaft gemachte Persönlichkeit ihm gänzlich
unbekannt sei, und dass er auch nicht wisse, wann und wo sie gelebt habe. An einigen Stellen
unterbricht er sich mitten im Satze und bemerkt, dass der ihm vorliegende sehr alte Codex an
diesen Stellen unleserlich sei und dass er daher diesen Satz nicht weiter übersetzen könne[16].
An einer andern Stelle bemerkt er am Schlusse des Satzes, dass er in demselben ein Datum
angegeben habe, das nicht sicher sei, da das Original an dieser Stelle nicht ganz leserlich
gewesen sei und die Zahlen undeutlich wären. In dem Buche «über Gifte» wird an einer
Stelle ein langes Recept mitgetheilt, an dessen Ende Ibn-Wa'hschijjah bemerkt, dass ein
gewisses in diesem Recepte erwähntes Medicament in seinem Originale nicht erwähnt sei und
dass er es selbst hinzugefügt habe, weil er wisse, dass es gut sei. Ungeachtet seiner hohen
Achtung vor den alten Babyloniern und obgleich sein Bestreben dahin ging, den Ruhm derselben bei seinen Zeitgenossen in's beste Licht zu setzen, scheut er sich dennoch nicht Dinge
zu übersetzen, die in den Augen der Mohammedaner bald höchst lächerlich und abgeschmackt,
bald höchst gottlos erscheinen müssen, und durch welche er seinem eben angegebenen Streben

---

15) Z. B. Cod. L. Nr. 303, b. p. 341, wo folgende merkwürdige Stelle vorkommt: باب ذكر العناب ذكر
ضغريث ان اصل نبات العناب باقليم بابل انها مجلوبة من اقليم ماه من مدينة من مدائن ذلك
الاقاليم نسمّى روزبيا وان ما فى جميع الاقاليم التى تنبت فيها هذه الشجرة اصولها كلّها من روزبيا فان
قال ابن وحشّية ;gleich darauf bemerkt Ibn-Wa'hschijjah: اصل نباتها هناك انما كان فى زمان مساروبافا
هكذا وجدنه ولست ادرى ما معنى هذا الاسم ولا اى زمان ذلك الزمان

16) Cod. L. 303, a. fol. 39 f. finden sich zweimal hintereinander derartige Bemerkungen von Ibn-Wa'hschijjah.

gerade entgegenarbeitete. Dieses Alles berechtigt vollkommen zu der Annahme, dass Ibn-Wa'hschijjah so treu und gewissenhaft, wie es ihm möglich war, übersetzt habe.

Die Personennamen giebt er so wieder, wie er sie im Original fand, statt der alten Städte-, Länder- und Völkernamen dagegen setzt er die zu seiner Zeit gangbaren Benennungen. Ich hatte dies längst vermuthet[17] und fand diese Vermuthung durch eine ausdrückliche Bemerkung Ibn-Wa'hschijjahs bestätigt[18]. Dass dabei mancher Irrthum oder manches Missverständniss unterlaufen sein mag, ist wohl zu erwarten; an mancher Stelle spricht er sich aber in dieser Beziehung so bestimmt aus, dass man berechtigt ist anzunehmen, er sei auch hier gewissenhaft verfahren, und ich glaube, dass man sich auf seine Deutung, wenigstens der Namen mesopotamischer und babylonischer Städte, ziemlich sicher verlassen könne. Es kommen übrigens in unsern Schriften auch verschollene Länder- und Städtenamen vor, deren Spuren ich vergebens bei arabischen Geographen nachgesucht habe.

Seine Interpolationen und selbst die sehr kurzen sind fast immer durch ein vorangehendes قال ابن وحشيّة oder قال ابو بكر u. s. w. erkennbar; der Schluss der längeren Interpolationen ist bald durch ein انتهى, bald durch die Worte: رجع الكلام الخ u. s. w. bezeichnet. Die häufigen persischen und wenigen griechischen Synonyme der Pflanzen rühren offenbar — vielleicht mit einigen wenigen Ausnahmen — von Ibn-Wa'hschijjah her; denn derselbe bemerkt an einer Stelle ausdrücklich, dass er bei der Uebersetzung der Pflanzennamen sich der Benennungen bediene, welche am meisten bekannt seien, dass er daher bald arabische, bald nabathäische, bald persische und bald griechische Namen gebrauche, je nachdem dieser oder jener Name am meisten bekannt sei, und dass er endlich zuweilen einige Synonyme gebrauche, um sich möglichst verständlich zu machen.

Die Uebersetzung unseres Buches verfertigte Ibn-Wa'hschijjah im Jahre 291 (904); er scheint aber keine der von ihm übersetzten Schriften selbst veröffentlicht zu haben. Er dictirte nämlich die Uebersetzung des in Rede stehenden Werkes seinem Lieblingsschüler erst im Jahre 318 (930)[19], der die Uebersetzungen seines Lehrers erst nach dem Tode desselben herausgab. Dieser Lieblingsschüler hiess Abû-Th'âlib A'hmed ben el-'Hosein ben 'Alî ben A'hmed ben Mo'hammed ben 'Abd-el-Malik ez-Zajjât. Ibn-Wa'hschijjah liebte ihn wie seinen

---

17) In der «nabathäischen Landwirthschaft» wird oft eine babylonische Stadt عبلسى erwähnt, im مراصد des Jâqût (Bd. II. p. ٢٣٢) findet sich aber die Bemerkung, dass der ursprüngliche Name dieser Stadt أفر اسمى sei, und dass die Araber diesen Namen in عبلسى arabisirt hätten; Ibn-Wa'hschijjah schreibt aber den Namen dieser Stadt immer in der arabischen und niemals in der ursprünglichen chaldäischen Form.

18) In einer Bemerkung Ibn-Wa'hschijjahs in dem Buche «über Gifte» p. 174.

19) Cod. L. 303, a. beginnt mit den Worten: هذا كتاب الفلاحة النبطيّة نقله من لسان الكسدانيين الى العربيّة ابوبكر..... فى سنة تسعين ومايتين من تاريخ العرب من الهجرة وأملاه على ابى طالب احمد بن الحسين بن على بن احمد بن محمد بن عبد الملك الزيّات فى سنّة ثمانى عشرة وثلثمابة من تاريخ العرب من الهجر. Die Zeit der Uebersetzung ist auch auf den Titelblättern der Codd.L.303,a. u. P. fol.94,a. angegeben

eigenen Sohn, spricht ihn immer يا بنی, «o mein Sohn», an, dictirte ihm alle seine aus dem
Chaldäischen gemachten Uebersetzungen und vermachte ihm testamentarisch seinen ganzen
literarischen Nachlass[20]. Ueber den Sinn dieses Dictirens der schon lange vorher verfertigten
Uebersetzungen gab mir mein verehrter College, Hr. Prof. A. Kazem-Bek folgende Erklärung.
Ibn-Wa'hschijjah, meint dieser mit dem Lehrwesen des Orients so vertraute Gelehrte, habe
seine Uebersetzungen für sich gemacht, ohne sie zu veröffentlichen, er habe aber dieselben dann
aus seinen Heften seinem Schüler dictirt und dabei seine mündlichen Erläuterungen gegeben,
wie etwa jetzt bei uns ein Professor seinen Zuhörern aus den ausgearbeiteten Heften dictirt
und seine Dictate mündlich erklärt. Abû-Thâlib ez-Zajjât dagegen, meint er, stylisirte und
redigirte die Dictate nebst den Erläuterungen seines Lehrers und veröffentlichte sie. Wie dem
aber auch sei, so viel ist sicher, dass Ibn-Wa'hschijjah zuerst seine Uebersetzungen für sich
gemacht und denselben hier und da Erläuterungen hinzugefügt hat, worauf er sowohl jene wie
auch diese seinem Schüler dictirte und bei dieser Gelegenheit noch neue Bemerkungen der erwähnten Art hinzufügte. So sagt auch Ibn-Wa'hschijjah, den erwähnten Schüler anredend,
in einer Bemerkung in dem oben gedachten Buche «über Gifte»: er habe auch diese und jene
chaldäische Schrift schon übersetzt und er werde ihm diese Uebersetzung gleichfalls dictiren,
so bald er das Dictat dieses Buches («über Gifte») werde beendigt haben. Es scheint, dass Ibn-
Wa'hschijjah keine seiner Uebersetzungen selbst veröffentlicht hat, und er sagt auch in der
Vorrede zu seiner Uebersetzung der «nabathäischen Landwirthschaft — welches Werk er
seinem erwähnten Schüler zuletzt dictirt hat —, dass er denselben beauftragt habe, dieses Werk,
wegen dessen allgemeiner Nützlichkeit, zu veröffentlichen und für einen Jeden zugänglich zu
machen, dass er aber auch manche Schrift, die er übersetzt (wie z. B. die «über Gifte»), nicht so
allgemein zugänglich machen und mit Vorsicht veröffentlichen möge[21]. Ob auch einige seiner
Uebersetzungen während seines Lebens veröffentlicht wurden, weiss ich nicht; dagegen weiss
ich es bestimmt, wie wir gleich sehen werden, dass die «nabathäische Landwirthschaft»
nach seinem Tode von seinem erwähnten Schüler der Oeffentlichkeit übergeben wurde.

Abû-Thâlib ez-Zajjât, der erwähnte Schüler Ibn-Wa'hschijjahs, ist mir sonst wenig
bekannt; im Fihrist-el-'Ulûm findet sich eine Notiz über ihn, in der es heisst, dass er der
Genosse Ibn-Wa'hschijjahs war und dessen Schriften herausgab und dass er nicht lange vor
der Zeit, in der en-Nedîm den Fihrist schrieb, gestorben sei[22]. Sein Urahn Mo'hammed ben

---

20) Vgl. unten Anmk. 25.

21) In der Vorrede zu der «nabathäischen Landwirthschaft» spricht Ibn-Wa'hschijjah von der grossen praktischen Nützlichkeit dieses Buches und bemerkt dann: فلمّا رايت ذلك فيه اكملت نقله وها انا الان قد املیته
على ابنی ابی طالب احمد ... الزیّات ووصیته ان لا یمنعه احد یلتمسه طالبًا للانتفاع به فانّه نافع لجميع
Auch in der Vorrede zu كتاب الناس عظيم المنفعة لهم فی معایشهم مع وصیتی له بكتمان اشیاء اخر غیره
السموم empfiehlt er seinem erwähnten Schüler besondere Vorsicht in der Veröffentlichung dieses Buches.

22) Die Stelle im Fihrist lautet nach einer gütigen Mittheilung des Hrn. Prof. Flügel wie folgt: ابو طالب

'Abd-el-Malik ez-Zajjât nahm am Hofe des Chalifen Mu'taçim eine hervorragende Stellung ein und eine Qathi'ah in der von diesem Chalifen erbauten Stadt Surr-man-raa (Samarrâ) wurde nach ihm benannt[23]. — Im Târich el-'Hukamâ werden im Leben des el-Battânî gelegentlich die بنى الزيّات erwähnt, mit denen derselbe von Raqqah nach Bagdâd reiste[24]. Abû-Thâlib scheint jedenfalls ein Mann von hoher Bildung gewesen zu sein, und er hat auch das Vertrauen, welches sein Lehrer in ihn setzte, indem er ihm seinen literärischen Nachlass vermachte, durch sein gewissenhaftes Verfahren mit dem ererbten geistigen Gute seines Lehrers, vollkommen gerechtfertigt. Ibn-Wa'hschijjah erlebte es nämlich nicht das Buch über «die nabathäische Landwirthschaft» bis zu Ende zu dictiren; er dictirte dem Abû-Thâlib nur 80 Blätter dieses Werkes, dieser gab den übrigen Theil dieses Buches aus dem Nachlasse seines Lehrers heraus und fügte an einigen Stellen kurze Bemerkungen hinzu, die er ausdrücklich als die seinigen bezeichnet. Am Schlusse des Capitels, welches vom Weinstocke handelt, fand er im Originale seines Lehrers gegen 20 unbeschriebene Blätter und er ermangelte nicht dies anzugeben und über die Ursache dieser Lücke seine Vermuthungen auszusprechen[25]. Man ist also zu der Annahme berechtigt, dass der Herausgeber eben so gewissen-

---

احمد بن الحسين بن على ابن احمد بن محمد بن عبد الملك الزيّات صاحب ابن وحشية وهو الذى يروى هذه الكتب عنه (d. h. die in der Notiz über Ibn-Wa'hschijjah erwähnten von diesem verfassten Bücher)

ويحيى فى وقتنا هذا بل احسبه مات قريبا; vgl. Hammer, Liter.-Gesch. d. Arab. V. p. 405, Nr. 4219.

23) Nach einer Angabe des Geographen A'hmed ben Abî Jâqûb ben Wâdhi'h el-Kâtib in dessen gegen das Jahr 290 (903) verfasstem Kitâb el-Boldân, Ms. des Hrn. Prof. Muchlinsky, fol. 19, a. u. 22, a.

24) S. Ssabier I. p. 614.

25) Ich führe die betreffende Stelle an, die auch in anderer Hinsicht nicht unwichtig ist. Sie lautet im Cod. L. 303, b. p. 291, Cod. L. 303, c. p. 232 f. u. Cod. P. fol. 285, b. f. wie folgt: قال ابو طالب احمد.....الزيّات الحاكى

هذا الكتاب عن ابى بكر بن وحشيّة وجدتُ فى اصل كتاب ابن وحشيّة فى هذا الموضع بياضًا نحو العشرين ورقة وذلك ان ابن وحشيّة لم يملّ" على" هذا الكتاب كاملًاه غيره من الكتب التى نقلها الى العربيّة اتّما كتبت باملأه منه نحوًا من ثمانين ورقة من كتابى انا خاصّة من هذا الكتاب ثم وصّى زوجته عند وفاته ان تدفع الى كتبه التى خلفها فدفعت الى كتبه" وفى جملتها كتاب الفلاحة هذا فنسختُه من أصل كتابه فكان فى ذلك الاصل فى هذا الموضع بياض مقدار عشرين ورقة واظنّ التبييض فى كتاب ابى بكر بن وحشيّة لاحد امرين امّا يكون شيًا متروكًا فى الكتاب المكتوب بالنبطيّة فتركه ابن وحشيّة مبيضًا كما وجده مبيضًا فى الأصل النبطىّ او يكون وجده فصلاً مكتوبًا فى الخمر وصفة اصلاحه ومنافعه فَكَرِهَ ان ينقله من النبطيّة الى العربيّة لانّه فى شرع شئّ محرم لانّ ابا بكر ابن وحشيّة كان يميل الى مذاهب الصوفيّة ويسلك طريقهم فَكَرِهَ ان يوجد بعد وفاته عنه كلامًا طويلاً مجرّدًا" فى شئّ محرم فتركه نقله لذلك فهذا ما ظنننه ظنًّا وقد يجوز ان يكون لشئّ ثالث لا ادرى ما هو الّا ان ابا بكر لم يذكر فى هذا الموضع المبيض

3

haft mit dem Werke umging wie der Uebersetzer. — So viel über den Uebersetzer, die Uebersetzung und den Herausgeber: wir können nun zum Original übergehen.

Die Sprache des Originalwerkes wird in der Ueberschrift des Buches لسان الكسدانيين,
«die Kasdäische Sprache» genannt; Ibn-Wa'hschijjah selber nennt sie السريانيّة القديمة,
«Altsyrisch». An einer anderen Stelle spricht Ibn-Wa'hschijjah von den verschiedenen
nabathäischen Dialecten, die der Uebersetzer alle kennen müsse, und dadurch will er die Meinung derjenigen widerlegen, welche behaupten, dass seine Uebersetzung eine leichte Arbeit
wäre, weil die Sprache, aus der er übersetzt, dem Arabischen verwandt sei[26]. Es
liess sich übrigens erwarten, dass das Originalwerk in einer semitischen Sprache abgefasst
worden war; denn die babylonische Bevölkerung war sicher eine semitische und die Chaldäer
sahen sich als nahe Stammverwandte der semitisch sprechenden Kana'anäer und Syrer an.
Einzelne babylonische Worte kommen in den in Rede stehenden altbabylonischen Schriften
vor; ja in dem Buche «über Gifte» kommen einige ziemlich lange Beschwörungsformeln in
nabathäischer Sprache vor, und man sieht deutlich, dass diese Sprache ihrem Wesen nach eine
semitische und zwar eine dem Syrischen ziemlich nahe stehende war. Auch die zahlreichen
Eigennamen sind, mit Ausnahme einiger der ältesten Zeit angehörenden, unzweifelhaft semitisch. Allerdings kommen einzelne Worte, besonders Pflanzennamen vor, die keine gewöhnliche semitische Färbung haben; aber auch im Arabischen kommen eine Menge Pflanzen und
Thiernamen vor, bei denen dies eben so der Fall ist. Die Ursache dieser Erscheinung zu erörtern
ist hier nicht der Ort; Entlehnungen mögen hier vielfach stattgefunden haben. Die alten Babylonier haben eine grosse Menge von Pflanzen und Bäumen aus fremden Ländern nach Babylonien verpflanzt; mit der Pflanze mag aber auch der einheimische Name derselben mit eingewandert sein, wie dies noch jetzt häufig der Fall ist. Eben so scheinen eine grosse Menge
fremdartig klingende arabische Pflanzennamen nabathäischen Ursprungs zu sein; von manchen

---

المتروك إمَ تركه بياضًا لم يكتب فيه شبًا ولم ار ذلك وهو حيّ فاسأله عنه فهذا اخر ما وجدته فى باب

الكزوم وتلاه فى الأصل باب ذكر الشجر فنسخته بعد ذلك التبييص كما وجدتُ — *Var. Lc. a)* Die Codd. L.
c. u. P. haben sicher unrichtig بملك. — *b)* Die letzten 3 Worte fehlen, wohl nur aus Versehen, in dem Cod. L. *b.* —
c) Die Codd. L. c. u. P. haben unrichtig مجودا. — Die zweite Vermuthung Abû-Thâlibs ist sicher unrichtig; denn in
dem Buche ist sehr oft von heidnischen Göttern, Götzenbildern u. dgl. andern ähnlichen Dingen die Rede, die Ibn-
Wa'hschijjah viel mehr compromittiren konnten als ein Capitel, welches vom Weine handelt.

26) Die betreffende wichtige Stelle lautet Cod. L. 303, *a.* p. 80 wie folgt: قال ابو بكر ولغات النبط تختلف

اختلافًا كثيرًا على تفاوت مساكنهم فان اهل صقع من مساكن النبط يسمّون اشيآء بغير ما يسمّيها اهل
الصقع الاخر فيحتاج الناقل لكلامهم ان يعرف لغاتهم كلّها واختلافها وقد يظنّ قوم ان النقل لذلك الى
العربية سهل لقربها من العربية لكن ليس ذلك كذلك لاختلافها فى نفسها واختلاف عبارات اهلها فيما بينهم
فان اختلاف ألفاظهم عمّا يعبرون عنه فى كلامهم ونسبيانهم كثير جدّا.

weiss ich dies bestimmt, wie z. B. nabath. شهریزای = arab. شهریز, nab. خبازایا = arab. خبازی,
nab. اثیالا, arab. eine Art ثیل, nab. حراشفا = arab. الحرشف البری, nab. شعرا حبارا = arab. شعر,
الحبار u. s. w. Die Araber aber mögen diese Pflanzen in Babylonien kennen gelernt und zugleich
den einheimischen Namen derselben angenommen haben; Aehnliches kann auch bei den alten
Babyloniern stattgefunden haben. In den erwähnten Beschwörungsformeln kommt gleichfalls
manches Unverständliche vor; aber man darf nicht vergessen, dass diese fremden Worte durch
die vielen arabischen Abschreiber bis zur Unkenntlichkeit corrumpirt wurden. Ich will übrigens
die Möglichkeit nicht läugnen, dass manche sprachliche und Cultur-Elemente einer vorsemitischen Culturepoche in Babylonien in die semitische Culturperiode übergegangen sein könnten;
ja manches scheint sogar dafür zu sprechen. So glaube ich z. B., dass Asqûlûbîtâ oder As-
qûlebîtâ (t = engl. th), der Arzt und Stifter des Sonnencultus, der, wie einige andere babylonische Religionsstifter, in den Tempeln göttliche Ehren genoss und welcher vielleicht die Urge-
stalt des abendländischen Aesculapius, Asklepios ist, einer vorsemitischen Culturepoche in
Babylonien angehört; vielleicht ist dies auch mit Tammûz oder Tammûzî der Fall; und es
könnte auch sein, dass der uralte Weise Kâmâsch Neherî, dessen Name (Kâmâsch) mit dem
eines uralten in der «nabathäischen Landwirthschaft» erwähnten persischen Königs gleich-
lautet[27], gleichfalls jener vorsemitischen Culturepoche angehört. — In meiner «historischen
Einleitung» werde ich der Frage über die vorsemitische Culturepoche in Babylonien und
über den Einfluss derselben auf die semitischen Einwanderer daselbst eine ausführliche Untersuchung widmen.

Der Titel des Originalwerkes lautet nach Ibn-Wa'hschijjahs Uebersetzung: كتاب افلاح
الارض واصلاح الزرع والشجر والثمار ودفع الآفات عنها, «das Buch über den Anbau des Bodens,

---

27) Die Erwähnung dieses Königs geschieht bei einer merkwürdigen Gelegenheit; Cod. L. b. p. 544 heisst es:

وقد كان الكسدانيون فى القديم لمّا نزل عليهم فى القديم فى هذا الاقليم الطايفة من اهل الاهواز الذين
نفاهم كا ماش ملك الفرس فألقوا الكسدنيين ان الغسيل اذا غرس على اسم القمر اسمه الكبير انجب
واسرع النبات فاستعمل ذلك الكسدانيون فرأوه قد انجب عليه فتبركوا بتلك الطايفة وافادتهم ايضًا ان
الغارس للنخل ينبغى ان الخ. Es ist zu bedauern, dass hier nichts Näheres über dieses alte Culturvolk aus Ahwâz
angegeben ist, welches in Babylonien sich niederliess und hier offenbar einen religiösen und wissenschaftlichen Einfluss ausgeübt hat. Wenn die Angabe des karaïtischen Lexicographen Abû-Suleimân Dawûd el-Fâsî (lebte gegen
die Mitte des 10. Jahrh.; Ms. des Karaïten Abr. Firkowitz), dass אֶלְסָר die bekannte Stadt in Chûzistân تستر oder
شش, Toster oder Schoschter, sei, richtig ist, so liesse sich unsere Nachricht mit der Angabe in der Genes. XIV.
1. 9. von der gemeinschaftlichen Unternehmung des babylonischen Königs Amraphel und des Königs von Ellasar
Arjôk gut combiniren. — Auch ist hier über jenen uralten persischen König, der seine Eroberungen bis an die babylonische Grenze ausgedehnt hat, nichts weiteres gesagt: er kommt auch sonst in unserem Buche nicht mehr vor. Ob
die Namensähnlichkeit des uralten Kâmâsch Neherî (der noch älter ist als der uralte in den Tempeln verehrte
semitisch-babylonische Gesetzgeber und Religionsstifter Dewânâï), mit dem des Perserkönigs Kâmâsch, auf eine
verwandte Nationalität zwischen diesem und jenem hinweist, muss ich vorläufig dahin gestellt sein lassen.

*

über die Verbesserung der Saaten, Bäume und Früchte und über die Abwendung
der Schadhaftwerdung von denselben». Dieser specielle Titel scheint unter den Mohammedanern unbekannt oder wenigstens ungebräuchlich gewesen zu sein und sie nannten unser
Buch, aus den oben angegebenen Gründen, schlechthin كتاب الفلاحة النبطيّة, «das Buch über
die nabathäische Landwirthschaft».

Ueber den Ursprung des Buches über «die nabathäische Landwirthschaft» theilt uns Ibn-
Wa'hschijjah eine sonderbare Angabe mit, ohne aber dabei seine Quelle zu nennen. Er sagt
nämlich in der Vorrede: er hätte gefunden, dass dieses Buch drei alten nabathäischen Weisen
zugeschrieben werde. Der erste, sagt er ferner, Namens Dhagrît, der, wie es heisst, im sieben-
ten Tausend des 7000jährigen Saturncyclus aufgetreten sei, habe es begonnen, der zweite,
Namens Janbûschâd, welcher am Ende desselben Jahrtausends lebte, habe zu dem Werke
seines Vorgängers Zusätze gemacht, der dritte endlich, Namens Qûtâmî, welcher nach Ablauf
von 4000 Jahren des 7000jährigen Sonnencyclus lebte, habe es vollendet. Für die Zwischenzeit zwischen jenen beiden erstgenannten Weisen und Qûtâmî hat Ibn-Wa'hschijjah die Dauer
von mehr als 18,000 Jahren herausgerechnet. Das Verhältniss dieser drei Verfasser zu einander
giebt er auf folgende Weise an. Dhagrît, der erste Verfasser, meint er, hätte ein vollständiges
in Capiteln eingetheiltes Werk geschrieben, seine Nachfolger aber hätten gar nichts in den
Worten und in der Anordnung ihres Vorgängers geändert, sondern sie hätten nur in
einem jeden Capitel neue Zusätze nach ihren Erfindungen und Erfahrungen gemacht[28].
Ibn-Wa'hschijjah giebt, wie bemerkt, die Quelle nicht an, woher er diese Nachricht geschöpft hat, und er bedient sich dabei der vagen Ausdrücke: وجدت u. ذكروا. Diese Nachricht
Ibn-Wa'hschijjahs hat mich lange irregeführt, und so lange ich mich noch nicht von der
Autorität Ibn-Wa'hschijjahs in dieser Hinsicht hatte emancipiren können, glaubte ich sogar
in einer Stelle der «nabathäischen Landwirthschaft», die ich in den Nachträgen zu meinen
Ssabiern (II. p. 908) abgekürzt mitgetheilt habe und die ich weiter unten noch näher besprechen werde, eine Stütze für diese Ansicht zu finden. Längere Beschäftigung aber mit dem
Werk selbst brachte mich zu der vollkommensten Ueberzeugung, dass das ganze Buch,
so wie es jetzt vor uns liegt, das Werk eines einzelnen Mannes und dass dieser
Mann kein Anderer als der erwähnte Qûtâmî sei. Die Oekonomie des ganzen Werkes,
der Anfang und Schluss desselben, ja fast jede Seite spricht gegen Ibn-Wa'hschijjahs Angabe und für diese meine Behauptung; denn überall sieht man, dass Qûtâmî allein, so zu
sagen, Herr im Hause ist, dass Dhagrît und Janbûschâd von ihm nur citirt werden, wie
er auch viele andere Schriftsteller fast dutzendweise citirt, und dass Ibn-Wa'hschijjahs Angabe offenbar auf einem Missverständniss beruht. Wenn die erwähnte Angabe Ibn-Wa'h-
schijjahs nicht existirt hätte, so würde es keinem Leser des Buches je eingefallen sein, einen
Andern als Qûtâmî als den einzigen Verfasser des ganzen Werkes anzusehen; da aber jene
Angabe Ibn-Wa'hschijjahs einmal da ist und das Buch selbst der gelehrten Welt noch nicht

---

28) Die betreffende Stelle ist mitgetheilt Ssabier II. p. 908.

zu gänglich ist, so sehe ich mich veranlasst, hier Einiges zum Beweise für meine Behauptung anzuführen.

Nach Ibn-Wa'hschijjahs Angabe sollte man glauben, dass jedes Capitel mit den Worten Dhagrît's beginne, worauf dann die Zusätze Janbûschâds und Qûtâmîs folgen, ohne dass die beiden letzten irgend etwas in den Worten des erstern geändert hätten; aber nichts weniger als dies ist hier der Fall. Es giebt nämlich ziemlich viele Capitel, in denen Janbûschâd mit keinem Worte erwähnt wird; dann auch viele, in denen Dhagrît erst gegen die Mitte oder am Ende oder auch gar nicht angeführt wird. Qûtâmî sagt auch ausdrücklich, dass Dhagrît alle seine Werke und darunter auch sein agronomisches Werk in schwer verständlichen Versen abgefasst habe und dass er (d. h. Qûtâmî) manches aus seinen Werken desshalb nicht mittheilt, weil ihm nicht alles verständlich sei[29]; das uns vorliegende Werk ist durchweg in schlichter Prosa abgefasst. Qûtâmî hat auch nicht etwa die Worte des Dhagrît oder Janbûschäd

---

29) Die betreffende Stelle, die ich hier, weil sie auch sonst interessant ist, vollständiger anführe als es eigentlich nöthig ist, lautet im Leid. Cod. 303, a. p. 162, Cod. Upsal. Nr. 338, fol. 10, b. u. 11, a. u. Cod. Par. Nr. 913, fol. 40, a. f.

wie folgt: وقد قال ضغريث فى شعره ان شيًّا ينبت فى ارض بهوادى" عمل له قميص من مشاقّة الكتّان
نبات نبت فى ارض برساويا" يعنى بذلك الاترج انه الْبس قميص من مشاقّة الكتّان وذاك ان كلام
ضغريث كلّه قصائد وكلام بصعب استخراجه وعلم معانيه لانّه كان رجلاً لغويًّا فهو يتكلّم ليس يكاد يفهمه الّا
من اغرق فى اللغة اغراقه فلذلك" حذفت من كلامه فى هذا الكتاب اشيآء لانّى لم اقف على مراده
فيها جيّد فتركتها لذلك لانّى احبّ ان اذكر فى مثل هذا الكتاب الشريف العظيم المنفعة الّا ما لا
اشكّ فيه وان فى اشعار ضغريث عجائب لان قد زعموا انّه لم يكن يتكلّم الّا بشعر موزون والدليل على
انّ كلامه وكتبه فى الفلاحة كلّها شعر وكلامه فى الطبّ كذلك وكلامه فى كتابه فى خواصّ" الازمنة وهو
الكتاب العجيب العظيم الفائدة الذى لم يسبقه اليه احد كلّه شعر ايضًا وقصيدته الكبيرة وقصيد بعد
قصيد له فما وقع الينا له كلام منثور البتّة وعجب الامور هذا الرجل اختلاف الرواة عنه فى زمانه فانا لا
ندرى كم عهده من وقته الى زماننا هذا من بعده وطوله ولا" الينا شئٌ من اخباره وليس فى ايدينا
منه غير كتبه فقط — *V. L. a)* Die Codd. U. u. P. بهرادى. Die arab. Geographen scheinen diesen Namen nicht zu kennen. — *b)* Cod. L. نرساويا u. die Codd. U. u. P. برشاويا. Sicher ist damit die südchaldäische Stadt برساويا gemeint, welche die arabischen Geographen gleichfalls nicht kennen, die aber in unserm Buche oft erwähnt wird; vgl. 'H. Chalfah V. p. 95, Nr. 10104. — *c)* In den Codd. U. u. P. unrichtig كزلك. — *d)* Cod. L. الخواص. — *e)* Die Codd. U. u. P. haben unrichtig زماننا هذا من هذا وطوله لا وقع. — Aus dieser Stelle ersehen wir auch, dass Dhagrît nicht Ein Buch über Ackerbau geschrieben, sondern dass er verschiedene Bücher über diesen Gegenstand verfasst hat An einer anderen Stelle sagt Qûtâmî von Dhagrît (Cod. L. *a.* p. 258, Cod. U. fol. 103, *b.* u. Cod. P. fol. 66, *b.*): فان...
ادمى قد حكى عنه ضغريث انّه قال ذلك لكن أتى به ضغريث بكلام متعلّق ليس يفهم معناه الّا مَن
كان مثل ضغريث وذلك انّه ذكره فى قصيدة طويلة فيها كلام من اقاصى غريب اللغة حتى لا يكاد يفهمه

seinem Werke vollständig einverleibt oder sich sclavisch an ihre Angaben gehalten, sondern
er citirt sie nur, wenn auch, aus einer unten zu erörternden Ursache, häufiger als viele
Andere; er citirt sie aber nicht immer wörtlich, sondern er deutet oft ihre Ansichten über gewisse Punkte ganz allgemein und nur mit einigen kurzen Worten an. Im Ganzen aber unterscheidet sich die Art und Weise, wie er diese Beiden citirt und wie er ihre Meinungen anführt, nicht im Geringsten von der Art und Weise, wie er die Meinungen und Worte anderer
Weisen der Chaldäer und Kana'anäer citirt und mittheilt. Eben so sagt Qûtâmî oft, dass er
das, was Dhagrît darüber sagt, nicht anführe, weil er es nicht für richtig halte oder aus sonst
irgend einem Grunde. So sagt er z. B., dass er nur einen kleinen Theil von dem, was Dhagrît
über den Weinstock sagt, anführe, dass das, was er selbst über die Melone sagt, nur etwa ein
Zehntel von dem sei, was Dhagrît über diese Pflanze mittheile, u. dgl. Aehnliches. Hinsichtlich der Classification der Pflanzen sagt er ausdrücklich, dass er darin Adamî, Dhagrît und
Janbûschâd folge[30]; also nicht blos den beiden Letzteren. Ja in manchem Capitel dienen ihm
ganz andere Autoritäten als diese Beiden zur Hauptquelle. Qûtâmî bemerkt auch an verschiedenen Stellen ausdrücklich, dass er in der ganzen Anlage seines Buches, so wie auch in der
Anordnung der Capitel seinen eigenen Weg gehe und von Dhagrît's Ordnung der Pflanzen
abweiche; so hat z. B. Dhagrît in seinem agronomischen Werke die Beschreibung der Gewächse nach der Reihenfolge der Planeten geordnet, — d. h. er beschrieb zuerst die Pflanzen,
welche mit Saturn, dann die, welche mit Jupiter u. s. w. in Verbindung gebracht werden —;
Qûtâmî hatte anfangs die Absicht ihm hierin zu folgen und fing auch desshalb sein Werk mit
dem Oelbaum, dem Baume des Saturn, des Gottes des Ackerbaus, an; er änderte
aber dann seine Absicht und ging auch in dieser Beziehung seinen eigenen Weg[31]. So sagt
auch Qûtâmî an einer anderen Stelle, dass Dhagrît und Janbûschâd bei der Beschreibung

---

الآكلّ مَن هو فى النهاية من المعرفة بالعربية واللغة مثل معرفة ضغريث لانّه قد جعل كتابه فى الفلاحة
ابوابًا كل باب فى قصيدة مقفاة) من الوجهين اوأيلها كلّها قافية واحدة واواخر كلّ بيت قافية اخرى الخ

— Cod. L. a. مققة, richtig مققيّة. — Hier ist allerdings nur von Einem Werke über Ackerbau die Rede; vielleicht
aber war dies ein Hauptwerk Dhagrît's über diesen Gegenstand.

30) Cod. L. a. p. 92: فانى اقتدبت فى هذا الترتيب بادم اولاً ثم بضغريث الزاهد النافع لابنآء
البشر واقتديت ايضًا بينبوشاد

31) Die betreffende, auch sonst für unsere Untersuchung wichtige Stelle lautet (Cod. L. a. p. 220 f., Cod. Up.
fol. 68, a. f. u. Cod. P. fol. 13, a. f.) wie folgt. Qutâmî spricht nämlich von verschiedenen Krankheiten, denen die verschiedenen Gewächse ausgesetzt sind, so wie auch von den Ursachen jener Krankheiten, wobei Adamî ihm als Hauptquelle dient und aus dessen Schrift er eine sehr lange diesen Punkt betreffende Stelle anführt. Am Schlusse dieses
Citats heisst es dann: قال قوتامى مؤلف هذا الكتاب هذا كلام ادمى كما قد سمعتم حكايتى له عنه وقد حكى
عنه ضغريث كلّ مداواته للنبات وحكى عنه ينبوشاد بعض ذلك وحكيت انا ايضًا هذا الفصل من كلامه
مقتديًا بالسيّدين الجليلين ضغريث العظيم وينبوشاد الزاهد المتقشّف العابد الطويل الفكر الكثير الاستنباط

eines jeden Baumes zugleich die Art und Weise angeben, wie derselbe mit verschiedenen andern Bäumen gepfropft werden könne, er dagegen thue dies nicht, sondern handele von dem Pfropfen der Bäume in einem besonderen Capitel. Liest man endlich die حَاتمة, das Schlusscapitel des ganzen Buches, worin Qûtâmî den Stoff des ganzen Werkes recapitulirt und Rechenschaft über sein Verfahren und seine Anordnung des Stoffes giebt, so überzeugt man sich erst recht, dass er, und zwar nur er allein, der Verfasser des ganzen Werkes ist; so giebt er z. B. in diesem Schlusscapitel die Gründe an, wesshalb er von den Bohnen nach den Getreidearten handelt, während der *Kana'anäer* Thâmitrî von denselben zwischen dem Cap. über Gerste und dem über den Reis handelt[32]. Desgleichen sagt er, dass er seine Abhandlung über die Wurzelpflanzen mit

الصبع الاستخراج واذا انا بلغت الى الكلام على افلاع الشجر شجرة شجرة ونبات نبات حكيت فى بابه

علاج ما يعرض له من الآفات من تعليم ادم ومن زيادات ضغريث وينبوشاد وزياداتى انا فلذلك لم

اذكر هاهنا حكاية عن ادمى بعقب كلامه ما افادنا من العلاجات لانه كان فى ذلك كالطرق الفانح لنا

الباب ثم جرّب الناس بعده تجارب افادنهم اشياء بنوها على ما افادهم فزاد ذلك فى ابديهم فلمّا

رأبت ان هذا هكذا أخّرت ما ذكر ادمى هاهنا الى ان اذكره فى ابواب شئ شئ ممّا اذكره من النبات

اذا بلغت اليه وقد قدّمت قبل هذا الموضع من هذا الكتاب ذكر اشجار ومنابت واخبرت بغرضى كان

فى تقديم واحدة منها وهى شجرة الزيتون فامّا غيرها فانى لم اخبر بقصدى فى تقديمه وانا اقول هاهنا

ان قصدى كان فى هذه ثم ما قدّمت قبل هذا الموضع من الكلام على النبات هذا اتّباعى ترتيب

ضغريث خاصّة لكبره فى نفسى فانّه جعل ترتيب ما ذكره على ولابات الكواكب السبعة واحد واحد مقام

ما هو فى قسم زحل ثم اتبعه بها للمشترى ثم بها للمريخ ثم كذلك على نواليها فى مواضعها الخ

Qûtâmî spricht gleich darauf gleichfalls von dem Verfahren, das er in «seinem Buche» (فى كتابى sagt er) beobachtet hat. — Die interessante Stelle, wo es heisst, dass der Oelbaum dem Saturn gehöre und dass dieser der Gott des Ackerbaus sei, lautet (Cod. L. *a.* p. 8):

واعلموا انى بدأت بذكر شجرة الزيتون قبل دخولى فى الكتاب لعلّة

بقاها فانّها أبْقَى النبات كلّها فيما يلينا فلذلك اضافها قدمانا الى زحل وقوم منهم اضافوها مع زحل الى

الشعرى اليمانيّة وهو الكوكب المضّى الذى هو على عنق صورة الكلب فقالوا انها لهذين الالهين فهما بمّدانها

وحوطانها ولعمرى انّهم قد اصابوا واحسنوا فبدأت بذكرها لانّ هذا الكتاب انّما حركنى على نظمه الهنا

زحل لانّ الفلاحة له كلّها وعمارة الارضين واصلاح النبات له ايضًا فبدأت بها لذلك الخ. Bekanntlich galt

Saturn auch in Italien als Gott des Feld- und Weinbaues (vgl. die Stellen darüber Jacobi, Handwörterb. der gr. u. röm. Mythol. p. 866, Anmk. **), worauf auch die Harpe hinweist. Man sieht übrigens aus unserer Stelle, dass Saturn nicht erst in Folge dieses Symbols zum Gott des Ackerbaus gemacht wurde, wie Manche wohl vermuthet haben, sondern dass umgekehrt dieses Symbol ihm eben wegen seines vielleicht ursprünglichen Charakters als Gott des Ackerbaus beigegeben wurde. Dieser verwandte Zug zwischen den Italern und den alten Babyloniern ist jedenfalls höchst bemerkenswerth; vgl. Ssabier II. p. 782 f.; wegen der Verbindung Saturns mit dem langdauernden Oelbaum vgl. auch ib. II. p. 383 u. 673 f. Anmk. 17.

32) Cod. L. *b.* p. 611: واعلموا ان طامثرى الكنعانى رتب الباقلى فى ذكره للحبوب فى مرتبة جعله

der Cichorie beginne, weil Adamî dies gleichfalls thue u. s. w.[33]. Wäre das Verhältniss Qûtâmîs zu unserm Buche so wie Ibn-Wa'hschijjah es angiebt, so hätte er gar keine Veranlassung gehabt, sich so über eine Anordnung auszusprechen, die nicht von ihm herrührt.

　　Wenn es aber für den Leser des ganzen Buches noch eines Beweises bedarf, dass Qûtâmî
der alleinige Verfasser des ganzen Werkes ist, so spricht folgende Stelle am Schlagendsten dafür.
An verschiedenen Stellen ist nämlich von den eigenthümlichen Kräften, Eigenschaften und Wirkungen (خواصّ) der verschiedenen Gewächse die Rede und zwar theils nach den Angaben
Anderer, theils nach den Erfahrungen und Beobachtungen Qûtâmîs selbst. Dieser aber bemerkt nun an einer Stelle gelegentlich Folgendes: In vielen von jenen Eigenthümlichkeiten
der Pflanzen sei für die Menschen viel Nützliches enthalten, und es wäre gut, wenn er (d. h.
Qûtâmî) von diesem Punkte in einem besonderen Abschnitte gehandelt hätte; er habe aber
davon an verschiedenen Stellen, wie es der Lauf der Rede mit sich brachte, gesprochen, derjenige, welcher sich für diesen Punkt besonders interessire, könne aber alle denselben betreffenden Stellen in ein besonderes Heft zusammentragen und dasselbe betiteln: «das Buch
von den Eigenthümlichkeiten der Pflanzen, welche in dem Buche über die Landwirthschaft des *Qûtâmî el-Qûqâi* (oder el-Qûqânî, oder el-Qûfânî) erwähnt sind»[34].
Ich glaube, diese einzige Stelle beweist zur Genüge, dass Qûtâmî der alleinige Verfasser des
ganzen Werkes und nicht blos der Urheber einiger Zusätze zu dem Buche eines Andern ist.

بعد الشعير وقبل الارز فخالفناه نحن فى هذا الكتاب فقدّمنا الارز والذرة والجاورش والدخن على الباقلى
واقتدينا فى ذلك بأهل اقليمنا وبابنآء جنسنا من الكسدانين ورأينا ان ذلك أوّلى بنا ان نفعله لانّهم
رتبوا كما رتبنا نحن فى هذا الكتاب واعتلّ طامثرى الكنعانى فى هذا الرتب بالطباع كلّها الخ Man sieht
daraus auch, dass die alten Babylonier und Kana'anäer die Pflanzen systematisch eintheilten und dass sie auch verschiedene systematische Eintheilungen hatten, denen immer irgend ein wissenschaftliches Princip, oder irgend ein charakte-
ristisches Merkmal einer Pflanzenclasse zu Grunde lag. Qûtâmî theilt auch gleich darauf das Princip mit, das Thâmitrî bei seiner Ordnung befolgt hat.

33) Ib. p. 625: ثم ذكرنا بعد ذلك البقول فبدأنا منها بالهندبا لانّ ابانا ادم بدأ بها وقدّمها على
جميع المنابت الصغار البرّية والبستانيّة وفضّلها تفضيلاً عظيمًا وكذلك ضغريث وجرنانا وينبوشاد ويلغنى
عن اسقولوبيثا رسول الشمس انّه كان بصفه لادوا كثيرة لا نعلم نحن ولا من كان قبلنا ان الهندبا تنفع
منها وتشفيها الخ

34) In den Codd. L. *a.* p. 194, U. fol. 42, *a.* f. u. P. fol. 30, *a.* f. lautet die betreffende Stelle, wie folgt: وانّ
فى كثير من خواصّ النبات وغيره منافع كثيرة للناس ولقد كان الجيّد ان افرد فى هذا الكتاب باب
الخواصّ للنبات خاصّة لكنى قد ذكرتُ من ذلك متفرّقا فى مواضع بحسب جرّ الكلام الى اليه والاستشهاد
به فى اشيآء فمن احبّ جمع ذلك الى دفتر واحد فليجمعه ويترجمه بكتاب خواصّ النبات المذكورة فى كتاب
القوقاى Ueber den Beinamen الفلاحة ممّا قاله قوثامى القوقاى vgl. unten, wo noch die Rede davon sein wird.

Die von mir in den Nachträgen zu den Ssabiern (II. p. 908) mitgetheilten Worte Qûtâmî's selbst beweisen aber an und für sich ganz und gar nicht, dass derselbe nicht der alleinige Verfasser des ganzen Werkes sei; ja ich glaube sogar, dass sie geeignet sind, über die erwähnte sonderbare Angabe Ibn-Wa'hschijjahs Licht zu verbreiten. Qûtâmî sagt nämlich unter Anderem Folgendes: Kein Schriftsteller sei im Stande seinen Gegenstand vollständig zu erschöpfen, sondern er gebe Manches an, lasse aber auch Vieles weg und überlasse es dem Leser über den Gegenstand ferner nachzudenken und aus dem Gegebenen die nöthigen Folgerungen zu ziehen. Es sei möglich, sagt Qûtâmî ferner, dass in der Zukunft ein Schriftsteller erscheinen werde, der erfindungsreicher und verständiger sein werde als er, und der die agronomische Wissenschaft viel weiter bringen werde als er (Qûtâmî) es zu thun im Stande war, «wie (z. B.) Dhagrît zu seiner Zeit über Verschiedenes aus der Landwirthschaft geschrieben hat, dann erschien nach langer Zeit Janbûschâd, der zwar kein besonderes Werk über Landwirthschaft verfasst hat, wohl aber dem Dhagrît folgte und zu dessen Worten Manches von dem, was er selbst erfunden, hinzufügte; endlich trat ich nach ihnen Beiden auf — ohne mich ihnen gleichstellen zu wollen, sondern ich bin geringer (als sie), denn ich bin gering an Wissen im Vergleich zu ihnen —, schrieb und rectificirte das, was sie Beide gesagt, las (?) das, was sie Beide aufgezeichnet haben, und fügte Verschiedenes von dem hinzu, worauf ich gekommen bin»; du, o Leser dieses Buches, sagt er endlich, möchtest aber Folgerungen (aus dem schon Gesagten) ziehen, eigene Erfahrungen machen und nachdenken und zu meinen Worten noch das hinzufügen, worauf ich noch nicht gekommen bin und was du erst erfunden haben wirst, wodurch du dir grosse Verdienste bei den Menschen erwerben wirst u. s. w.[35].

---

35) In meinen Nachträgen zu den Ssabiern habe ich nur einen kleinen Theil der betreffenden Stelle mitgetheilt, die leicht zu Missverständnissen Veranlassung geben kann; ich theile daher diese Stelle, die zugleich eine interessante und charakteristische Expectoration Qûtâmî's enthält, hier vollständig mit. Sie lautet in den Codd. L. a. p. 255, Up. fol. 101, a. f. u. P. fol. 64, b. f. wie folgt:

قال قوثامى فانّ هذه الاشيآء كلّها (يعنى علاج الارضين وغيره) قد يحتاج الانسان فيها الى القياس فانّ الكاتب للكتاب لا يمكنه نقصى جميع الاشيآء على ما يجب من شروحها وانّما يذكر بعضها والذى يترك اكثر ففكروا فيما نقول وتدبّروا ما نرسم فقد يجوز ان يكون فيكم معشر ابنآء البشر الآتين بعدنا فى الزمان المستقبل من يكون اجود استنباطا منّا واقوَم فكرًا واوفَر عقلًا فيهتدى من الفلاحة الى اكثر ما اهتدينا له كما وضع ضغريث فى زمانه اشيآء من الفلاحة وظهر بعده بدهر طويل ينبوشاد فلم ينفرد بكتاب بعمله فى الفلاحة بل اتّبع ضغريثا فاضاى الى كلامه اشيآء ممّا استنبطها ثم ظهرت انا من بعدهما وليس منزلتى منزلتهما بل انا اصغر لانّى صغير العلم بالاضافة اليهما فحررت وقوّمت ما قالا وقربت ما رسما وزدتُ عليه شيًا ممّا سنح لى كذلك فلتكن منزلتك ايّها الناظر فى هذا الكتاب ان تقبّس وتجرّب وتنظر وتفكر فما ادركتَ ممّا لم نهتدى اليه نحن على حسب ما فتحناه نحن واريناك طريقه فاضفه الى كلامنا يكون لك بذلك قولٌ عظيم ويد جليلة عند ابنآء جنسك

4

Aus diesen Worten geht aber durchaus nicht hervor, dass Janbûschâd das von Dhagrît
verfasste Werk mit Zusätzen versehen hat und dass Qûtâmî dasselbe, mit Zusätzen versehene
Werk vermehrt und verbessert, wie man zu sagen pflegt, herausgegeben hat, sondern es geht
daraus nur hervor, dass Qûtâmî nicht das Buch, sondern den Gegenstand, den diese
beiden Vorgänger bearbeitet haben, weiter fortentwickelt und fortgebaut habe. So sagt z. B.
auch Qûtâmî: von den Heilmitteln gegen die Krankheiten der Gewächse hätte schon Dewânâï gesprochen, Adamî aber habe diesen Gegenstand zuerst ausführlich behandelt; Dhagrît
und Janbûschâd hätten seine Angaben vollständig benutzt und dazu ein Jeder von ihnen noch
Zusätze gemacht; er seinerseits habe noch neue Zusätze hinzugefügt[36]. Damit ist aber doch
offenbar nur gesagt, dass Dhagrît, Janbûschâd und Qûtâmî den von Adamî behandelten
Gegenstand, aber nicht dessen Schrift, erweitert haben.

Aus dem was mir jetzt von der altbabylonischen literarischen Thätigkeit bekannt ist, er-
sehe ich, dass Dhagrît und Janbûschâd die bedeutendsten und umfassendsten Schriftsteller
über die Landwirthschaft unter den alten Babyloniern waren, und da Qûtâmî in eben so um-
fassender Weise diesen Gegenstand behandelt hat, so galten jene Beiden vorzugsweise als seine
Vorgänger und Vorarbeiter, obgleich er ausser ihnen noch viele Andere citirt. Die altbabylonischen Weisen haben sich nämlich — was ich bestimmt weiss, — schon in der allerältesten
Zeit mit der Ackerbauwissenschaft beschäftigt. Schon Dewânâï, der älteste babylonische Gesetzgeber und Religionsstifter, hat in seinen Schriften unter Anderm auch viel über Ackerbau
geschrieben, wenn er auch keine besondere Schrift über diesen Gegenstand hinterlassen hat[37].

الفقرآء الضعفآء الى المعايش والبلايا التى هم تحتها فى هذا العالم وتكون بينك ابصال٬ المنافع اليهم
ومعاونتهم على شدايد زمانهم كما كانت بنينا٬ نحن لك ولغيرك من ابنآء جنسنا ومشبهى صورنا
المساكين مثلنا٬ وذلك بلغنا برحمة الهنا [١. آلهتنا] لنا الرحمآء لنا فاعانونا بقوتهم لمّا عرفوا من عجزنا
وتقصيرنا فاستعينوا بالله وبملائكته بعينكم يرحموكم واسترحموهم وتقربوا اليهم ينفعكم وكونوا عَبيدًا شاكرين
يقول. — c) U. u. P. شرحها. — b) Cod. L. a. يقضى u. Cod. P. بعضى Die V. Lc. sind folgende: a) Cod. Up. للمنعم.
d) U. u. P. وقرأت; وقرت u. Cod. P. وقرب u. Cod. U. hat وقرس. — e) Cod. L. scheint وقريت zu lesen, Cod. U. hat يرسم.
stehen, wenn hier das Verbum قرأ gemeint ist; es könnte aber auch sein, dass hier وقربت zu lesen sei. — f) Cod.
L. a. hat فول, was offenbar قول ist, Cod. U. نور u. Cod. P. نور. — g) Cod. P. منك اتصال. — h) Cod. U. بناسا,
Cod. L. a. dagegen ein mir unverständliches نياتنا. — i) U. u. P. sicher unrichtig مثلها.

36) Vgl. oben Anmk. 31.

37) Qûtâmî führt sehr oft agronomische Vorschriften von ihm an u. über manchen Punkt, wie z. B. über Heilmittel der Pflanzen, hat er zuerst geschrieben. Qûtâmî sagt von ihm (Cod.L.b.p.161,L.c.p.129 u.P.p.194,a.f.) ausdrücklich: لكن ليس له فى المنابت والفلاحة كثير قول ولا حكم ولا له فى الفلاحة كتاب مجموع فيه افلاح ولا
عمل وانّما كتبه كلّها فى علم الفلك وما فيه من الكواكب وعلم الطبايع والعناصر وانّما التقط من كتبه ما
فيه من كلمة بعد كلمة فى شئ من المنابت كما كان يجره الكلام فأنى به فاجده فى نهاية الصّحة.

Offenbar aber haben seine agronomischen Vorschriften und Regeln häufig mehr einen religiösen als wissenschaftlichen Charakter, obgleich er 1000 Abbildungen von verschiedenen Weinstockarten, von denen 113 sich noch zur Zeit Qûtâmîs erhalten haben, nebst einem diese Abbildungen erklärenden Buche hinterlassen hat. Qûtâmî beschreibt nämlich ausführlich eine dieser Abbildungen und theilt auch die dazu gehörende Erklärung aus jenem Buche mit[38], und man sieht daraus, wie auch aus vielen andern aus seinen Schriften citirten Stellen, dass unsere Ansicht über seine agronomischen Lehren vollkommen gerechtfertigt ist.

Adamî, der lange nach Dewânâï gelebt hat, ist gewissermassen der Gründer einer Art von agronomischer Wissenschaft im alten Chaldäa; aber ein Theil seiner Schriften ist zur Zeit des Qûtâmî verloren gegangen, der übrig gebliebene Theil befand sich in einem verworrenen Zustande und ermangelte auch, wenigstens in den Augen Qûtâmîs, der Authenticität; denn derselbe behauptet, dass die Schriften Adamîs von den Anhängern gewisser religiöser Ansichten verfälscht worden seien. Wie dem aber auch sei, jedenfalls scheint Qûtâmî kein vollständiges, das ganze Gebiet der Landwirthschaft umfassende Werk des Adamî vor sich gehabt zu haben; denn obgleich derselbe, ausser Dhagrît und Janbûschâd, zu den am meisten von Qûtâmî citirten Schriftstellern gehört, so giebt es doch sehr viel Partieen im Buche, wo Adamî nicht citirt wird, was Qûtâmî, bei seiner überall geäusserten Verehrung gegen denselben, sicher nicht unterlassen haben würde, wenn Adamî über jene Punkte etwas geschrieben hätte.

Îschîtâ, der Sohn Adamîs, hat in seinen religiösen Schriften gleichfalls Manches über Ackerbau eingeflochten; aber er sprach davon nur beiläufig und seine agronomischen Lehren waren auch der Art, dass Qûtâmî kein Gefallen an ihnen finden konnte. Îschîtâ nämlich ist der Mann, dem die Menschheit, direct oder indirect, eine Jahrtausende lange Verfinsterung vorzugsweise zu verdanken hat; er war Religionsstifter, und wenn er nicht der Erfinder des Sterndienstes, der Astrologie und der groben abergläubischen, zauberartigen Lehren war, so hat er dieses Alles weiter entwickelt und in ein religiöses System gebracht, und die von ihm gestiftete Religion mit einer Art von Papstthum oder geistlichem Chalîfat an der Spitze — dessen Vertreter Männer von grossem Einflusse waren — war die herrschende in Babylonien, und breitete sich allmälig über ganz Mesopotamien und Syrien aus. Qûtâmî aber, ein Mann einer freiern Richtung, der Anhänger des Adamî, des Anû'hâ, der den Götzendienst bekämpfte, und des Janbûschâd, der gegen den Sterndienst auftrat, war ein entschiedener Gegner des Îschîtâ und der Religion desselben; und wenn er auch empfiehlt, die religiösen Schriften Îschîtâs den Bauern an den Feiertagen vorzulesen, um die Landleute dadurch zur Redlichkeit u. s. w. anzufeuern, so unterlässt er es doch nicht, bei jeder Gelegenheit versteckte Angriffe gegen Îschîtâ und dessen Religion zu machen, ja er findet zuweilen nicht genug Schmähworte für die Anhänger derselben. Îschîtâ konnte also überhaupt nicht als agronomischer Schriftsteller gelten, noch weniger aber konnte er es in den Augen Qûtâmî's sein.

Mâsî der Sûrâner, ein Enkel Îschîtâ's, Stammvater eines Priestergeschlechts in Sûrâ,

_____

38) Die betreffende höchst wichtige Stelle findet sich Cod. L. b. p. 286 f., Cod. L. c. p. 228 u. Cod. P. fol. 282, b. f.

*

und, wie es scheint, gleichfalls Religionsstifter, dessen Anhänger sich aber in der spätern Zeit mit denen seines Grossvaters vereinigten, war wohl agronomischer Schriftsteller, aber er umfasste nicht das ganze Gebiet der Landwirthschaft und diente nur in einzelnen Punkten, wie z. B. in den Capiteln über den Palmbaum, den Weinstock etc., dem Qûtâmî als Hauptquelle.

Zur Zeit dieses Mâsî aus Sûrâ lebten auch drei Kana'anäer, die über Ackerbau schrieben, nämlich Anû'hâ el-'Hefjânî aus den südlichen Gegenden Kana'ans, Thâmitrî el-'Hebqûschî aus dem Norden dieses Landes und Çardâjâ oder Çardânâ; aber Anû'hâ schrieb, so viel mir bekannt ist, nur über den Weinstock, Çardâjâ behandelte nur einige wenige Gegenstände der Ackerbaukunst, wenigstens citirt ihn Qûtâmî ziemlich selten. Thâmitrî dagegen scheint allerdings über das gesammte Gebiet der Landwirthschaft umfassend geschrieben zu haben, aber als Kana'anäer hatte er ein anderes agronomisches System als die Chaldäer[39]; Qûtâmî war aber zu sehr Chaldäer als dass er sich dem Systeme der Unterdrücker seines Vaterlandes hätte anschliessen können, und obgleich er sonst, theils in Folge der milden Richtung seines Charakters, theils aber auch aus Klugheit, den schroffen Gegensatz zwischen Chaldäern und Kana'anäern zu mildern sucht und letzteren seine Anerkennung nicht versagt, so vergisst er aber doch nicht seine Stammgenossen höher als diese zu stellen[40]. Ein anderer Kana'anäer, dessen Namen von Ibn-Wa'hschijjah «Ibrahîm» geschrieben wird, und der nach meiner Annahme nur eine kurze Zeit vor Qûtâmî gelebt hat[41], schrieb, wie es scheint, gleichfalls nur über einzelne Gebiete der Ackerbaukunst, ohne diese ganze Wissenschaft umfassend bearbeitet zu haben.

Erst Dhagrît, der sehr lange vor Qûtâmî gelebt hat und von dessen Leben derselbe nichts mehr weiss, scheint der erste Chaldäer gewesen zu sein, der das gesammte Gebiet der Landwirthschaft umfasste und über Vieles noch viel ausführlicher als Qûtâmî schrieb[42]; denn nach Adâmî und Mâsî aus Sûrâ ist er, der Zeit nach, der erste chaldäische agronomische Schriftsteller, den Qûtâmî überall citirt, wo es sich von wirklichem Ackerbau handelt. Qûtâmî erwähnt zwar an einigen Stellen «die Schriftsteller über Landwirthschaft» (كتب واضعى الفلاحة) in Bausch und Bogen, aber diese mögen Schriftsteller untergeordneter Art gewesen sein, die vielleicht nur einzelne Gebiete der Agricultur behandelt oder keine selbstständige Systeme aufgestellt haben. Desgleichen erwähnt er manchmal die Ansichten «der Aerzte», «unserer Vorfahren» oder «unserer Alten».

Aber wie verhält sich Janbûschâds literarische Thätigkeit zu der Dhagrîts? Hat der Erstere nur das von Letzterem abgefasste Buch erweitert und mit Zusätzen versehen? Dies ist eben so wenig möglich als David Strauss oder Bruno Bauer die Erklärer und Herausgeber der *opera omnia* Hengstenbergs sein können. Dhagrît nämlich war ein Mann von streng heidnischer Religiosität; sein Standpunkt ist durchaus nicht überall wissenschaftlich und

---

39) S. oben Anmk. 32 u. vgl. unten Anmk. 107.
40) Vgl. darüber weiter unten.
41) Vgl. über diesen Kana'anäer weiter unten.
42) Vgl. oben Anmk. 29 u. p. 350.

er theilt, wie bemerkt, die Pflanzen nach der Ordnung der Planeten ein[43]. Janbûschâd dagegen, eine der merkwürdigsten Persönlichkeiten des Alterthums, stand in offener Opposition gegen die Landesreligion, besuchte nicht die Tempel der Götter, feierte nicht die grossen Festtage und läugnete vor aller Welt den Einfluss der Planeten und natürlich auch die Göttlichkeit derselben; er kann also unmöglich das Werk des Dhagrît bearbeitet haben, dessen ganze Richtung und dessen religiöse Anschauungen — die mit seinen agronomischen in enger Verbindung stehen — ihm durchaus zuwider gewesen sein müssen. Er verhält sich aber zu Dhagrît ungefähr so wie Galenos zu Hippokrates; ersterer hat die Heilmittellehre des letzteren weiter fortgeführt und fortentwickelt und stand sogar auf einem anderen wissenschaftlichen Standpunkte als dieser; Galenos hat aber niemals das Buch seines Vorgängers umgearbeitet und verbessert. Qûtâmî sagt allerdings, dass Janbûschâd kein besonderes Buch über die Landwirthschaft verfasst hätte, aber er theilt oft agronomische Regeln mit, die er «in seinem (d. h. in Janbûschâds) Buche» fand; desgleichen theilt er oft aus den ganz selbstständig von Janbûschâd allein verfassten Schriften agronomische Lehren mit, ja für manche Punkte, wie z. B. für die Wüstenpflanzen, besonders aber für die höchst merkwürdigen Untersuchungen über Physiologie der Pflanzen, dient ihm Janbûschâd als ausschliessliche und einzige Quelle. Dieser mag also wirklich kein besonderes der Landwirthschaft ausschliesslich gewidmetes Werk geschrieben haben, aber er behandelte verschiedene Gegenstände, vielleicht die gesammte Ackerbaulehre in seinen verschiedenen Schriften und zwar behandelte er dieselbe von einem bei Weitem höheren und fortgeschritteneren Standpunkte als Dhagrît; denn Janbûschâd war nicht blos Agronom, sondern er war Naturforscher überhaupt und beschäftigte sich in Bezug auf das Pflanzenreich mit Dingen, — wie z. B. Wachsthum, Entwickelung, Geruch, Geschmack und Farben der Gewächse —, die Dhagrît ganz vernachlässigt zu haben scheint; und nur in so fern mag er als der Fortsetzer und Ergänzer des Dhagrît gegolten haben.

Qûtâmî seinerseits hat gleichfalls, nicht das Buch, sondern den von Dhagrît und Janbûschâd behandelten Gegenstand weiter fortgeführt und zu einer höheren Stufe der Vollkommenheit gebracht, und nur in so fern kann er als Fortsetzer und Ergänzer jener beiden Vorgänger angesehen worden sein.

Aber wie mag die oben mitgetheilte Angabe Ibn-Wa'hschijjahs über die Entstehung unseres Buches entstanden sein? Ich glaube, dass sie entweder aller Authenticität entbehrt und nur einer vagen Vermuthung ihren Ursprung verdankt, oder dass sie aufgefasst werden muss, wie die oben mitgetheilte Stelle Qûtâmîs. In der Quelle Ibn-Wa'hschijjahs mag vielleicht etwa ein Wort wie מאמרא, Mimrô, gestanden haben, das in der altbabylonischen wissenschaftlichen Terminologie: eine wissenschaftliche Disciplin, ein wissenschaftliches System und zugleich ein Buch bedeutet haben könnte; Ibn-Wa'hschijjah nahm dieses Wort in der letztern, hier unrichtigen Bedeutung und so brachte er jene offenbar falsche Angabe heraus. Auf diese Vermuthung, dass Ibn-Wa'hschijjah ein solches Wort von doppelter Bedeutung

---

43) Vgl. oben Anmk. 31.

unrichtig durch كتاب, «Buch», übersetzt hat, leiteten mich einige Stellen in den mir bekannten altbabylonischen Schriften hin[44], wo das vom Uebersetzer gebrauchte كتاب keinen passenden Sinn giebt und wo der Zusammenhang ein Wort von der Bedeutung: wissenschaftliche Disciplin oder System verlangt. Es scheint übrigens, dass Ibn-Wa'hschijjah selbst mit der Zeit eines Bessern belehrt wurde und in Qûtâmî den einzigen und selbstständigen Verfasser des ganzen Werkes erkannt hat. An vielen Stellen nämlich beginnt Ibn-Wa'hschijjah den, auf eine von ihm eingeschobene Bemerkung folgenden Text mit der Phrase: قال قوثامى oder mit sonst irgend einer dem ähnlichen Redensart, wodurch er deutlich مؤلف هزا الكتاب zeigt, dass er Qûtâmî allein für den eigentlichen Verfasser hält. Es ist daher möglich, dass Ibn-Wa'hschijjah mit der Zeit das Irrthümliche in der von ihm in der Vorrede mitgetheilten Angabe über die Entstehung unseres Buches selbst eingesehen hat, da er aber, wie schon oben mitgetheilt wurde, die Schlussredaction dieses Werkes nicht erlebt hat, so mag er wohl keine Zeit mehr gehabt haben, den von ihm selbst erkannten Irrthum zu rectificiren.

Es kann also nach dem Gesagten gar nicht zweifelhaft sein, dass das Buch über «die nabathäische Landwirthschaft» in der Gestalt, wie es jetzt vor uns liegt, ganz von Qûtâmî allein herrührt und dass Dhagrît und Janbûschâd zwar zu den Hauptquellen des Verfassers gehören, in dem Buche aber nur citirt werden, ohne jedoch irgend einen directen Antheil an der Abfassung desselben zu haben, eben so wie Adamî, Anûhâ, Mâsî aus Sûrâ, der Kana'anäer Thâmitrî und noch sehr viele andere ältere und jüngere Schriftsteller darin citirt werden, ohne desshalb für directe Mitarbeiter an diesem Buche gehalten werden zu können.

Uebrigens sei damit nicht gesagt, dass, ausser den Bemerkungen Ibn-Wa'hschijjahs, die als solche leicht zu erkennen sind, jedes Wort in dem uns vorliegenden Buche von Qûtâmî herrührt; wer kann eine solche Bürgschaft für irgend ein Buch des Alterthums übernehmen? Die kritische Gewissenhaftigkeit der modernen Zeit wurde in der alten Zeit in einem sehr geringen Grade ausgeübt, und schon Diodor (I, 5.) beklagt sich über Umarbeiter und Bücherverstümmler; es ist daher wohl möglich, dass manche Randglosse oder mancher von fremder Hand herrührende Zusatz sich im Laufe der Jahrhunderte in den Text eingeschlichen hat, ohne leicht erkannt werden zu können. Aber wo giebt es ein Buch des Alterthums, bei dem diese Moglichkeit nicht vorhanden ist? Nur diese Möglichkeit, die bei einem jeden Buche des Alterthums vorhanden ist, und die hinsichtlich eines alten orientalischen Buches viel wahrscheinlicher sein mag als bei einem in Europa verfassten alten Werke, gebe ich in Bezug auf das Buch über «die nabathäische Landwirthschaft» zu, sonst aber muss das ganze uns vorliegende Buch als das einzig und allein von Qûtâmî herrührende Werk angesehen werden, eben so wie wir z. B. «die Geschichte des peloponnesischen Krieges» als das Werk des Thukydides ansehen, obgleich auch hier Niemand jene Möglichkeit bestreiten wird.

Es würde uns zu weit führen, wollten wir uns hier über Qûtâmî, als Menschen, Ge-

---

44) Darunter auch eine Stelle in der Vorrede zu dem oben erwähnten كتاب تنكلوشا البابلى.

lehrten und Schriftsteller, so wie auch über sein jedenfalls merkwürdiges Verhältniss zur Landesreligion aussprechen; wir müssen voraus auf unsere «historische Einleitung» verweisen, wo dieses interessante Thema ausführlich behandelt werden wird; hier aber wollen wir nur Folgendes über ihn bemerken. Qûtâmî war ein Chaldäer und wohnte in der Stadt Babylon. Er war ein reicher Gutsbesitzer, der seine Güter im Westen des Euphrats, in der Gegend von Theizenâbâd[45], so wie auch in Bâg'ermâ, dem Bêt-Garmê der Syrer, an der Ostseite des Tigris, Tekrît gegenüber[46], hatte. Seine Güter liess er von erfahrenen und aufgeklärten Verwaltern verwalten, die, wenn es nöthig war, die agronomischen Schriften der Chaldäer um Rath fragten, und von vielen Landleuten bearbeiten. Seine Leute kamen manchmal nach der Stadt, d. h. nach Babylon, wo sie sich mit ihm über verschiedene Gegenstände der Landwirthschaft besprachen[47]. Er selber nennt sich in einer Stelle seines Buches قوثامى, Qûtâmî, und bemerkt dabei nach dem einzigen Leidner Codex[48], in dem allein diese Stelle vorkommt: وانا من القوفانيين فاعلموا ذلك ثم من السورانيين السريانيين, d. h. «und ich bin von den Qûfânern — und wisset dieses! — dann von den syrischen Sûrânern». Der Sinn die-

---

45) Vgl. über diese Stadt مراصد ed. Juynboll II. p. ٢١٩ s. v. u. Ssabier II. p. 695, Anmk. 162.

46) باجَرْما مراصد I. p. ١١٤ f. s. v. ist nach Jâqût im ;قرية من اعمال البليخ قرب الرقّة من الجزيرة diese Angabe ist aber falsch; denn diese Stadt wird unzählige Mal in unserm Buche erwähnt und es kann nicht zweifelhaft sein, dass damit eine Stadt oder vielmehr eine Provinz gemeint sei, welche östlich vom Tigris und nördlich vom kleinen Zâb liegt, und die offenbar mit dem Bêt-Garmê der Syrer identisch ist; vgl. Ssabier II. p. 697 f. Anmk. 181.

47) Ich kann nicht umhin hier eine darauf bezügliche Stelle mitzutheilen. Sie lautet (Cod. L. b. p. 213, Cod. L. e. p. 162 u. Cod. P. fol. 228, b. f.) wie folgt: وقد كانت امراة من بعض نسآء اكرتى بطيرناباذ (sic) فى ضيعتى الكرم الذى لى بها جاءت الى مدينة بابل فاخبرتنى انّها رأت فى النوم امراة زعمت طويلة بيضآء عجوز تقول لها امضى الى قوثامى عالج الكرم اذا سقم وانقطعت ثمرته بمآء الفجل المعتصر منه صبه فى اصولها ورش عليها من مآئه فانّه يشفيها فتقدّمتُ اليها ان ترجع الى طيرناباذ وتخبر رئيس اكرتى بذلك وتقول له عنّى ان اعمل هذا بكروم كان قد نالها هذا السقم هناك ثم غفلتُ فلم اذكر هذا وكان هذا الاكار الذى لى فى تلك الضيعة رجلاً محصلاً جيّد العقل فلم يلتفت الى منام المراة ولم يعالج ما سقم من كرومى وكانت ثلاثة قد نالها السقم بشئ ممّا وصفت المراة من العلاج غير علاج ضغريث بل عالجها باستيصالها البتّة كما وصف ضغريث وكسحها ثلاثتها وطمّها حتى نبتت فكان من امرها ما كان فلمّا صرتُ الى الضيعة بعد زمان سألته عن الكروم السقيمة وعن منام المراة فجعل يهزأ بالمراة ومنامها وقال قد عالجتها بما ذكره ضغريث لانّه ابلغ ما يعالج به السقيمة ولم ار علاجها بغيره .وقد نبتت فروعا جيادا فحمدته على ذلك وجزيته خيرا الخ Qûtâmî bemerkt dann weiter: er habe es selber eingesehen, dass der Traum jener Frau unsinnig sei; er giebt aber den Grund an, wesshalb er sie an seinen Verwalter verwiesen hat.

48) Cod. L. a. p. 92.

ser Stelle ist nicht ganz klar und auch die Lesart القوفانيين, Qûfâner, die Ewald veranlasste,
an das bekannte Kûfah, das auch Kûfân hiess, zu denken[49], ist unsicher. In der oben angeführten Stelle[50] nennt sich Qûtâmî nach dem Leidn. Cod. الموماى, nach dem Upsal. Cod. aus
dem 10. oder Anfang des 11. Jahrh. n. Chr. الموقاى und nach dem Pariser Cod. ganz deutlich القوقاى, el-Qûqâï. Ein anderer Chaldäer, Namens Jârbûqâ, der das oben erwähnte
Werk «über Gifte» (كتاب السموم) schrieb, wird an einer Stelle in dem einzigen mir bekannten
Leidn. Cod. القوفاى, el-Qûfâï, genannt; aber der Punkt über dem ف ist ziemlich gross und es
könnte auch sein, dass es ein ق ist und daher el-Qûqâï gelesen werden muss. Dieses Buch
«über Gifte» wird auch von 'Hag'g'î Chalfa erwähnt und in der Flügelschen Ausgabe[51]
lautet der Name des Verfassers ياربوقا الفوقائى, Jârbûqâ el-Fûqâjî. Dieses scheint für die Lesart des Par. Cod. القوقاى, el-Qûqâï, zu sprechen, da das erste ق, q, ziemlich sicher steht. Im
Talmûd kommt allerdings an zwei Stellen[52] ein קופאי vor, das als Name eines Ortes gedeu-
tet wird; aber der Lexicograph des 11. Jahrh., Rabbî Natan ben Jechiël las an beiden
Stellen קיפאי statt קופאי und bemerkt auch, dass Manche dieses קיפאי an der einen Stelle
nicht als Ortsname, sondern in der Bedeutung «Weinstöcke» auffassen, für welche Erklärung er auch einen Beleg anführt; zur zweiten Stelle bemerkt er, dass es eine Lesart כיפי (wie
es auch in unsern Ausgaben steht) statt קופאי gebe, welches erstere in der Bedeutung «Brücke»
aufzufassen sei. Dieses קופאי ist also jedenfalls ganz unsicher und kann daher nicht als Mittel
zur Aufklärung unserer zweifelhaften Lesart dienen. Folgende Gründe veranlassen mich aber
zu der Annahme, dass an unserer Stelle القوقانيين, Qûqâner, zu lesen ist: 1) ein anderer
chaldäischer Gelehrter aus Babylon, Namens Tenkelûschâ, Verfasser des gleichfalls oben erwähnten genethliologischen Werkes, wird in dem einzigen mir bekannten Leidner Codex auf
dem deutlich geschriebenen und vocalisirten Titelblatte und dann auch auf der ersten Seite am
Anfange des Buches ebenfalls القُوقَانِي, el-Qûqânî, genannt. 2) In dem erwähnten Buche
«über Gifte» ist an sechs verschiedenen Stellen von التفاح القوقاى, «Qûqâïschen Aepfeln»,
die Rede, die ohne Zweifel nach dem Orte, wo sie wuchsen, so benannt wurden, da dieses
Epitheton sonst gar keine Bedeutung hat. Man sieht also daraus, dass auch hier offenbar
القوقانيين, Qûqâner, zu lesen ist und dass dieser Name von einer Stadt, welche قوقا, Qûqâ,
hiess, abzuleiten ist, wesshalb jenes Nisbah auch bald القوقانى, el-Qûqânî, und bald القوقائى,
el-Qûqâjî, heisst. Welche Stadt mit diesem قوقا, Qûqâ oder Qôqâ, gemeint ist, kann ich
nicht näher angeben; zunächst aber, glaube ich, müsste man an das bekannte Koche am
Tigris denken; denn es könnte wohl sein, dass Qôqâ in der spätern Zeit oder in einem andern
Dialecte in Koche erweicht wurde. Aber in welcher Beziehung kann Qûtâmî mit den Qûqâ-

---

49) In seinem Aufsatze in den Göttinger Nachrichten, betitelt: Bemerkungen über die nabathäischen
Schriften und eine beabsichtigte Herausgabe derselben; Nr. 9 u. 10, 1857, p. 160.

50) Vgl. oben p. 352 u. ib. Anmk. 34.

51) Bd. V. p. 95, Nr. 10194.

52) Tract. Babâ-Batrâ fol. 24, a. Berakôt fol. 31, a.; vgl. 'Arûk s. v. קפא.

nern gestanden haben und welchen Sinn haben jene Worte: «ich bin von den Qûqânern —
und wisset dieses! — dann von den syrischen Sûrânern»? Stammt er etwa ursprünglich aus
der Stadt Qûqâ und ist dann nach Sûrâ am Euphrat ausgewandert? Dies kann nicht sein;
denn erstens hätte er noch hinzufügen sollen: «und zuletzt von den Babyloniern», da er, wie bemerkt, in Babylon ansässig war, und dann bleibt die Frage, wozu er noch die bedeutungsvollen
Worte: «und wisset dieses!» hinzufügte, nachdem er sich als einen der Qûqâner angekündigt
hatte? Wir glauben daher, dass Qût'âmî hier nicht den Ort, woher er stammt, sondern die
Schule, zu der er gehörte, angeben wollte. Qût'âmî kündigt es desshalb bedeutungsvoll an, dass
er zuerst der Schule der Qûqâner angehörte und dann zu der der Sûrâner übergegangen sei.
Es ist nämlich bekannt, dass die Chaldäer sich in verschiedene Schulen theilten, z. B. in
Orchener, Borsippener, Hipparener und viele andere, deren Namen uns nicht überliefert
wurden. Strabo erwähnt die beiden zuerst genannten Schulen und bemerkt ausdrücklich, dass
es ausser diesen noch mehrere andere Schulen der Chaldäer gebe[53]. Es könnte also sein, dass
es in Qûqâ oder Koche eine besondere chaldäische Secte oder Schule gab, die sich nach
dieser Stadt benannte. Aus der Bedeutung der Stadt Koche in der christlichen Zeit, als eins
der Hauptcentren der orientalischen Kirche, kann man vielleicht auch auf die geistige Bedeutung dieser Stadt in der heidnischen Zeit schliessen; denn in der Regel bildeten sich aus den
früheren heidnischen Centralstädten Centren der christlichen Kirche.

Was nun aber Sûrâ anbetrifft, so weiss ich es bestimmt, dass diese Stadt in der frühern
und selbst in der frühesten Zeit ein Hauptsitz der chaldäischen Cultur und Gelehrsamkeit war.
Viele der ältesten und bedeutendsten Gelehrten nämlich, die Qût'âmî citirt, sind Sûrâner,
und es giebt sogar eine Menge Indicien, welche deutlich darauf hinzeigen, dass in der ältesten
Zeit nicht Babylon, sondern Sûrâ der Haupt- und Centralsitz der altchaldäischen Cultur war[54].
Für die grosse Bedeutung Sûrâ's spricht auch der Umstand, dass Qût'âmî von den Sûrânern so spricht, als wenn sie einen besonderen bedeutenden Stamm gebildet hätten, und er
sagt daher an einer Stelle: die Kana'anäer, Chaldäer, Sûrâner u. s. w. gehören alle zu den
Nachkommen Adams. Es ist übrigens auch möglich, dass Orchoe, wo nach Strabo eine
chaldäische Schule war, mit Sûrâ identisch ist, wenigstens streiten die Angaben über die geo-
graphische Lage dieser Städte nicht gegen unsere Vermuthung über die Identität dieser beiden Localitäten[55].

Was aber den Ausdruck: «von den syrischen Sûrânern» anbetrifft, worin Ewald[56] eine
Anspielung auf griechische Zeiten findet, da der Ausdruck «syrisch» doch sicher griechisch ist,
so zweifle ich nicht daran, dass dieser Ausdruck von Ibn-Wa'hschijjah herrührt und dass im
Original ein anderes Wort, etwa ארמי dafür stand, das Ibn-Wa'hschijjah durch السريانيين

---

53) S. Strabo XVI. p. 734.

54) Ich werde diesem Punkte in meiner «historischen Einleitung» eine besondere Aufmerksamkeit widmen und
werde die Frage über die südchaldäische vorbabylonische Cultur, auf welche die Ruinen dieser Gegend die Aufmerksamkeit der Forscher hingelenkt haben, ausführlich behandeln.

55) Die nähere Erörterung dieser Vermuthung behalte ich mir für eine andere Gelegenheit vor.

56) In dem oben Anmk. 49 erwähnten Aufsatz, p. 161.

übersetzt hat. Die Bedeutung des Zusatzes אִרְמִיא, oder wie dieser im Original geheissen haben mag, wird aber wohl einfach die sein, dass Qûtâmî damit anzeigen wollte, welche Sûrâner er hier meint; denn es gab bekanntlich verschiedene Städte, welche den Namen Sûrâ führten[57].

Nachdem wir nun nachgewiesen haben, dass Qûtâmî der einzige Verfasser des ganzen Werkes ist, bleibt uns noch die eben so schwierige als wichtige Frage zu erörtern: zu welcher Zeit ungefähr hat Qûtâmî sein grosses Werk abgefasst? Wir sagen «ungefähr» weil von einer ganz genauen und zugleich sichern Zeitbestimmung, wie wir dieses etwa bei den meisten griechischen und römischen Autoren bestimmen können, hier keine Rede sein kann.

Es ist zu bedauern, dass wir das Original dieses Werkes nicht mehr besitzen und dass Ibn-Wa'hschijjah die alten Städte-, Länder- und Völkernamen durch neue, zu seiner Zeit bekannte ersetzt hat; denn dadurch gehen uns eine Menge Kriterien verloren, die wir in der Sprache selbst, dann in der Erwähnung und in dem Gebrauche gewisser Namen, und in dergleichen andern Umständen hätten finden können. Die in diesem Buche theils geschilderten, theils aber auch nur angedeuteten Zustände sind daher die vorzüglichen Hülfsmittel, durch welche die Abfassungszeit approximativ festgesetzt werden kann.

Quatremere, der zu der Zeit, als er sein berühmtes *Mémoire sur les Nabatéens* (in Nouv. Journ. As. t. XV. 1835) veröffentlichte, nur etwas über ein Drittel des ganzen Werkes vor sich hatte, widmet demselben in dieser Abhandlung 14 Seiten, wo er p. 231—235 über die Abfassungszeit seine Vermuthungen ausspricht. Wir wollen hier seine Beweisgründe für das hohe Alter dieses Werkes, für dessen Abfassungszeit er ungefähr die Epoche Nebûkadneçars, also etwa die erste Hälfte des 6. Jahrh. v. Chr. annimmt, der Reihe nach anführen und an einen jeden derselben unsere Bemerkungen anknüpfen.

1) Der Verfasser, sagt er, spricht von verschiedenen Religionen des Orients, ohne des Christenthums auch nur mit einer Sylbe zu gedenken.

Quatremère trägt dieses Argument etwas schüchtern vor, weil er damals, wie bemerkt, nur ungefähr ein Drittel des ganzen Werkes vor sich hatte und er also nicht wissen konnte, ob in den anderen ihm nicht zugänglichen Theilen gleichfalls von dem Christenthume nicht die Rede ist. Ich habe aber fast das ganze Werk vor mir (nur gegen 35 Blätter fehlen, die leider durch keine der in Europa befindlichen Handschriften zu ersetzen sind[58]), und ich kann auf das Bestimmteste versichern, dass im ganzen Werke auch nicht die allerentfernteste Anspielung auf das Christenthum sich findet; dass dies auch in den fehlenden 35 Blättern der Fall ist,

---

57) Vgl. مراصل II. p. ٤٤ s. vs. u. Ritter, Erdkunde, Index zu den Bänden VII.—XV. p. 485.

58) In dem vollständigen Leidner Exemplar Nr. 303, *a. u. b.* fehlen am Ende des I. Bandes 40 Blätter, von denen nur etwa fünf durch Cod. L. *c.* u. Cod. P. zu ergänzen sind. Jene 40 Blätter sind erst in Leiden verloren gegangen; der freundliche und gefällige Hr. Prof. Juynboll und dessen Adjunct Hr. de Jong hatten die Güte sich alle mögliche Mühe zu geben, um jene verloren gegangenen Blätter aufzufinden, leider ist ihre Bemühung nicht mit dem erwünschten Erfolg gekrönt worden, und Hr. Prof. Juynboll schrieb mir unlängst, «que cette perte sera irréparable». In diesen verloren gegangenen Blättern findet sich Einiges über den Baum der Erkenntniss des Guten und des Bösen, über die Schlange und noch manches dem Aehnliches, das Maimonides vor sich hatte (s. Ssabier II. p. 460, §. 13.) und das uns den Verlust dieser Blätter um so schmerzlicher empfinden lässt.

davon bin ich im Voraus vollkommen überzeugt. Aber dieses Argument überhaupt beweist nur, dass dieses Werk nicht später als im 1. oder 2. Jahrh. nach Christus verfasst sein kann.

2) Ein so vollständiges und voluminöses Werk, bemerkt Quatremère ferner, in welchem die ganze Landwirthschaft in solcher Ordnung, mit solcher Methode und so in alle Einzelnheiten eingehend, behandelt wird, dass gar nichts zu wünschen übrig bleibt, kann nur zu einer solchen Zeit abgefasst worden sein, wo die Bodencultur in Babylonien sich auf einer hohen Stufe der Vollkommenheit befand; dies war aber um die Zeit Christi, ja sogar schon seit Alexander dem Makedonier nicht mehr der Fall: denn seit dieser Zeit waren viele Kanäle verstopft, ein Theil des früher blühenden Landes wurde in Sümpfe verwandelt u. s. w.

Es ist wahr, dass das Werk das demselben von Quatremère gespendete Lob vollkommen verdient, und wer das ganze Buch kennt, muss mit wahrhafter Bewunderung von der grossartigen Anlage und Durchführung dieses Werkes sprechen, das unendlich höher steht als alle uns bekannten Werke des Alterthums ähnlichen Inhalts. Aber dennoch kann man aus diesem Argument keine Folgerung auf das hohe Alter des Buches ziehen; denn man sieht aus den, aus verschiedenen Gegenden Babyloniens herrührenden Schriften der Rabbinen aus der Zeit der Sâsâniden, so wie auch aus den Schilderungen des Ammianus Marcellinus, dass der Ackerbau daselbst auch zu dieser Zeit noch in hoher Blüthe stand und dass ein grosser Theil der Bevölkerung sich auch noch zu dieser Zeit mit Ackerbau fleissig beschäftigt hat. Bedenkt man, dass Babylonien von jeher ein sehr fruchtbares, für den Ackerbau besonders geeignetes Land war, ferner, dass Qûtâmî eine grosse Menge von Vorgängern citirt, die lange vor ihm gelebt haben, so wäre es immer möglich, dass ein so vortreffliches Werk über Agricultur erst zur Zeit der Sâsâniden abgefasst worden wäre. — Von grösserem Gewichte dagegen ist folgendes Argument Quatremère's:

3) .....«L'auteur de l'Agriculture nabatéenne, sagt er, nous représente Babylone comme étant, à l'époque où il écrivait, une ville florissante, chef-lieu de la principale religion de l'orient. Il raconte les entrevues qu'il avait eu avec différents personnages dans plusieurs temples de cette capitale». Es ist bekannt, fügt er hinzu, dass Babylon durch die Gründung von Seleucia einen Schlag bekam, von dem jene Stadt sich niemals mehr erholen konnte und dass sie zur Zeit der Arsaciden in gänzlichen Verfall gerieth, so dass sie zuletzt ganz aufhörte den Namen einer Stadt zu führen.

Dieses Argument ist jedenfalls sehr schlagend, man kann aber daraus doch keine so starke Folgerungen ziehen, wie es Quatremère gethan hat. Es stehen nämlich folgende Punkte fest: Qûtâmî war ein reicher Gutsbesitzer und wohnte in der Stadt Babel, was er bei verschiedenen Gelegenheiten ausdrücklich sagt[59]; diese Stadt war zu seiner Zeit noch offenbar eine sehr bedeutende und er erwähnt wirklich einige Tempel, die sich zu seiner Zeit in der

---

59) Vgl. oben Anmk. 47, p. 359.

Stadt Babel befanden[60]. Aber aus diesen Umständen wagte ich (in den Nachträgen zu den Ssabiern II. p. 910) nur das zu folgern, dass Qûtʿâmî «nicht später als im 2. Jahrh. vor Christus schrieb»; denn ich dachte, dass, nachdem der parthische Satrap Himerus (oder Evemerus) etwa gegen 130 *vor* Chr. Babylon völlig ruinirt hatte[61], diese Stadt dann noch unmöglich in dem Zustande sich habe befinden können, wie wir sie aus der Schrift Qûtʿâmis kennen lernen. Weitere Folgerungen glaubte ich damals, wo ich das Buch noch nicht näher kannte, nicht machen zu dürfen. Dass die Stadt Babylon zur Zeit Qûtʿâmis «chef-lieu de la principale religion de l'Orient» war, habe ich übrigens aus unserm Buche nicht herausfinden können. Wir werden aber weiter unten ein ähnliches Argument für das hohe Alter unseres Werkes anführen, und zwar nicht aus der Art und Weise wie die Stadt Babylon, sondern wie das Land Babylonien und die Babylonier darin geschildert werden. — Quatremère bemerkt ferner:

4) der Verfasser spricht von Nineveh als von einer noch existirenden Stadt, und während er von verschiedenen babylonischen Städten häufig spricht, erwähnt er die von den Seleuciden gegründeten Städte, wie z. B. Seleucia, Apamia, Ctesiphon u. s. w., mit keiner Sylbe. Desgleichen findet sich nicht die geringste Anspielung auf die Seleuciden oder Arsaciden, noch der Sâsâniden, so wie er auch keines griechischen oder römischen Schriftstellers gedenkt.

Dieses Alles ist allerdings an und für sich vollkommen richtig; Antiochien (Anthakia) wird zwar erwähnt, aber dieser Name rührt sicher, wie so viele andere neue Städte- und Ländernamen, von Ibn-Waʾhschijjah her. Quatremère's Folgerung über das Alter des Werkes könnte aber blos durch den Umstand gestüzt werden, dass Nineveh darin als eine noch existirende Stadt erwähnt wird, dieses aber beweist eben nichts; denn abgesehen davon, dass der Kaiser Claudius ungefähr auf der Stelle des alten Nineveh eine Stadt gründete, welche Claudiopolis und auch Colonia Niniva hiess[62], dass ferner auch in der späteren Zeit an derselben Stelle eine Stadt Nineveh existirte[63], will ich hier bemerken, dass das in unserm Werke erwähnte Nineveh fast immer نينوى بابل, «Nineveh-Babel», d. h. das babylonische Nineveh, oder auch نينوى الجزيرة, Nineveh-el-Gʿezîrah, genannt wird, und dass Ibn-Waʾhschijjah mit der grössten Bestimmtheit behauptet, dieses hier erwähnte Nineveh sei nicht die gegenüber

---

60) Qûtʿâmî erwähnt verschiedene Tempel der Stadt Babel, in denen er sich bei verschiedenen Gelegenheiten befand, so z. B. den هيكل الشمس, in dem er sich am عيد ميلاد الزمان befand, den بيت الصور العقليّة in dessen Nähe er an demselben Tage kam (vgl. Ssabier II. p. 913), dann den هيكل دواناى ببابل, den er am عيد ذكران دواناى besucht hat, u. dgl. andere.

61) S. Diodor. Fragm. XXXIV. et XXXV. 21. ed. Didot. II. p. 544 u. Fragm. hist. Gr. ed. C. Müller III. p. 250, 21. u. vgl. die ib. angeführte Stelle aus Justin. XLII. 1. u. die Abhandlung von de Sainte-Croix, sur la ruine de Babylon, in den Mémoires de l'Académie Royale des Inscript. et belles-lettres, t. 48, Paris 1808, p. 17 ff.

62) S. Ssabier I. p. 380.

63) S. Journ. As. 1849, Avril — Mai, p. 349. Auch im Talmûd wird die Stadt Nineveh an zwei Stellen (Tr. Ta'anît fol. 14, *b.* u. Tr. Jômâ fol. 78, *b.*) als noch existirend erwähnt.

von Maussil liegende berühmte Stadt, sondern eine gleichnamige Stadt, welche auf der vom Tigris und den beiden Zâbflüssen gebildeten Halbinsel lag, zu Babylon gehörte und von Nabathäern (d. h. Aramäern) und Kurden bewohnt war[64]. Woher Ibn-Wa'hschijjah dies weiss, giebt er nicht an, jedenfalls aber kennen selbst die spätern Geographen zwei Städte, welche den Namen Nineveh führten[65]. Dass die von den Seleuciden erbauten Städte nicht erwähnt werden, beweist hier gleichfalls nichts; denn die Orientalen bedienten sich selten der griechischen Städtenamen und die von den Griechen grösstentheils nicht ganz neu angelegten, sondern erweiterten und modernisirten alten Städte wurden von der einheimischen Bevölkerung fast immer mit den einheimischen alten Namen benannt[66]. Dagegen ist der Umstand, dass sich nicht die leiseste Anspielung auf die Seleucidenherrschaft (geschweige die der Arsaciden) findet, beachtenswerth, und wir werden unten etwas Aehnliches anführen. Griechische und römische Schriftsteller werden gleichfalls nicht erwähnt, aber daraus kann man keine bestimmte Folgerung hinsichtlich des Alters eines babylonischen Schriftstellers ziehen.

    5) La Composition, sagt Quatremère endlich, d'un si grand corps d'ouvrage, écrit en langue chaldaïque, suffirait seule, je crois, pour démontrer qu'à l'époque où il fut publié la Babylonie n'était point soumise à une domination étrangère, et que ses habitants, tranquilles et heureux, pouvaient se livrer sans inquiétude aux travaux multipliés que réclament les pratiques et les perfectionnements des méthodes d'une agriculture florissante».

Dieses Argument gleicht dem zuerst erwähnten und ist eben so wenig stichhaltig wie dieses: ja wir werden sogar weiter unten nachzuweisen suchen, dass dieses Buch zu einer Zeit abgefasst wurde, als die Babylonier einer *domination étrangère* unterworfen waren und unter dem Druck und überwältigenden Einfluss der Eroberer nichts weniger als glücklich lebten.

Aus diesen Argumenten will nun Quatremère folgern, dass das Buch in der blühendsten Periode Babyloniens abgefasst wurde, und zwar, wie er meint, zwischen der Zeit des Belesis, des Befreiers von Babylonien vom Joche der Assyrer, und der Eroberung Babylons durch Cyrus, wo ihm die Zeit des grossen Nebûkadneçar als die passendste für die Abfassung eines so grossartigen Werkes scheint. Wir haben aber eben nachgewiesen, dass die meisten seiner Argumente überhaupt nicht stichhaltig sind, und dass die eben angeführte Folgerung selbst aus den begründeteren Beweisen nicht gemacht werden könne[67].

---

64) Die betreffende Stelle theilt Quatremère im Journ. d. Sav. 1848, p. 611 mit, vgl. ib. p. 565 ff. u. p. 612 f.

65) S. مراصد II. p. ٢٤١ s. v. u. die ib. Anmk. 11. von Juynboll angeführten Stellen. Die Angabe, dass es eine ناحية نينوى in der Nähe von كربلا (vgl. Journ. des Sav. 1848, p. 566 f.), also diesseits des Euphrats, gab, ist sicher falsch; denn das in unserm Buche so oft erwähnte نينوى بابل hat bestimmt nicht an dieser Stelle, sondern östlich vom Tigris in der Nähe der kurdischen Gebirge gelegen. Es müsste dann drei Städte Namens Nineveh gegeben haben, was nicht ganz wahrscheinlich ist.

66) S. Ssabier I. p. 352 u. ib. Anmk. 4.

67) In dem von Barthélemy Saint-Hilaire abgefassten Nekrolog von Quatremère (Journ. des Sav. 1857, p. 708 ff.) findet sich am Schlusse die Notiz, dass in dem Quatremère'schen Nachlass ein druckfertiges Mémoire über

Ich bedauere sehr, dass ich mich genöthigt sah, hier gegen einen Heros der orientalischen Wissenschaft aufzutreten, der meines Lobes nicht bedarf und der mir leider nicht mehr antworten kann; aber ich halte es für meine Pflicht die Untersuchungsacten selbst, so zu sagen, der gelehrten Welt zur Prüfung vorzulegen, und in diesem Falle musste ich mich zuerst über die Richtigkeit oder Unrichtigkeit der schon gegebenen Data aussprechen, da Niemand noch mit den eigentlichen Quellen so vertraut ist wie ich und Niemand daher die Argumente Quatremère's so beurtheilen kann wie ich. Ich werde nun meine Argumente für das hohe Alter unseres Buches zur Prüfung vorlegen, wobei ich von unten anfange und immer weiter hinauf gehe, bis ich bei der Zeitperiode angelangt sein werde, in welche die Abfassungszeit, meines Erachtens, unzweifelhaft fällt. Ich könnte mir allerdings den weiten Weg ersparen und gleich die Könige nennen, welche zur Zeit Qûtâmis Babylonien beherrscht haben; man würde auch dann gleich sehen, dass dieselben weder Sâsâniden, noch Arsaciden, noch Seleuciden, noch Perser oder Assyrer waren; da aber ein Mann wie Ewald die Vermuthung ausgesprochen hat[68], dass einzelne Stellen von älteren Schriftstellern als Qûtâmî herrühren können, ohne dass dies von demselben bemerkt worden sei, so will ich meine Argumentation nicht mit einigen wenigen Stellen begründen, sondern will zuerst aus dem Eindrucke des ganzen Buches beweisen, dass Qûtâmî zur Zeit der eben erwähnten Dynastien nicht geschrieben haben kann. Ich muss daher auch zuerst eine allgemeine Bemerkung vorausschicken.

Qûtâmî war zwar ein vollkommen selbstständiger Schriftsteller, der die Ansichten seiner Vorgänger einer strengen Prüfung unterwirft; aber er citirt dabei auch eine grosse Menge von Schriftstellern, die theils direct, theils indirect über seinen Gegenstand vor ihm geschrieben haben. Qûtâmî citirt auch seine Vorgänger mit einer fast modernen Genauigkeit; der Anfang eines Citats ist immer genau bezeichnet, desgleichen das Ende der längeren Citate; der Schluss

---

«die nabathäische Landwirthschaft» sich finde. Ich war natürlich sehr begierig den Inhalt dieses Mémoire kennen zu lernen und schrieb desshalb an Hrn. Prof. Fleischer. Dieser wandte sich an Hrn. Halm, Bibliothekar der Münchener öffentlichen Bibliothek, welche bekanntlich die Quatremère'sche Bibliothek an sich gekauft hat. Hr. Halm hatte die Güte jenes angeblich druckfertige Mémoire Hrn. Fleischer zuzusenden; bei meiner letzten Durchreise durch Leipzig, im Juni 1858, habe auch ich dasselbe einige Stunden in Handen gehabt. Ich überzeugte mich bald, dass dieses Mémoire nicht nur nicht druckfertig, sondern kaum begonnen ist. Das Ganze besteht aus einem Paket von 108 Blättern in 4°
und enthält Folgendes: Pag. 1—120 unzusammenhängende wörtliche Auszüge aus der «nabath. Landwirthschaft», gemacht nach den Leidn. Codd. Nr. 303, a. u. b., ohne Varianten oder sonst irgend welche Verbesserungen und auch nicht irgenwie sachlich geordnet, sondern nur der Reihe nach ausgezogen, wie sie sich in jenen Codd. finden. Pag. 121—126, Zeile 13, findet sich eine ziemlich treue Uebersetzung der Vorrede Ibn-Wa'hschijjahs. Pag. 126, Zeile 14 bis p. 127, Z. 10. wird die Vermuthung ausgesprochen und kurz begründet, dass das Original in chaldäischer Sprache abgefasst war; — in dieser Begründung habe ich keine neue mir unbekannte Momente gefunden —. Pag. 127, Z. 11 bis zu Ende dieser Seite findet sich der Anfang einer Untersuchung über die Verfasser des Buches, die sich auf die oben (p. 348) mitgetheilte Angabe Ibn-Wa'hschijjahs basirt. Pag. 129—132 wird behauptet, aber nicht bewiesen, dass Qûtâmî nicht der Verfasser sei, obgleich er مُؤَلِّف الكتاب heisst; darauf werden einige Stellen aus der «nabathäischen Landwirthschaft» über Dhagrît wörtlich mitgetheilt. Pag. 133—214 findet sich eine wörtliche Abschrift des Capitels aus der «nabathäischen Landwirthschaft», welches von der Palme handelt; der Schluss dieses Capitels fehlt. Pag. 215 enthält die Uebersetzung der ersten Zeilen dieses Capitels. Das Ganze enthält also nur einen Theil des Materials zu einem Mémoire und die Seiten 126, 127 u. 129—132 enthalten kaum den allerersten Anfang eines solchen.

68) In dem oben Anmk. 49, p. 360 angeführten Aufsatze p. 143 f. u. 156 f.

der kürzern ist nur in wenigen Fällen nicht erkennbar. An einigen Stellen, wo er das Citat als solches zu bezeichnen vergass, beeilte er sich am Ende des Satzes nachträglich zu bemerken, dass die eben angeführten Worte von diesem oder jenem Schriftsteller herrühren. An einer anderen Stelle bemerkt er auch: das eben Gesagte rühre von diesen drei Schriftstellern (die er namhaft macht) her, die er aber desshalb nicht einzeln citirt hat, weil sie in diesem Punkte übereinstimmend sprechen. An einer anderen Stelle citirt er ein Werk eines alten Chaldäers über den Weinstock und die Palme ohne den Namen des Verfassers zu nennen, und er fand es für nöthig zu bemerken, dass er denselben nicht kenne, weil der Name des Autors in dem Buche nicht angegeben sei. Qûtâmî sagt auch im Schlusscapitel an zwei verschiedenen Stellen ausdrücklich, dass er immer das seinen Vorgängern Entnommene mit Angabe der Quelle, aus der er dasselbe geschöpft hat, anführe[69], und man kann hierin Qûtâmî Glauben schenken; denn das ganze Buch spricht für die Wahrheit dieser Angabe. Jede Stelle also, die nicht ausdrücklich als Citat bezeichnet ist, muss desshalb als von Qûtâmî herrührend angesehen werden, und ich halte es geradezu für undenkbar, dass der Mann, der überall so sorgfältig citirt, gerade an einigen Stellen, wo noch obendrein der Autor von sich in der ersten Person spricht, ohne Nennung seiner Quelle gedankenlos abgeschrieben haben sollte. — Dies vorausgeschickt, wollen wir anfangen die Zeit aufzusuchen, wann Qûtâmî geschrieben haben kann, und zwar fangen wir, wie bemerkt, von unten an.

Es ist schon bemerkt worden, dass im ganzen Buche des Christenthums mit keinem Worte erwähnt wird; dies könnte allerdings ein Zufall sein, wenn auch ein sehr auffallender; aber wir fügen hier hinzu, dass Qûtâmî vom Christenthume keine Ahnung hatte[70]; ja wir werden

---

69) Am Anfange des Schlusscapitels bemerkt Qûtâmî (Cod. L. b. p. 594): شرحنا فيه (يعني فى كتاب الفلاحة)

اشياء سلفت لنا فى كلامنا على معنى شتّى من اول الكتاب الى موضعنا هذا ذكرنا فى اول الكتاب خواصّ الزيتون فتلك الخواصّ بعضها مجرّب وقسنا على صحّته بالتجربة وبعض ذكره جماعة من القدماء فى كتبهم ممن لا نشكّ فى صدق اكثرهم واكثر ذلك ومعظمه على هذا النصّ أخذنا لاكثرها من جهة الخبر ومن طريق التقليد لمن قاله وتركنا ان نذكر من ذلك اشياء كثيرة سطرها قوم فى كتبهم ليس هم عندنا فى الثقّة كاوليك الذين بدأنا بالحكاية عنهم فتركنا من كان من هذا سبيله البتّة فلم نأت منه بحرف كراهة الكثير مما فى قلوبنا الشكّ فيه والغالب عليه انّه محال. Man sieht auch daraus, wie selbstständig Qûtâmî verfuhr

und wie er sich von seinen Vorgängern nicht beirren liess, welches Verfahren er selbst gegen Janbûschâd beobachtet, den er unter allen seinen Vorgängern am meisten verehrte. An einer anderen Stelle (l.c.p.610) bemerkt er gleichfalls: er habe nicht Alles mitgetheilt, was er bei seinen Vorgängern fand, ورسمنا اشياء هى كالاصول وان كان فيها خلاف فانّه لم يكن بدلنا من ذكره لأنا وجدناه فى كتب القدماء كما حكيناه فلذلك اسندنا كل واحد الى قائله.

70) Qûtâmî theilt (Cod. L. a. p. 404) einen abergläubischen Gebrauch der Babylonier mit, der mit dem Glauben zusammenhängt, dass ein gewisser Geist in der Gestalt eines alten Weibes, das خادمه الزهرة genannt wird, in der

weiter unten sehen, dass er offenbar auch vom Judenthume nichts wusste, obgleich die Zahl der Juden in Babylonien seit Nebûkadneçar sehr gross war.

Der Arsaciden und der Parther als Beherrscher des Landes wird gleichfalls mit keinem Worte gedacht. Ein Volk, Namens الفهلوية, Pehlewîer, wird allerdings erwähnt, aber man weiss bis jetzt nicht, dass es ein Volk gab, welches diesen Namen führte, und wir wissen auch nicht genau, in welche Epoche und in welche Gegend wir die Existenz dieses Volkes zu setzen haben. Es ist übrigens auch möglich, dass dieser Name von Ibn-Wa'hschijjah statt eines anderen älteren Namens substituirt wurde. An einer anderen Stelle wird die Pehlewî-Sprache als ein persischer Dialect erwähnt, aber einerseits können wir nicht die Zeit bestimmen, wann dieser Dialect sich gebildet hat, andererseits aber muss ich bemerken, dass die Stelle, wo der Pehlewî-Sprache gedacht wird, aller Wahrscheinlichkeit nach, eine in den Text eingeschobene Glosse von späterer Hand ist; denn sie unterbricht den Lauf der Rede und befindet sich augenscheinlich an einem unpassenden Orte, wodurch sie sich als eine an unrichtiger Stelle eingeschobene Glosse verräth[71].

Neujahrsnacht einen Jeden besuche, u.s. w. Qût'âmî macht sich lustig über diesen Aberglauben und bemerkt zuletzt:

وهذه العجوز من أين جاءتنا وما هى وما هذه الاعجوبات كلّها الّا فى اتّباع ايشيثا لانّهم الاكثر والجمهور فى اقليم بابل والجزيرة والشام وفيما قرب من اقليم بابل وجاوره من البلدان فقد ظهرت شريعتة (يعنى شريعة ايشيثا) على جميع الشرائع واظنّها ستبقى هكذا على الدهر فاشية فى جميع اجيال النبط وستبقى كما قلت ابدًا.

Man sieht also deutlich, dass die Religion des Îschîtâ, d. h. der Sterncultus mit allem dem, was daran hängt, zu seiner Zeit die grösste Verbreitung erlangt hatte und dass Qût'âmî noch nicht im Entferntesten an die Möglichkeit dachte, dass diese Religion durch eine andere neue, auf ganz entgegengesetzten Principien beruhende Religion vernichtet und in Vergessenheit gerathen würde.

71) Die betreffende Stelle lautet Cod. L. *a.* p. 110 wie folgt: باب ذكر شجرة الزعرور (زعرور) erklärt E. Meyer l. c. III. p. 73, durch *Crataegus Azarolus,* da aber dieser Baum persisch الغيزران heisst, so scheint es *prunum sylvestre* zu sein) هذه الشجرة تنبت فى الجبال وعلى الصخور والحجارة والفرس يسمّونها دواسيه ولنا فى لغاتنا (dieses Ausdrucks bedient sich auch Ibn-Wa'hschijjah, wenn er von der Sprache der Chaldäer od. Nabathäer spricht) لها اسماء كثيرة فانّ اسمها عند الجرامقة بلغتهم غير اسمها عند الكسدانيين وهى تحمل حبًّا احمر واصفر شديد الحمرة والصفرة وربّما سمّاها بعض الفرس العيزران (الغيزران .ا) وذلك بلغة الفهلوية او بلغة اخرى من لغات الفرس وربّما سمّوها ايضا دواهيشو وقد تسمّى بلغة البيالقة السبع (sic) وفى جوف حبّها الذى تحمله النخ

Man sieht deutlich dass die Worte السبع — وربّما سمّاها بعض nicht an der rechten Stelle stehen; denn sie gehören vor وهى تحمل. Dieser Satz ist daher wohl ganz oder theilweise eine Randglosse, die an eine unrichtige Stelle in den Text eingereiht wurde. Was für eine Sprache unter لغة البيالقة gemeint ist, weiss ich nicht; dieser Name kommt auch sonst nicht vor. Sollte es vielleicht mit Beilaqân bei Derbend (s. مراصد I. p. ١٩١ s. v.) zusammenhängen? In dem كتاب السموم des Babyloniers Jârbûqâ wird (p. 26) ein gewisser Kûkâsch el-Beilaqânî erwähnt, der einen alten babylonischen König, Namens 'Abed-Fergîlâ, mit Krieg überzog, und man sieht daraus, dass diese kaukasische

Eben so wenig wie der Arsaciden wird der Seleuciden gedacht, und obgleich eine Bekanntschaft mit einem Volke, welches in der Uebersetzung Jûnân, d. h. Jonier, genannt wird, unverkennbar ist, so giebt es doch keine einzige Stelle, die auch nur im Entferntesten darauf hinwiese, dass zur Abfassungszeit unseres Buches Griechen in Babylonien oder sonst in der Nähe ansässig waren; ja Vieles weist sogar darauf hin, dass dies eben nicht der Fall war. Uebrigens werden wir weiter unten über die Erwähnung des Namens Jonier oder Griechen in diesem Buche ausführlicher sprechen.

Die Perser kennt der Verfasser und spricht mit Achtung von ihnen. Er kennt auch einige ihrer religiösen Gebräuche, Ansichten und Mährchen (خرافات) und erwähnt der Pflanze, «welche die Magier هوم, Hôm, nennen». Aber die Perser waren die nächsten Nachbarn der Babylonier; denn das Gebiet der letztern reichte zur Zeit Qûtâmîs östlich bis nach 'Holwân und vielleicht noch weiter hin; eine nähere Bekanntschaft der letzteren mit den ersteren vor Cyrus darf daher nicht im Geringsten auffallen, besonders da es mir bekannt ist, dass der Verkehr Babyloniens mit noch viel östlichern Provinzen, wie z. B. mit Chorâsân, Sogdiana, ja selbst mit Indien schon in sehr frühen Zeiten ein ziemlich lebhafter war. Aber ungeachtet dessen, dass die Perser an verschiedenen Stellen des Buches erwähnt werden, so findet sich dennoch in diesem voluminösen Werke nicht die entfernteste Andeutung, dass das Land von Persern beherrscht wird, oder dass es überhaupt solche im Lande gebe. Ein persischer König, Namens Kâmâsch, wird erwähnt, aber derselbe gehört einer Epoche an, welche der des Cyrus sicher lange vorangegangen ist[72].

Wir werden aber hier noch auf einen Punkt aufmerksam machen, der gleichfalls, wenn auch indirect, darauf hinweist, dass unser Buch nicht zur Zeit der Perserherrschaft abgefasst worden sein könne. Der sonst ziemlich schlicht und nüchtern schreibende Qûtâmî wird immer sehr warm, wenn er auf Dinge zu sprechen kömmt, die ihm nahe am Herzen liegen. Zu diesen gehört auch das Lob Babyloniens und der Babylonier. Wir wissen aus Herodots Nachrichten, dass die Babylonier und Babylonien seit ihrer Bezwingung durch Darius Hystaspes, besonders aber seit Xerxes in grossen Verfall gerathen sind, aus dem sie sich niemals, selbst nicht durch die schnell vorübergegangene Gunst Alexanders, erholt haben. Qûtâmî dagegen schildert das Land und dessen Bewohner als in den blühendsten Zuständen sich befindend. Ich spreche hier nicht von solchen Stellen, wo er Babylonien als das gesegnetste, fruchtbarste und blühendste Land schildert; denn dies konnte es auch zur Zeit der Sâsâniden gewesen sein. Ich spreche auch nicht von den Stellen, wo er die Babylonier die weisesten der Menschen und die Götter der Menschheit nennt; denn dies könnte blosser Nationalstolz sein, der aus dem Bewusstsein ehemaliger Grösse entsprungen sein könnte. Qûtâmî sagt aber auch, dass die Völker aller Länder sich nach Babylonien wenden, um die Weisheit und Künste der Bewohner dieses

---

Gegend mit Babylonien in Verkehr stand. Von dem starken und beständigen Verkehr der Armenier mit Babylonien weiss übrigens auch Herodot (I. 194) Vieles zu berichten. — الغيزران wird auch im Neupersischen gebraucht; دواسيه und دواهيشو dagegen mag allpersisch sein.

72) Vgl. oben Anmk. 27, p. 19.

Landes zu lernen, dass dieselben in Bezug auf Kleidung, äussere Erscheinung und Behandlung aller Dinge den andern Völkern als Muster dienen, dass endlich kein Volk in solchen Annehmlichkeiten lebe wie die Babylonier, so dass dieselben «den rechten Weg zeigende Könige» seien[73]. Dieses alles zeigt aber auf ganz andere Zustände, als die, in welchen sie Herodot sah, der sie als in Unglück gekommen und um ihr Hab und Gut gebracht schildert, so dass, wie jener Grieche berichtet, Viele sich gezwungen sahen, ihre Töchter zu öffentlichen Dirnen zu machen, um ihr Leben dadurch kümmerlich fristen zu können[74]. — Wir können nun weiter hinaufgehen.

Qûtâmî erwähnt bei verschiedenen Gelegenheiten zwei und zwanzig altbabylonische Könige, von denen er zwanzig namentlich aufführt, und zwar achtzehn mit ihren Eigennamen und zwei blos mit ihren Beinamen. Unter diesen Königen findet sich kein einziger von den bekannten babylonischen Königen, die nach Nabonassar regiert haben. Bei Erwähnung verschiedener Pflanzen bemerkt er auch oft, dass diese oder jene Pflanze von diesem oder jenem König, oder zur Zeit dieses oder jenes Königs in Babylonien eingeführt wurde; dass er aber des grossen Nebûkadneçars, der so viel für die Kanalisation des Landes gethan hat, auch mit keiner Sylbe gedenkt, wäre doch höchst auffallend, wenn er nach diesem König geschrieben hätte: selbst in den Capitelu, welche von der Bewässerung des Bodens und von der Art und Weise wie man Kanäle anzulegen hat, handeln, ist von den grossartigen Wasserbauten jenes Königs[75] nirgends die Rede, was doch jedenfalls sehr auffallend wäre, wenn Qûtâmî nach Nebûkadneçar geschrieben hätte.

Ich will bei dieser Gelegenheit auch auf einen Punkt aufmerksam machen, der, wenigstens für mich, als ein starker Beweis gelten kann, dass Qûtâmî nicht nach Nebûkadneçar geschrieben hat. Es ist bekannt, dass dieser König die Elite des jüdischen Volkes, bei der sich doch gewiss ein guter Kern des ächten Mosaismus erhalten hatte, nach Babylonien führte, und dass die Juden daselbst seit dieser Zeit zahlreich, allgemein verbreitet und einflussreich waren. Dass ein babylonischer Schriftsteller über Ackerbau der Juden und des Judenthums nicht gedenkt, wäre an und für sich nicht auffallend, dass dies aber bei Qûtâmî der Fall ist, wäre fast unerklärlich, wenn er überhaupt Gelegenheit gehabt hätte, die Juden und das Judenthum näher kennen zu lernen. Qûtâmî neigte sich nämlich zum Monotheismus, hegte in seinem Innern starken Zweifel gegen die Göttlichkeit der Planeten und war überhaupt ein Gegner der

---

73) Qûtâmî spricht sich auf diese Weise an verschiedenen Stellen aus; so Cod. L. *a.* p. 68 f. 244 ff. 265. 309 f.

u. L.*b.* p. 601. Ich führe nur den Schluss der Stelle L.*a.* p. 265 an, wo es unter Anderem heisst: ... فالناس كلّهم من

جميع اهل الاقاليم تراهم (يعنى اهل اقليم بابل) عيانا يقصدون هذا الاقليم يتعلّمون من اهله اصناف العلوم ويستفيدون منهم جميع الصنايع ويقتفون آثارهم فى اللباس والزىّ والاعمال لجميع الاشيآء فأهل اقليم بابل هم كالالهة لجميع الناس فى جميع الارض الخ . Qûtâmî sagt auch an verschiedenen Stellen ausdrücklich, dass es in Babylonien Gold- und Silberbergwerke gebe; vgl. unten Anmk. 139.

74) S. Herodot. I. 196 fin.

75) Ueber die Wasserbauten dieses Königs s. M. v. Niebuhr, Gesch. Assur's u. Babel's, Berlin 1857, p. 218 ff.

Landesreligion. Aber in Babylon gegen die Landesreligion aufzutreten, war vielleicht noch viel gefährlicher als bei uns im Mittelalter den Katholicismus und den Papst anzugreifen. Qûtâmî geht daher in seinem Skepticismus und in seiner Opposition gegen die Landesreligion sehr vorsichtig zu Werke, spricht sich über religiöse Dinge äusserst behutsam aus und sucht sich immer hinter den Rücken bekannter Autoritäten zu verstecken. So suchte er zu beweisen, dass schon Adâmî dem Götzendienst nicht gehuldigt hätte, dass Anû'hâ mit der grössten Entschiedenheit gegen diesen Cultus aufgetreten sei, dass ferner der fast göttlich verehrte Janbûschâd, über dessen Leben und Tod Legenden in den Tempeln nach dem Gebete unter Weinen und Wehklagen vorgelesen wurden[76], den Einfluss und die Göttlichkeit der Planeten geläugnet und sogar seine vertrauten Schüler heimlich gelehrt habe: selbst die Sonne werde erst von einer über ihr stehenden höheren Gottheit geleitet und regiert, und dass endlich auch der Kana'anäer Ibrahîm (mit dem Patriarchen gleichen Namens nicht zu verwechseln) sich zu dieser Lehre bekannt und selbst die Göttlichkeit der Sonne geläugnet habe. Von allen diesen Gegnern der herrschenden Landesreligion spricht er mit der behaglichsten Breite und mit der grössten inneren Theilnahme; dabei vergisst er aber niemals, hier und da irgend eine Redensart einzuflechten, durch die er beweisen will, dass er selbst nicht dieser Meinung sei; dies geschieht aber immer auf eine so schwache Weise, dass seine Uebereinstimmung mit jenen Männern nur allzu sehr ins Auge fällt, so dass sogar ein naïver mohammedanischer Leser dies mit grossem Wohlbehagen in einer Randglosse des Leidner Codex' bemerkt hat, desgleichen unterlässt auch Ibn-Wa'hschijjah nicht, dies zu bemerken. Aber unwillkührlich fragt man sich, warum Qûtâmî bei solchen passenden Gelegenheiten der monotheistischen Juden mit keinem Worte gedenkt[77]? Sie waren doch in Babylonien sehr verbreitet und genügend bekannt; sie lebten dort bis auf die Sâsânidenzeit herunter in Achtung, Ansehen und Glück, waren dem einzigen Gott ihrer Väter treu und beharrlich ergeben und haben ihren Monotheismus nicht hinter den Scheffel gestellt; und dennoch fiel es Qûtâmî nirgends ein, auch nur mit einem einzigen Worte zu bemerken, dass ein ganzes ausgebreitetes Volk sich zu der Lehre bekenne, welcher er in seinem Innern huldigte! Dies wäre in einem hohen Grade auffallend, wenn er die Juden aus seiner nächsten Nähe zu beobachten Gelegenheit gehabt hätte. Qûtâmî hat aber offenbar lange vor der ersten Zerstörung Jerusalems gelebt, und da einerseits der Monotheismus bei den Juden erst in einer relativ spätern Zeit allgemein durchgedrungen ist und andererseits das israelitische Volk als solches politisch ohne grosse Bedeutung war, so kann er wirklich von ihrem nicht hinlänglich zum Vorschein getretenen Monotheismus nichts gewusst haben. In der neusten Zeit hat Quatremère allerdings die Meinung ausgesprochen, dass die in unserm Buche erwähnten Personen, deren Namen denen einiger biblischen Patriarchen ähnlich sind, wie z. B. Adamî, Îschîtâ, Anû'hâ und Ibrahîm el-Kana'ânî, aus der Bibel, natürlich

---

76) S. Ssabier II. p. 915.

77) Die Hebräer werden in der ganzen «nabathäischen Landwirthschaft» überhaupt nirgends erwähnt; die von Movers (Phön. II. 3, 1. p. 243), nach meinen Ssabiern (II. p. 606) mitgetheilte Stelle aus diesem Buche, in der die Hebräer erwähnt werden, ist eine Glosse von Ibn-Wa'hschijjah.

durch Vermittelung der Juden, entlehnt seien[78]; aber ich kann versichern, dass es mir völlig
unbegreiflich ist, wie man auf den Gedanken kommen kann zu glauben, dass die erwähnten
babylonischen und kana'anäischen Persönlichkeiten, die allerdings zum Theil einige schwache
Züge der gleichnamigen biblischen Patriarchen haben, aber im Ganzen und Grossen diesen
ganz unähnlich sind[79], aus der Bibel entlehnt seien.

Schrieb Qûtâmî vielleicht zur Zeit der assyrischen Herrschaft über Babylon? Auch dies
kann nicht der Fall sein; denn Qûtâmî benutzt jede Gelegenheit seinen Hass gegen die Assyrer (جرامقة)[80] und seine Verachtung derselben an den Tag zu legen, und obgleich der Kern
der assyrischen Bevölkerung ganz bestimmt mit den Babyloniern verwandt war, will doch
Qûtâmî von keiner Verwandtschaft mit ihnen wissen[81]. Der kluge und überaus vorsichtige
Qûtâmî würde sich aber sicher nicht so gehässig und wegwerfend über die Assyrer ausgesprochen haben, wenn dieselben zu seiner Zeit die Herren seines Vaterlandes gewesen wären.

---

78) S. Journ. des Sav. 1857, März, p. 147, in welchem Artikel Quatremère auch sonst ein Zeugniss seiner
Kritiklosigkeit in delicaten historischen Untersuchungen abgelegt hat.

79) S. Ssabier II. p. 910 f.

80) Ueber den Gebrauch des Namens جرامقة für die alten Assyrer s. Ssabier II. p. 697 f. Anmk. 188. Zu den
daselbst angeführten Stellen lässt sich noch folgende Stelle aus dem تاريخ الجزيرة eines unbekannten Verfassers, ver-
asst i. J. 679=1280—1 (Cod. Sprenger Nr. 199, jetzt in Berlin) anführen, wo es fol. 1, b. heisst: die Geschichtschreiber
sind darüber einig, ان الجزيرة تعرف بجزيرة اثور مدينة كانت بها تسمّى بهذا الاسم اثارها باقية قريبا

,من الموصل واليها ينسب الملوك الاثوريون من الجرامقة ملوك الجزيرة والموصل

81) Qûtâmî spricht sich öfters über die Assyrer auf die angegebene Weise aus; ich führe hier der Kürze wegen
nur eine Stelle an. Qûtâmî bemerkt nämlich von dem Ladanumbaum unter Anderem (Cod. L. b. p. 408 f.) Folgendes:

وقد سمّى اهل باجرما هذه الشجرة الدقوقيه وتسمّيها الجرامقة ناشرما ويريدون بهذا الاسم معنى فيه
مضادّة الكسدانيين ولم تزال الجرامقة مشهورين عند كلّ من يعرفهم بالحسد للكسدانيين وذلك ان
الكسدانيين يسمّونها باقرماعى فانّ قال قائل ان الكسدانيين بدؤا بالتعريض بالجرامقة فانه لا يصدق
فى هذا لانّ الجرامقة ليس من نسل ادم والكسدانيين من نسله ولغة الجرامقة واسمآؤهم لمَّا سمّوا ينبغى
ان يكون قبل ادم الذى سمّى لكلّ شئ اسمآء استأنفه ووضعه فالجرامقة اذ لم يضادّوا الكسدانيين اغا
ضادّوا ادم لان ادم سمّى هذا الشجرة باقرماعى والناس مجمعون على انّ ما رسمه ادم هو الحقّ والصواب
وما رسمه غيره باطل فالجرامقة من وُلد الشابرقان الاول وليس هو نظير ادم ولا عديله ولامقاربه ايضًا
وليس هذا موضع تقصّى الكلام فى هذا الخ. Gewisse Kritiker, die sich besonders auf dem biblischen Gebiete
bewegen und daselbst viel Unheil gestiftet haben, werden vielleicht aus dieser Stelle, wo von der starken Feindschaft
zwischen Assyrern und Chaldäern die Rede ist, folgern wollen, dass unser Werk etwa unter Nabopolassar, oder zur
Zeit des San'hrib abgefasst worden sei, zu der Zeit nämlich als grosse Kämpfe zwischen Assyrern und Babyloniern
stattfanden. Ich halte es aber überhaupt für etwas höchst Gewagtes, aus irgend einer Andeutung auf ein Ereigniss, das in einen Zeitraum fällt, dessen Geschichte uns nur in den äussersten Umrissen bekannt ist, und wo jenes
angedeutete Ereigniss sich öfters wiederholt haben kann, bestimmte Folgerungen auf die Abfassungszeit des Buches,

Aber auch keine einheimische Dynastie beherrschte Babylonien zu der Zeit als Qûtâmî
schrieb, sondern eine kana'anäische Dynastie herrschte damals in diesem Lande. Von dieser
kana'anäischen Dynastie, die in Folge einer grossen Invasion der Kana'anäer in Babylonien
gegründet wurde, wird an so vielen Stellen unseres Buches und mit solchen bestimmten Ausdrücken gesprochen, dass es ganz undenkbar ist, an ihrer Existenz zu zweifeln; ja Qûtâmî
sagt an verschiedenen Stellen ausdrücklich, dass diese kana'anäische Dynastie zu seiner Zeit
Babylonien beherrsche, und er spricht auch von den Kana'anäern auf eine solche Weise, dass
jeder Zweifel dagegen verstummen muss. Da aber Niemand bis jetzt von der Existenz einer
kana'anäischen Dynastie in Babylonien auch nur die entfernteste Ahnung hatte, so sehe
ich mich veranlasst, hier diesen Punkt ausführlicher zu besprechen und die betreffenden Stellen
aus unserm Buche mitzutheilen. Dabei werde ich aber die Stellen unberücksichtigt lassen, wo
Qûtâmî von gewissen Gebräuchen der Kana'anäer spricht und dabei sagt, dass sie von denselben noch (فى زماننا هذا) «zu unserer Zeit» ausgeübt werden; denn hier könnte man glauben,
dass er dabei einfach an Phönikier gedacht habe.

Zuerst aber muss ich bemerken, dass Qûtâmî unter Kana'anäern, ganz so wie wir,
die heidnischen Bewohner Palästina's versteht; denn er nennt sie ausdrücklich: Bewohner des äussersten Endes Syriens; er sagt ferner von den beiden oben erwähnten
Kana'anäern Anû'hâ und Thâmitrî, dass sie im Süden Syriens geboren wurden; er erwähnt
endlich den Kirschbaum, den man, wie er sagt, eine «kana'anäische» Pflanze nennt, und
sagt von ihm, dass er «am Jordan, im Lande der Kana'anäer» zu Hause sei[82]. Wenn
Qûtâmî also von Kana'anäern spricht, so versteht er unter dieser ethnographischen Benennung kein anderes Volk als die ehemaligen heidnischen Bewohner des Landes Kana'an, wobei
es übrigens möglich ist, dass er diese ethnographische Bezeichnung in einem weiteren Sinne
auffasst, als wir nach den biblischen Urkunden[83]; dass er aber dabei nicht an das israelitische
Volk dachte und dass dasselbe niemals Babylonien erobert, noch daselbst eine israelitische Dynastie gegründet hat, braucht nicht erst bewiesen zu werden. Wir können also jetzt getrost zu
den betreffenden Stellen übergehen, wo Qûtâmî von den Kana'anäern und deren zu seiner
Zeit in Babylonien herrschenden Dynastie spricht.

I. In dem Capitel, welches vom Ibrahîm-Baum (ein dem Sperbebaum verwandter Baum)
handelt, giebt der Verfasser kurz die Ursache an, warum dieser Baum «der Ibrahîm-Baum»
genannt wird, und sagt: Ibrâhîm war ein Imâm, — d. h. ein Weiser oder Priester —, unter

---

in dem auf jenes Ereigniss hingedeutet wird, ziehen zu wollen. Wenn also auch Assyrer und Babylonier in den angegebenen Zeiten mit einander im Kampfe waren, so können sie es auch tausend Jahre vorher gleichfalls gewesen sein·
Die Feindschaft, von der hier die Rede ist, s heint übrigens einfach eine solche gewesen zu sein, wie sie in den alten
Zeiten unter Grenznachbarn häufig stattfand und auch noch jetzt zuweilen stattfindet. — Das, was hier über die Abstammung der Assyrer gesagt ist, behalte ich mir vor bei einer andern Gelegenheit zu besprechen. Der Name شابرقان
kommt auch bei arabischen Schriftstellern vor. — Desgleichen werde ich das hier von Adamî Gesagte, das so lebhaft
an Genes. II. 19 erinnert, bei einer anderen Gelegenheit besprechen, wo ich noch eine ausführlichere diesen Punkt
betreffende Stelle mittheilen werde.

82) S. die betreffende Stelle unten Anmk. 112.

83) Ueber die weite Ausdehnung der Phönikier nach Norden hin vgl. Movers, Phöniz. II. 1, p. 115 f.

seinen Zeitgenossen und hat weite Reisen nach verschiedenen Ländern gemacht und zwar
wegen der grossen Hungersnoth, «die zur Zeit des (kana'anäischen) Königs Çalbâmâ, des Un-
glückseligen für seine Zeitgenossen», in Mesopotamien stattgefunden hat. «Die Folgen seines
Unglücks (d. h. jener unglücklichen Zeit), sagt er ferner, sind noch zu unserer Zeit fühlbar und zwar wegen der Nähe unserer Zeit zu der seinigen»[84].

Zum bessern Verständniss dieser Stelle muss ich bemerken, dass die in diesem Buche erg
wähnten altbabylonischen Könige häufig Beinamen führten, oder richtiger, dass ihnen häufi-
Beinamen beigelegt wurden, welche ihre Regierungen charakterisirten. So wurde z. B. ein alter
König Namens بدينا, Bedînâ, السعيد, «der Glückselige» beigenannt[85]; ein anderer König,
Namens شموثا, Schemûtâ, hiess wegen seines grossen Reichthums الزهبانى, «der Goldene»[86]; ein dritter König, dessen eigentlicher Name nicht angegeben ist, wurde genannt
المربع المشؤوم, «der vierfach Unglückselige», weil Babylonien während seiner vierjährigen
Regierung (daher المربع, wie ausdrücklich bemerkt wird) von einer schrecklichen Hungersnoth
und zuletzt noch von einer nicht minder schrecklichen Invasion eines mächtigen Königs aus
Jemen heimgesucht wurde, der unter Anderem auch die Auslieferung des grossen goldenen
mit Perlen behangenen Götzenbildes der Sonne verlangte. Ein Vetter dieses Königs folgte
demselben auf dem Throne und wurde wegen seiner glücklichen Regierung المبارك, der «Ge-
segnete», genannt[87]. Der erwähnte König Çalbâmâ führte den Beinamen «der Unglückselige» wahrscheinlich wegen der zu seiner Zeit stattgefundenen langjährigen Hungersnoth.
Da aber der Verfasser sagt, dass das zur Zeit dieses Königs herrschende Elend «wegen der
Nähe der Zeit» noch zu seiner Zeit fühlbar sei, so kann er folglich nicht allzu lange
nach jenem Könige gelebt haben. Dieser König war aber einer der kana'anäischen
Dynastie; denn der erwähnte Ibrahîm war ein Kana'anäer und zu seiner Zeit regierten
kana'anäische Könige über Babylonien, wie wir dies weiter unten (p. 48 f.) sehen werden.

II. In dem Capitel, welches vom Myrrhenbaum handelt, sagt der Verfasser Folgendes:
Manche räuchern Myrrhenholz in den Tempeln und behaupten, dass dadurch das Auftreten
der Pest bei verdorbener Luft abgewandt werde; Manche fügen auch etwas von dem Harze
dieses Baumes hinzu und räuchern beides zusammen; Andere legen noch Weihrauch und

---

84) Cod. L. a. p. 125: ولتسميتها شجرة ابرهيم سبب يطول شرحة جملته واختصاره ان ابرهيم كان اماما
لاهل زمانه جليلا فيهم فبلى بكثر الاسفار والتطواف فى البلدان لسبب القحط والمجاعة الواقعة على اهل
الجزيرة فى ايام ملك صلباما المشؤوم على اهل زمانه وقد بقيت بقايا من شؤمه الى وقتنا هذا لقرب زماننا
من زمانه الخ. Es wird dann eine lange Geschichte erzählt, wie Ibrahîm auf einer seiner Reisen in die Wüste von
Tadmor kam, wo er, von einem Löwen verfolgt, sich auf den erwähnten Baum gerettet, wodurch derselbe seit dieser
Zeit jenen Namen erhalten hat, während er vorher سوكياثى hiess und auch noch jetzt, wie Qûťâmî sagt, häufig mit
diesem Namen benannt wird.

85) Er war Zeitgenosse des oben (p. 27 f.) erwähnten Mâsî aus Sûrâ; Cod. L. b. p. 194.

86) Von diesem Könige wird weiter unten noch die Rede sein; vgl. unten Anmk. 208.

87) Cod. L. b. p. 171 f. Auch von diesem Konige wird weiter noch die Rede sein.

Uschnah (*muscus arboreus*) zum Myrrhenholz und räuchern dieses alles mit einander. Sie nennen das aus Myrrhenholz, Myrrhenharz, Weihrauch und Mai'ah zusammengesetzte Räucherwerk اشماورومعس, was arabisch لّذة الاصنام, «das Vergnügen der Götzenbilder» bedeutet. Die Kana'anäer behaupten, heisst es ferner, dass man sich durch diese Räucherung das Wohlwollen der Venus 'erwerbe und dass man sich derselben durch Verbrennung jenes Räucherwerkes nähere. Derjenige aber, sagen sie ferner, welcher eine Beschwörung vor dem Götzenbilde dieser Göttin verrichten will, soll dieses Räucherwerk (vor demselben) räuchern, dabei auf einem Blasinstrumente spielen und trommeln, oder mit einem Aloëholz eine Zeitlang schlagen. dann spreche er die auf seinen Wunsch bezügliche Beschwörung der Venus aus und diese wird darauf seine Anrufung erhören und seinen Wunsch erfüllen. Dies müsse aber zu einer Zeit geschehen, wo die Venus allein ihre Wirkung ausübt und von keinem hindernden Planeten in ihrer Wirkung gehemmt wird, besonders dürfe sie zu jener Zeit weder vom Merkur angeschaut werden, noch mit demselben in Conjunction stehen; denn ihre Verbindung mit Merkur durch die Anschauung desselben ist ihr grösstes Hinderniss (für die volle Ausübung ihrer Kraft). Nach Dhagriṭ, sagt der Verfasser ferner, ist dieses Räucherwerk am vollkommensten und am geeignetsten, um durch die Räucherung desselben den gewünschten Erfolg zu erlangen, wenn man noch Safran und Costus dazu thut. Die Kana'anäer, bemerkt der Verfasser, fügen diese Ingredienzien nicht hinzu, erwähnen dieselben gar nicht und wenden sie auch bis auf unsere Zeit nicht an, und zwar thun sie dies desshalb nicht, weil sie den Jupiter am meisten verehren, ihn am beständigsten anrufen u. s. w. Diese Differenz aber, sagt der Verfasser zuletzt, zwischen uns (Chaldäern) und ihnen kann weder als eine solche, noch als Absonderung oder als Feindschaft zwischen uns und ihnen angesehen werden, sondern unsere wie ihre Handlungsweise hat ihre Richtigkeit, und die Erfahrung zeigt uns, dass sowohl das was die Chaldäer thun, als auch das, was die Kana'anäer ausüben, richtig sei; denn sowohl in Folge unserer als auch in Folge ihrer Handlungsweise erlangen wir (von den Göttern) das, was wir wollen und wünschen; dieses ist aber der beste Beweis für die Richtigkeit sowohl unserer, als auch ihrer Ansicht[88].

---

88) Die betreffende im Texte etwas abgekürzt mitgetheilte Stelle lautet Cod. L. *b.* p. 401 f. vollständig wie folgt:

وخشبها (يعنى خشب شجرة المرّ) يدخنونه قوم فى الهياكل ويقولون انّه يمنع وقوع الوباً عند فساد الهواء

وبعض يخلط مع خشبه شيًّا من هذه الصفة الكائنة منه ويدخن بهما جيعًا وبعض يخلط معها الكندر

والاشنة ويبخر بالجيع ويسمّون هذه الدخنة المركبة من صمغ شجرة المرّ وخشبها والكندر والميعة سعروواومشا

(sic) معناه بالعربيّة لّذة الاصنام ويقول الكنعانيون ان هذه الدخنة ترضى الزهرة ويتقرّب باحراقها

الى الزهرة فمن اراد ان يتلو عزايم الزهرة قدّام صنمها فليقدم تدخين هذه الدخنة ويزمر ويطبل

او يضرب بالعود ساعة ثم يعزم على الزهرة فيما يريد ان يسألها فانّها تستجيب دعاه وتعمل له ما يريد

ولكن ذلك يكون اذا كانت مخلاة وفعلها لا يعوقها عائق من الكواكب عنه ولا تكون تنظر من عطارد

Ich unterlasse es, mich hier über diese wichtigen Mittheilungen, über die vorzügliche Verehrung des Jupiter von Seiten der Kana'anäer und über deren anderweitige religiöse Anschauungen auszusprechen. Ich werde dies hoffentlich bei einer anderen Gelegenheit thun, hier aber will ich mich an unsere Untersuchung halten. Der Verfasser spricht also hier deutlich von den Kana'anäern als seinen Zeitgenossen — was er übrigens auch in vielen anderen Stellen thut — und obgleich er hier nicht ausdrücklich sagt, dass er von den Kana'anäern in Babylonien spricht, so sieht man doch aus der Art und Weise, wie er sich über dieselben ausspricht und wie er sich bemüht, jeden schroffen Gegensatz zwischen Chaldäern und Kana'anäern zu ebenen und auszugleichen, dass letztere damals die Beherrscher Babyloniens waren und dass der Verfasser daher die gegründetste Ursache hatte, sich über dieselben so versöhnend und schonend als möglich auszusprechen. Man halte übrigens das, was ich hier sage, für keinen bei den Haaren herbeigezogenen Beweis; aus den gleich anzuführenden Stellen wird man ersehen, dass das Gesagte seine vollkommene Richtigkeit hat.

III. An einer anderen Stelle handelt der Verfasser von einem Baume, Namens Rûchûschî, und bemerkt darüber Folgendes: der Kana'anäer Çardânâ (oder Çardâjâ) erwähnt diesen Baum, lobt ihn und sagt, dass er القديمة, «der Alte» (d. h. der aus der Vorzeit stammende) genannt werde. Auch der *Kana'anäer* Ibrahîm gedenkt dieses Baumes, lobt denselben noch mehr als Çardânâ und nennt ihn شجرة الأئمّة, «den Priesterbaum». «Ibrahîm nämlich, heisst es ferner, stammt von den Kana'anäern, ist aber in Kûfa-Rijjâ[89] geboren. Nach-

---

ولا تقارنه فانّه اشدّ تعويقا لها اذا قارنها من النظر اليها قال ضغريث فان اضيف الى هذه الدخنة

شى من شعر الزعفران والقسط كانت اكمل واجمع فى قضاء الحاجة ولم يضف ذلك اليها الكنعانيون

ولا ذكروه ولا يستعملونه الى زماننا هذا على اعظام الكنعانيين للمشترى اكثر ودعاوهم له أدوَم

وتعظيمهم له على عزّه من الكواكب اصوب فيما يرون وهذا الخلف بيننا وبينهم ليس يعد خلفا

ولا افتراقا ولا شقاقا بل هو صواب قد كشف صوابه التجرّبة انّ ما يعمله الكسدانيون صواب

وما يعمله الكنعانيون صواب ايضًا لأنّه يظهر لنا بعقبهما جميعا ما نريد ونلتمس وهذا اصحّ دليل على

صواب الرائيين جميعًا. Die Worte von ولم يضف ذلك bis zu Ende gehören nicht Dhagrît, sondern Qûtâmî an; denn Ersterer lebte vor der kana'anäischen Invasion in Babylonien, wie aus dem weiter unten Gesagten zu ersehen ist. سعروا ومشا, das لثّة الاصنام bedeutet, kann ich nicht erklären; es ist übrigens auch nicht erwiesen, dass dieses Wort ein babylonisches sei; denn hier ist nicht gesagt, dass diejenigen, welche jenes Räucherwerk auf die angegebene Weise gebrauchen, Babylonier sind. — Ueber die Bedeutung der Räucherwerke in den heidnischen Culten des Orients vgl. Ssabier II. p. 702 f. Anmk. 34.

89) Vgl. über diese Stadt Ssabier II. p. 723, Anmk. 9, ib. p. 913 f. den Nachtr. zu II. p. 532 f. §. 4. u. Rödiger in den Nachträgen zu Gesenius Thes. p 94 s. v. כוֹת. — In unsern Handschriften der «nabathäischen Landwirthschaft» wird der Name dieser Stadt immer كوثى ربّا und niemals كوثى ربّا, wie Quatremère anfangs lesen zu müssen glaubte (s. Journ. des Sav. 1848, p.182 u. ib. p.606), geschrieben. Dessgleichen wird dieser Name auch in dem Wâqidî zugeschriebenen Werke فتوح العراق (Ms. des asiat. Mus. Nr. 506. fol. 133) deutlich كوثى ربّا geschrieben.

dem nämlich die Kana'anäer, nach langen zwischen ihnen und den Chaldäern stattgefundenen Kämpfen, sich Babyloniens bemächtigt und dieses Land in Besitz genommen hatten, — und sie (d. h. die Kana'anäer) sind jetzt unsere Könige, Gott möge sie durch seine Hülfe stärken — siedelte Nemrôd kana'anäischer Priester nach diesem Lande (d. h. Babylonien) über; die Vorfahren Ibrahîms aber gehören zu diesen aus dem Lande Kana'an Uebersiedelten». Der Autor theilt dann noch Folgendes über den erwähnten Baum, nach diesem Ibrahîm, mit. Derselbe sagt nämlich: die kana'anäischen Priester halten diesen Baum für glückbringend; die Ursache davon ist in kurzen Worten folgende: ein alter chaldäischer König zürnte einst über einen der chaldäischen Priester und befahl denselben zu verbrennen und die Ueberreste des verbrannten Körpers in der Asche liegen zu lassen, ohne dass sich Jemand denselben zu nähern erlauben dürfte. Ein starker Regenguss schwemmte die Asche nebst den von den Flammen verschont gebliebenen Knochen in eine Vertiefung, wo dieselben mit Erde überschüttet wurden und woraus dann der erwähnte Baum hervorwuchs. ...Die kana'anäischen Priester halten diesen Baum für einen glückbringenden, weil der Verbrannte ein Chaldäer war, die Chaldäer dagegen halten ihn für unglückbringend, weil eben die Kana anäer ihn für glückbringend halten. Der Autor drückt darauf seine Verwunderung über die grosse zwischen den Kana'anäern und den Chaldäern herrschende Feindschaft aus, während diese beiden Völker doch, wie er sagt, die Nachkommen von zwei Brüdern von den Kindern Adams seien, die von einer Mutter, einer der Frauen Adams, herstammen. Adam nämlich, sagt er ferner, erzeugte nach den Angaben der Genealogen vierundsechzig Kinder, und zwar 22 weibliche und 42 männliche; von den Letzteren hinterliessen nur 14 Nachkommen, von den Uebrigen dagegen habe sich keine Nachkommenschaft erhalten. Der Verfasser drückt hierauf sein Bedauern auch darüber aus, dass der Hass unter Verwandten am stärksten sei, und bemerkt dabei, dass die Kana'anäer ihren Hass gegen die Chaldäer dadurch rechtfertigen, dass sie sagen: «ihr Chaldäer habt uns aus dem Lande unseres Vaters, d. h. aus Babylonien, nach den äussersten Gränzen Syriens vertrieben». Die Chaldäer dagegen sagen: «ihr Kana'anäer seid auf eine übertriebene Weise stolz und hochmüthig gegen uns gewesen; Gott verlieh uns aber seine Hülfe gegen euch und wir trieben euch daher aus dem Lande; ihr aber übertreibet euern Hass gegen uns». Ich aber, bemerkt darauf der Verfasser, will, obgleich selbst Chaldäer, die Kana'anäer nicht beleidigen und ihnen auch nichts vorwerfen; denn seit sie uns beherrschen haben sie sich gut gegen uns betragen, nachdem die zwischen uns und ihnen stattgefundenen Vorfälle vorüber waren.... Die Chaldäer, sagt er endlich, beschäftigen sich mit der Pflege jenes Baumes nicht, «und nur die Kana'anäer pflegen und pflanzen denselben weiter fort seitdem sie dieses Land (Babylonien) in Besitz genommen haben,.... und ich weiss es, dass kein einziger dieser Bäume übrig bliebe, wenn die Herrschaft der Chaldäer wieder eintreten würde»[90].

---

90) Die hier auszugsweise mitgetheilte Stelle lautet vollständig (Cod. L. b. p. 393 ff.) wie folgt: هذه (يعنى شجرة

روخوشى) تنبت لنفسها فى البرّ وفى البلدان وقد ذكرها صردايا (sic) ومدحها وذكر انّها تسمّى القديمة

وذكرها ابرهيم الكنعانى فمدحها اكثر من مدح صردايا وسمّاها شجرة الأئمة وذاك ان ابرهيم اصله

Zur Erklärung dieses Streites hinsichtlich jenes Baumes will ich hier bemerken, dass die
Bäume überhaupt bei den alten Babyloniern und den denselben verwandten Stämmen eine

---

من الكنعانيين الّا انّه وُلد بكوثى ريّا لانّ الكنعانيين لمّا ملكوا اقليم بابل بعد حروب كثيرة كانت

بينهم وبين الكسدانيين غلبوا عليها وملوكها (وملكوها .l) وهم الآن ملوكنا ايدهم الله بنصره فجلب

نمرود ائمة من الكنعانيين جعلهم فى هذا الاقليم فكان اسلاى ابرهيم من اوليك المجلوبيين من بلاد

كنعان فقال ابرهيم ان هذه الشجرة تبرّك بها الائمة قال وذلك ان اصل خروجها انّما كان بعض ملوك

الكسدانيين غضب فى الدهر السالف على بعض الائمة فأمر باحراقه لذنب أتاه فلمّا احرقه تقدّم

الملك بان لا يُجمع من رماد جثّته شئ وان يُترك بمكانه فلم يجسر احد ان يتقدّم اليه وكانت جمجمة ذلك

الرجل لم تحترق مع بدنه بل بقيت صحيحة فلمّا جاء المطر عليها وعلى الرماد حملها السيل الى وَهْدَة

وطمّها بالتراب فنبتت منها هذه الشجر قال فلمّا راوها اهل [البلاد oder الضيعة] شجرة غريبة لا يعرفونها

احبّوا ان يتبعوا مخرجها فنظروا فاذا قد خرجت من وسط تلك الجمجمة لمّا غمرها التراب والمطر فقالوا

هذه شجرة مباركة لا[نّها] نبتت من رأس ذلك الامام المحرق فالائمة من الكنعانيين يتبرّكوا بها لانّ

المحرق كانَ كسدانيًّا والكسدانيين يتشأمون بها لتبرّك هاولاَء بها وما أطرف هذه العداوة الشديدة

من هذين البطنين وهما من نسل اخوين من وُلد ادم وكانا من امّ واحدة من ازواج ادم ونساايه لانّ

ادم على ما ذكر العلماء بالنسب وَلَدَ اربعة وستّين وُلد اثنين وعشرين انثى واثنين واربعين ذكر

فاعقب من الذكور منهم اربعة عشر وُلدا والباقين لا عقب لهم باق الى الآن فمن شوم الحسد وشرّ اهله

انّه كلّما قرب انسان من اخر كان حسد له أَوْكَد واشدّ لكن الكنعانيين يحتجّون فى عدواتهم للكسدانيين

بحجّة فيقولون انتم نفيتمونا عن اقليم ابونا الى اطراى الشام يعنون اقليم بابل والكسدانيين يقولون

لهم انّه زاد فخركم واستطالتكم علينا وكان ذلك بغى منكم علينا فنصرنا الله عليكم فنفيناكم وانّما بغيتم

علينا حسدا منكم لنا وانا وان كنت من الكسدانيين فانّى لا اطعن على الكنعانيين ولا أُلزمهم حجّة

وانّهم لها ملكونا قد احسنوا فينا السيرة بعد تلك الهيّات التى كانت منهم الينا ومنّا اليهم قال ابرهيم

ان هذه شجرة تبرّك بها الائمة يعنى الائمة منهم وقد رأيت انا من الشجرة واحدة وهاى باقية يراها

من يريد رؤيتها فى القرية التى بين مدينة بابل وسورا يقال لها سولقاى ثم ان الناس بعد ذلك

فرعوا منها فروعا وغرسوها فكثرت فى هذا الاقليم الّا ان ذلك يعمله الكنعانيين منذ ملكوا هذا الاقليم

وامّا نحن فما نتّخذ منها واحدة فضلاً عن غيرها وذلك انّها لا تحمل حملا ينتفع به ....وقد اكثر ابرهيم

مدحها والثناء عليها وقال بقوم مقام الساذج البابلى فى التداوى ولا نعلم هذا ولا وقفنا عليه الّا

ان ابرهيم المصدق فى قوه وانا اعلم انّه ان رجع ملك الكسدانيين لم يبق من هذه الشجرة واحدة

grosse Rolle spielten, dass diese sich die Bäume gewissermassen als beseelte und mit Bewusstsein begabte Wesen dachten und dass endlich der sehr verbreitete Baumcultus sich vorzugsweise auf die Idee basirte, dass die verehrten Bäume eben so gut wie die Götzenbilder, die sichtbaren Repräsentanten gewisser Gottheiten seien, die mit jenen in einer gewissen Beziehung stehen[91]. Ob diese Idee des Bumcultus die ursprüngliche ist, oder ob sie sich erst in einer schon reflectirenden Zeit herangebildet hat, kann hier unerörtert bleiben, wir werden jedoch diesen Gegenstand da besprechen, wo von der Religion der alten Babylonier überhaupt und besonders vom Baumcultus derselben gehandelt werden wird. Desgleichen wollen wir hier die andern wichtigen Punkte unerörtert lassen, wie z. B. die merkwürdige Genealogie Adams, die Nachricht von der Auswanderung der Kana'anäer aus Babylonien nach dem Lande Kana'an, wodurch die bekannte Nachricht des Herodot über die Ursitze der Phönikier am rothen Meere auf eine glänzende Weise bestätigt wird; diese und ähnliche Punkte werden wir in unserer «historischen Einleitung» mit Anführung noch vieler Parallelstellen ausführlich behandeln. Hier aber wollen wir nur die aus der eben angeführten Stelle zu ziehende Folgerung über die Abfassungszeit unseres Buches besprechen.

Es wird hier so deutlich als möglich und wiederholt gesagt, dass der Verfasser zu einer Zeit schrieb, als eine kana'anäische Dynastie in Babylonien herrschte, und man sieht auch hier, dass der Verfasser, obgleich selbst Chaldäer und zu den Gegnern der Kana'anäer gehörend, sich vorsichtig und behutsam über dieselben ausspricht und den schroffen Gegensatz zwischen diesen und seinen Stammgenossen zu mildern sucht.

Wir stossen aber hier auf eine uns wohlbekannte und dennoch unbekannte Persönlichkeit des grauen Alterthums, über die in alten wie auch in neuen Zeiten viel gefabelt und gesprochen wurde; wir meinen den hier erwähnten Nemrôd, der in der eben angeführten Stelle zwar nicht ausdrücklich als Gründer der kana'anäischen Dynastie in Babylonien und als Eroberer dieses Landes genannt wird, aber uns jedenfalls als kana'anäischer König in Babylonien entgegentritt. Es fiel mir allerdings ein als ich diese Stelle zuerst las, dass der Name Nemrôd, wie der Name Ibrahîm, ein von dem Mohammedaner Ibn-Wa'hschijjah modificirter sein könnte und dass im Original nur ein an Nemrôd ähnlich anklingender Name gestanden haben mochte, den jener Uebersetzer in den ihm als babylonischer König bekannten König Nemrôd verwandelt haben mochte. Ich wurde aber später nach Auffindung der gleich mitzutheilenden Stelle leicht überzeugt, dass dies nicht der Fall ist und dass der Eroberer Babyloniens und der Stifter der kana'anäischen Dynastie daselbst wirklich Nemrôd oder eigentlich Nemrôdî hiess.

IV. Der Verfasser sagt nämlich an einer anderen Stelle von einem gewissen Theile des Palmbaumes, dass die Zauberer sich dieses Holzes zu gewissen Zaubereien bedienen, die auf die zwölf Zeichen des Zodiacus und auf die sieben Planeten Bezug haben. Vermittelst dieses Holzes, heisst es ferner, wird auch etwas vollbracht, das den Zaubereien ähnlich ist, und damit

---

91) S. Ssabier II. p. 914 f., den Nachtrag zu II. p. 459, §. 11. Auch Empedokles glaubte, dass die Pflanzen, wie die Thiere, Verlangen, Gefühl der Lust und Unlust, ja Verstand und Einsicht besässen; s. Meyer l. c. I. p. 47.

*

sind die «babylonischen Entführungen»[92] gemeint, die der Zauberer 'Ankebûtâ[93], erfunden hat.
Es wurde mir berichtet, sagt der Verfasser ferner, einer der Zauberer — dessen Name ich nicht
nennen will, — welcher sich an das System des Çinâtâ[94] hält und denselben über alle andere
Zauberer stellt, habe vermittelst eines Zaubermittels dreissig Kühe von den Heerden des Königs
weggeführt, welche in Bâkûrâtî, im Bezirke von Kûtâ-Rijjâ, weideten, ohne dass dies von
den Hirten und Wächtern bemerkt wurde. Hier unterbricht sich der Verfasser durch die Mittheilung einer ziemlich langen Geschichte von demselben Zauberer, die ihm Jemand erzählt
hat, nach der jener Zauberer die Umgebung von Sûrâ, in der Löwen überhand genommen
hatten, durch tägliche Einfangung von 3—4 derselben gereinigt, was er durch gewisse Mittel
bewerkstelligt hat. Daselbst wird auch erzählt, wie er einst bei dieser Gelegenheit einen gross-
mächtigen Löwen an sich gelockt, ihn unschädlich gemacht und ihn dann laufen liess. Darauf
kehrt der Verfasser zu der früheren Geschichte von der Wegführung der 30 Kühe aus der
königlichen Heerde zurück und berichtet darüber Folgendes: Wie die Hirten des Königs es
merkten, dass ihnen 30 Kühe weggeführt wurden, meldeten sie es ihren Vorgesetzten. Diese
berichteten es den Verwaltern, diese theilten es dem Oberverwalter mit, der es dem König
hinterbrachte. Dieser gerieth darüber in Zorn, rief die ersten Männer von Kûtâ-Rijjâ vor
sich zusammen und sagte zu ihnen: «Wenn ihr von euren Ränken gegen mich nicht ablassen
werdet, so wie ihr euch gegen meinen Vater..... hinterlistig betragen habt, so will ich euch
Alle tödten; warum seid ihr gegen *eure* Könige nicht auf diese Weise verfahren; seitdem *wir*
über euch regieren, feindet ihr uns durch Beschädigung und durch Hinterlist an? Liefert also,
rief er ferner, meine Kühe an Ort und Stelle wieder ab, wo nicht, so ist es das Beste, sämmtliche
Chaldäer dieses Landes zu tödten; beim Jupiter! rief er zuletzt, wenn ihr die Kühe nicht zurück-
liefert, werde ich für eine jede Kuh zehn von euren Grossen und Mächtigen hinrichten». Da trat
Sârûqâ, der Besitzer von grossen Landgütern, Knechten und Mägden, vor den König, schwur
beim Jupiter, dass sie nichts von jenen Kühen wissen und dass sie weder dadurch, noch durch
sonst irgend Etwas den König reizen wollten; ich habe aber, fügt Sârûqâ hinzu, in Bezug auf
die Wegführung jener Kühe eine Vermuthung; der König, sagte er endlich, möge mir einen
Tag Zeit lassen, und ich werde jene 30 Kühe an Ort und Stelle abliefern. Du willst mir, erwiederte der König deine eigenen Kühe statt der meinigen geben, ich schwöre aber bei der
Sonne, dass ich nur dieselben Kühe annehmen werde, welche ihr mir gestohlen habt. Ich ge-
horche deinem Befehle, erwiederte Sârûqâ, und werde dieselben Kühe abliefern; nur bitte ich

---

92) السراقات البابلية; das erstere Wort ist hier nicht im Sinne von «Diebereien» zu nehmen; denn aus
dem Zusammenhang der Erzählung geht hervor, dass damit die Kunst gemeint ist, durch irgend ein Mittel Thiere an
sich zu locken und zu fesseln; man kann dabei an den bekannten amerik. Pferdebändiger denken.

93) Dieser Zauberer, oder, um mit anderen Worten zu sprechen, dieser wirkliche oder vermeintliche Kenner
der Natur und deren Eigenschaften (vgl. unten p. 59, Anmk. 104), gehört dem hohen Alterthum Babyloniens an und
war noch älter als Adami; er wird in unserm Buche fters erwähnt und es werden von ihm und nach ihm höchst
merkwürdige und sonderbare Dinge berichtet. Sein Name wird bald عنكبوتا, bald عنكبوتا geschrieben.

94) Dieser Zauberer gehört einer jüngeren Periode an als der vorhergehende, auch er wird ziemlich oft in
unserm Buche erwähnt und Ibn-Wa'hschijjah hat eine Schrift von ihm in 78 Capiteln über die Mandragora als
Zauberpflanze in's Arabische übersetzt. Sein Name wird häufig سناتا, zuweilen aber auch سناتا geschrieben.

den König, dass er mich weiter nichts darüber frage; denn die Zauberer, meint er, vermögen Dinge zu verrichten, wo wir ihnen nicht beikommen können. Der König verstand diesen Wink, merkte, dass jene Kühe nicht von Dieben, sondern von den Zauberern weggeführt wurden, und es wandelte ihn eine Furcht vor denselben an. Er forderte daher Sârûqâ auf, die nöthigen Schritte zur Zurückerstattung der weggeführten Kühe zu thun und versprach, ihn weiter um nichts zn befragen. «Sârûqâ begab sich darauf nach seiner Wohnung, nahm 1000 Stück von den Dinârs, welche Nemrôdâ, der Vater des Kana anäers Za'hmûnâ (oder Ra'hmûnâ)[95], dem jene 30 Kühe gestohlen wurden, geprägt hat, begab sich zu dem Zauberer, von dem ich sagte, dass ich seinen Namen nicht nennen mag», flehte ihn an und redete ihm zu, die Kühe zurückzugeben und auch das Geld auzunehmen. Der Zauberer willigte ein und die Hirten Sârûqâs übergaben jene Kühe den Hirten des Königs. Dieser, der Ruhe vor der Bosheit der Zauberer haben wollte, sprach kein Wort weiter davon; denn, heisst es ferner, wenn er einen oder gar viele von den Zauberern getödtet hätte, würden doch noch Viele derselben übrig geblieben sein, und er fand es daher politischer, die Zauberer unangefochten zu lassen. «Dieser gegenseitige Streit zwischen Kana'anäern und Chaldäern, sagt der Verfasser zuletzt, ist alt und datirt sich noch von der Zeit her, wo dieses Land (d. h. Babylonien) noch nicht im Besitze der Kana'anäer war; denn der übertriebene Hass derselben gegen die Chaldäer ist unter den Völkern bekannt. Die Kana'anäer hassen nämlich die Chaldäer wegen der Wissenschaften, mit denen die Götter dieselben beschenkt haben, und deren sie selber nicht mächtig sind. Sie (d. h. die Kana'anäer) sind aber jetzt unsere Könige und unsere Heerführer; wir und sie stehen in einem Range und wir sind ihnen dankbar; denn sie haben uns Gutes gethan seitdem sie uns beherrschen»[96].

---

95) Dieser Name lautet in dem Leidn. Cod. 303, *b*. fol. 561 an zwei Stellen رحمونا, in dem Bodlej. Cod. Nr. 326 an der ersten Stelle eben so, an der zweiten dagegen زحمونا. Die mir bekannten kana'anäischen Eigennamen: انوحا, ابرهيم oder طامثرى und der von Ibn-Wa'hschijjah modificirte Name صلباما, سوسقيا, غرودا, صردايا oder صردانا lassen sich grösstentheils nicht durch uns bekannte hebr. und syr. Wurzeln erklären; man hat daher keine Ursache, die unbestimmte Lesart رحمونا (= رحمونا) der bestimmten زحمونا vorzuziehen, obgleich رحمونا sich von einer sehr bekannten Wurzel herleiten lässt.

96) L. c. p. 559 ff.: (d. h. von einem gewissen Theile der Palme) وقد يعمل منها سحارات منسوبات الى البروج الاثنى عشر والسبعة كواكب تسعة عشر سحارة كلّ واحدة منها لمعانى تصلح له لا يقوم غيره مقامها فيه ويعمل منها ما يشبه السحارات وهى السراقات البابليّة التى استخرجها عنكبوثا فاضاى اليها من بعده صيناثا اربع سراقات عجيبة ظريفة باهرة للعقول ففضل الناس عمل صيناثا على عمل عنكبوثا الآ ان لعنكبوثا فضل السبق لانه اول فاتح لذلك ومستنبط له وقد بلغنى انّ رجلا من السحرة ممن يعمل اعمال صيناثا خاصّة ويتعصّب له ويفضّله على جميع السحرة عمل سحارة طلسميّة وعمل سرقة سحريّة فسرق بها من بقر الملك فى باكوراثى من عمل كوثى ريّا ثلثين بقرة لم يشعر بذلك احد من رعاة البقر وحفظتها ولو ٠ اراد سرقة ثلثمابة بقرة من بقر الناس قدر على ذلك الخ Es folgt dann die Erzählung von der Art und Weise

Aus dieser höchst merkwürdigen Nachricht, die wir ausführlich und zum Theil wörtlich mitgetheilt haben, kann man, was hier für unsere Zwecke von Wichtigkeit ist, Folgendes entnehmen: Nemrôd oder Nemrôdâ ist sicher kein von Ibn-Wa'hschijjah modificirter Name;

wie jener Zauberer die Umgebung von Sûrâ von den daselbst überhand genommenen Löwen gesäubert und wie er einen grossen Löwen, der schon in seiner Gewalt war, freigelassen hat u. s. w. Dabei bedient sich der Verfasser unter Andern der folgenden Worte:

وحدثنى انسان بحديث ظريف لأسد عظيم الخلق كان وقع فى سراقته (يعنى فى سراقة الساحر المذكور) وكان المقيم بها انسان ممن اختاره الساحر لم احبّ ان اسميه لذلك الخ

Nach Beendigung dieser Mittheilung setzt der Verfasser die Erzählung von der durch den erwähnten Zauberer vollbrachten Wegführung der dreissig Kühe fort und berichtet die oben im Texte auszugsweise mitgetheilte Nachricht auf folgende Weise:

واما حديث البقر الثلثين التى سرقوها من بقر الملك فان الرعاة أنهوا ذلك الى العرفآء وأنهوا العرفآء الى الوكلآء وأنهوا الوكلآء الى رئيسهم وهو قهرمان الملك وأنهاه القهرمان الى الملك فاستشاط غضبًا وجمع وجوه اهل كوثى ريّا فقال انكم لن تنتهوا عن كيدى كما كنتم تحتالون على ابى نصره (sic) الله او اقتلكم كلّكم لِمَ لَم تكونوا تصنعوا بملوككم مثل هذا الصنيع فلمّا ملكنا نحن عدوتم علينا بالأذى والمكايد رُدّوا علينا بقرنا الى مواضعها فاتكم ما تطاقون وما الصواب الّا قتل جميع اهل هذا الاقليم من الكسدانيين وحقّ المشترى لين لم تردّوا هذه الثلثين بقرة لأقتلنّ منكم بكلّ بقرة عشرة من روسآئكم وعظمآئكم فقام اليه ساروقا صاحب الضياع الكثيرة والعبيد والامآء فقال على رسْلكَ ايها الملك وحقّ المشترى ما نعلم شيًّا من علم هذه البقرة ولا اجترأنا عليك فيها ولا فى غيرها ولكنى قد ظننت فى ذلك ظنًّا فليوجّلنى الملك يومًا واحدًا فانّى اردّ ثلثين بقرة الى مكانها فقال له الملك كأنّك تريد غرامتها لى من مالك وحقّ الشمس لا قبلتُ الّا الثلثين بقرة بعينها التى سرقتموها من رعاتى فقال له ساروقا سمعًا وطاعةً ايها الملك لامرك اردّها بحالها لكنى اسأل الملك ان لا يسألنى عن شىّ من امرها فانّ للسحرة اعمالاً ما نطيقهم فيها ففطن الملك ان ذلك ليس من سرقة سرّاق وان ذلك من عمَل السحرة فامسك فزعًا منهم كما فزع ساروقا وقال له امض فافعل وانّى لا اسلك عن شىّ فمضى ساروقا الى منزله فأخذ الف دينار من ضرب نمرودا وهو ابو رحموا الكنعانى المسروق منه الثلثين بقرة ومضى الى ذلك الساحر الذى قلت انّى لا احبّ ان اسميه فاهداها له وتضرّع اليه وخضع بين يديه واستقاله وعرفه انّه قد اشرف على زوال نعمته وان يسلبه زحموا ايّاها فاجابه الساحر وردّ الثلثين بقرة بعينها وردّ عليه الالف دينار فلم يزل يتضرّع اليه ويسأله حتى قبلها وساقها رعاة ساروقا حتى سلموها الى رعاة الملك وامسك الملك عن ذلك فلم ينطق فيه بحرف طلبًا للسلامة من شرّ السحرة لأنّه لو رام قتل واحد او عدّة لكان يبقى منهم من لا يطيق عمله به فرأى ان التغافل عنهم اجود فى السياسة واسْلم له فتغافل عنهم وهذه المقارضة بين الكنعانيين والكسدانيين قديمة قبل مُلْك الكنعانيين هذا الاقليم لأنّهم

denn sonst hätte er ihn hier nicht Nemrôd*á*[97), sondern einfach Nemrôd geschrieben, wie die Mohammedaner gewöhnlich diesen aus dem Qorân ihnen bekannten Namen schreiben. Aus der vorhin angeführten Stelle, wo es heisst, dass Nemrôd nach der Eroberung von Babylonien durch die Kana'anäer kana'anäische Priester aus Kana'an nach Babylonien brachte und sie daselbst ansiedeln liess, geht schon ziemlich klar hervor, dass er eigentlich der Eroberer Babyloniens und der Stifter der kana'anäischen Dynastie daselbst war; noch deutlicher aber geht dies aus unserer Stelle hervor. Hier treten uns die ersten Zeiten der Eroberung eines fremden Landes und die beständigen Reibungen zwischen Siegern und Besiegten zur Zeit des Nemrôdâ klar entgegen, so dass sogar der nächste Nachfolger des Eroberers noch jene Chikanen vor Augen hat, von denen sein Vorgänger betroffen wurde, und die Gemüther noch so wenig beruhigt glaubt, dass er sogar bei einer sehr geringfügigen Veranlassung gleich Aufstand und Revolte wittert und mit völliger Ausrottung des besiegten Volkes droht. Ob dieser Nemrôdâ. der Eroberer Babyloniens, mit dem biblischen Helden gleichen Namens identisch ist, werden wir weiter unten untersuchen.

Was aber speciell unsere Untersuchung über die Abfassungszeit unseres Buches anbetrifft, so sagt der Verfasser hier gleichfalls so deutlich als möglich, dass er zu einer Zeit schrieb, wo eine kana'anäische Dynastie Babylonien beherrschte. Ja aus der eben mitgetheilten Erzählung scheint sogar hervorzugehen, dass er nicht allzu lange nach der kana'anäischen Occupation gelebt hat; denn das Abentheuer jenes in unserer Erzählung hier eine Hauptrolle spielenden Zauberers mit dem Löwen hat der Verfasser nicht etwa in irgend einem alten Buche gelesen, oder als ein Mährchen der Vorzeit vernommen, sondern er sagte: «Jemand hätte ihm diese Geschichte mitgetheilt», und dies klingt so, als wenn dieselbe sich nicht vor allzu langer Zeit ereignet hätte. Der Verfasser sagt auch wiederholt, dass er den Namen jenes Zauberers nicht nennen will; wenn derselbe sehr lange vor ihm gelebt hätte, was hätte dann der Verfasser für besondere Ursache gehabt, den Namen jenes seit vielen Jahrhunderten hingeschiedenen Mannes so ängstlich zu verheimlichen? Wenn aber jener chaldäische Zauberer, der bei dieser gehässigen und anstössigen Geschichte eine Hauptrolle gespielt hat, nicht lange vor dem Verfasser lebte, so kann derselbe, bei seiner milden und versöhnenden Richtung, wohl vielfache Ursache gehabt haben, den Namen jenes Mannes sorgfältig zu verheimlichen. Desgleichen wird hier von dem erwähnten reichen Gutsbesitzer Sârûqâ so gesprochen, als wenn er zur Zeit des Verfassers noch eine sehr wohl bekannte Persönlichkeit gewesen wäre, und nicht so

---

مشهورين عند الامم بفرط الحسد فهم يحسدون الكسدانيين على علوم اعطتهم ايّاها الآلهة فعجز الكنعانيون عنها وهم الآن ملوكنا وقادتنا ونحن وهم بثواب واحد ونحن لهم شاكرون لانهم احسنوا الينا حين ملكونا. Die Varianten s. in den Zusätzen und Verbesserungen.

97) Dass dieser Name in der oben Anmk. 90, p. 50 angeführten Stelle in dem einzigen mir zugänglichen Cod. نمرود und nicht نمرودا lautet, wird wohl davon herrühren, dass dort auf نمرود ein Wort folgt, welches mit ا (امّة) anfängt, wodurch das ا von نمرودا leicht vom Abschreiber ausgelassen worden sein könnte.

als wenn er etwa vor 500 Jahren gelebt hätte. Auch die zornige, in abgebrochenen Sätzen gesprochene Rede des Königs hätte anders geklungen, wenn der Verfasser sie in irgend einer
historischen Schrift gelesen hätte; sie klingt aber ganz so, als wie wenn Jemand, der sie unlängst gehört, sie hastig und treu mündlich weiter erzählt hätte.

Auch an dieser Stelle legt der Verfasser seine milde und versöhnende Gesinnung in Bezug
auf die Kana'anäer an den Tag; dabei verläugnet sich aber sein stolzes Bewusstsein nicht, dass
er Chaldäer sei und dass seine Stammgenossen in geistiger Beziehung höher stehen als ihre
mächtigen Sieger, obgleich dieselben die materielle Macht besitzen.

Der Verfasser sagt also an drei verschiedeuen Stellen ausdrücklich, dass er zu der Zeit
schrieb, als Babylonien von kana'anischen Königen beherrscht wurde. Hr. Prof. Ewald aber,
dessen scharfsinnige Analysen vieler Schriften des Alterthums von so glänzendem Erfolge begleitet waren, glaubte auch hier die schon früher bei andern Gelegenheiten benutzte Methode
anwenden zu können, und von der Voraussetzung ausgehend; dass unser Buch von verschiedenen Verfassern herrühre und dass selbst Qûtâmî vielleicht nicht der alleinige Verfasser sei,
wollte er von der oben angeführten Stelle über Ibrâhîm el-Kena'anî und Nemrôd, die ich
ihm schriftlich mitgetheilt habe, keine bestimmten Folgerungen auf die Abfassungszeit des ganzen Werkes ziehen, und meinte, dass man daraus nur die Zeit des unbekannten Schriftstellers,
dem diese Stelle entnommen ist, ersehen könne[98]. Hr. Prof. Ewald kennt indess aus userm
Buche nur die trockenen, für historisch-kritische Untersuchungen fast ganz unbrauchbaren
Auszüge des Ibn-'Awwâm[99], ferner die wenigen Mittheilungen Quatremère's[100], die geringen Auszüge in meinen Ssabiern[101] und endlich die ihm von mir schriftlich mitgetheilten
Stellen; ich bin aber vollkommen überzeugt, dass er anderer Meinung sein würde, wenn er
das ganze Werk vor Augen hätte. Allerdings geht diesen eben mitgetheilten vier Stellen kein
قال قوثامى, «Qûtâmî spricht», unmittelbar voran, aber wir haben schon oben bewiesen, dass
Qûtâmî nicht die Bücher seiner Vorgänger erweitert und mit Zusätzen versehen hat, sondern
dass er seine Vorgänger nur benutzt hat, dass er der alleinige Verfasser des ganzen Werkes
ist, dass er ferner überall genau und sorgfältig citirt und bei jeder citirten Stelle die Quelle
derselben angiebt, und dass folglich jede nicht als Citat bezeichnete Stelle von ihm selbst herrührt; demnach rühren auch die vier eben angeführten Stellen, wo der Verfasser sich als Zeitgenosse der kana'anäischen Dynastie in Babylonien angiebt und wo er noch obendrein von
sich in der ersten Person spricht, ganz bestimmt von Qûtâmî selber her; denn eine
solche Gedankenlosigkeit: einen Andern in der ersten Person sprechen zu lassen, ohne zu bemerken, dass dies nicht seine eigenen Worte sind, kann ich einem Manne wie Qûtâmî niemals

---

98) S. Ewald in dem oben p. 32, Anmk. 49 angeführten Aufsatz p. 148 ff. 154 f. u. 160.

99) In dessen كتاب الفلاحة, libro de Agricultura, su autor.... Abu Zacaria etc. traducido al Castellano y ano-
tado por Don Josef Antonio Banqueri, Madrid 1802, 2 Bde. in fol.; vgl. über dieses Werk E. Meyer l. c. III. p. 260 ff.
und 248 ff.

100) In Nouv. Journ. As. t. XV. 1835, p. 227—230.

101) II. p. 908 ff.

zumuthen. Ich will übrigens auch noch Beweise anführen, 1) dass jene eben angeführten vier Stellen von Dhagrît und Janbûschâd nicht herrühren können und 2) dass sie die Worte keines anderen Schriftstellers als Qûtâmî selber enthalten; dadurch werden auch diejenigen, welche etwa noch immer glauben mochten, dass Qûtâmî nicht der Verfasser des ganzen uns vorliegenden Werkes, sondern nur der Bearbeiter und Fortsetzer der Werke des Dhagrît und Janbûschâd sei, sich überzeugen können, dass die eben mitgetheilten vier Stellen dennoch nur von Qûtâmî und nicht von den eben genannten angeblichen Vorgängern desselben herrühren können.

Wir sagen, dass jene Stellen weder von Dhagrît, noch von Janbûschâd — und noch weniger von Schriftstellern, die älter sind als diese Beiden — herrühren können und zwar aus folgenden Gründen: 1) Diese beiden Schriftsteller werden in unserm Buche unzählige Mal citirt und zwar immer mit den Worten قال ضغريث, قال ينبوشاد, «Dhagrît sagt», «Janbûschâd sagt», oder auf eine ähnliche eben so deutliche Weise; warum sollte man denn annehmen, dass in diesem Buche sich zugleich eine Anzahl namenloser Stellen finden, die von diesen sonst 200 bis 300 Mal namentlich citirten Schriftstellern herrühren sollten? 2) Jene vier Stellen können aber auch aus dem einfachen Grunde nicht von diesen beiden Schriftstellern herrühren, weil selbst der jüngre Janbûschâd vor der kana'anäischen Occupation gelebt hat, geschweige der viel ältere Dhagrît. Der Verfasser spricht nämlich von gewissen Theilen des Palmbaumes und giebt an, wozu man dieselben benutzen könne; unter Andern, sagt er, auch dazu, um aus diesem Holze geschnitzte Thierfiguren zu verfertigen, welche die besten Opfer sind, die den Götzenbildern in den Tempeln dargebracht werden. Diese Figuren aus dem erwähnten Holze, heisst es ferner, machen die Frommen, welche den Götzenbildern weder lebende, noch todte Thiere opfern und dies zu thun sogar verwerfen und verbieten. Zu den bedeutendsten Männern, welche sich zu dieser Lehre bekannten, heisst es ferner, gehört Janbûschâd; aber auch vor ihm wollten schon Mâsî der Sûrâner, G'ernânâ[102] und auch sonst viele von den weisesten Chaldäern und den Häuptern derselben, deren Zahl gross ist, keine Thiere, sei es durch Verbrennen oder sonst auf irgend eine Weise, opfern, sondern sie verfertigten aus dem erwähnten Holze verschiedene Thiere und opferten sie den Göttern. Vor unserer Zeit, sagt der Verfasser endlich, und bevor die Kana'anäer Babylonien in Besitz genommen haben, gab es in den meisten Städten dieses Landes (d. h. Babyloniens) Künstler, welche sich mit der künstlichen Ausarbeitung jener Thierfiguren beschäftigt hatten; nachdem aber die Kana'anäer zur Herrschaft gelangt waren, hörte dieses auf; denn die Masse des Volkes bekennt sich zur Religion der Könige (d. h. der kana'anäischen). Der freisinnige Verfasser kommt zuletzt mit seinem guten Rath, dass ein Jeder jene Figuren selber machen möchte, und versichert, dass dies in den Augen Götter noch verdienstvoller sein würde; denn, sagt er, in der Lebensbeschreibung des Janbûschâd wird überliefert, dass derselbe diese Thierfiguren nicht kaufte, sondern mit eigenen Händen als Opfer zu machen pflegte,

---

102) G'ernânâ, ein alter Weiser und Dichter, war ein Schüler des Mâsî aus Sûrâ; in dem Capitel, welches von der Palme handelt, wird er am häufigsten erwähnt.

wie er auch sonst nur das ass, was er mit eigenen Händen gesäet, und nur das Wasser trank, das er mit eigenen Händen geschöpft hatte[103].

Es ist überflüssig auf die ausserordentliche Wichtigkeit dieser Stelle überhaupt aufmerksam zu machen. Man sieht daraus, wie edlere und reinere Religionsbegriffe, die jedes Thieropfer verwarfen, sich schon sehr frühzeitig geltend machten; denn Mâsî der Sûrâner war unserm Verfasser gegenüber ein Mann des hohen (wenn auch nicht des höchsten) Alterthums. Wie das Gute und Edle überhaupt immer in der Weltgeschichte zur Geltung gelangt, so breitete sich auch diese edlere, von den besseren Geistern stets befürwortete Lehre allmählig weiter aus, bis sie zuletzt fast Gemeingut Aller wurde. Der schon gelegte gute Keim hätte vielleicht noch schönere Früchte getragen, da drangen aber fremde Eroberer ins Land und ein Volk bemächtigte sich desselben, welches zwar verwandt, aber feindlich gesinnt war, zwar nicht ungebildet, aber auf einer geringeren Culturstufe als die Babylonier stand. Die Masse des Volkes schloss sich den Siegern an und vergass seine geistigen Errungenschaften, an deren Erwerbung seine edleren Geister Jahrhunderte lang gearbeitet hatten; die bessern Geister dagegen sahen diesem Rückfall mit Schmerzen zu und suchten nach Möglichkeit das Gute noch irgendwie zu retten. Dies gehört jedoch vorläufig nicht zu unserer Untersuchung: wir sehen aber jedenfalls daraus, dass Janbûschâd *vor* der kana'anäischen Occupation gelebt hat, als es noch Sitte war, jene hölzernen Thierfiguren von den Künstlern zu kaufen und den Göttern zu opfern. Man sieht

---

103) Cod. L. *b.* p. 556 f.: دخن الهياكل كان ذلك صالحًا جيّدًا (يعنى جمر العراجين) وان ألقى على جمره

وان شققت وعمل منها على الحيوط والحرق والاشواس واللصاق صور حيوانات كانت افضل قربان يقرب الى الاصنام به فى الهياكل وكذلك جريد السَعف مثله سوا فى هذه الاشيآء التى عددناها وهذه الصور بعملها من الجريد والعَراجين السيّاح الذين لا يقربون للاصنام حيوانات حيّة ولا ميّتة بل يعافون ذلك ويحرمونه وينبوشاد من اكبر اهل هذا المذهب وعليه كان من قبل ينبوشاد ماسى السورانى وجرنانا وكثير من اعلام الكسدانيين ورؤسآءهم يطول تعديدهم كانوا كلّهم لا يرون تقريب شئ من الحيوانات بالاحراق وغيره فكانوا يصنعون صور جميع الحيوان من ليط السعف والعراجين وعندهم انّها من العراجين اصلح واكثر قربه الى الآلهة وقد كانوا قبل زماننا هذا وقبل ان مَلّك الكنعانيون اقليم بابل فى اكثر المدن من هذا الاقليم ضنّاع يصنعون هذه الحيوانات باقليم بابل من ليط السعف والعراجين المشققة ويَحوّدون نشقيقها وتصويرها فلمّا ملك الكنعانيون زال ذلك لانّ عامّة الناس على دين الملوك ولعمرى، ان عَمل الانسان الذى يريد القربان بهذه الصور بيده اعظم لثوابه الآله وقد روى فى اخبار ينبوشاد انّه كان يصنع صور هذه الحيوانات للقرابين بيده ولا يبتاعها من احد وهكذا كان لا يطعم على الحيوط الّا ما زرعه بيده ولا يشرب الّا ما اغراقه بيده وهو افاضل ومن اكرم الحكمآء. Die Ausdrücke والحرق والاشواس واللصاق scheinen technische Ausdrücke der Sculptur zu sein, deren specielle Bedeutung mir unbekannt ist; statt والاشواس hat Cod. B. والاشراس; andere *Var. Lc.* s. in den Zusätzen.

übrigens auch aus dieser Stelle, dass der Verfasser zur Zeit der kana'anäischen Dynastie und nicht später gelebt hat; denn sonst hätte er einfach gesagt: vor der kana'anäischen Zeit geschah dies und jenes, und hätte nicht seine Zeit neben die der kana'anäischen Epoche gestellt. Wie dem aber auch sei, Janbûschâd und folglich auch der viel ältere Dhagrît lebten *vor* der kana'anäischen Invasion, folglich rühren jene drei Stellen, wo der Verfasser sich ausdrücklich als Zeitgenosse der kana'anäischen Dynastie ausgiebt, nicht von ihnen her, sondern von Qû-t'âmî selbst; denn dass dieser so häufig und so sorgfältig citirende Autor hier einen Anonymus, der noch obendrein von sich in der ersten Person spricht, habe reden lassen, ohne irgendwie anzudeuten, dass dies nicht seine Worte sind, halte ich geradezu für undenkbar. — Aber wir begnügen uns noch nicht mit diesem negativen Beweis und wollen noch einen positiven Beweis anführen, dass jene Stellen wirklich von Qûtâmî und von keinem Andern herrühren.

Wir haben oben in der zweiten, dritten und vierten Stelle, in denen der Verfasser sich für einen Zeitgenossen der kana'anäischen Könige in Babylonien ausgiebt, gesehen, dass derselbe, obgleich Chaldäer, der auf die Weisheit seiner Stammgenossen stolz ist, dennoch den Kana'anäern Gerechtigkeit widerfahren lässt und den schroffen Gegensatz zwischen Siegern und Besiegten auf eine milde und kluge Weise auszugleichen sucht. Ich erkannte hier gleich den klugen, milden und zugleich politisch vorsichtigen Qûtâmî, der sich wohl zuweilen vergisst und seinen Unwillen gegen die Zauberer und die abergläubischen Anhänger des Îschîtâ nicht ganz unterdrücken kann, sich aber im Ganzen doch mild und vorsichtig über diejenigen ausspricht, welche er zwar im Innersten seiner Seele hasst, die aber die Macht besitzen, ihm zu schaden. Wir werden aber gleich sehen, dass kein anderer als Qûtâmî sich über die Kana-'anäer so ausspricht, wie in jenen Stellen, wo sein Name nicht ausdrücklich dabei genannt wird.

Der Verfasser spricht nämlich von einem gewissen aus Milch, Fett u. s. w. zusammengesetzten zauberartigen Mittel[104] und bemerkt dabei, dass Chaldäer und Kana'anäer sich gegenseitig die Erfindung desselben streitig machen. Er führt dann eine Stelle aus der Streitschrift

---

104) In unserm Buche ist oft von Zauberei und zauberartigen Mitteln die Rede, die aber häufig nicht in unserm Sinne von vernunftlosen Hexereien aufgefasst werden darf. Die alten Babylonier hatten gewissermassen ein rationelles Zaubersystem, das auf gewisse Principien, auf eine wirkliche oder eingebildete Erkenntniss der Natur und der geheimen Kräfte der Dinge sich basirte. Der babylonische Zauberer hatte nichts mit dem Teufel und Beschwörungen zu thun. — Beschwörung der Götter bei Anrufung derselben mit ihren grossen oder geheimen Namen galt weder in Babylonien, noch, wie ich glaube, bei sonst irgend einem heidnischen Volke des Alterthums als Zauberei —; sondern der Zauberer wollte nur die verborgenen Kräfte der Dinge kennen und bei seinen Handlungen dem Naturprocess nachahmen. Wenn Jârbûqâ in dem Buche «über Gifte» p.436 von den Capiteln spricht, in denen wir nur reine Zaubereien finden, sagt er: وان كنّا اقتفينا فيه اثر الطبيعة فانّه لا يتمّ الّا بالاضافة الى الفعل الطبيعى بالحيلة الانسانيّة السحريّة; und wenn auch 'Ankebûtâ vorgab, ein lebendes Wesen geschaffen zu haben, so wollte er dies nicht durch Hülfe der Götter oder bösen Geister bewerkstelligt haben, sondern er sagte: er habe in der Schrift des Sonnenpropheten Asqôlebîtâ die Beschreibung gelesen, wie die Sonne die lebenden Wesen hervorgebracht hat, und diesem Naturprocess will er nur nachgeahmt haben. Der ehrliche und nüchterne Qûtâmî sagt allerdings: er habe jene Beschreibung gleichfalls gelesen, aber jenes Kunststück sei ihm dennoch nicht gelungen. Ich werde übrigens diesem wichtigen Gegenstand eine besondere Abhandlung widmen, hier aber muss ich mich mit dieser Andeutung begnügen und zugleich bemerken, dass die von Ibn-Wa'hschijjah gebrauchten Ausdrücke, wie رقية, سحر und dergleichen ähnliche, nicht im gewöhnlichen Sinne dieser Worte aufgefasst werden dürfen; vgl. weiter unten.

des Kana'anäers Thâmiťrî gegen den Kana'anäer Anù'hâ an, worin unter Anderem jener seine Stammgenossen damit rühmt, dass sie die Erfinder jenes Mittels seien. Darauf bemerkt Qûťâmî — und da die hier mitzutheilenden Worte auf ein Citat folgen, so geht hier ein قال قوثامى, «Qûťâmî spricht», voran — Folgendes: Thâmiťrî schreibt den Kana'anäern die Erfindung jenes Mittels zu und erhebt sich damit über alle Nabathäer, indem er dasselbe seinem Volke und seinen Verwandten zueignet. Wir aber sagen, dass wir Chaldäer jenes Mittel erfunden haben, und zwar sei Mâsî der Sûrâner der erste, welcher es, achtzig Jahre nach dem Tode Adâmis, erfunden und angewandt habe[105]. Qûťâmî spricht dann ein Langes und Breites, wobei er nachweist, dass Mâsî jenes Mittel erfunden und die Zurichtung desselben in einem Buche ausführlich beschrieben hätte, wovon, wie er sagt, ein Jeder sich überzeugen könne, da dieses Buch einem Jeden bis auf unsere Tage bekannt sei. Thâmiťrî, meint er ferner, sage allerdings, dass einer ihrer (d. h. der Kana'anäer) Vorfahren, der ein Zeitgenosse des Mâsî war[106], jene Erfindung gemacht habe und dass Mâsî sich dieselbe nur zugeeignet hätte; aber wenn auch einige Kana'anäer dies noch zu unserer Zeit behaupten, so habe ich (d. h. Qûťâmî), ausser dem schon angeführten Beweise noch viele andere, durch die ich darthun kann, dass sowohl dieses, wie auch vieles Andere von den Chaldäern und nicht von den Kana'anäern erfunden worden sei. Qûťâmî hat sich hier von seinem Eifer für den Ruhm seiner Stammgenossen ein wenig hinreissen lassen und beginnt, *tout comme chez nous,* einen Prioritätsstreit mit den Kana'anäern; aber er besinnt sich bald, fängt an einzulenken und findet es für nöthig, unmittelbar nach seinen zum Theil eben angeführten, etwas bitter klingenden Worten eine Entschuldigung derselben folgen zu lassen; er sagt daher: «Das, was ich sagte, darf, ich schwöre es bei der Sonne, nicht so angesehen werden als wollte ich damit Thâmiťrî beleidigen, oder ihn Lügen strafen, oder als spräche ich dies aus Hass gegen die Kana'anäer; dieselben sind im Gegentheil unsere edlen Vetter und Verwandte und unser Fleisch und Blut. Ich mache auch dem Thâmiťrî nur freundschaftliche Vorwürfe; ich sah ihn auch als Vorgänger an, und wir haben auch grossen Nutzen aus seinem Wissen gezogen. Ich sage daher: O, Thâmiťrî! wir Chaldäer sind nicht neidisch auf euch Kana'anäer, dass ihr die Mittel erfunden habt, die Körper der Verstorbenen zu conserviren, so dass sie, nachdem das Leben in ihnen erloschen war, ewig bleiben, ohne zu verwesen, ohne vernichtet zu werden und ohne ihren Zustand zu verändern. Wir gestehen euch dieses zu, ohne dies etwa uns zuzuschreiben. Desgleichen wollen wir euch auch euere Intelligenz darin nicht absprechen, dass ihr *die* Namen der Götter erforscht habt, welche die Kraft besitzen, dass derjenige, welcher die Götter mit jenen Namen anruft, immer erhört wird und sein Verlangen immer in

---

105) Hier heisst es, dass Mâsî, der, wie schon p. 27 bemerkt wurde, ein Enkel Îschîťâ's und ein Urenkel Adâmi's war, 108 Jahre nach dem Tode desselben starb; an einer andern Stelle (Cod. L. b. p. 382) wird gesagt, dass Mâsî beim Tode seines erwähnten Grossvaters 20 Jahre alt war; Mâsî lebte also 128 Jahre.

106) An einer anderen Stelle (Cod. L. b. p. 572) wird ausdrücklich gesagt, dass Mâsî ein Zeitgenosse des Thâmiťrî war und dass sie im Briefwechsel gestanden und sich gegenseitig wissenschaftliche Entdeckungen mitgetheilt hätten. Mâsî hat auch eine Schrift gegen Thâmiťrî veröffentlicht, wovon unten noch die Rede sein wird. Man müsste denn annehmen, dass Thâmiťrî noch sehr jung war, als Mâsî schon das Greisenalter erreicht hatte.

Erfüllung geht. Ich schwöre bei meinem Leben, sagt Qûçâmî ferner, dass ihr Kana'anäer darin einen Vorzug vor allen Völkern habt, sowohl vor denen, welche von den Kindern Adams, als auch vor denen, welche nicht von denselben herstammen. Auch wegen anderer von euern Erfindungen, ausser den beiden erwähnten, beneiden wir euch nicht und schreiben uns dieselben auch nicht zu. Ihr aber beneidet uns wegen der Erfindung jenes Zaubermittels, und während ihr etwas Besseres und Grösseres erfunden habt, lässest du uns, o Thâmiçrî, deinerseits keine Gerechtigkeit wiederfahren. Aber dessen ungeachtet loben wir dich wegen der Vortrefflichkeit deines Wissens, deines Geistes und deines Verstandes und wegen der Vollkommenheit deiner Dinge. In der That aber gehören die Vorzüge, die ihr besitzet, auch uns, und unsere Vorzüge gehören auch euch, und es giebt keinen Unterschied in irgend Etwas zwischen uns» u. s. w. [107]. —

107) Die betreffende Stelle lautet in Cod. L. b. p. 438 ff. wie folgt: وبيننا معشر الكسدانيين والكنعانيين

في هذا (d. h. hinsichtlich der erwähnten Erfindnng) منازعة لانّهم يدعون انّهم اول مستنبط لهذا وقائل به

ونحن نقول نحن استنبطناه واستخرجناه وتعلّموه منّا وقد ذكر طامثرى الكنعانى الحبقوش فى رسالته

الى انوحا الكنعانى الحثيانى» التى كتبه اليه يوبّخه على دعواه الوحى احتجاجا عليه فى ادعايه ما عمل

انّه من جهة الوحى فقال له قد وقفنا نحن استخراجا بعقولنا على ما هو اكبر واعجب من عملك انت

ما ادعيت انّك قد وقفت عليه وحيّا وتوفيقًا من عطارد» فانا لا نقبل ادعاك الوحى منك بل نضيف

هذا الى استخراجك واستنباطك فاجبت ان ترفع نفسك بما ادعيت درجة لم تبلغها والذى استخرجناه

استنباطا بعقولنا هو الرقية التى نلقيها بافواهنا من ارواحنا على اللبن فنمرّض به شاربه وآكله بجميع

وجوه الاكل وكذلك انت اجتذبت الثمار من الكروم ببلدك برقية رقيتها استخرجتّها استخراجا بعقلك

حتى عملت بها اجتناب ثمرة الكرم منه اليك» وانت قاعد وقائم ولعمرى لقد استخرجتَ فاحسنتَ

واستنبطتَ فبلغتَ مبلغًا حسنًا وارأك عقلك موضعًا عزيزًا فلم تقنع بمنزلة المستنبطين والمستخرجين حتى

عدوتَ طورك قال قوثامى هذا كلام طامثرى الكنعانى بقول ان الكنعانيين استخرجوا السحر باللبن

وغيره من الادهان والادسام والاسمان ونحن فلا نقبل من طامثرى دعواه هذه التى فخر بها على جميع

النبط وادعى انّها لأهله واقربائه بل نقول ان هذه الرقى التى يسحر بها الناس باللبن والدسم والدهن

انّما كانت من استخراج الكسدانيين وان اول من استخرجها ماسى السورانى بعد وفاة ادمى بثمانين

سنّة فماسى اول مَن نَبَّه على هذا واول مَن عمل به وكان به وكان وجوده له استخراجا بعقله وقياسًا بقريحته وثاقب

فطنته وذاك انّه من نسل ادم وقد كان رای جدّ ابيه ادم وشاهده وعاش بعده ماية وثمانى سنّين

فاستخرج السحر فى الالبان والاسمان والادهان ثم عمل كتابًا مشهورًا فى ايدى الناس الى زماننا هذا

فى هذا المعنى ورنب الادهان والالبان بتراتيب وعلّم كيف يعمل بالحيوان التى تحتلب منها اللبن

الذى يسحر به وباى شئٍ تعلف وكيف تدبر وكذلك فى الحيوان المأخوذ دسمه وكذلك فى الأشجار

Wer erkennt hier nicht denselben stolzen, aber zugleich auch klugen und gegen die Sieger versöhnlich gestimmten Chaldäer, der in den zuletzt angeführten Stellen sich auf eine ganz

المستخرج ادهان ثمارها وكيف تسقى الماء وكيف تفلح وتدبر ومتى تقطف ثمرتها المستخرج دهنها حتى يكون
الدهن قابلا لمّا يودع وارى انا باى شئ يستدلّ على قبول هذا الرقى ومن اَيْن وقف على استخراجها
وكيف جرّبها فتحقق عنده صحّتها وهذا كتابه موجود فاَنْظروا فيه تعلموا انّه هو الذى استنبطها لم يسبقه
اليها احد بهذا الدليل الموجود فى كتابه اللهم الآ ان يدعى طامثرى ان اباهم الموجود فى زمان ماسى
استخرج ذلك واستنبطه فادعاه ماسى لنفسه وهذا فان قاله بعض الكنعانيين فى زماننا هذا فان لى
دلايل كثيرة غير ما قدمتُ ادلّ بها على ان هذا واشياء كثير يشبّهه[a] للكسدانيين دون الكنعانيين
وليس قولى هذا وحقّ الشمس طعنًا على طامثرى ولا تكذيبًا ولا حسدًا للكنعانيين بل هم بنو العمومة
الكرام والاقرباء ولحمنا ودمنا ولكنى اعاتب طامثرى هاهنا وان كنت اعدّه سلفًا وقد استفدنا من
علومه اشياء كثيرة فاقول يا طامثرى نحن معشر الكسدانيين لم نحسدكم على فطنتكم لتبقية جثث الموتى
حتى احتلتم الى ان بقيت الدهر بعد انطفاء الحيوة لا تبلى ولا تبيد ولا يتغير حالها[e] فسلّمنا لكم ولم
ندعيه وسلّمنا لكم فطنتكم فى استخراج اسماء الآلهة اذا دعيت بها اجابت الداعى وقضت حاجته على
اى حال كانت[c] ولعمرى ان لكم بهذا فضل على جميع الامم من اولاد ادم ومن غير اولاده وغير هاتين
ممّا رزقتم استنباطه لم نحسدكم على شئ منه ولا ادعيناه حسدتونا انتم على السحر برقية اللبن والدسم
ولكم ما هو اَنْبل منه واكثر لم تنصفنا يا طامثرى من نفسك ونحن مع ذلك مادحون لك لفضل عِلمك
وفضل نفسك وعقلك وتمام امورك وقبل وبعد فما لكم من الفضل فهو لنا وما لنا فهو لكم وليس بيننا
فرق فى شئ فهينا لكم منّا وهينا منّا لكم والسلم الخ

---

a) Die Bedeutung der hier den Kana'anäern Thâmit́rî und Anû'hâ beigelegten, nur an dieser Stelle vorkommenden Beinamen الحبقوشى und الحثيانى ist mir unbekannt; wahrscheinlich rühren sie von zwei uralten, in den spätern Zeiten ganz verschollenen Städten, Namens حبقوش und حثيان oder حثيا, her. Wo diese Städte lagen, lässt sich nicht näher bestimmen; jedenfalls aber lagen sie in Kana'an und zwar die erstere Stadt im Norden und die letztere im Süden dieses Landes; denn es wird ausdrücklich gesagt, dass Anû'hâ in einer wärmern und Thâmit́rî in einer kältern Gegend lebte, was darauf hinzudeuten scheint, dass Ersterer in einer mehr südlichen und Letzterer in einer mehr nördlichen Gegend gelebt hat.

b) Anû'hâ wird sonst immer رسول القمر genannt.

c) Das hier von Anû'hâ Gesagte erinnert sehr lebhaft an Genes. IX. 20 f.; auch sonst wird Anû'hâ als die wichtigste Autorität über den Weinbau angeführt. Sein Charakter überhaupt unterscheidet sich aber sonst sehr wesentlich von dem biblischen Noa'h. Der Name انوحا wird in den weniger guten Handschriften zuweilen اخنوحا oder اخنوخا geschrieben; aber die gute Leidn. Handschrift 303, *a. u. b.* hat immer انوحا, und an einer andern Stelle werden sogar انوحا und اخنوخا neben einander als zwei verschiedene Persönlichkeiten erwähnt.

d) Im Cod. يسبهه, das wohl nicht anders als يشبهه gelesen werden kann.

e) Diese Nachricht ist neu und höchst überraschend; wir wussten es bis jetzt nicht, dass es im Alterthum auch

ähnliche Weise über die herrschenden Kana'anäer in Babylonien ausspricht, wie hier, und der sich dort als Zeitgenosse der kana'anäischen Dynastie daselbst ausgiebt? Hier steht es ausdrücklich, dass Qûtâmî es ist, der sich auf die erwähnte Weise über die Kana'anäer ausspricht, und es kann nicht der geringste Zweifel obwalten, dass auch dort kein Anderer als Qûtâmî spricht.

Da wir nun hier festgesetzt haben, dass Qûtâmî zu einer Zeit schrieb, als Babylonien von einer kana'anäischen Dynastie beherrscht wurde, so wollen wir auch versuchen diese Zeit noch näher zu bestimmen. Wir haben (p. 55) gesehen, dass Qûtâmî von den Personen, die zur Zeit des zweiten Königs dieser Dynastie gelebt und die, wie es scheint, keine besonders hervorragende Stellungen eingenommen haben, so spricht, als wenn sie zu seiner Zeit noch sehr bekannte Leute gewesen wären, und dass er folglich nicht allzulange nach jenem zweiten kana'anäischen Könige gelebt haben kann. Wir sahen auch, dass Qûtâmî von dem unglücklichen kana'anäischen König Çalbâmâ, dessen Zeitgenosse der Kana'anäer Ibrahîm war, sagte, dass er nicht lange vor ihm gelebt hätte, und dass die Spuren des Elends, welches zur Zeit dieses Königs geherrscht habe, noch zu seiner Zeit nicht verwischt worden seien. Dieser König war aber schwerlich der dritte jener Dynastie; denn erstens sagt Qûtâmî von dem erwähnten Ibrahîm el-Kena'anî, dem Zeitgenossen dieses Königs, dass seine Vorfahren (اسلاف), also wenigstens sein Grossvater, vor dem kana'anäischen Eroberer nach Babylonien übersiedelt wurden[108], und da die Dauer von drei Geschlechtern gewöhnlich länger ist als die von drei Regierungen, so hat wohl zwischen dem zweiten kana'anäischen Könige und Çalbâmâ wenigstens noch *ein* König geherrscht; zweitens erwähnt Qûtâmî in der That noch einen kana'anäischen König, Namens Sûsqijâ, der aller Wahrscheinlichkeit nach vor diesem Çalbâmâ regiert hat. Qûtâmî sagt nämlich von ihm: er sei einer der kana'anäischen Könige, welche ihre Residenz von Babylon nach Kûtâ-Rijjâ verlegt hätten[109]; wenn man nun annehmen möchte, dass schon der zweite kana'anäische König seine Residenz nach Kûtâ-Rijjâ verlegt

---

ausser den Aegyptern Völker gab, welche es verstanden, Leichen zu conserviren. Nach einer von 'Hamzah Isfahânî (Ann. p. ١٩٠ (146)) mitgetheilten Nachricht hat man im Jahre 276 (= 890) im südlichen Chaldäa sieben vollständig conservirte Leichen gefunden, die offenbar einbalsamirt waren. Auch nach Quint. Curtius (X. 31.) haben Aegypter in Gemeinschaft mit Chaldäern, die Leiche Alexander's des Makedoniers einbalsamirt. Jedenfalls aber scheinen die Kana'anäer nur selten Gebrauch von dieser Erfindung gemacht zu haben; denn in einer andern Stelle (Cod. L. *a.* p. 551) wird ausdrücklich gesagt, dass sie die Verwesung durch Einsalzung der Leiche befördern und dann die Knochen sammeln; letzteres haben auch die Juden in der späteren Zeit gethan, wovon in der Mischnah und im Talmûd oft die Rede ist. Bei Palmyra wurden in der neusten Zeit gleichfalls *Mumien* aufgefunden (s. Z. d. d. m. G. XII. p. 735, Nr. 297). — *f*) Ueber die geheimen oder die grossen Namen der Götter ist auch an manchen andern Stellen unseres Buches die Rede.

108) Vgl. oben Anmk. 90, p. 49 f.

109) Im Capitel, welches vom شجرة السليخه, dem Zimmtbaum, handelt (Cod. L. *b.* p. 396 f.), heisst es: وقد كان

سوسقيا الملك يحب السليخه فتقدّم فى ان تتّخذ له فى بعض بساتينه فجُلبت له من بلاد العرب النوعين جميعًا فافاحت فى كوثى ريّا لانّ هذا احد ملوك الكنعانيين الذين نقلوا الملك من مدينه بابل الى مدينه كوثى ريّا وبلغنا انّه كان يتقدّم بان يلقى من السليخه فى الطبيخ الخ

— was nach der mitgetheilten Erzählung auch wahrscheinlich ist[110] — und dass auch Çalbâmâ in dieser Stadt residirt hat, so wäre allerdings keine Nothwendigkeit vorhanden, zwischen
dem zweiten Könige und diesem mehr als einen König, und zwar den erwähnten Sûsqijâ, zu
setzen. Es könnte also demnach sein, dass Çalbâmâ der vierte König der kana'anäischen
Dynastie war. Aus der Art und Weise aber, wie Qûtâmî in der angeführten Stelle von diesem
Çalbâmâ spricht, scheint auch hervorzugehen, dass er nicht einmal als Kind mit ihm zu
gleicher Zeit gelebt hat. Auch aus der Art und Weise, wie Qûtâmî von Ibrahîm, dem Zeitgenossen dieses Königs, in der oben mitgetheilten Stelle[111] und auch sonst spricht, geht gleichfalls hervor, dass zwischen ihm und jenem Gelehrten, zwar keine sehr lange jedoch aber eine
ziemlich geraume Zeit verflossen ist. Qûtâmî kann demnach wohl auch nicht während der
Regierung des unmittelbaren Nachfolgers Çalbâmâ's gelebt haben. Er hat also aller Wahrscheinlichkeit nach frühestens während der Regierung des *sechsten* Königs der kana'anäischen
Dynastie geschrieben.

Zur näheren Bestimmung der Zeit, in der Qûtâmî schrieb, kann, glaube ich, auch folgende Stelle dienen. Qûtâmî erzählt nämlich von einem gelehrten Kana'anäer, dessen besonderes Fach die Landwirthschaft war: er sei nach Babylonien gekommen, wo er mit ihm
(d. h. Qûtâmî) verkehrte und sich mit ihm über Pflanzen und Bäume unterhielt; dieser Kana-
'anäer, sagt Qûtâmî ferner, habe ihm mitgetheilt, dass «die Kana'anäer zu ihrer Zeit (فى
دهرهم)» die Kirsche so und so zuzurichten pflegten[112]. Dieser Kana'anäer, der wahrscheinlich
aus Phönik'en, oder vielleicht auch aus Palästina herstammte, spricht also von den Kana'anäern,
als ob sie zu *seiner* Zeit — und folglich auch zur Zeit Qûtâmîs — nicht mehr die alleinigen
Herrscher und Besitzer des Landes Kana'an gewesen wären. Qûtâmî müsste also demnach
nach der israelitischen Occupation dieses Landes gelebt haben.

In der Voraussetzung aber, dass Mancher sein Befremden darüber aussprechen wird,
weder in den biblischen Büchern, noch in den Nachrichten der profanen Schriftsteller irgend
eine Spur von der Herrschaft der Kana'anäer in Babylonien zu finden, sehen wir uns veranlasst, hier noch folgende Bemerkungen zu machen.

---

110) Vgl. oben p. 52 u. Anmk. 96, p. 54.

111) Vgl. oben p. 45 f. Anmk. 85. u. p. 49, Anmk. 90.

112) In dem Capitel, welches vom Kirschbaum (القراصيا شجرة القراصيا oder auch) handelt, heisst es (Cod.

L. b. p. 348 f.) von diesem Baume: وزعموا ان هذه الشجرة كانت قديمًا تنسب الى الكنعانيين فيقال هذه
الشجرة الكنعانيّة لانّ اصل كونها ونباتها انّما كانت على نهر الاردن واتّها من هناك تفرّقت فى البلدان
وقد حوّلت الى اقليم بابل فجاءت مجّا حسنا. Es wird dann berichtet wie die Kana'anäer mit der Kirsche ver
fahren, wie sie dieselbe mit Honig kochen u. s. w., dann sagt Qûtâmî: وكان رجل حكيم من الكنعانيين جاءنا الى
اقليم بابل وكان عمله الفلاحة وكنّا نتحدّث معه ونخوّض فى احاديث النابت والشجر فاخبرنا ان الكنعانيين
كانوا فى دهرهم يطبخون القراصيا بالمآء والعسل لتحلو الخ. Dieser Kana'anäer berichtet dann über das specielle
Verfahren der Kana'anäer dabei. — Merkwürdig ist die hier mitgetheilte, sonst ganz unbekannte Nachricht, dass der
Kirschbaum ursprünglich am Jordan zu Hause und erst von hier aus nach andern Ländern verpflanzt worden sei.

Da die kana'anäische Invasion in Babylonien, wie wir weiter unten sehen werden, aller Wahrscheinlichkeit nach schon im 16. Jahrh., also ziemlich lange vor Moses stattgefunden hat, so kann es Niemanden befremden, dass weder im Alten Testament, noch bei griechischen und römischen Schriftstellern bestimmte Nachrichten über jenes Ereigniss sich finden. Dagegen glauben wir wohl Andeutungen gefunden zu haben, dass die Herrschaft der Kana'anäer in Babylonien den Hebräern nicht unbekannt war, und dass die Nachrichten darüber auch zu den Griechen, wenn auch in sagenhafter Gestalt, gelangt sind.

Wir wollen die Nachricht in der Genesis 10, 8—12 von dem Chamiten Nemrôd, der ein grosses Reich in Babylonien gegründet hat, nicht hieher rechnen, obgleich sie, wie wir weiter unten sehen werden, wohl hieher gehören dürfte; aber der in *Babylonien* lebende Prophet Ezechiel wirft den Israeliten (16, 29) vor, dass sie ihre Buhlschaft אֶל־אֶרֶץ כְּנַעַן כַּשְׂדִּימָה «nach dem Lande Kana'an, nach Kasdim» treiben; Kana'an steht also hier als Synonym für Kasdim; eben so steht an einer andern Stelle dieses Propheten (17, 4.; vgl. ib. 12.) Kana'an als Synonym für Babylonien. Schon die alten Exegeten und Uebersetzer nahmen Anstoss daran[113]; und man erklärt im Allgemeinen, dass אֶרֶץ כְּנַעַן hier als ein Schimpfwort, d. h. «Krämerland», gebraucht sei; aber es muss erst bewiesen werden, dass כְּנַעֲנִי, ein Kaufmann, bei den alten Hebräern als ein Schimpfwort galt; zeigt doch Jes. 23, 8., wo die Kaufleute von Tyrus «Fürsten» und die «Vornehmsten des Landes» genannt werden, dass dies durchaus nicht der Fall war. Die Erklärung jener Verse ist aber nach unserer Nachricht von der langdauernden Besitznahme Babyloniens von Seiten der Kana'anäer sehr einfach: der daselbst lebende Prophet, zu dessen Zeit die kana'anäische Nationalität in Chaldäa vielleicht noch nicht ganz absorbirt sein mochte, mag die Nachricht von jener kana'anäischen Eroberung gekannt haben und nennt daher Babylonien in poetischer Rede: «Kana'anäerland».

Was nun die profanen Schriftsteller anbetrifft, so deuten verschiedene phönikische und griechische Sagen auf eine enge Verbindung der Kana'anäer mit den Babyloniern hin, eine Verbindung, die nicht in der ursprünglichen Verwandtschaft dieser Völker ihren Grund hat, sondern auf eine Auswanderung der Kana'anäer aus Babylonien und auf eine spätere Rückwanderung derselben ziemlich deutlich hinweist. So lassen die Babylonier die Kana'anäer von dem babylonischen Bel-Kronos abstammen[114]. Die Phönikier dagegen lassen ihre Hauptgottheit nach Babylon wandern und daselbst ihren Sitz gründen[115]. Diese Angaben finden ihre Erklärung durch die oben mitgetheilten Nachrichten, dass die Kana'anäer in der Urzeit aus Babylonien vertrieben wurden, dass sie ferner, im Gegensatze zu den Chaldäern, vorzugsweise den Jupiter verehrten, dass endlich die Masse der Babylonier nach der kana'anäischen Invasion die

---

113) Die LXX lässt כַּשְׂדִּימָה unübersetzt und die Vulgata fühlte zwar die Schwierigkeit, übersetzt aber ganz falsch: «Et multiplicasti fornicationem tuam *in terra Chanaan cum Chaldaeis.*

114) S. Movers, Phöniz. II. 1. p. 53 u. ib. Anmk. 73.

115) S. ib. p. 26 u. ib. Anmk. 11; vgl. auch II. 3, 1. p. 237, Anmk. 6. u. p. 249, Anmk. 21.

Religion ihrer Eroberer angenommen hatte[116]. Desgleichen zeigen die vielfachen Nachrichten
von Phönikiern am rothen Meere, d. h. am persischen Meerbusen und auf verschiedenen Inseln
desselben[117], — Nachrichten, die Movers, weil er sie nicht zu erklären wusste, ohne triftige
Gründe zu beseitigen sucht — darauf hin, dass Kana'anäer wirklich auch in späterer Zeit
im südlichen Chaldäa ansässig waren. Die thatsächliche Existenz von Kana'anäern daselbst in
relativ jüngerer Zeit lässt sich gleichfalls blos durch die Nachricht unserer Schrift von der
Rückwanderung der Kana'anäer nach Babylonien erklären. Es finden sich auch Nachrichten,
die Movers selbst mittheilt, nach denen bald die Phönikier zu Colonisten derer am rothen
Meere gemacht werden, bald aber auch umgekehrt[118]; beide Nachrichten beruhen aber auf der in
unserm Buche wiederholt mitgetheilten Thatsache, dass die Kana'anäer ursprünglich aus Babylonien vertrieben wurden und später in dieses Land als Eroberer zurückgewandert sind. Desgleichen haben sich vereinzelte Nachrichten von harten Kämpfen zwischen Chaldäern und Phönikiern, d. h. Kana'anäern, erhalten, die etwa 1544 stattgefunden haben sollen[119]; auch diese
Nachrichten gewinnen einen Sinn und einen historischen Gehalt durch unsere Mittheilung von
der nach langen Kämpfen stattgefundenen kana'anäischen Eroberung Babyloniens.

　　Es ist vielleicht auch nicht allzu gewagt, auch in der Kepheussage Reminiscenzen von
jener kana'anäischen Eroberung zu finden. M. v. Niebuhr hatte, wie ich glaube, einen glücklichen Gedanken, in Κηφεύς, dessen ursprünglicher Sitz in Joppe angegeben wird, den Namen
des kana'anäischen Stammes Chiwwi wiederzufinden, unter welchem Namen die Griechen die
Kana'anäer überhaupt verstanden haben mochten, wie z. B. die alten Aegypter unter dem Namen
Cheta, d. h. Chettiter, die Kana'anäer überhaupt verstehen[120]. Analoge Fälle, wo ein ganzes
Volk mit dem Namen eines einzelnen Stammes desselben von andern Völkern benannt wird,
giebt es sehr viele; wie z. B. der Gebrauch des Namens Juden für Israeliten, Jonier für Griechen, Allemand und Schwabe für Deutsche u. dgl. mehrere. Der Stamm der Chiwwiter war
noch zur Zeit Josua's einer der bedeutendern Stämme der Kana'anäer. Die Chiwwiter lebten
damals in einer geordneten republikanischen Verfassung, ihre Hauptstadt Gibe'ôn galt so viel
«wie eine der Residenzstädte des Landes, und ihre Bewohner waren Helden»[121]. In der spätern
Zeit finden wir ihre Sitze bis nach Chamat ausgedehnt[122]. Es könnte daher sein, dass die
Wohnsitze der Chiwwiter sich ursprünglich von Gibe'ôn, das nicht weit vom Meere liegt,
bis zu demselben und nördlich bis nach Chamat ausgedehnt haben. Es ist daher auch sehr gut
möglich, dass der Name dieses so bedeutenden Stammes von den ziemlich nahe wohnenden asiatischen Griechen und anderen benachbarten Völkern auf die Kana'anäer überhaupt übertragen

---

116) Vgl. oben p. 47. 49. u. 57. u. die Anmkn. 88. 90. u. 103.

117) S. Movers l. c. p. 44 ff. u. ib. die Anmkn. 41 ff. — Vielleicht hat man unter dem unerklärlichen «*Assyrium stag-
num*» des Justinus (18, 3, 2.), wo die Phönikier ursprünglich gewohnt haben sollen, einfach die bekannten südchaldäischen
Sumpfdistricte zu verstehen, die schon in den frühesten Zeiten existirt haben müssen; vgl, Arrian, Anab. 7, 21 f.

118) S. ib. I'. 1. p. 45 f. u. vgl. p. 53.

119) S. ib. p. 272; vgl. Ssabier I. p. 333.

120) S. M. v. Niebuhr, Geschichte Assurs u. Babels etc. p. 511 f. den Nachtrag zu p. 310.

121) S. Josua X. 2.

122) Vgl. Ewald, Geschichte des Volkes Israel, I. p. 318 ff. 2. Ausg. u. Movers l. c. p. 76.

wurde, und dass jener Name im Munde der Griechen Κηφεύς lautete. Nur möchte ich aber von diesem Gedanken Niebuhrs eine andere Anwendung machen als dieser. Von Kepheus nämlich berichtet die Sage, die ihn in enge Verbindung mit den Semiten überhaupt bringt, dass er seinen Königssitz in Joppe hatte und dass sein Reich vom mittelländischen bis zum erythräischen Meere sich ausdehnte. Kepheus ist aber auch König von Babylon, die Babylonier werden nach ihm Kepbener und Babylonien Kephenia genannt; nach dem Tode des Kepheus aber, heisst es ferner, hiessen die Babylonier nicht mehr Kephener, sondern Chaldäer[123]. Der Name Kephener wurde später auch auf die Perser übertragen, aber diese Uebertragung rührt daher, weil auch Babylonien später Persien genannt wurde und die Perser mit den Chaldäern verwechselt wurden, wie dies schon längst von Movers nachgewiesen wurde; Babylon wurde daher auch in dem Sinne Περσικὴ πόλις genannt[124], wie wir jetzt Strassburg eine französische Stadt nennen. Meines Erachtens finden die Sagen von Kepheus, der in Joppe und in Babylon herrschte, so wie auch der Umstand, dass die Babylonier Kephener genannt wurden und dann nach dem Tode des Kepheus — d. h. nach Verdrängung der kana'anäischen Dynastie — wieder Chaldäer hiessen, durch unsere Nachrichten von der langen kana'anäischen Occupation der babylonischen Länder, worauf dann wieder Chaldäer zur Regierung gelangten, ihre vollständige und befriedigendste Erklärung.

Bei mohammedanischen Schriftstellern haben sich, so weit es mir bekannt ist, sehr wenig Nachrichten über die Existenz einer kana'anäischen Dynastie in Babylonien erhalten; jedoch scheint ihnen dieses Factum nicht ganz unbekannt zu sein. Im 18. Capitel des Morûg'-eds-Dsahab des Mas'ûdi findet sich ein Verzeichniss von 42 altbabylonischen Königen, das mit Nemrôd beginnt und mit dem letzten Darius schliesst; kana'anäische Könige erwähnt er nicht ausdrücklich; aber seine Liste rührt offenbar von einer griechisch-christlichen Quelle her[125] und seine Unbekanntschaft mit der kana'anäischen Dynastie darf daher weiter nicht befremden. Der Historiker 'Isa Ibn-el-Monag'g'em, der 231 (gegen 846) schrieb[126], erwähnt gleichfalls Nemrôd und vier seiner Nachkommen, die er نمرود und بالش ,داوص ,ثيط بن قعودد nennt, als Könige von Babylonien. Er erwähnt dann noch einen babylonischen König, der gleichfalls Nachkomme des Nemrôd gewesen sein soll und Aqfûr-Schâh hiess. Er sagt von ihm, dass er Zeitgenosse der persischen Königin خماني, der Tochter des بهمن, gewesen sei, und dass er bis auf die Zeit des Ardschir, des Stifters der Sâsâniden-Dynastie, gelebt hätte. Kana'anäische Könige erwähnt er gleichfalls nicht ausdrücklich. Dagegen heisst es im Aschkâl

---

123) Die Sagen von Kepheus sind gesammelt von Movers l. c. p. 282 ff.; vgl. Niebuhr l. c. p. 310 f. u. p. 333, Anmk. 1.

124) S. Fragm. hist. Graec. III. p. 375, 17. u. p. 601, 78.; vgl. Movers l. c. p. 286 u. dessen Phön. I. p. 459, Anmk. **.

125) Vgl. Ssabier II. p. 621 u. 709, Anmk. 2.

126) Die hier mitzutheilenden Notizen aus diesem Historiker verdanke ich einer gütigen Mittheilung des Hrn. Sprenger, der mir, durch die gütige Vermittelung des Hrn. v. Bunsen, eine die Nabathäer betreffende Stelle aus diesem Historiker im arabischen Original zugeschickt hat. — Ibn el-Monag'g'em leitet hier seine Nachrichten mit folgenden Worten ein: وذكر بعض (اهل) الكتاب ومَن نظر فى كتب التواريخ. In Sprengers Catal. Nr. 30 muss es 231 statt 131 heissen, welche letztere Zahl ein einfacher Druckfehler ist.

*

el-Boldân des Abû-Zaïd, einer Geographie, die im 3. (9.) Jahrh.[127], also ziemlich lange vor der Veröffentlichung der «nabathäischen Landwirthschaft», abgefasst wurde[128], ausdrücklich[129], dass kana'anäische Könige in Babel residirt hätten. Da aber dieser Geograph seine Kunde von der Existenz kana'anäischer Könige in Babylon nicht aus der «nabathäischen Landwirthschaft» geschöpft haben kann, so müssen die Araber noch andere Quellen gehabt haben, in denen jene Nachricht sich fand. Desgleichen heisst es in einer handschriftlichen persisch abgefassten Geographie[130] ausdrücklich, dass Babylon nach Dho'hâk die Residenz kana'anäischer Könige war[131]. Dieser Geograph scheint seine Nachricht gleichfalls nicht aus der «nabathäischen Landwirthschaft» geschöpft zu haben; denn in diesem Falle hätte er gar keine Veranlassung gehabt, diese Dynastie auf Dho'hâk folgen zu lassen; er muss daher seine Nachricht bei irgend einem mohammedanischen Historiker gefunden haben.

Wir halten also hier folgende zwei Resultate fest, nämlich:

1) Der Chaldäer Qûtâmî aus der Stadt Babylon, der vorher zu der Secte der Qûqâner gehörte und dann derjenigen der Sûrâner sich anschloss, ist der einzige und alleinige Verfasser des uns in einer gewissenhaft ausgearbeiteten arabischen Uebersetzung vorliegenden Werkes, welches von den Mohammedanern *das Buch von der nabathäischen Landwirthschaft* genannt wurde.

2) Dieser *Qûtâmî* schrieb zu einer Zeit als Babylonien von einer kana'anäischen Dynastie beherrscht wurde, deren Stifter *Nemrôdâ* hiess, und zwar lebte er nicht allzu lange nach der Gründung dieser Dynastie, aber auch nicht vor der Regierung des *sechsten* Königs derselben.

Dies angenommen, bleiben noch folgende Fragen zu erörtern: 1) Wann regierte diese kana'anäische Dynastie in Babylonien? 2) Ist Nemrôdâ, der Stifter dieser kana'anäischen Dynastie mit dem biblischen Nemrôd identisch? und 3) mit welcher der von Eusebius nach Berosus aufgezählten babylonischen Dynastien ist diese kana'anäische Dynastie zu identificiren? Durch die Beantwortung der letzten Frage kann die erste definitiv und auch die zweite mit ziemlicher Sicherheit entschieden werden.

Berosus war ein Mann, der die alte Geschichte seines Volkes wissen konnte; dies kann ich weniger als irgend Jemand bezweifeln, da auch Qûtâmî, der kein Historiker von Fach war, sehr bestimmte chronologische Angaben hat und bedeutende historische Kenntnisse verräth; da es mir ferner auch sonst bekannt ist, dass die alten Babylonier eine sehr bedeutende, vielfach ausgebildete historische Literatur besessen haben, wie z. B. allgemeine Weltgeschichten,

---

127) Ms. Sprenger Nr. 1, jetzt in Berlin.

128) Vgl. oben p. 15 u. ib. Anmk. 19.

129) Fol. 43, b. heisst es von Babel: وكانت ملوك الكنعانيين وغيرهم يقيمون بها.

130) Betitelt: كتاب بديع آثار در اطراف واقطار, Ms. des asiat. Mus. in St. Petersb. Nr. 604, s. v. بابل. Der Verfasser dieser Geographie ist mir unbekannt.

131) وبعد از ضحاك ملوك كنعان آنرا دار الملك داشتند.

Geschichten einzelner Völker und einzelner Städte, Biographien von Gelehrten, Propheten u. s. w., Monographieen über das Leben einzelner Könige u. Aehnliches. Wir können also den Angaben des Berosus im Ganzen volles Vertrauen schenken, namentlich in den Fällen, wo wir keine Ursache haben anzunehmen, dass Eusebius die Angaben desselben aus bekannten Gründen willkürlich geändert und modificirt hat; wir haben aber keine Ursache gegen die von Eusebius nach Berosus aufgezählten Dynastien einen solchen Verdacht zu hegen, besonders hinsichtlich der ältern derselben. Berosus kennt zwar keine kana'anäische Dynastie in Babylon; da aber die Existenz derselben jetzt unmöglich bezweifelt werden kann, so muss man annehmen, dass sie entweder mit einer der von Berosus anonym angeführten Dynastien identisch sei, oder dass dieser sie unter einem andern Namen erwähnt. Ueberblicken wir also die Dynastien des Berosus und sehen wir mit welcher derselben die kana'anäische Dynastie identisch sein kann.

Um aber den Leser in Bezug auf diese Frage leichter zu orientiren, wollen wir hier die diese Dynastien betreffende Nachricht des Berosus, nach der neuen von Petermann verfertigten wörtlichen Uebersetzung aus dem armenischen Eusebius[132], so wie sie bei demselben lautet, mittheilen. Sie lautet wie folgt:

I. Dyn. «Nach der Wasserfluth beherrschte das Land der Chaldäer Evexios 4 Neren. Nach ihm übernahm die Regierung sein Sohn Khomasbelos 4 Neren und 5 Sosen. Von Xisuthros und von der Wasserfluth an bis die Maren [d. h. die Meder] Babylon nahmen zählt Polyhistor im Ganzen 86 Könige und erwähnt einen Jeden namentlich aus dem Werke des Berosos und die Zeit aller dieser umfasst er in der Zahl von 33091 Jahren».

II. Dyn. «Nach diesen sammelten, ihnen zufolge, (da sie) in solcher Festigkeit (waren), die Maren [Meder] ein Heer gegen Babylon, um es einzunehmen und dort Tyrannen aus sich selbst aufzustellen. Sodann setzt er auch die Namen der marischen Tyrannen hin, der Zahl nach 8, und ihre Jahre 224»,

III. Dyn. «und wiederum 11 Könige und.... [nach einer Randglosse: 48] Jahre»,

IV. Dyn. «dann auch die der Chaldäer, 49 Könige und 458 Jahre»,

V. Dyn. «hierauf die der Araber, 9 Könige und 245 Jahre, nach welchen Jahren er auch erzählt, dass Schamiram [Semiramis] Assyrien beherrscht habe».

VI. Dyn. «Und wiederum zählt er genau die Namen von 45 Königen auf und giebt ihnen 526 Jahre, nach welchen, sagt er, ein König der Chaldäer gewesen sei, dessen Name Phulos war, den wiederum auch die Geschichte der Hebräer erwähnt und Phulos nennt, von welchem sie sagen, dass er gegen das Land Judäa gezogen sei. — Nach diesem, sagt Polyhistor, sei Senekherib König gewesen», u. s. w.[133].

---

132) S. M. v. Niebuhr l. c. p. 470.
133) S. ib. p. 490—493.

Die Anfangszeit und das Ende einer jeden der hier aufgezählten Dynastien genau anzugeben, ist nicht ganz leicht; denn die Zeit Phuls schwankt bei den Chronologen etwa zwischen
747—775 und die ausgefallene Zahl der III. Dynastie wird von Verschiedenen auf eine verschiedene Weise ergänzt. Nimmt man aber für Phul etwa 750 an, so fällt der Anfang der
VI. Dynastie gegen 1276, der der V. gegen 1521 und der der IV. gegen 1979, und man hat
wenigstens so weit einen sichern chronologischen Boden. — Dies vorausgeschickt, wollen wir
untersuchen, mit welcher der eben aufgezählten Dynastien die kana'anäische Dynastie zu identificiren ist.

Von der ersten, wie weiter unten nachgewiesen werden wird, nur theilweise mythischen und der zweiten, der medischen Dynastie, kann hier gewiss nicht die Rede sein. Auch
die dritte anonyme Dynastie geht viel zu hoch hinauf und reicht bis gegen das Jahr 2000 hin,
selbst wenn man die bekannte Marginalzahl 48 in dem armenischen Eusebius für richtig erklärt. Die vierte Dynastie wird ausdrücklich als eine chaldäische bezeichnet. Es bleibt also
nur die Wahl übrig zwischen der V. Dynastie der neun arabischen Könige mit 245 Jahren
und der VI. anonymen Dynastie von 45 Königen mit 526 Jahren, nach denen der aus der
Bibel bekannte assyrische König Phul folgte; denn die darauf folgenden Könige, deren Reihenfolge wir seit Nabonassar, d. h. seit 747, aus dem Ptolemäischen Kanon kennen, waren
sicher keine Kana'anäer, was nicht erst bewiesen zu werden braucht. Als ich die Existenz
einer kana'anäischen Dynastie in Babylonien aus unserm Buche kennen lernte, war mein erster
Gedanke dieselbe mit der V. Dynastie des Berosus zu identificiren, d. h. mit den 9 arabischen
Königen mit 245 oder, nach Synkellus, 215 Jahren, welche ungefähr von 1540—1295
oder, nach andern Berechnungen, von 1520—1275 v. Chr. regiert haben. Berosus, dachte ich,
der für Griechen schrieb und sich denselben verständlich machen wollte, gebrauchte den den
Griechen bekannten und geläufigen Namen «Araber» statt der der Kana'anäer, weil dieser
Name den Griechen fast ganz unbekannt war und weil er doch, wie wir gleich sehen werden,
in gewisser Hinsicht auch jenen Namen gebrauchen konnte, ohne dabei einen groben Irrthum
zu begehen. Diese kana'anäische Invasion glaube ich auf folgende Weise in die Begebenheiten
der alten Geschichte Vorderasiens einzureihen: nach einer Meinung nämlich waren die Hyksos
Phönikier, d. h. mit andern Worten Kana'anäer; nach einer andern von Manetho angeführten Ansicht sollen diese Hyksos Araber gewesen sein. Wir haben diesen Punkt in unserm
Werke über die Ssabier[134] ausführlich behandelt und haben darüber folgende Vermuthung
ausgesprochen. Durch eine arische Invasion in Chaldäa, vermutheten wir in jenem Werke,
wurden viele der daselbst wohnenden semitischen Stämme theils nach dem Süden, theils nach
dem Westen verdrängt. Diese aus ihrer Heimath vertriebenen Stämme trieben, wie zur Zeit der
bekannten Völkerwanderung, andere Völker, wie z. B. verschiedene arabische Stämme, so wie
auch die Bewohner Kana'ans, vor sich hin. Diese vertriebenen Araber und Kana'anäer fielen

---

134) I. p. 319 ff. — Nach Brugsch' Angaben über die Wohnsitze der Schasu (geogr. Inschr. altägypt. Denkm. II,
p. 53 ff.), die aller Wahrscheinlichkeit nach mit den Hyk-Sôs identisch sind (vgl. ib. p. 66), können dieselben mit Recht
eben so gut Araber wie Kana'anäer genannt werden; denn sie wohnten in Arabia petraea und auch in Kana'an.

ihrerseits unter dem Namen Hyksos in Aegypten ein. Da aber die Kana'anäer, wie es mir jetzt bekannt ist, ein sehr gebildetes Volk waren und offenbar auf einer bei weitem höheren Culturstufe standen als die Araber, so wurden diese von ihnen absorbirt und sind in jene aufgegangen. Wie lange die Hyksos Aegypten beherrscht haben, gehört hier nicht zur Sache. Die allmählige Verdrängung der Hyksos aus Aegypten durch die Könige der 18. Dynastie begann gegen die Mitte des 17. (oder 16.) Jahrhunderts durch den ersten König dieser Dynastie, Amosis. Spätere Könige dieser Dynastie drängten die Hyksos immer weiter, bis sie gegen 1580 (oder gegen die Mitte des 15. Jahrh.) aus ihrem letzten Schlupfwinkel Avaris vertrieben wurden und, nach Manetho, nach Palästina abgezogen sind[135]. Aber auch hier liessen ihnen die übermüthig gewordenen ägyptischen Könige der 18. u. 19. Dynastie keine Ruhe und sie wurden auch hier bedrängt[136]. Dass sämmtliche aus Aegypten in einem Zeitraum von 80 bis 90 Jahren allmählig verdrängten Hyksos sich nach Palästina gewandt haben, ist nicht wahrscheinlich, wenigstens ist dies nicht erwiesen. Es könnte daher sein, dass ein Theil der aus

---

135) Darüber sind die bekannten Werke von Bunsen und Lepsius nachzulesen. — Lepsius setzt in seinem neuesten Werke (Königsbuch, synoptische Tabellen p. 6) den Beginn des Kampfes gegen die Hyksos unter Amosis in das Jahr 1684 und die völlige Vertreibung derselben unter Tuthmosis III. in das Jahr 1591. Die im Texte in Parenthesen gesetzten Zahlen für diese Ereignisse sind nach astronomischen Zeitbestimmungen auf zwei Denkmälern Tuthmosis III., welche nach Biot's Berechnungen die Daten 1441 und 1443 ergeben; wenn nun Tuthmosis Regierungszeit um so viel heruntergedrückt wird, muss die des Amosis gleichfalls heruntergedrückt werden. Lepsius sucht (l. c. p. 153 ff.) einerseits die Berechnung Biots und andererseits die Beweiskraft jener Denkmäler zu entkräften. Brugsch dagegen scheint jenen astronomischen Zeitbestimmungen volle Beweiskraft zu geben, und setzt die Regierungszeit Tuthmosis III. überall, wo er von demselben spricht, in die Mitte des 15. Jahrh. Merkwürdig ist es, dass Lepsius Thuthmosis den III. nur 38 Jahre regieren lässt, während Brugsch (l. c. II. p. 34) ein Denkmal aus dem vierzigsten Regierungsjahre dieses Königs anführt. Wir Laien in ägyptischen Sachen sollen, wie die Aegyptologen uns zumuthen, die so treu uns überlieferten Zahlen der Bibel ohne weiteres über Bord werfen: die 430 Jahre des Aufenthalts in Aegypten soll man nach Lepsius auf 100, die 480 vom Auszug bis zum Tempelbau auf 365 reduciren, nach Bunsen sollen diese Zahlen wiederum auf eine andere Weise zurechtgeschnitten werden, und diese Gewaltmaassregeln sollen vorgenommen werden: wegen der auf die kläglichste Weise uns überlieferten manethonischen Zahlen, dann wegen der Daten der Denkmäler, endlich wegen der israelitischen Geschlechtsregister. Aber wir haben eben ein Beispiel angeführt, dass die Denkmäler auch nicht immer berücksichtigt werden; dann fragt man sich unwillkürlich, warum die Aegyptologen selber, die sich doch immer auf dieselben Denkmäler berufen, nicht unter einander übereinstimmen? Und nun wird uns gar eine Chronologie nach den Geschlechtsregistern octroyirt, nachdem wir eben jetzt angefangen hatten, uns von der nach den Geschlechtern berechneten Chronologie des Herodot und der Alexandriner zu emancipiren! Derjenige, welcher mit dem Wesen der Geschlechtsregister, besonders der der Semiten, näher vertraut ist, wird sicher keine Chronologie nach der Zahl der in jenen Registern auf einander folgenden Geschlechter construiren. Wenn man, um *ein* Beispiel aus vielen anzuführen, die von den Arabern überlieferten Geschlechter der Joqthaniden zusammenzählt, kommt heraus, dass dieselben höchstens etwa gegen 700 vor Christus in Arabien eingewandert sind (s. Wüstenfeld, Register zu den genealog. Tabellen, p. vi f.); dass dies ein reiner Unsinn ist, braucht nicht erst bewiesen zu werden; die Geschlechtsregister sind aber überall lückenhaft; denn man merkte sich blos die bedeutenden Persönlichkeiten, die unbedeutenden wurden vergessen, so dass zwischen Vater und Sohn jener Register wohl manchmal noch zehn Geschlechter liegen können. — Uebrigens hat es auf unsere Untersuchung hier keinen Einfluss, ob die völlige Vertreibung der Hyksos gegen die Mitte des 16. oder gegen die Mitte des 15. Jahrhunderts stattgefunden hat; im letztern Falle könnte man annehmen, dass die ersten aus Aegypten vertriebenen Hyksos sich nach Babylonien wandten, welches Land sie auch nach langen Kämpfen mit den Chaldäern eroberten.

136) Damit sind die bekannten Feldzüge gegen die Cheta in Palästina gemeint; vgl. über die Feldzüge verschiedener ägyptischer Könige der 18. u. 19. Dynastie nach Kana'an: Bunsen, Aegypten IV. p. 173 u. 197, die Ssabier I. p. 333 f., die ib. p. 334, Anmk. 1. angeführten Stellen, H. Brugsch, geogr. Inschriften altägyptischer Denkmäler etc. Bd. I. p. 52 ff. u. II. p. 20 ff. u. Movers l. c. II. 1, p. 298 ff.

Aegypten verdrängten Hyksos — welche, wie wir sahen, bald Kana'anäer, bald Araber
genannt werden —, vielleicht auch ein Theil von den in Kana'an Angesiedelten, die auch
hier von den ägyptischen Königen bedrängt wurden, nach langer Hin- und Herwanderung in
Babylonien eingefallen sei und dieses Land nach langen Kämpfen erobert habe. Uebrigens habe
ich schon in meinem Werke über die Ssabier (I. p. 331 ff.), die sehr nahe liegende Vermuthung
ausgesprochen, dass die Araber, welche die V. Dynastie des Berosus begründet haben, ver-
triebene und versprengte Hyksos waren; nur wusste ich damals noch nicht, dass diese Gründer
einer neuen Dynastie in Babylonien eigentlich keine *Araber*, sondern *Kana'anäer* waren. Der
Umstand, dass die babylonischen Kana'anäer von Qûtâmî als hochgebildete Leute geschildert
werden, kann nichts gegen die Identität derselben mit den aus Aegypten verdrängten Hyksos
beweisen; denn es muss erst bewiesen werden, dass diese in der That rohe und ungebildete
Leute waren, wie ihre ärgsten Feinde, die Aegypter, sie schildern, was aber, wie ich glaube,
nicht bewiesen werden kann.

　　Der Anführer dieser kana'anäischen Eroberer hiess Nemrôdâ, und dieser heldenmüthige
Eroberer, der mit einer flüchtigen Truppe ein grosses Reich erobert hat, kann sehr gut mit
dem sprüchwörtlich gewordenen Helden Nemrôd identisch sein, dessen Ruhm zu den Hebräern
gelangt ist, die ihn, wegen seiner Herkunft aus dem Lande der Aegypter, zum Sohne Kûsch'
machten, ohne ihn aber dadurch in die Urzeit der Menschheit versetzen zu wollen; Nemrôd
wird auch desshalb Genes. X, 7. nicht unter den Söhnen Kûsch' aufgezählt. Das Sprüchwort,
oder, wenn man will, das Fragment eines alten Liedes Genes. X. 9.: «so wie Nemrôd ein
Held der Jagd» u. s. w.[137], zeigt, wie ich glaube, dass der biblische Nemrôd, der in der Erinnerung der jüngern Semiten lebte, keine Nebelgestalt der Urzeit, sondern eine ächt historische
Persönlichkeit der neuern Zeit war, dessen Ruhm im Munde aller Welt und dessen Andenken
frisch im Gedächtnisse lebte. Wir sagen z. B. ja auch von einem ausserordentlich kräftigen und
unerschrockenen Manne: «er sei ein wahrer Napoleon», aber nicht: «ein wahrer Friedrich
Barbarossa», oder: «ein wahrer Carl der Grosse», weil diese Männer unserm Zeitalter zu sehr
entrückt sind; und die Israeliten des mosaischen Zeitalters sollten den Namen eines Mannes,
der gegen 3000 Jahre vorher gelebt haben soll, auf diese Weise gebraucht haben! Ich glaube
es nimmermehr. Wenn aber Eusebius und die andern christlichen Chronographen in den
ihnen zugänglichen Quellen über die babylonische Geschichte Nemrôd nicht gefunden haben,
so beweist dieses noch nicht, dass auch Berosus denselben nicht kannte; denn jene christlichen Chronographen haben das Werk von Berosus nicht vor sich gehabt und sie kannten
nur die Auszüge aus demselben bei Alexander Polyhistor; nun aber ist es einerseits nicht
ausgemacht, dass dieser seine Auszüge unmittelbar aus Berosus gemacht hat; dann ist es
andererseits eben so wenig erwiesen, dass Eusebius seine Mittheilung unmittelbar aus Alex.
Polyhistor geschöpft hat[138]. Dass der biblische Nemrôd in spätern rabbinischen und auch in

---

　　137) Vgl. Movers, Phönik. II. 1, p. 269, ib. Anmk. 39.

　　138) Die Fragmente des Berosus bei Eusebius und Synkellus befinden sich überhaupt in einem trostlosen Zustande; dabei weiss man nicht immer recht die Worte des Alexand. Polyhistor von denen des Eusebius zu unter-

mobammedanischen Fabeln mit dem Thurmbau zu Babel, mit der Sprachverwirrung und mit der Zerstreuung der Noachiden in Verbindung gebracht wurde, kann, wie es sich von selbst versteht, nicht als Einwand gegen unsere Vermuthung vorgebracht werden. Desgleichen können uns die von sonst achtbaren Forschern ausgesponnenen Ansichten, nach denen der biblische Nemrôd der Held einer, — historisch nicht nachweisbaren —, uralten scythischen Eroberung war, nicht hindern. Wollte man aber gegen unsere Vermuthung die Stelle in Genesis X. 10. anführen, wonach Nemrôd angeblich der Erbauer Babels war, während nach den Mittheilungen Qûtâmis diese Stadt offenbar schon vor der kana'anäischen Invasion existirt hat, so können wir dagegen sagen, dass Nemrôd in jenem Verse durchaus nicht zum Erbauer Babels gemacht wird und dass dort nur steht: Babel, Erek, Akkad und Kalneh sei der Anfang seiner Herrschaft gewesen, womit nur gesagt sein kann, dass er diese Städte zuerst erobert (aber nicht erbaut) hat. — Ich muss auch sonst in Kurzem bemerken, dass mir ziemlich Alles das, was über den biblischen Nemrôd in den frühern Zeiten, so wie auch das, was in der neuern und neusten Zeit über ihn geschrieben wurde, bekannt ist und dass ich unter diesem Gewirre von Ansichten und Meinungen nichts gefunden habe, was mich in meiner Meinung schwankend machen könnte, dass der biblische Nemrôd mit dem in unserer Quelle erwähnten Nemrôdâ, dem Stifter der kana'anäischen Dynastie in Babylonien, identisch sein könne; jedenfalls ist, wie ich glaube, Niemand im Stande irgend einen *positiven* Beweis gegen diese Möglichkeit anzuführen. Auch der Umstand, dass Nemrôdâ Goldmünzen geprägt hat, kann weder als Beweis angeführt werden, dass derselbe mit Nemrôd nicht identisch sei, noch dass er nicht im 16. Jahrh. v. Chr. gelebt haben könne; denn es muss erst bewiesen werden, dass man um diese Zeit noch kein geprägtes Geld hatte, was, glaube ich, nicht bewiesen werden kann. Im Gegentheil zeigt die bekannte Stelle Genes. 23, 16., dass zu Abrahams Zeiten geprägtes Geld existirt hat. Da es aber auch in Babylonien, wie ich es bestimmt weiss, Gold- und Silberbergwerke gab[139], so liegt die Wahrscheinlichkeit sehr nahe, dass man daselbst auch frühzeitig geprägtes Gold- und Silbergeld hatte[140].

Die kana'anäische Dynastie in Babylon mit der V. Dynastie (der 9 arabischen Könige mit 245 Jahren) des Berosus zu identificiren war also, wie bemerkt, mein erster Gedanke als ich die vielfachen Nachrichten über jene Dynastie in Babylon in unserm Buche fand. Ich theilte dann diese Ansicht Hrn. v. Bunsen und Hrn. Prof. Ewald schriftlich mit. Letzterer meinte, dass

---

scheiden, und wenn es bei Eusebius heisst: «Er stellt blos die Namen der Könige zusammen, ohne deren Thaten eben genau zu erzählen», oder: «und wiederum zählt er die Namen von 45 Königen auf» (s. oben p. 69) so kann es sehr gut sein, dass dies nicht die Worte des Eusebius, sondern die des Alexander Polyhistor, oder eines Excerptors aus diesem sind, der alle Namen weggelassen hat und den Eusebius vor sich hatte. Von den Pfuschereien des Synkellus will ich erst gar nicht sprechen.

139) Dewânâï und nachher Qûtâmî sagen dies wiederholt aus; dessgleichen ist in dem Buche «über Gifte» (p. 53) von dem «Silber unseres Landes» die Rede. Ueber den Gold- und Silberreichthum Babyloniens vgl. Movers l. c. II. 3, 1. p. 41 ff., nur ahnte dieser unsterbliche Gelehrte nicht, dass es in Babylonien selbst Gold- und Silberbergwerke gab; ja er glaubte sogar, dass es in den Wohnsitzen der Semiten überhaupt nirgends Silber gab; s. ib. p. 36 f.

140) Ueber den Gebrauch von Silber als *Geld* bei den Semiten, besonders bei den Kana'anäern, in der ältesten Zeit s. Movers l. c. II. 3, 1. p. 28 ff. u. vgl. ib. p. 55 f.

man «allenfalls an die alten *reges Arabes* bei Berosus mit ihren 245 Jahren denken» könne,
nur äusserte er einige Zweifel, ob unter diesen Kana'anäern überhaupt dasselbe Volk zu verstehen sei, das wir unter diesem Namen verstehen. Wir haben (p. 45) diese Zweifel beseitigt
und auch Hr. Prof. Ewald hat sie aufgegeben, nachdem ich durch Mittheilung einiger neuen
Stellen jeden Zweifel gehoben hatte. Hr. v. Bunsen erklärte sich ganz entschieden für diese
Ansicht, die er für die einzig richtige hält. Nach dieser Annahme könnte man also
Qûtâmî nicht später als 1300 v. Chr. setzen.

Allmählig aber stiegen in mir Bedenken gegen diese Annahme auf und ich dachte: wenn
unser durch und durch gelehrtes Buch, dessen Verfasser eine Unzahl von Vorgängern hatte und
der sich zu den ältern derselben ungefähr so verhält, wie ein neuerer Naturforscher zu den
ersten griechischen Physikern, schon im 14. Jahrh. *vor* Chr. verfasst worden sei, so müsste
ein grosser Theil unserer Anschauungen vom Alterthum und unsere bisherige Auffassung der
alten Geschichte vollkommen umgestossen werden; zu einer solchen wissenschaftlichen Revolution genügt aber unsere, wenn auch höchst wahrscheinliche Vermuthung nicht. Auch der
Umstand, dass Mâsî der Sûrâner, der meines Erachtens nicht minder als 1000 Jahre älter
als Qûtâmî ist, die Jonier kennt und von ihnen sagt, dass es zwar einige ausgezeichnete
Männer unter ihnen gäbe, sie aber im Ganzen wie das Vieh seien und gegen die Babylonier
stolz thun, erregte gleichfalls mein Bedenken; denn ich hielt es nicht für möglich, dass ein
Babylonier aus dem 24. Jahrh. sich auf die angegebene Weise über die Jonier ausgesprochen
haben konnte. Ich fing daher an, mich nach anderen Möglichkeiten umzusehen, um jene kana-
anäische Dynastie zu placiren. Die VI. Dynastie des Berosus von 45 Königen mit 526 Jahren,
dachte ich, ist eine anonyme, regierte etwa von 1295—769 oder 1275—749 und könnte
doch gleichfalle mit der kana'anäischen identisch sein; demnach würde Qûtâmî — da er, wie
bemerkt, jedenfalls nicht allzu lange nach der Gründung jener Dynastie gelebt hat — etwa im
10. Jahrh. geschrieben haben; wollte man aber meine oben (p. 63 f.) angeführten Beweise, dass
Qûtâmî nicht allzu lange nach der Gründung jener Dynastie gelebt hat, nicht gelten lassen, so
wäre jedenfalls die erste Hälfte des 8. Jahrhunderts die allerspäteste Zeit, die man Qûtâmî vindiciren müsste. Jene wissenschaftliche Revolution würde allerdings auch durch diese
Annahme zum Theil bewirkt werden; aber jedenfalls glaubte ich für unser Buch nur ein Minimum von Jahren in Anspruch nehmen zu können. Allerdings haben die beiden Niebuhr[141],
Bunsen[142], Movers[143] und viele Andere angenommen, ja sie setzen es gewissermassen voraus,
dass die VI. Dynastie des Berosus eine assyrische war, aber die Gründe für diese Behaup-
tung oder vielmehr Voraussetzung sind nicht stichhaltig. So bemerkt z. B. M. v. Niebuhr:
«Diese 6. Dynastie ist offenbar die assyrische. Dies geht hervor: 1) daraus, dass am Anfang
Semiramis, am Ende Phul erwähnt wird; 2) daraus, dass Synkellus, der bei der arabischen
Dynastie wieder in die Ordnung des Eusebius einlenkt, auf die arabische Dynastie eine assyri-

---

141) S. Niebuhr, kleine histor. u. philol. Schriften, Bonn 1828, I. p. 194 u. M. v. Niebuhr l. c. p. 494, Anmk. 5.
142) S. dessen Aegyptens Stellung etc. IV. p. 303.
143) Movers l. c. II, 1. p. 273 f.; vgl. p. 276.

sche folgen lässt». Aber diese beiden Punkte beweisen hier gar nichts; denn weder fängt die 6. Dynastie mit Semiramis an, noch schliesst sie mit Phul, und der Wortlaut des Eusebischen Excerptes sagt nur: Berosus habe vorher die Namen und die Regierungsjahre der 9 arabischen Könige aufgezählt, dann habe er erzählt, dass Semiramis über Assyrien geherrscht habe, hierauf habe er die Namen von 45 Königen aufgezählt, denen er eine Regierungsdauer von 526 Jahren giebt, und nach diesen erwähne er einen chaldäischen König, Namens Phul. Damit ist aber nur gesagt, dass Berosus nach seiner Erwähnung der arabischen Könige und vor seiner Aufzählung der 45 Könige von der Semiramis handelt, wobei aber noch nicht im Entferntesten gesagt ist, dass jene Könige mit derselben in irgend eine directe Verbindung zu bringen seien. Aus jenem Excerpte geht ferner hervor, dass Berosus den Phul *nach* Aufzählung jener 45 Könige erwähne, woraus man im Gegentheil eher zu folgern berechtigt ist, dass mit diesem Phul eben eine neue und zwar assyrische Dynastie beginnt, aber nicht, dass derselbe die Dynastie jener 45 Könige schliesse. Synkellus aber kann hier gar nichts beweisen; denn seine Dynastien befinden sich in einem so verworrenen Zustande, dass seine Angaben überhaupt gar keine Beweiskraft haben. Dabei ist aber noch zu bemerken, dass seine assyrische Dynastie, die er auf eine arabische von 6 Königen und 215 Jahren folgen lässt, nicht die des Berosus, sondern, was Niebuhr selbst bemerkt, die Königreihe des Ktesias ist, von der dieser Gelehrte allerdings annimmt, dass sie mit der 6. Dynastie des Berosus identisch sei, diese Behauptung aber nicht beweisen kann[144], so dass diese Annahme zu der grossen Reihe von Vermuthungen gehört, an denen die assyrisch-babylonische Geschichte überreich ist.

Meine Bedenken gegen die Identification der kana'anäischen Dynastie mit der der neun arabischen Könige des Berosus, so wie auch meine Ansicht über die Möglichkeit jene mit der VI. Dynastie desselben zu identificiren, theilte ich gleichfalls schriftlich Hrn. v. Bunsen und Hrn. Prof. Ewald mit. Letzterer, der nicht überzeugt zu sein scheint, dass die VI. Dynastie des Berosus eine assyrische war[145] hält die eine, wie die andere meiner Annahmen für möglich; Ersterer dagegen beschwört mich in einem Schreiben vom 17. Mai 1857, mich nicht in meiner «einzig richtigen Erklärung der kana'anäischen Dynastie irre machen zu lassen». «Seit vielen Jahren, schreibt Hr. v. Bunsen ferner in seiner gedrängten Ausdrucksweise, ist mir die Vermuthung gekommen, auch in meinen Heften habe ich es bemerkt, ... dass die fünfte Dynastie Babylons die des vertriebenen (oder vielmehr 1540 von Pelusium abgezogenen) Hyksosheeres sei. Ich gab diese Spur auf, da ich zwischen 1540 und 1488, dem Jahre des Abzugs der Hyksos und dem Jahre des Antritts der arabischen Dynastie, also mit 50 und einigen Jahren, nichts anzufangen wusste. Nun ist aber alles klar!

    1. Die Hyksos gingen nach Kana'an, dem Vaterlande der einen Hälfte (Philistim). — Die Malikas (Araber = XV. Dyn.) gaben, auch nach den arabischen Nachrichten nicht mehr die Herrscher, noch 3 Jahrhunderte.

---

144) Vgl. M. v. Niebuhr l. c. p. 494, Anmk. 1. u. die ib. angef. Stellen.
145) S. Ewald, Gesch. des Volkes Israel, III. p. 593, Anmk. 2.

2. Sie konnten also eben so gut *Araber* heissen, wie Berosus sie nennt, als *Kana'anäer*.....

3. Sie kamen zum Thron erst nach langen Kämpfen mit den Babyloniern: das erklärt die 50 Jahre.

4. Die vorhergehende Dynastie war nach Qûtâmî eine chaldäische: wie die vierte [des Berosus] es ohne Zweifel war».

«Alle Anzeigen, heisst es in jenem Schreiben ferner, sind wider Ihre zweite Annahme. Die Ninyaden, als ἄρχοντες τῆς Ἀσίας in den $^{520}/_{526}$ Jahren, mussten Babylon haben, so gut wie Karl der Grosse Paris. Auch geben alle Nachrichten der Semiramis grosse Bauten in Babylon: einige sagen alle, was mit Recht übertrieben genannt wird».

Hinsichtlich meines erwähnten Bedenkens, dass schon Mâsî der Sûrâner von den Joniern auf die erwähnte Weise spricht, verweist er mich auf seine neusten Forschungen, wo er das griechische Alterthum weiter hinaufrückt, als man es bisher gewöhnlich that[146], und er erklärt sich am Schlusse ganz entschieden für meine erste Annahme, d. h. für die Identification der kana'anäischen Dynastie mit der V. des Berosus.

Bei aller Hochachtung aber vor Hrn. v. Bunsen muss ich bemerken, dass die eben angeführten Gründe mich nicht überzeugt haben, dass die VI. Dynastie des Berosus eine assyrische war. Die Forschungen über Semiramis und ihre Lebenszeit halte ich noch lange nicht für abgeschlossen und sicher genug, als dass ich aus den über sie ausgesprochenen Vermuthungen bestimmte Resultate folgern möchte. Wenn übrigens auch Semiramis die Beherrscherin von Babylonien war, so muss man noch immer nicht annehmen, dass auch ihre Nachfolger im Besitze dieses Landes blieben. Dabei scheint aber Hr. v. Bunsen die 520 Jahre, die Herodot der assyrischen Herrschaft über Asien giebt, mit den 526 Jahren der VI. (nach Bunsen assyrischen) Dynastie des Berosus zu combiniren, womit ich mich aber nicht einverstanden erklären kann; denn hier giebt es nur eine Alternative: entweder Phul gehört zur VI. Dyn. des Berosus oder nicht; im ersteren Falle war die Dauer dieser Dynaste viel länger als 526 Jahre; denn die Regierungsjahre Phuls sind in dieser Zahl nicht eingeschlossen. Im letzteren Falle dagegen ist man zu der Annahme fast gezwungen, dass jene Dynastie eben keine assyrische war, oder dass Phul der Gründer einer neuen Dynastie überhaupt war, jedenfalls aber fällt in diesem Falle der Hauptbeweis, dass jene Dynastie überhaupt eine assyrische war, weg. Allerdings lässt Bunsen Phul nur von 750—747 über Babylon herrschen, wodurch jene 526 Jahre nur um 3 Jahre vermehrt werden, aber um Phul so weit herunterzurücken mussten erst einige biblische Zahlen geändert werden, womit ich mich wiederum nicht einverstanden erklären kann. Auch die Angabe Qûtâmîs, dass die Kana'anäer nach langen Kämpfen mit den Chaldäern Babylonien erobert haben, kann nicht beweisen, dass die der kana'anäischen vorangegangene Dynastie eine chaldäische und keine arabische gewesen sein kann; auch wir sagen, dass die Engländer gegen die Chinesen kämpften und dennoch sind die Beherrscher derselben keine Chinesen, sondern Mandsu. Es könnte ja auch sein, dass die weniger gebil-

---

146) S. Bunsen l. c. V. *a.* p. 444 ff.

deten arabischen Sieger von den hochgebildeten besiegten Chaldäern im Laufe der Zeit ganz absorbirt wurden, wie Aehnliches schon oft in der Geschichte geschehen ist.

Es ist also durchaus nicht bewiesen, dass die VI. Dyn. des Berosus eine assyrische war und sie könnte daher an und für sich mit der kana'anäischen wohl identisch sein; aber gegen diese Annahme erhebt sich eine bedeutende Schwierigkeit. Der Beginn der VI. Dyn. des Berosus fällt nämlich, je nach den verschiedenen Berechnungen, etwa zwischen 1295—1273. Nehmen wir nun an, dass der biblische Nemrôd wirklich erst um diese Zeit gelebt hat, oder dass dieser mit Nemrôdâ, dem Stifter der kana'anäischen Dynastie, nicht identisch ist, so bleibt doch immer die Frage: ob es möglich sei anzunehmen, dass eine grosse Anzahl Kana'anäer aus Palästina — und als solche muss man nach den obigen Angaben die Kana anäer Qûťâmis sich denken[147] — mit einem Helden an der Spitze um die angegebene Zeit Babylonien erobert hat? Ich glaube, dass dies unmöglich ist, und zwar erstens, weil die Kana'anäer des kleinen Palästina's niemals im Stande gewesen wären, ein so grosses Reich, wie Babylon damals war, zu erobern; denn wenigstens zur Zeit Qûťâmis reichten die Gränzen dieses Staates im Westen bis zur arabischen Wüste (die damals offenbar noch nicht die jetzige Ausdehnung hatte), im Süden bis zum persischen Meerbusen, im Osten bis zu 'Holwân und vielleicht noch weiter, und im Süden und Südosten bis zum oberen Zâb. Wollte man aber annehmen, dass Kana'an einen ausgedehnteren Begriff hatte als in den biblischen Büchern, was an und für sich möglich, ja sogar wahrscheinlich ist, so bleibt es aus dem Grunde unmöglich, dass die Kana'anäer in der angegebenen Zeit Babylonien erobert hätten, weil die Israeliten damals, d. h. am Anfange des 13. Jahrh., längst im Besitze von Palästina und die Kana'anäer grösstentheils decimirt und in Knechtschaft gerathen waren; und wenn dieselben damals noch kräftig genug gewesen wären, ein so grosses Reich wie Babylonien zu erobern, und wenn die Kana'anäer noch damals einen Helden wie Nemrôdâ in ihrer Mitte gehabt hätten, so hätten sie nicht ihr Vaterland verlassen und sich eine neue Heimath gesucht, sondern sie hätten doch lieber die ohne innern Verband lebenden Israeliten aus dem Lande gejagt. Dann sieht man auch aus der Geschichte der Richter, dass nur ein einziges Mal ein kräftiger kana'anäischer Staat in Chacôr, im Norden von Kana'an, unter Jabin sich hervorthat, sonst aber hören wir immer nur von äussern Feinden Israels, aber von keinen solchen, die in seiner Mitte wohnten. Ich weiss es zwar, dass Bunsen und auch Lepsius den Auszug der Israeliten erst gegen 1320 setzen, die Auswanderung der Kana'anäer nach Babylonien konnte also demnach sehr gut eine Folge der israelitischen Occupation gewesen sein; aber dagegen muss ich erstens auch hier die Bemerkung machen, dass, wenn die Kana'anäer zur Zeit Josuas noch so mächtig gewesen wären, dass selbst ihre Trümmer noch im Stande waren Babylonien zu erobern, so hätten sie die Israeliten gar nicht in's Land gelassen; dann wiederhole ich hier meine, schon in meinen Ssabiern ausgesprochene Meinung[148], dass man aus rein kritischen Gründen die biblischen Zahlen festhalten müsse, eine Meinung, in der mich bis jetzt noch nichts schwankend zu machen im Stande war. Nimmt

---

147) Vgl. oben p. 45; Anmk. 90, p. 50 u. Anmk. 112, p. 64.
148) S. Ssabier I. p. 318 f.

D. C H W O L S O N.

man aber für Sch îschaq selbst die geringste Zahl, d. h. 932, in Anspruch und addirt man
dazu die 41—42 Jahre vom 5. Regierungsjahre des Re'habeam bis zum salomonischen Tempelbau und die 480 Jahre von diesem bis zum Auszug, so fällt dieser spätestens (932+41+480=)
1453, also wenigstens 155 Jahre vor dem frühesten Beginn der VI. Dynastie des Berosus. Es
ist hier nicht der Ort mich weitläufig darüber auszusprechen, warum ich so entschieden die
biblischen Zahlen festhalte, so viel aber will ich hier kurz bemerken, dass unter allen auf uns
gekommenen chronologischen Zahlen des Alterthums keine so eine innere Sicherheit und Bestimmtheit haben, wie die biblischen, besonders aber sind keine von ihnen mit solcher Treue
und Gewissenhaftigkeit überliefert worden, wie diese. Hätten wir übrigens Manethos Zahlen
aus erster Hand vor uns, ich würde ihnen gewiss ein grosses Gewicht beigelegt haben; da
wir sie aber nur vermittelst der Excerptoren kennen, die sie — was notorisch erwiesen ist —
theils aus bösem Willen, theils aus Unverstand corrumpirt haben, so können sie den biblischen
Zahlen gegenüber gar kein, oder höchstens nur ein sehr geringes Gewicht haben. Was aber
die ägyptischen Denkmäler anbetrifft, welche angeblich die jetzigen biblischen Zahlen unmöglich machen, so glaube ich, dass sie so lange nicht entscheidend sind, so lange ihre Interpre-
tation noch auf so schwankenden Füssen steht wie jetzt und so lange noch die Erklärer jener
Denkmäler so weit auseinandergehen, dass — um *ein* Beispiel unter vielen anzuführen — Rougé
die Dauer der Hyksoszeit auf gegen 2000 Jahre setzt, Bunsen etwa 922 und Lepsius zuerst
662, und dann in seinem neusten Werke 511 Jahre annimmt[149].

Nach dem Gesagten bleibt also nur die einzige Annahme möglich, dass die kana'anäische
Dynastie in Babylon mit der V. Dyn. des Berosus, d. h. mit den neun sogenannten arabischen
Königen und 245 oder 215 Jahren, identisch ist; die Regierung dieser Dynastie aber begann
nicht vor 1540 und nicht später als 1488, und endete nicht vor 1295 und nicht später als
1273[150]; die späteste Zeit, in der Qûtâmî geschrieben hat, wäre also etwa der Anfang des 13. Jahrhunderts vor Christi Geb.

Ich habe hier absichtlich den Gang meiner Untersuchung und die Art und Weise, wie
ich hinsichtlich der Zeitbestimmung der kana'anäischen Dynastie hin- und herschwankte, mitgetheilt, um dem Leser zu zeigen, dass ich nicht leichtsinniger Weise die Abfassungszeit unseres
Buches in's 13. oder 14. Jahrh. versetzte, um etwa dadurch meinen Fund so wichtig als möglich zu machen. Man sehe im Gegentheil, dass ich diese Sache sehr reiflich hin und her erwogen
habe, dass ich erst die Meinungen Anderer anhören wollte und dass ich mich endlich lange
gegen mein eben mitgetheiltes Resultat über das Alter Qûtâmîs gesträubt habe, bis verschiedene,
wie ich glaube, sehr entscheidende Gründe mich zu diesem Resultate hingedrängt haben.

---

149) Vgl. das oben Anmk. 135, p. 71 über die Chronologie der Aegyptologen Gesagte. — Dass an dem Datum
480 vom Auszug bis zum salomonischen Tempelbau festzuhalten ist, hat Ewald in seiner Geschichte des Volkes Israel
behauptet u. dann dies in den Gött. gel Anz. 1850. p. 819 ff. u. 1851, p. 428 ff. bekräftigt. Die Unhaltbarkeit der Beweise
Bunsens und Lepsius' (die sich auf die bekannte Stelle bei Theon und auf eine Angabe in Seder-'Olam-Zûthâ
berufen) für das Jahr 1314 als die Zeit des Auszugs hat Ewald (l. c. 1858, p. 1454 ff.) gleichfalls nachgewiesen.

150) Es würde mich zu weit führen, wenn ich hier alle, diesen Punkt betreffenden Berechnungen näher erörtern wollte; am Ende kommt ja bei unserer Frage auf eine Differenz von 50—60 Jahren nicht viel an.

Der Leser wird aber, befürchte ich, dennoch mit Erstaunen fragen: wie ist es möglich, dass ein so umfangreiches wissenschaftliches Werk, in dem eine Unzahl von Vorgängern citirt sind, schon am Anfang des 13. Jahrh. v. Chr., also gegen 400 Jahre vor Homer — nach der gewöhnlichen Annahme — verfasst worden sei? Wir verweisen als Erwiederung darauf auf das, was wir am Anfange dieser Abhandlung gesagt haben, und bemerken, dass die kindischen wissenschaftlichen Experimente des Mittelalters sich chronologisch zu der wissenschaftlichen Stellung des Aristoteles eben so verhalten, wie die ersten wissenschaftlichen Versuche der Griechen zu den wissenschaftlichen Untersuchungen des Janbûschâd oder Qûtâmî; man hat folglich gar keine Ursache über das obige Resultat zu staunen, wenn wir auch dadurch etwas erfahren, wovon wir bis jetzt fast keine Ahnung hatten. Wenn man übrigens die Culturzustände der alten vorderasiatischen Völker genauer in's Auge fasst, sieht man sich unwillkürlich zu der Annahme genöthigt, dass die alten Babylonier schon in sehr frühen Zeiten eine ausgebildete Literatur besessen haben müssen. Die Israeliten nämlich, fast das jüngste Volk der Semiten, hatten schon lange vor den Griechen eine bedeutende wissenschaftliche Literatur. Viele Andeutungen in den älteren Schriften des Alten Testaments zeigen klar auf eine hohe Cultur und auf eine literarische Thätigkeit unter den gebildeten Semiten noch *vor* der Einwanderung der Israeliten in Kana'an hin. Die Kana'aniter sind aller Wahrscheinlichkeit nach viel jünger als die Babylonier und dennoch wie uralt ist ihre Literatur! Der Ursprung ihrer heiligen Schriften war ihnen schon sehr früh nicht mehr bekannt und dieselben wurden daher verschiedenen Göttern zugeschrieben. Selbst die Erläuterungen und die Commentarien zu diesen Schriften werden von den göttlichen Wesen Thuro-Chusarthis und Surmubel hergeleitet. Zwischen der Abfassung jener Schriften und der dieser Commentarien muss aber auch eine lange Zeit verflossen sein, so dass die alten Schriften nicht mehr verständlich waren und der Erläuterung bedurften. Uralte Weisen, etwa des 12. u. 11. Jahrh., beschäftigten sich schon mit der Deutung und allegorischen Auslegung jener heiligen Schriften — ungefähr 800 Jahre vorher fing auch der Babylonier Janbûschâd an, die alten Lehren und Vorschriften allegorisch zu deuten —; aber zwischen der Abfassungszeit heiliger Schriften und *der* Zeit, wo der natürliche Sinn derselben nicht mehr genügt und nicht zeitgemäss ist, so dass man zu allegorischen Deutungen die Zuflucht nehmen muss, liegt in der Regel — wenigstens in jenen alten Zeiten — ein sehr langer Zwischenraum. Die didaktische Poesie der Kana'anäer, die der Orphischen verwändt ist, und mit der Lösung naturphilosophischer Probleme sich beschäftigt, wird gleichfalls zum Theil göttlichen Wesen zugeschrieben und ist uralt; und dass die Kana'anäer schon vor der israelitischen Einwanderung in Palästina ein hochgebildetes Volk waren, ersieht man aus vielen Andeutungen der biblischen Nachrichten. Wie vielseitig ausgebildet die spätere Literatur der Phönikier war, wie sie besonders schon sehr früh classische Werke über die Landwirthschaft geschrieben haben, ist hinlänglich bekannt[151]. Da wir dies Alles von den politisch unbedeutenden jüngeren

---

151) S. M o v e r s, Art. Phönic. in Ersch u. Gruber, Allg. Encycl. der Wiss. III. 24, p. 441 ff., dem diese Notizen über die altphönikische Literatur entnommen sind, u. vgl. E w a l d, Gesch. des Volkes Israel, I. p. 323 f. 2. Ausg. und B r u g s c h l. c. II. p. 23. — Der Karthager M a g o, der *pater rusticationis*, wie ihn Columella nennt, welcher ein grosses

Kana'anäern wissen, so könnte man die Existenz einer alten und vielseitig ausgebildeten Literatur bei den hochgebildeten und politisch so bedeutenden älteren Babyloniern geradezu voraussetzen, selbst wenn die von uns an's Licht gezogenen Werke nicht existirt hätten, besonders da auch Berosus von uralten Schriften der Babylonier spricht, worin über «die Geschichten von dem Himmel, der Erde, dem Meere, von der ersten Schöpfung, von den Königen und deren Angelegenheiten» gehandelt wird [152]. Man hat also gar keine Ursache über unsere Resultate hinsichtlich des hohen Alters der babylonischen Literatur zu staunen oder dieselben mit skeptischen Augen anzusehen; im Gegentheil, durch unsere Resultate wird eine leere Zeit ausgefüllt, in der die Existenz einer bedeutenden geistigen Thätigkeit vorausgesetzt werden muss.

Gegen unsere Annahme über das hohe Alter Qûſâmîs wird man vielleicht auch den Einwurf machen, dass Ibn-Wa'hschijjah, der am Ende des 9. und am Anfange des 10. Jahrh. seine Uebersetzungen der altbabylonischen Schriften schrieb, doch schwerlich die Sprache der Bücher verstehen konnte, die länger als 2000 Jahre vor ihm abgefasst wurden. Darauf lässt sich aber Folgendes erwiedern: 1) es ist schon (p. 9) bemerkt worden, dass Ibn-Wa'hschijjah selbst ein Nachkomme der alten Chaldäer war, der die Sprache und sogar die verschiedenen Dialecte seiner Stammgenossen gründlich verstand; 2) lässt sich dieser Umstand einfach durch die Stabilität der semitischen Sprachen überhaupt leicht erklären. Wie weit diese Stabilität geht, kann ich durch folgende Thatsache darthun: Ich kenne nämlich einen ungelehrten Araber aus Mekkah, der von arabischer Grammatik keinen Begriff hat und dennoch manches altarabische Gedicht recht gut versteht und überhaupt altarabisch, mit häufigem Gebrauch der Nunation, spricht. Dieser Araber versicherte mich auch, dass seine Landsleute in seiner Heimath das Altarabische sprechen und altarabische Bücher geläufig lesen und verstehen. Wenn nun ein ungelehrter Araber die gegen 1000 Jahre vor ihm, zum Theil künstlich abgefassten Gedichte verstehen kann, so ist es auch wahrscheinlich, dass ein gelehrter Chaldäer die schlichte Prosa der 2000 Jahre vor ihm abgefassten Schriften seiner Vorfahren verstanden hat. Qûſâmî, der sehr oft Schriften citirt, die länger als 1000 Jahre vor ihm abgefasst wurden, beklagt sich niemals über Schwierigkeiten, die ihm die Sprache jener Schriften an und für sich verursacht hätte. Dieselben waren sogar allgemein verbreitet und wurden allgemein gelesen. Qûſâmî empfiehlt auch die moralischen Stellen aus den Schriften des Îschîtâ — der wenigstens 1000 Jahre vor ihm gelebt hat — den Bauern an den Feiertagen vorzulesen, ohne etwa zu befürchten, dass die ungebildeten Landleute das ihnen Vorgelesene nicht verstehen würden. Es ist übrigens auch möglich, dass die alte Sprache in den altbabylonischen Schriften im Laufe der Zeit von verschiedenen gelehrten Chaldäern immer modernisirt wurde und die veralteten Worte und Ausdrücke durch neue ersetzt worden sind, so dass Ibn-Wa'hschijjah wohl die Werke aber nicht die eigenen Worte der alten Babylonier übersetzt haben mochte.

Werk über Landwirthschaft in 28 Büchern geschrieben, war sicher nicht der Erste, der von diesem Gegenstand handelte. Heeren macht Mago zum Zeitgenossen des Cyrus; Meyer (Gesch. der Botan. I. p. 296 ff.) setzt ihn allerdings bedeutend herunter, aber sein Hauptgrund dafür ist der, weil die Griechen ihn nicht kennen, während Meyer selbst (ib. p. 297) eine Stelle aus Columella anführt, wo es heisst, dass Mnaseas und Paxamus ihm folgen, folglich kannten und benutzten sie ihn auch. —   152) S. M. v. Niebuhr l. c. p. 479.

Wir wollen aber jetzt auch versuchen, die Beweise, welche der berühmte und geistreiche Geschichtsschreiber der Botanik, Prof. E. Meyer, gegen das hohe Alter unseres Buches anführt, zu entkräften, so wie auch die Bedenken des Hrn. Prof. Ewald über diesen Punkt zu beseitigen. Meyer widmet in dem dritten Bande seiner classischen «Geschichte der Botanik» den ihm bekannten Fragmenten unseres Buches, die sich bei dem arabischen Agronomen des 12. Jahrh. Ibn-'Awwâm und bei dem spanischen Botaniker des 13. Jahrh. p. Chr. Ibn-Beithâr finden, ein ganzes Capitel (Bd. III. p. 43—88), wobei er (ib. p. 60—88) eine höchst schätzenswerthe Erklärung der in diesen Fragmenten vorkommenden Pflanzennamen giebt. Am Anfange dieses Capitels macht er eine ziemlich weitläufige Untersuchung über das Alter und das Wesen unseres Buches, und zwar nach den oben (p. 34 f.) erwähnten Mittheilungen Quatremère's und nach den ihm bekannten trockenen Fragmenten bei jenen beiden arabischen Schriftstellern. Aus dem Umstande, dass Adam, Enoch und Noa'h als Schriftsteller in unserm Buche vorkommen, will er keine bestimmten Folgerungen ziehen; denn die Uebereinstimmung dieser Namen mit denen der bekannten biblischen Patriarchen, meint er, könnte eine zufällige sein. Dagegen glaubt er *den* Einwurf wohl begründet, dass Herodot und sämmtliche Schriftsteller des Alten Testaments wohl doch etwas von der babylonischen Literatur gewusst hätten, wenn dieselbe so bedeutend und so alt gewesen wäre, wie Quatremère es annimmt. Wir haben (p. 6 f.) dieses Argument schon gewürdigt und brauchen darüber nicht mehr zu sprechen. «Da hören wir, sagt er ferner (p. 49), von einem philosophischen Werke, dem des Dujabi (d. h. Dewânâï), einem Lehrgedicht, dem des Szagrit (Dhagrît), einem Commentar dazu von Jambuschad, einem Werke über die Flora verschiedener Länder, also eine Art von Pflanzengeographie, von Adam. Dies scheint aber kein hohes Alter anzudeuten». Aber warum denn? Etwa weil Theophrast erst einige Jahrhunderte später seine *Historia plantarum* schrieb? So will ich es auch dreist läugnen, dass Galen seine medicinischen Werke im 2. Jahrh. p. Chr. geschrieben hat, und will als Beweis dafür den Umstand anführen, dass die meisten Aerzte, die 1000 Jahre nach ihm in Europa gelebt haben, die ärgsten Quacksalber waren. Der erwähnte Dujabi hat übrigens kein philosophisches Werk geschrieben, denn dies steht weder in der «nabathäischen Landwirthschaft», noch behauptet es Quatremère. Nun aber drückt Meyer sein Erstaunen über Quatremère aus, wie derselbe keinen Anstoss daran nahm, dass Dhagrît sein Gedicht in Doppelreimen geschrieben hat; denn nach der Versicherung sachkundiger Männer hätten aramäische Völker, eben so wie die Hebräer, selbst Ephraim Syrus im 4. Jahrhundert, niemals den Reim gebraucht. Aber was beweist dies? Hebräer und Syrer haben wirklich den Reim nicht gebraucht, aber die Babylonier können ihn dennoch eben so gut wie die semitischen Araber wohl gekannt und gebraucht haben. Ist denn der Reim etwa blos ein Product der Wüste? Meyer fand auch in einem Fragmente des Dhagrît eine Zwiebelart erwähnt, von der bemerkt wird, dass die Griechen sie Aschkila nennen, welches Wort doch offenbar Skilla sei; dann spricht auch Susad (d. i. Janbûschâd) vom Hanf und fügt hinzu, dass man denselben «chinesisches Korn» nenne. Aber dies beweist gleichfalls nichts; denn wir haben (p. 15) nach den ausdrücklichen Angaben Ibn-Wa'hschijjahs bemerkt, dass dieser die Städte-,

11

Länder- und Völkernamen modernisirt hat, und dass er die im Original gebrauchten Pflanzennamen bald durch arabische, bald durch persische, bald durch griechische Benennungen, ja sogar zuweilen durch alle drei, wiedergegeben hat. Da wir nun leider das Original nicht vor uns
haben, so können derartige Beweise gar keine Geltung haben.

Meyer geht nun zu Qûtâmî selber über und glaubt das Alter desselben «mit ziemlicher
Wahrscheinlichkeit noch etwas näher bestimmen zu können». Nun bemerkt er, dass bei Qûtâmî häufig persische Pflanzennamen vorkommen, woraus er folgert, dass die Nabathäer
wenigstens einen beträchtlichen Theil ihrer Pflanzenkunde den Persern zu verdanken hätten;
ferner dass in jenen Fragmenten unseres Buches der Lein eine koptische Pflanze, eine Abart
der Myrthe die griechische, eine in Babylon gebaute Getraideart mit dem griechischen Namen
Chondros und eine andere Pflanze gleichfalls griechisch Qûmî, d. h. Kome, genannt wird.
Wir haben auf diese Einwürfe schon erwiedert; was mich aber befremdet, ist, dass dieselben von
Prof. Meyer gemacht wurden, der doch sehr gut weiss. dass wenigstens ein grosser Theil der
Pflanzensynonyme bei Dioskorides nicht von diesem, sondern von anderen, späteren Inter-
polatoren herrühren; Meyer hätte doch wenigstens an die Möglichkeit denken können, dass
hier etwas Aehnliches geschehen sein könnte, um so mehr, da wir hier nicht das Original,
sondern nur eine Uebersetzung vor uns haben.

Meyer führt dann (p. 51 ff.) noch einen scheinbar sehr triftigen Beweis gegen das hohe
Alter unseres Buches an, indem er aus den ihm bekannten Fragmenten desselben nachweist,
dass Qûtâmî ausser den Mondmonaten auch feste Sonnenmonate in Anwendung bringt;
solche Monate aber, meint er, sind nach Ideler erst seit dem ersten Jahrhundert unserer
Zeitrechnung bei Syrern und andern Orientalen gebräuchlich. Dass das von Ideler in Bezug
auf die Syrer Behauptete auch auf die Babylonier seine Anwendung hat, setzt Meyer
voraus. Aber er hätte nur nöthig gehabt, in demselben Buche Idelers das Capitel, welches
speciell von den Babyloniern handelt, nachzulesen und er hätte sich gleich vom Gegentheil
seiner Voraussetzung überzeugt; denn er hätte gesehen, dass die Ansicht Frérets, nach der
die Babylonier ein gebundenes Mondjahr hatten, auf äusserst schwachen Füssen steht, und dass
Ideler selbst die Voraussetzung, «dass die Chaldäer und Aegypter einerlei Jahrform — d. h.
ein vom Monde ganz unabhängiges Jahr — und Jahranfang gehabt haben» als solche bezeichnet, «welche sich am natürlichsten darbietet»[153]. Idelers Voraussetzung wird auch in der
That durch viele Stellen unseres Buches theilweise bestätigt. Es ist hier nicht der Ort eine
weitläufige Untersuchung über den altbabylonischen Kalender zu machen, aber nach zahlreichen
Stellen unseres Buches kann man, wie ich glaube, Folgendes als ausgemacht ansehen. Die
frühzeitig gemachten astronomischen Beobachtungen, so wie auch die religiösen Feste, die bald
auf den Mond, bald auf die Sonne Bezug hatten, nöthigte die alten Babylonier, sicher schon
sehr früh, ein geregeltes Jahr zu haben. Ob sie es nicht verstanden oder nicht wollten, das
Mondjahr durch Intercalation mit dem Sonnenjahr zu vereinigen, weiss ich nicht; so viel aber
weiss ich bestimmt, dass sie zwei nebeneinanderlaufende und von einander unab-

---

153) S. Ideler, Handbuch der mathem. u. techn. Chronologie, I. p. 203 ff.

hängige Jahresrechnungen hatten. Sie hatten ganz bestimmt Mondmonate, die bald 29, bald 30 Tage hatten. Ob sie dieses Mondjahr mit dem Sonnenjahr auszugleichen suchten, weiss ich nicht. Sie hatten aber schon in der ältesten Zeit reine Sonnenmonate, die immer nach dem Eintritt der Sonne in ein neues Zeichen des Thierkreises gerechnet wurden. Die Mondmonate sowohl, so wie auch die Sonnenmonate führten dieselben Namen: Nîsân, Ijjâr u. s. w. Diese beiden Monate fielen natürlich selten zusammen. Das Jahr — wahrscheinlich das Sonnenjahr — bestand aus 365 Tagen; über die Art, *wie* der noch übrige Vierteltag ausgeglichen wurde und ob dies überhaupt geschehen ist, fand ich in meinen Quellen keine Angaben. Der religiöse und vielleicht auch der politische Jahresanfang fand den 1. Nîsân statt, an welchem Tage eins der beiden grössten Feste der Babylonier, ميلاد السّنة عيد, das Geburtsfest des Jahres, d. h. das Neujahrsfest, gefeiert wurde; das zweite jener beiden grossen Feste wurde den 24. des ersten Kânûn (24. December) gefeiert und wurde عيد ميلاد الشمس, «das Geburtsfest der Sonne» genannt. An demselben Tage wurde bekanntlich auch in Italien das Fest *Dies natalis Solis invicti* gefeiert, und das babylonische, so wie auch das italische Fest stand offenbar in Beziehung zum Winter-Solstitium; in Babylonien übrigens hatte dieses Fest keine Bezug auf das Neujahr; denn ausser dem erwähnten Neujahr gab es noch ein anderes Neujahr am ersten Teschrîn (October), aber keins am ersten des 2. Kânûn (Januar). Dieses Neujahr am ersten Teschrîn hat aber vielleicht nur eine agronomische Bedeutung[154]. Diese beiden Jahresanfänge entsprechen ganz den beiden Jahresanfängen bei den alten Hebräern, bei denen der Monat Nisan der erste im Jahre war, die aber dennoch das Neujahrsfest den 1. des 7. Monats feierten. Ueberhaupt dürfte der altbabylonische Kalender viel Licht auf die Einrichtung des hebräischen Kalenders werfen und alle Streitigkeiten über denselben für immer beseitigen.

Der vermeintliche schlagende Beweis Meyers gegen die frühe Abfassungszeit unseres Buches fällt also in nichts zusammen. Seine übrigen Beweise sind gänzlich unwichtig. Er findet nämlich in unserm Buche «ein System der Baumzucht und des Ackerbaus, errichtet auf physikalischer Grundlage, ausgehend von allgemeinen Principien, allmählig fortschreitend bis in das feinste Detail der Behandlung jeder besonderen Culturpflanze, und ihrer Benutzung, wobei auch die nutzbaren wildwachsenden Pflanzen nicht vergessen werden». Meyer glaubt daher, dass «die systematische Anordnung, das Ausgehen von allgemeinen Principien» der Zeit des ersten Jahrhunderts unserer Zeitrechnung besser entspreche als jener grauen Vorzeit, in welche Quatremère Qûtâmî setzt. Wir haben aber schon oben (p. 5) den Satz ausgesprochen, dass die altbabylonische Culturepoche sich zur griechischen so verhält wie diese zu der unsrigen; wenn nun Aristoteles, Theophrastus u. dgl. andere grosse Geister Griechenlands gegen 1500 Jahre vor diesem und jenem elenden Scribenten des Mittelalters gelebt und geschrieben haben, so kann auch Qûtâmî, in einer älteren Culturepoche, 800—1000 Jahre vor jenen grossen

---

154) Vgl. Exod. XXIII. 16. — Das, was ich hier über den altbabylonischen Kalender sage, lässt sich durch eine grosse Anzahl von Stellen unseres Buches belegen, die ich aber desshalb nicht anführe, weil eben die Zahl derselben allzu gross ist. Ich muss übrigens noch bemerken, dass ich hier über diesen Kalender nur das sage, was nach meinen Quellen gar keinem Zweifel unterworfen sein kann; durch fernere Combinationen liesse sich aber das hier Gesagte noch vielfach ergänzen.

Griechen etwas Gutes producirt haben. Meyer findet auch (p. 54 f.) zwischen den Angaben und Vorschriften der griechischen und römischen Agricultoren und denen des Qûtâmî viel Aehnliches und Uebereinstimmendes; aber dieses kann doch wahrlich nicht beweisen, dass Qûtâmî occidentalische Quellen benutzt hat. Die babylonische Cultur und staatliche Ausbildung ist doch unzweifelhaft älter als die der Griechen und Römer, und dass die Babylonier in der Landwirthschaft es viel weiter gebracht haben als diese beiden Völker, kann man, nach den Schilderungen des Herodot, Ammianus Marcellinus und vieler Andern von der vortrefflichen Bebauung des Bodens in Babylonien, fast voraussetzen. Auch das grossartige Canalisationssystem des Landes, welches die Griechen in Erstaunen setzte, spricht allzu deutlich für die hohe Ausbildung der Ackerbaukunst in Babylonien.

Meyer spricht auch (p. 55 f.) viel von angeblichen Prahlereien Qûtâmîs, und dieselben verleiten ihn sogar zu der Vermuthung, dass dieser griechische Schriftsteller benutzt haben könnte, deren Namen er aber absichtlich verschweige, um für seine Babylonier die Priorität der Erfindung in Anspruch zu nehmen. Die Prahlerei des Qûtâmî beschränkt sich aber in der Wirklichkeit nur darauf, dass er seine Stammgenossen höher stellt als alle anderen Völker; er that also nur das, was viele gebildete Völker des Alterthums thaten, d. h. dass sie sich selbst für das edelste Volk und alle anderen Völker für Barbaren hielten; auch jetzt glaubt manches Volk der edelste Stamm der Menschheit zu sein, ohne auf diese Ansprüche das geringste Recht zu haben. Sonst citirt wohl Qûtâmî die Kana'anäer sehr häufig und mit vielem Lobe und er verschmäht sogar nicht assyrische Gelehrte zu erwähnen und ihre Angaben zu würdigen, obgleich er von keiner Verwandtschaft mit den Assyrern etwas wissen will und überhaupt die grösste Antipathie gegen dieselben öfters an den Tag legt. Qûtâmî selbst sagt übrigens gar nicht, wie Meyer behauptet, dass die Nabathäer schon vor der Herrschaft der Chaldäer Babylon bewohnt hätten, sondern Ibn-Wa'hschijjah sagt in einer seiner zahlreichen Anmerkungen, dass die Männer, nach denen die babylonischen Monatsnamen benannt wurden, zu den Nabathäern gehörten, welche Babylon vor den Chaldäern bewohnt hätten[155], worin übrigens eben so wenig Prahlerei liegt, wie wenn ein Deutscher sagen würde: Hermann der Cherusker gehört zu den Deutschen, welche in Deutschland vor den Gothen gelebt haben. Wenn aber auch Qûtâmî selbst die Syrer und Kana'anäer Nabathäer nennt, so liegt auch darin eben so wenig Prahlerei, als wie wenn ein Deutscher sagt: die Schweden, Dänen, Holländer u. s. w. sind Germanen; denn wir haben schon oben (p. 11 f.) bemerkt, dass Nabathäer ein collectiver Name für viele Völker ist, wie die Namen Germanen, Slaven u. dgl. andere als Benennungen für einen Complex von verschiedenen verwandten Völkerstämmen gebraucht werden.

Von viel grösserem Gewichte sind dagegen die Bedenken Ewalds gegen das hohe Alter unseres ganzen Buches, Bedenken, die ich übrigens zum Theil auch selbst in meinen Schreiben an diesen Gelehrten ausgesprochen habe. Ein Hauptbedenken ist nämlich die Art und Weise wie in unserm Buche von den Griechen oder vielmehr Ioniern gesprochen wird. Wenn man aber die betreffenden Stellen näher ansieht, so beschränkt sich die ganze Bedenk-

---

155) S. Ssabier II. p. 606 f.

lichkeit auf eine einzige Stelle, oder, wenn man will, nur auf einige Worte; diese können aber wirklich von einer späteren Hand herrühren. Bevor wir aber zur Besprechung der betreffenden Stellen übergehen, müssen wir uns zuerst klar machen, was wir unter den in unserm Buche erwähnten Ioniern zu verstehen haben, und wie hoch hinauf eine Bekanntschaft der Babylonier mit Griechen oder vielmehr Ioniern angenommen werden kann.

Wir können es jetzt nach den Forschungen E. Curtius'[156], ungeachtet aller dagegen erhobenen Einwendungen, als eine ausgemachte Thatsache annehmen, dass die griechische Bevölkerung in Kleinasien nicht erst seit dem 11. Jahrh. v. Chr. sich daselbst angesiedelt, sondern, dass sie im Gegentheil hier ihre Ursitze hatte. Ja Classen geht noch weiter als E. Curtius und behauptet, dass der Name Ionier vielleicht ein den asiatischen Griechen von deren benachbarten orientalischen Völkern beigelegter sei und dass dieselben unter jener Benennung vielleicht noch viele andere kleinasiatische Völkerschaften, wie z. B. Dardaner, Lykier, Leleger u. s. w., verstanden haben[157]. Wann jene, von den Orientalen Javan, Javana genannten Stämme in Kleinasien eingewandert sind, kann Niemand auch nur ungefähr bestimmen. Wer kann jene dunkeln Perioden, wo die Thaten der Völker sich kaum in nebelhaften Erinnerungen erhalten haben, genau abmessen und zählen? Wir können für jene Zeiten höchstens nur das sagen, dass, nach dem natürlichen Entwickelungsgang des menschlichen Geistes, jene Culturperiode dieser vorangegangen sei; ja selbst dieses kann nicht immer mit absoluter Sicherheit bestimmt werden; denn wie oft hat die Menschheit rückgängige Bewegungen gemacht, und in jenen dunkeln Perioden, wo wir so selten Ursachen und Wirkungen kennen, können oft solche Fälle eingetreten sein, ohne dass wir dieselben zu entdecken im Stande sind. Wir haben uns auch Gott Lob von der Chronologie der Alexandriner emancipirt und die jetzigen Abiturienten brauchen nicht mehr genau das Jahr anzugeben, wann Inachos, Donaos, Deukalion u. s. w. gelebt haben; denn der Examinator weiss es jetzt selber nicht, und Niemand weiss es und Niemand kann es wissen. Dass aber das griechische Alterthum, so wie auch die Geschichte der Menschheit überhaupt höher hinaufgerückt werden müsse, als die Zeit, die unsere Lehrer uns in der

---

156) S. dessen: die Ionier vor der ionischen Wanderung, Berlin 1855; seine griechische Geschichte, Berlin 1857, I. p. 29 f. 36 ff. u. 106 ff. u. den Anhang zu diesem Bande p. 539 ff. der 2. Ausg. — Ueber die Frage: ob der Name der Ionier auf den ägyptischen Denkmälern vorkommt s. auch Brugsch, geogr. Inschr. II. p. 19 (vgl. I. p. 48), wo Brugsch, der mit Bunsen gegen Lepsius ist, bemerkt: «dass allerdings ein gewisser Zusammenhang zwischen den Ioniern und jenem durch das beregte Schild bezeichnete Volk (nach Lepsius die Ionier) stattfinden musste, nämlich in so fern das letztere dieselben oder doch benachbarte Sitze einnahm, welche später ganz oder zum Theil die Ionier besassen, so dass wir wenigstens annähernd die Gegend bestimmen können», wo die Ḥ'â-nebû (= Ionier nach Leps.) ansässig waren, und dass darunter «die nördlich von Aegypten liegenden und spater von den Griechen besetzten Inseln» zu verstehen ist. S. auch ib. I. 48, wo ein Denkmal der XIII. Dynastie (also etwa vom 22. od. 21. Jahrh.) erwähnt wird; auf dem gleichfalls dieser von Lepsius «Ionier» gedeutete Namen vorkommt, was mich nicht im Geringsten befremdet; vgl. ib. p. 40, wo Brugsch selber jenen Namen auf einem jedenfalls vormacedonischen Denkmal durch «Griechen» übersetzt; dadurch wird aber die Annahme Bunsens und Rougé's, dass die Uebertragung jener alten Gruppe auf die Griechen der späteren Zeit aus Schmeichelei gegen die herrschenden Ptolemäer geschehen sei, umgestossen; man kann daher annehmen, dass der Name Ionier schon am Ende des 3. Jahrtausend auf ägypt. Denkmälern vorkomme.

157) S Classens Anzeige der gr. Gesch. von E. Curtius in Jahns neuen Jahrb. f. Phil. u. Padag. 1855, p. 30—39. Ueber die Vieldeutigkeit des Namens Javan vgl. Movers l. c. II. 1. p. 269 f., bes. Anmk. 41. u. Lassen, Ind. Alterth. I. p. 729 f. u. 861 f.

Schule gelehrt haben, haben die Forschungen Bunsens und Lepsius' über Aegypten, die
Ewalds über die Semiten und die vieler griechischen Alterthumsforscher unzweifelhaft darge-
than. Ferner, die Sprache, welche das sicherste Mittel ist, die Zeit der Trennnng der Völker
von einander abzumessen, lehrt uns, dass die italischen Stämme sich sehr lange vor der sogenannten historischen Zeit von den griechischen Stämmen getrennt haben; wenn man auch die
Zeitperioden, auf welche die Sprachen uns hinleiten, gleichfalls nicht mit bestimmten Zahlen
abmessen kann, so glaube ich dennoch, dass die Zahl 2500 v. Chr. für die Trennung der
Italiker von den Griechen nichts weniger als übertrieben sei[158]. Wie lange diese beiden Völker-
stämme zusammengelebt haben, kann man natürlich nicht wissen; dagegen wissen wir bestimmt, dass sie sich vom arischen Stocke zu einer Zeit losgetrennt hatten, als die indischen
Arier mit den Irâniern noch zusammengelebt hatten, nämlich als Deva noch ein Gott und kein
Teufel war. Ich glaube also, dass das Datum 3000 v. Chr. für die Einwanderung der griechisch-
italischen Stämme in Kleinasien durchaus keine zu hohe und extravagante Annahme ist.

Wie weit hinauf die Bekanntschaft der Babylonier mit den von ihnen Jûnojê oder auf
eine ähnliche Weise genannten kleinasiatischen Völkerschaften geht, kann man natürlich nicht
genau bestimmen: dagegen aber glaube ich, dass das Datum 2500 v. Chr. für die Möglichkeit
jener Bekanntschaft durchaus nicht zu hoch ist. Wir fangen auch hier von unten an. Man weiss,
dass Antemenidas, ein Bruder des Dichters Alkaios, gegen das J 605 im Heere des Nebûkad-
necar diente[159], und man kann voraussetzen, dass er weder der einzige, noch der erste Grieche
war, der in den Heeren der Euphratländer focht; denn wahrscheinlich hatte schon Esar'haddon
griechische Söldlinge in seinem Heere gehabt[160]. Dass schon San'herib in vielfache Berührung
mit den kleinasiatischen Griechen kam, ist historisch[161]; auch die auf den Assyrer Ninus als
Stammvater zurückgeführte Dynastie der Heracliden in Lydien, deren Anfang gegen 1225 gesetzt wird[162], so wie die vielfachen von Movers[163] zusammengestellten Sagen von einer Herrschaft des Memnon und der Aethioper — mit denen die Assyrer gemeint sind — in Kleinasien zeigen, dass die Berührungen der Bewohner der Euphrat- und Tigrisländer mit den Völkerschaften
Kleinasiens sehr alt sind und dass sie sich in dem Dunkel der Sage verlieren[164]. Auch in userm

---

158) Wenn man bedenkt, dass bei den Italikern sich nicht die geringste Erinnerung von ihrer Einwanderung
in Italien erhalten hat, ferner dass die italische Sprache Zeit hatte, sich in einen östlichen und westlichen Dialect zu
theilen, von denen der erste wieder in Umbrisch und Oskisch auseinanderging, so wird man die Zahl 2500 für die
Trennungszeit der Italiker von den Griechen durchaus nicht zu hoch angesetzt finden; s. Mommsen, röm. Gesch.
p. 8 u. 14 der 2. Ausg. u. Curtius, gr. Gesch. I. p. 16 ff.

159) S. Ottfr. Müller im Rhein. Mus. 1829, I. p. 287 ff. u. vgl. M. v. Niebuhr l. c. p. 206, Anmk. 2.

160) Vgl. M. v. Niebuhr l. c. p. 180 f.

161) S. Berosus und Abydenus bei M. v. Niebuhr l. c. p. 495 u. 501; vgl. ib. p. 33 u. 148.

162) S. Herodot. I. 7. ed. Behr, Leipz. 1856, p. 17 ff. u. vgl. E. Curtius, gr. Gesch. I. p. 463 f.

163) L. c. II. 1. p. 273 ff.

164) Das griechische Wort χιθων, das offenbar semitischen Ursprungs ist (vgl. das hebräische כֻּתֹּנֶת, das chald.
כִּתַּן, כֻּתַּן, das syr. ܟܘ݁ܬ݁ܝ݁ܢܳܐ und das arab. كَتَّان u. كَتِن, s. Gesen. Thes. p. 724), so wie auch das hebr. Wort פִּילֶגֶשׁ,
«concubina», das schon in den ältesten Stücken des Alten Testaments vorkommt und ohne Zweifel vom griechischen
πάλλαξ, παλλακίς, παλλακή abzuleiten ist (s. Gesen. l. c. p. 1103 f. u. Movers, Phön. II, 3, 1, p. 81), zeigen gleichfalls
deutlich auf einen frühzeitigen Verkehr zwischen Griechen und Semiten hin.

Buche ist von einer Eroberung Kleinasiens, oder wohl nur eines Theils desselben, von Seiten eines babylonischen Königs, Namens Sà'hà(?) die Rede. In dem Capitel nämlich, welches von der Kermeseiche handelt, wird gesagt: dieser Strauch sei ursprünglich nicht in Babylonien einheimisch, aber der erwähnte babylonische König habe einen Feldzug nach Kleinasien (بلاد الروم) unternommen und dieses Land für die ganze Dauer seiner Regierung tributpflichtig gemacht. Der König des eroberten Landes aber habe dem babylonischen König eine Kermeseiche als Geschenk gebracht und ihm bei dieser Gelegenheit mitgetheilt, dass dieser Strauch nur in einer kühlen Gegend gut fortkomme und dass er Beeren trage, die in seiner Heimath von Frauen und Kindern gesammelt und als Färbestoff gebraucht werden[165]. Dass auch die Bewohner der altionischen Stadt Ambrosos sich mit der Pflege dieses Strauches und mit der Benutzung des Färbestoffes desselben beschäftigt haben, wissen wir aus Pausanias[166]. Auch von einem andern altbabylonischen König, Namens 'Hìnâfâ, der, wie es scheint, mehr aus gastronomischen als aus staatsökonomischen Gründen den Bau vieler Gewächse aus fernen Gegenden nach Babylonien eingeführt hat, wird berichtet, dass ihm eine gewisse Getreideart «aus dem Lande der Ionier» nach Babylon gebracht wurde[167].

Nach dem Gesagten kann also eine frühzeitige gegenseitige Berührung und Bekanntschaft zwischen Babyloniern und den verschiedenen Völkern Kleinasiens als eine ausgemachte Sache angesehen werden. Der Umstand, dass in unserm Buche von den Ioniern und deren Land gesprochen wird, kann also an und für sich nicht im Geringsten befremden, es kommt aber vorzugsweise darauf an, *wie* von den Ioniern gesprochen und *was* von denselben gesagt wird. Wir wollen daher die betreffenden Stellen mustern, wobei wir aber diejenigen Stellen unbe-

---

163) In dem Capitel, welches von شجرة القرمز handelt, heisst es (Cod. L. *a.* p. 116 f.): هذه شجرة غريبة

فى اقليم بابل الّا انّها تنبت فيه ونبتت فى بلاد باجرما فيما يلى بلاد الجبل وممّا يلى بلاد بارمّا الشرقيّة .... وهى شجرة صارت الينا من جهة الروم فى زمان ساحا(؟) الملك فانّه ظفر ببلاد الروم وجعل عليهم جزية مدّة ما بقى فى ملكه منذ وقت ظفره بهم فأهدى اليه ملك الروم هذه الشجرة ليتقرّب بها اليه واحبّ ان يطرفه بها واخبره انّها تريد بلدًا باردًا لتنمى فيه وانّها تحمل فى بلادهم حبًّا صغارًا تحت الورق..... وان النسآء والصبيان يجمعون ذلك من تحت الورق الخ ; dann wird noch berichtet, wie man daraus einen Färbestoff bereitete u. s. w.

166) X. 36, 1.; vgl. Curtius, die Ionier p. 15 u. 49, Anmk. 19.

167) Cod. L. *a.* p. 386 f. Diese Getreideart heisst اثروميشا (nach Cod. Bodlej. Nr. 340, تروميشا nach Cod. L. *a.* u. تروميشا nach Cod. L. *d.*) und es wird von derselben gesagt: هذا جلب لحينافا الملك من بلاد اليونانيين (so in Cod. L. *d.*; Cod. B. hat hier برطانيا u. Cod. L. *a.* برطايا). Am Schlusse des Capitels findet sich die Bemerkung, dass jene Getreideart den erwähnten Namen التى يقال لها برطاينا (nach Cod. L. *a.*, برطلسا nach Cod. B. u. برطانيا nach Cod. L. *d.*) führe. Was für eine Stadt oder Gegend hier gemeint ist, kann ich nicht angeben; an Britanien kann hier schwerlich gedacht werden, obgleich die Phönikier schon sehr früh dieses Land gekannt haben. Auch den erwähnten Namen jener Getreideart kann ich nicht erklären.

rücksichtigt lassen können, wo z. B. irgend eine Pflanze als eine ionische bezeichnet, oder wo das Land der Ionier ohne weitere nähere Bestimmung erwähnt wird.

In dem Capitel, in dem von der Malvastaude gehandelt wird, spricht der Verfasser von den Eigenschaften derselben, von ihrem Gebrauch als Heilmittel, sagt auch, dass sie zu den kalten Pflanzen gehöre und bemerkt zuletzt: die Ionier sind in Bezug auf diese Pflanze anderer Meinung als wir; denn sie behaupten, sie sei mässig heiss, lindere alle Schmerzen und erweiche harte Geschwulst[168]. Dieses setzt aber, unseres Erachtens, noch durchaus keine wissenschaftliche Medicin bei den Ioniern unseres Buches voraus; denn die eben mitgetheilten Ansichten können auch von Wurzelgräbern und Pharmacopolen getheilt worden sein, die schon im 15. Jahrh. in Ionien existirt haben können, wenn man das griechische Alterthum überhaupt hinaufrückt. Zieht man noch die Umstände in Betracht, dass die Griechen die Malvastaude für eine Art Zauberpflanze hielten, der weiss Gott welche Heilkräfte zugeschrieben wurden[169], ferner dass der Ursprung der Medicin überhaupt sich bei den Griechen in dem Dunkel der Mythe verliert, dass Götter und Heroen sich mit der Heilkunde beschäftigten und dass endlich mythischen Personen eine ausgebreitete Pflanzenkunde zugeschrieben wird[170], so kann die obige Angabe bei Qûtâmî nicht im Geringsten befremden.

An einer andern Stelle sagt der Verfasser, dass die Chaldäer in Bezug auf den Ursprung des Knoblauchs viele (mährchenhafte) Erzählungen haben, von denen manche auch von den Ioniern erzählt werden; es folgt dann ein ziemlich langes Mährchen vom Ursprunge des Knoblauchs, wo nach Janbûschâd folgendes erzählt wird: eine Schlange sei in der Stadt Kirkesium(?) aus dem Euphrat herausgetreten und trug einen Knoblauch; derselbe entfiel ihr aber durch einen Steinwurf, wurde von einem Reisenden aufgenommen und nach Babylon gebracht, von wo aus diese Pflanze in ganz Babylonien verbreitet wurde[171]. Andere auf dieselbe

---

168) Cod. L. a. p. 104: وقد خالفنا فى هذه الخطمية اليونانيون قد زعموا انّه حارّ معتدل وان فيه تسكينا للاوجاع كلّها وتليينا للاورام الصلبة. Die meisten Pflanzen werden in unserm Buche in kalte und warme getheilt. Auch bei Theophrast findet sich diese Eintheilung; was aber speciell damit gemeint ist, darüber konnten mir Botaniker keine Auskunft geben.

169) S. Ssabier II. p. 725 f. Anmk. 38.

170) Vgl. über diesen Punkt Kurt Sprengel, Versuch einer pragmatischen Geschichte der Arzneikunde, I. p. 140 ff. 3. Aufl. Halle 1821; desselben Beiträge zur Geschichte der Medicin, I. 3, p. 5 ff. Halle 1796. Jacobi, Handwörterb. der gr. u. röm. Mythol. p. 868, Anmk. u. Welcker, kl. Schriften, III. p. 3 ff. 20 ff. u. 46 ff.

171) Cod. L. a. p. 430 f.: وفى الثوم للكسدانيين كلام كثير واقاصيص قد شاركهم فى بعضها اليونانيون فاقتصه منه بعض ما اقتصه الكسدانيون من اصل الثوم انّما كان سبب وجوده للناس ان حيّة اخرجت منه رأسا على شاطى الفرات فى المدينة المعروفة بمرذلسنا (بقرقيسيا؟) وان بعض الناس رأى تلك الحيّة حاملة لذلك الرأس الثوم ساعية به فلمّا بصر به عجب وأخذ حجرًا فرمى به الحيّة فوقع الحجر على عنقها فألقت الرأس الثوم وسعت هاربة فأخذه ذلك العجلة يقليه ويعجب منه ثم انحدر فى الفرات لانّه

Bezug habende Mährchen werden nicht erzählt und es lässt sich daher nicht näher angeben, worin das Uebereinstimmende zwischen Chaldäern und Ioniern in dieser Beziehung besteht. Wahrscheinlich aber erzählen letztere in Bezug auf jene Pflanze ein ähnliches Mährchen, wie das eben mitgetheilte und dies können die Ionier schon im 15. Jahrhundert gethan haben.

Qûtâmî sagt auch an einer anderen Stelle, wo er der Zauberer in Iemen gedenkt: man habe ihm erzählt, dass dieselben bei den Ioniern sprüchwörtlich geworden seien, und dass diese, wenn sie Jemanden als sehr verständig bezeichnen wollen, sagen: du bist noch verständiger als ein iemenischer Zauberer [172]. Diese Stelle beweist aber gleichfalls nichts gegen das hohe Alter des Qûtâmî; denn wenn einmal das Alterthum der Griechen in Kleinasien höher hinaufgerückt wird, als man dies bis jetzt gewöhnlich that, und wenn man annimmt, dass der Name Ionier bei den Orientalen einen weiteren Begriff hatte als bei den Griechen der spätern Zeit, so ist jenes Sprüchwort in Kleinasien in der von uns angenommenen Zeit für Qûtâmî nicht unmöglich.

An einer anderen Stelle heisst es von einem Baume, Namens Bûqâsiâ. dass derselbe «aus der Stadt (oder dem Lande) Aqsus اقسوس, einer der Städte der Ionier», nach Babylonien verpflanzt wurde [173]. Offenbar muss hier افسوس statt اقسوس gelesen werden, und sicher ist damit keine andere Stadt als Ephesus gemeint. Dass diese Stadt nicht erst von Androklos, dem Sohne des Kodros, dem Anführer der ionischen Colonisten, neu gegründet wurde, ist nicht zweifelhaft; denn diese Stadt hat er schon vorgefunden; die früheren Bewohner von Ephesus und der Umgegend waren ursprünglich Pelasger, dann aber Lyder, Leleger und Carer [174]. Wenn also auch die früheren Bewohner von Ephesus von uns nicht schlechthin Ionier genannt werden, so können sie immer von den orientalischen Nachbarvölkern, bei denen der Begriff Ionier ein viel weiterer war als im Westen, wohl mit diesem Namen benannt worden sein. Qûtâmî konnte daher sehr gut die zu seiner Zeit von Lelegern oder Carern bewohnten Städte als ionische bezeichnet haben.

Wieder an einer anderen Stelle [175] spricht Qûtâmî von dem Einflusse und den Wirkungen

---

كان خرج من الجزيرة بريد بابل فرأى هذا فى طريقه فجاءً بذلك الرأس الثوم الى بلد بابل واخبر بخبره وما شاهد فغرسه قوم من ارباب الضياع فنما واورق وبزر فزرعوا بزره وسلكوا فى افلاحه مسلك البصل فافلح بذلك وكثر فى بلاد بابل وبلاد عقرقوفا وجاءً ى بلاد خسروايا القديمة اجود من مجمه بيابل منه — فاخذه Der Satz scheint وعقرقوفا ثم انتشر بعد فى اقليم بابل كله وهذا حكاية منّى عن ينبوشاد الخ

corrumpirt zu sein. — Es wird dann noch vieles über dieses Mährchen gesprochen und Qûtâmî sucht es zu deuten.

172) Cod. L. b. p. 315: فان لاهل اليمن سحرا بليغا حتى ان اليونانيين بلغنا عنهم انّهم يضربون بهذا المثل فيقولون للذى يبالغون فى صفته بالفطنة انت افطن من سحرة اليمن.

173) Cod.L.b.p.349: هذه شجرة جُلبت الى اقليم بابل من بلاد اقسوس (افسوس l.) وهى من مدائن اليونانيين. Diese Stadt erwähnt auch Jâqût in مراصد I. p. ٨١ s. ٧٠. افسوس.

174) S. E. Guhl, Ephesiaca, Berol. 1843, p. 24 ff.
175) Cod. L. b. p. 197 u. Cod. L. c. p. 149.

12

des Mondes in dessen verschiedenen Phasen und führt die diesen Punkt betreffenden Ansichten der Chaldäer, Inder und Perser an; zuletzt bemerkt er noch Folgendes: die Ionier und die Aegypter behaupten eben so wie wir Chaldäer, dass der Mond zur Zeit des Neumondes am kräftigsten wirke, dagegen stimmen sie uns darin nicht bei, dass er sich zu dieser Zeit in seinem besten Status befinde; denn sie behaupten, dass dies zur Zeit des Vollmondes stattfinde. Ich glaube nicht, dass irgend Jemand daraus eine Folgerung gegen unsere Annahme in Betreff des Zeitalters Qûtâmîs wird ziehen wollen. Ich spreche nicht von den spätern griechischen und römischen Agronomen, bei denen der Mond und dessen verschiedene Phasen in der Agricultur eine grosse Rolle spielen [176]; aber man braucht nur die «Werke und Tage» des Hesiodos anzusehen, und man überzeugt sich gleich, dass die Idee: der Mond übe in seinen verschiedenen Phasen einen verschiedenen Einfluss auf Gewächse u. s. w. aus, bei den Griechen sehr frühzeitig bekannt war.

Auch der oben erwähnte Mâsî der Sûrâner gedenkt der Ionier und zwar bei folgender Gelegenheit und auf folgende Weise. Qûtâmî spricht nämlich von der Schädlichkeit des reinen Westwindes — d. h. des Westwindes, der von keinem anderen Winde paralysirt wird — für Menschen, Thiere und Pflanzen und führt zuerst eine ziemlich ausführliche Stelle aus einem Gedichte des Mâsî an, welches derselbe an seinen Sohn Kenked gerichtet hat und worin von der Schädlichkeit dieses Windes gesprochen wird [177]; dann sagt er, dass Kâmâsch-Neherî und dann auch Mâsî der Sûrâner in diesem Winde die Ursache der in Syrien vorkommenden Elephantiasis sehen; denn dieser Wind, meinen sie, erzeuge im Wasser, in den Pflanzen und Bäumen Stoffe, welche jene Krankheit verursachen, er wirke auch nachtheilig auf den Verstand, erzeuge Hitze und krankhafte Phantasieen u. s. w. [178]. Endlich führt Qûtâmî noch eine ausführliche Stelle aus einer von Mâsî verfassten gegen den Kana'anäer Thâmitrî gerichteten Streitschrift an, worin gleichfalls von der Schädlichkeit jenes Windes gesprochen wird. Dieser Kana'anäer hat nämlich in einer seiner Schriften Syrien und die Syrer höher gestellt als Babylonien und die Babylonier; darüber ereiferte sich Mâsî und schrieb eine ausführliche Gegen-

---

176) S. die Belege dafür bei Meyer l. c. III. p. 53, Anmk. 2.

177) Cod, L. b. p. 178, L. c. p. 132 u. Cod. Par. fol. 204, a.: ولهذا الريح عَنَى ماسى السورانى فى قصيدته الّتى قالها ارتجلالاً بلا رويّة لابنه كنكد حين اراد تعليمه المعاش بالفلاحة الخ. Cod. P. hat hier, wie fast überall, ماشى statt ماسى; dieser Cod. verdient aber kein grosses Vertrauen, wie an einer anderen Stelle nachgewiesen werden wird. Statt لابنه haben die beiden letztern Handschriften ولانيّة (Cod. P. sogar ولانيّة); aber diese unsinnige Lesart ist sicher falsch; denn am Ende dieses Fragments heisst es in *allen* Codd.: قال قوثامى وهذا الذى دكره ماسى السورانى لابنه من حال الخ. Der Name كنكد lautet in allen drei Codd. gleichmässig, kommt aber, so viel ich mich erinnere, in den mir vorliegenden altbabylonischen Schriften sonst nicht vor.

178) Cod. L. b. p. 180, L. c. p. 134 u. Cod. P. fol. 206, a.: وقد قال كاماش النهرى ومن بعده ماسى لسورانى ان كثرة حدوث الجذام بارض الشام لأهله اتّما هى لكثرة هبوب الريح الرديّة الغربيّة على مياههم وزروعهم وشجرهم فبعدت فى جميع هذه حوادت تؤدّى الى هذا المرض الغليظ الخ.

schrift, in der er die Meinung Thâmiſris zu widerlegen sucht und darin zugleich von dem in Syrien wehenden Westwind spricht, der, nach seiner Meinung, auf den menschlichen Körper und in Folge dessen auch auf den Geist nachtheilig wirke[179]. Zuletzt sagt Mâsî: «das, was ich dir, Thâmiſri, sage, gilt auch deinen Nachbaren, den Ioniern, von denen ich, wenn ich nicht einen Widerwillen dagegen hätte, irgend Jemanden zu beleidigen gesagt hätte, dass sie wie das Vieh wären; und wenn auch manche vortreffliche Männer aus ihrer Mitte hervorgegangen sind, so überheben sie sich Einer nach dem Andern gegen die Babylonier; aber die üblen Folgen der schlechten Winde, besonders des reinen Westwindes, sind bei ihnen (den Ioniern) schlimmer als bei den Syrern und die Wirkung jener Winde ist in ihrem Lande stärker als in Syrien»[180]. Mâsî sagt also von einem kleinasiatischen Volke, das er nach orientalischem Sprachgebrauch Ionier nennt, dass die Mitglieder dieses Volkes im Ganzen wie das Vieh wären, dass es wohl einzelne vortreffliche Männer unter diesem Volke gebe, die sich aber immer hochmüthig gegen die Babylonier betragen. Vor etwa zwanzig Jahren, als eine

---

179) Cod. L. *b.* p.181, L.*c.* p.134 u. Cod. P. fol.206,*a.f.* heisst es am Schlusse der in der vorangehenden Anmk. angeführten Stelle: وقد بيّن هذا ماسى السورانى فى كتابه الذى كتبه الى طاميرى (sic) الكنعانى لمّا

بلغه كتاب طاميرى الذى فضّل فيه بلاد الشام على اقليم بابل واهل الشام على اهله وافتخر وزاد

فى الغخر فكتب ماسى كتابًا طويلًا جوابًا لطاميرى على قوله قال فيه بعد كلام كثير امّا انت يا طاميرى

الخ. Sämmtliche Codd. haben hier طامشرى statt طاميرى; die erstere Form findet sich in den weniger guten Codd. sehr häufig, in den guten Leid. Codd. *a.* u. *b.* nur an einigen wenigen Stellen. Die letztere Form hatte schon Ibn-'Awwâm im 12. Jahrh. vor sich (s. Ssabier I. p. 706 u. ib. Anmk. 2). — Qûſâmî theilt auch (Cod. L. *a.* p. 245) ein Fragment einer Streitschrift des viel ältern Dewânäï mit, die derselbe an den Syrer Mardâjâd (مرد اياد) oder Mardâjâï (مردايای, sämmtliche Codd. haben an der ersten Stelle, wo dieser Name vorkommt, مرد اياد und an der zweiten Stelle مردايای) bei einer ähnlichen Gelegenheit gerichtet hat. Dieser Syrer hat nämlich gleichfalls Syrien den Vorzug vor Babylonien gegeben, worüber Dewânäï sich sehr ereifert und seinem Gegner droht, dass er nach einigen Tagen sterben werde, wenn er jene gottlose Meinung nicht widerrufen würde. Dieses Fragment ist höchst merkwürdig und es scheint daraus hervorzugehen, dass Babylonien von den ältern Semiten als das heilige Land angesehen wurde, wesshalb die Babylonier sich auch so sehr ereiferten, wenn irgend Jemand ihnen diesen Vorzug absprechen wollte. In Babylonien gab es in der That eine Art von Papstthum und der Repräsentant desselben, wohl der Hohepriester zu Babel, wurde als der Nachfolger des Religionsstifters Ischîſâ angesehen, dessen Religion über ganz Mesopotamien und Syrien verbreitet war (vgl. oben p. 27 und Anmk. 70, p. 39 f.). Dieser Nachfolger Ischîſâ's (der in unserm Buche erwähnte hiess براثا) war auch vermöge seiner Stellung eine der einflussreichsten Personen des Reiches und dehnte aller Wahrscheinlichkeit nach seinen geistlichen Einfluss auch auf die Länder aus, in denen Anhänger jener Religion lebten. Wir werden diesen Punkt in unserer «historischen Einleitung» ausführlich besprechen.

180) In den erwähnten Codd. lautet diese Stelle wie folgt: ومثل قولى لك يا طاميرى اقول لجيرانك

اليونانيين الذين لولا كراهتى ان اسبّ احدًا لقلت اتّهم كالبهائم وان كان قد خرج فيهم افاضل فاتّهم

يفخرون على اهل اقليم بابل الواحد بعد الواحد منهم فان اضرار الريام الرديّة وخاصّه المغربية الخاصة

بهم اشّ من اضرارها باهل الشام وتمكّن فعلها فى بلادهم اكثر من ذلك بالشام. Ueber die Meinungen der Griechen von den nachtheiligen Folgen der Winde vgl. Welcker, kleine Schriften, III. p. 57 ff.

negative Kritik noch im Flor war, hätte man aus dieser Stelle gewiss gefolgert, dass Mâsî *nach* Alexander dem Makedonier gelebt hat; jetzt aber wird dies Niemand thun, und hätte Qûtâmî selber sich auf die angegebene Weise über die Ionier geäussert, so dürfte es nicht im Geringsten auffallen; das Auffallende ist nur, dass jene Aeusserung von Mâsî herrührt. Ich kann zwar nicht angeben, wann derselbe gelebt hat, aber er ist jedenfalls bedeutend älter als Qûtâmî, für den Mâsî ein Mann des Alterthums ist. Janbûschâd hat nämlich wenigstens einige hundert Jahre vor Qûtâmî gelebt; denn zur Zeit desselben wurde er als eine Art von einem Heiligen in vielen babylonischen Tempeln verehrt, wo auch, wie bemerkt, nach Verrichtung der Gebete, die Legenden von seinem Leben und Tod vorgelesen wurden, wobei die Zuhörer weinten[181]: Qûtâmî sagt auch von ihm, dass er Jahrtausende vor ihm gelebt hätte[182]; nehmen wir auch dies als sehr übertrieben an, so glaube ich doch, dass 300 — 400 Jahre für die Zwischenzeit zwischen Qûtâmî und Janbûschâd das Wenigste ist, was angenommen werden muss. Dhagrît ist aber, wie wir oben gesehen haben, älter als Janbûschâd; um wie viel jener älter ist als dieser weiss ich nicht, aber Qûtâmî sagt von Dhagrît, dass er (d. h. Qûtâmî) von dem Leben desselben nichts mehr weiss, weil er sehr lange vor ihm gelebt habe, so dass die Nachrichten von seinem Leben nicht mehr bis zu ihm gelangt seien[183], und dass selbst die Schriften des Dhagrît wegen der Länge der Zeit vielfach interpolirt wurden. Dhagrît gehört auch einer ganz andern Culturepoche an als Janbûschâd, so dass ein Paar Jahrhunderte für die Zwischenzeit zwischen Dhagrît und Janbûschâd angenommen werden müssen. Dhagrît aber citirt schon Mâsî den Sûrâner. Wenn man also den Anfang des 13. Jahrh. als die späteste Zeit für Qûtâmî annimmt, so kann Mâsî nicht später als gegen 2000 v. Chr. gelebt haben. Konnte aber derselbe um diese Zeit jenen Ausspruch gethan haben? Ich glaube ja; denn erstens kann hier Ionier einen viel weiteren Begriff haben als bei uns; wofür übrigens auch der Umstand spricht, das Mâsî die Ionier als Nachbaren der Kana'anäer nennt, was von den an den Meeresküsten ansässigen Griechen doch durchaus nicht gesagt werden kann. Dann dürfte es auch nicht auffallen, wenn gesagt wird, dass es um die angegebene Zeit unter den asiatischen Griechen von Zeit zu Zeit einige ausgezeichnete Männer gab, wenn ferner dieselben, bei dem bekannten Eigendünkel der Griechen, ihre orientalischen Nachbarvölker Barbaren nannten und dafür von den alten und hochgebildeten Babyloniern mit Ehrentiteln, wie Vieh, belegt wurden. Welche positive Beweise hat man denn, dass dies in der angegebenen Zeit unmöglich sei? Nur die naïve Chronologie der ehemaligen Tertia mit den

---

181) S. Ssabier II. p. 916.

182) Qûtâmî theilt (Cod. L. *a.* p. 304 f.) eine von den Anhängern des Janbûschâd erzählte Legende mit, nach der derselbe einsam in einer Wüste gestorben sei und sein Körper vom Strome in das Meer geschwemmt wurde. Hier, heisst es ferner, sei sein Körper auf eine gewürzreiche Insel ausgeworfen worden, wo seine Leiche seit Jahrtausenden nicht verweste und sich bis auf unsere Zeit erhalten hat: وان جثّته باقية هناك الى عصرنا هذا وما بليت في هذه الالوف السنّين بكرمة من الآلهة له; vgl. auch unten Anmk. 192, p. 97.

183) Vgl. oben Anmk. 29, p. 21.

Daten 1697 für Phoroneus, 1377 für Deukalion u. s. w. kann dagegen angeführt werden; jetzt aber braucht uns diese Chronologie nicht mehr zu geniren.

Alle diese bisher angeführten Stellen aus unserm Buche, in denen von Ioniern gesprochen wird, können also nach dem Gesagten nichts gegen das hohe Alter desselben beweisen. Dagegen würde die gleich anzuführende Stelle wohl einige Bedenken erregen, wenn nicht angenommen werden könnte, dass daselbst einige Worte von späterer Hand interpolirt wurden. In dem Capitel nämlich, welches von dem Bau der Bohne handelt, wird auch von dem Nutzen und Schaden derselben gesprochen, und da heisst es unter Anderm: in den Sprüchen der Vorzeit heisst es, dass derjenige, welcher auf einem Felde zwischen Bohnenschoten die Nacht zugebracht habe, vierzig Tage lang den Verstand verliere. Ferner wird dort von der Bohne nach den medicinischen Schriften[184] gesagt, dass der häufige Genuss derselben den Leib aufblähe, für den Magen nachtheilig sei und diese und jene Krankheiten (die aufgezählt werden) verursache. Schon Anûhâ, heisst es ferner, habe die Bohnen verschmäht und den Genuss derselben verboten; denn er meint, dass sie für das Gehirn und für das Gesicht schädlich seien und diese und jene Krankheiten verursachen; derjenige aber, der sie essen wolle, solle sie zuerst so und so zurichten, wo sie dann nach gewissen Vorbereitungen sogar als Heilmittel gegen gewisse Krankheiten gebraucht werden können; den Genuss von frischen Bohnen habe Anûhâ verboten. Auch Janbûschâd, heisst es ferner, meine, dass der Genuss von Bohnen viele feuchte und stinkende Dämpfe erzeuge, die nach dem Gehirn steigen, in Folge dessen der Verstand geschwächt, die Gedanken verworren und böse, beängstigende und falsche Träume erzeugt werden. Wenn man, sagt Janbûschâd ferner, Bohnen in den Schoten halb gar abkocht und klein macht und damit Tauben füttert, so werden dieselben sehr fett; dessgleichen werden auch Fische sehr fett, wenn sie damit gefüttert werden; nur wird das Fleisch dieser Fische durch jene Kost schädlich; man solle daher keine Fische geniessen, von denen man weiss, dass sie Bohnen gefressen haben; denn derjenige, welcher vom Fleische eines solchen Thieres gegessen hat, verliert seinen Verstand gänzlich. «Aus diesem Grunde, wird darauf bemerkt, haben Armîsâ und vor ihm Agathodämon ihren Landsleuten den Genuss von Fischen und Bohnen verboten und dieses Verbot sehr eingeschärft; denn Fische und Bohnen sind beide schädlich für das Gehirn und erzeugen in den Körpern der sie Geniessenden schlechte Säfte»; eben so verwirren sie den Verstand und schwächen ihn; sie schwächen auch den Magen, verderben ihn unheilbar und verkürzen das Leben des Menschen, der sie geniesst; denn sie verderben die Constitution des Magens, wodurch oft der ganze Körper zu Grunde gehe und diese und jene Krankheiten entstehen u. s. w. Aus den angegebenen Gründen, heisst es endlich, haben es alle Menschen für gut gefunden, sich vom Genusse der Bohnen und Fische zu enthalten, ausser in einem Falle; kleine Fische nämlich sind, so und so zugerichtet und im Sommer genossen, gut gegen gewisse Krankheiten; jedenfalls aber solle man davon nicht viel essen, und derjenige, welcher davon geniesst, solle es mässig thun; «und aus diesen Ursachen

---

184) Die كتب الطبّ oder كتب الأطبّاء werden sehr oft in unserm Buche erwähnt.

(d. h. den früher erwähnten) haben ihn (d. h. wohl den Genuss von Bohnen) Agathodämon und Armîsâ verboten». Die Aegypter, heisst es zuletzt, bauen zwar Bohnen, aber nur, wie Qû-tâmî vermuthet, um sie als Medicin, oder zu agronomischen, oder zu sonst welchen Zwecken zu gebrauchen[185].

---

185) Die betreffenden Stellen lauten (Cod. L. *a.* p. 370 ff. u. Cod. L. *d.* p. 78 ff.) wie folgt: وقد قيل فى القديم

فى الامثال ان من بات بين زرع الباقلى ليلة اصبح وقد فقد[a] عقله فلا يرجع اليه الغائب من عَقله الّا

بعد اربعين يومًا[b] اذا اغبّ فيها النظر[c] الى الباقلى الخ. Es wird dann ausführlich vom Bau der Bohnen

gehandelt, worauf es weiter heisst: فذلك الطبّ وفى كتب الاطبّآء من عمل شرحها مضار وفيه منافع وللباقلى

اشكل بها الّا انا لا بد ان نذكر من ذلك طرفًا يسيرًا ليكون كلامنا اعمّ منفعة فنقول ان من ادمن اكل

الباقلى انفخه شديدًا واضرّ بمعْدته واورثه وجع الخاصرة واوجاع المعدة والمَغْص الشديد وكثر عليه الاحلام

الردّية. Hierauf wird noch ومَلأَ رأسه بخارات رطبة ردّية سريعة العْفونة وولّد فى بدنه اخلاطًا ردّية[d] الخ

von den nachtheiligen Folgen gesprochen, die der Genuss von Bohnen verursacht, worauf dann aber auch angegeben wird, wozu derselbe nützlich sein kann. Dann heisst es: وقد ذمّ الباقلى انوحا[e] ونهى عنه قال لانّه[f] يضرّ

بالدماغ ويخدّره[g]. Darauf wird abermals vom Bau der Bohnen nach ويورث ظلمة البصر والدوار والهوس الخ

Anûhâ und Janbûschâd gehandelt, worauf es heisst: قال ينبوشاد ان الباقلى يوهن العقل ويخلط الفكر ويرى

احلامًا ردّية مفزعة كاذبة وذلك لاجل توليه البخارات الرطبة العفنة الكثيرة المتصاعدة الى الدماغ

Janbûschâd bemerkt dann unter Anderm, dass die Bohne auch den andern Pflanzen schade und dass Hühner, welche viel Bohnenschoten gefressen haben, aufhören Eier zu legen. Es wird darauf wiederum vom Bau der Bohne gehandelt und dann heisst es wieder wie folgt: قال ينبوشاد والباقلى اذا طبخ بقشوره حتى ينضج نصف نضجه

[و] فتت وكسر صغارًا واعلف الحمام منه واعتلفته سمنها وسمن فراخها[h] سمنًا مفرطًا وكذلك ان اعتلفته

السمك فى الماء سمنها سمنًا عظيمًا الّا ان لحمه يتضاعف رَداءَةً[i] ان اكل فينبغى ان لا يوكل السمك

الذى يعرف انه اكل شيًا من الباقلى فان هذا السمك اذا أُكل لحمه اذهب العقل البتّة ولهذه العلّة

حرم ارميسا ومن قبله اغاثاديبون[k] على اهل بلادهم السمك والباقلى واكدوا تحريم ذلك تحريمًا[l] شديدًا

لانّهما مضرّان جميعًا بالدماغ مولدان فى ابدان مدمنيهما خلطًا رديًا قاتلًا وقتلا قِتلةً بخَلْط العقل وبوهْنه

وضرر السمك والباقلا[m] بابنآء البشر اذا ادمنوا اكله أوْهن قوّة المعدة وافسدها افسادًا لا يكاد يبرأ

فينتقص[n] عيش اهلها لانّهما يفسدان مزاج المعدة وكثيرا يتبع[o] فساد مزاج المعدة فساد مزاج جملة البدن

وهذا لا بُرْءَ له[p]. Es wird dann noch Vieles von den nachtheiligen Folgen eines verdorbenen Magens gesprochen, worauf es zulezt heisst: وقد صار من اجل ما دكرناه اعرض[q] لجميع الناس اجتناب اكل الباقلى والسمك

الا فى الندرة[r] فان صغار السمك نافع اذا اكل فى الصيف لانّه يطفى لهيب الصفرآء ويقمع لهيب الد

اذا طبخ الهادبا[s] منه بالخل والقى فيه قطع الجزار وشئ من زعفران كان دوآءً بليغًا فى مقاتلة الدم

Wir haben diese Stelle ausführlich mitgetheilt, um zu zeigen, dass hier von einem pythagoräischen Verbot, Bohnen zu geniessen, nicht die Rede sein kann. In meiner Schrift über die Ssabier[186] habe ich ausführlich über dieses Verbot bei verschiedenen Völkern des Alterthums gehandelt, wo ich nachgewiesen habe, dass jenes Verbot den Griechen schon in sehr frühen Zeiten bekannt gewesen sein muss, und wo ich auch eine Meinung anführte, nach der Pythagoras jenes Verbot aus Babylon nach dem Occident verpflanzt habe. Dessgleichen habe ich in diesem Werke nachgewiesen, dass verschiedene Völker des Alterthums, zu denen besonders die Syrer gehören, sich des Genusses der Fische enthielten[187]. Auch Qûfâmî schreibt an einer andern Stelle dieses Verbot dem alten Gesetzgeber Îschîfâ zu.

والصغرآ. الّا انّه ينبغى ان لا يكثر اَكْله مَن اكله بل ياكل قصدًا فلهذه الاسباب حرماه اغاثاديمون وارميسا٬ وقد كان القبط زرعوا الباقلى والترمس بصر الّا اتّى اظنّ انّهم كانوا يزرعونهما ليستعملا٬ فى الادوية وليفلحوا به المنابت التى تصلح به او للامرين جميعا او لغير ذلك مّما لا نعلمه — Die Varianten sind folgende: a) Cod. L. a. وقف. — b) Cod. B. صباحا. — c) Cod. L. d. اذا اعب فيها المطر u. Cod. L. a. اذا غلب فيها النظر. — d) Statt ردية hat Cod. L. d. وخوى u. Cod. B. وغذا رخوا, letzteres mag richtig sein. — e) Cod. B. اخنوخا النبى انوحا, ايشيثا, ادمى; überhaupt fügte der Schreiber dieses Codex' auch sehr häufig hinter den Namen عليه السلام (wofür er oft اخنوخا hat) und ابرهيم die Worte النبى عليه السلام hinzu, die in den andern Codd. grösstentheils fehlen; vgl. unten Anmk. 191, wo ein eclatantes Beispiel angeführt ist, wie die mohammedanischen Abschreiber ihre Copien unsers ächt heidnischen Werkes zu islâmisiren suchten. انوحا ist hier offenbar richtiger als اخنوخا; denn انوحا schrieb wirklich über den Ackerbau (s. oben p. 28); übrigens hat auch dieser Cod. etwas weiter unten gleichfalls انوحا, wo er nach der vorangehenden Stelle اخنوخا hätte haben sollen; vgl. oben p. 62, Anmk. 107, c. — f) Cod. B. انه. — g) Cod. L. d. وبكذره. — h) Cod. B. مزاجها das hier keinen guten Sinn giebt. — i) Cod. B. ردّاوه u. Cod. L. d. وردّاوته; aber weder die eine, noch die andere Lesart scheint richtig zu sein. In Cod. L. a. fehlt leider diese ganze Stelle. — k) Cod. L. d. حرم ارميسا ومن قبله اعاياذيمون u. Cod. B. حرمه ان مسا ومن قبله اعابادمون; vgl. diese Anmk. weiter in t). — l) Cod. L. d. تكبد. — m) Die Worte وقتلا والباقلا finden sich blos in Cod. B., wo sie lauten: وقتل ملهملخلط العقل ويوهته (sic) وضرر السمك والباقلا; der Sinn ist nicht ganz klar. — n) Cod. B. النار. — o) Cod. L. d. يبيع u. Cod. B. يسع. — p) Cod. L. d. يزوله. — q) Cod. B. الخط. — r) L. d. فينتغص. — s) الهادبا, das in unsern Lexicis nicht vorkommt, findet sich blos in Cod. B. und scheint der Name einer gewissen Fischart zu sein. — t) Cod. L. d. حرمه اعابادمون وارمسا, Cod. L. a. حرم اعابادمون وارميسا u. Cod. B. حرمه اعابادمون وارميسا; dass اعابادمون = اغاثاديمون = Agathodämon ist, kann nicht zweifelhaft sein (vgl. Ssabier I. p. 792), ob aber ارميشا od. ارميسا zu lesen ist, muss dahin gestellt bleiben; der babylonische Eigenname تنكلوشا endigt gleichfalls auf شا. Es könnte übrigens auch sein, dass dieses شا aus بيثا entstanden ist, wie z. B. der Name اسقولوبيثا häufig, besonders im Pariser Codex, اسقولوشا geschrieben wird. — u) S. den Nachtrag zu dieser Anmk.

186) S. Bd. II. p. 109 ff. Anmk. 76.

187) S. ib. p. 100 f. Anmk. 71.

Hr. Prof. Ewald bemerkt über die eben angeführte Stelle, die ich ihm im Auszug mitgetheilt habe: «die griechischen Namen Hermes und Agathodämon, zumal als Verfasser von
Lehren und Büchern, scheinen uns bis in die neuplatonischen Zeiten herabzuführen»[188]. Ich
bedauere hier Hrn. Prof. Ewald widersprechen zu müssen. Gab es denn in der alten heidnischen Welt keine Gesetze und religiöse Vorschriften, deren Ursprung auf irgend einen Gott
zurückgeführt wurden? Sagte nicht der Israelit: Jehovah habe dieses und jenes verboten, ohne
dass dadurch Jehovah zum Schriftsteller gemacht wird? In Aegypten wurden alle religiösen
und politischen Gesetze, so wie auch fast die ganze heilige Literatur, schon in verhältnissmässig frühen Zeiten, auf einen Gott zurückgeführt, den die Griechen Hermes nannten. Es
könnte doch also sein, dass auch jene Verbote bei den asiatischen Griechen schon in frühen
Zeiten existirt haben, und dass sie auf Hermes und Agathodämon zurückgeführt wurden. Es ist
aber auch ein anderer Fall möglich.

Die Neuplatoniker nämlich berufen sich bekanntlich unzählige Mal auf uralte Weisen,
namentlich auf Hermes, Agathodämon, Asklepios und zuweilen auch auf Tat. Haben die
Neuplatoniker diese alten Götter in ihrer specifischen Anschauungsweise etwa zu menschlichen
Weisen umgestaltet? Wir wissen zwar sonst wohl, dass die homerischen Götter bei den Neu-
platonikern eine ganz andere Gestalt bekommen haben, aber nichts stand dem Neuplatonismus
so fern wie der Euhemerismus; die Götter blieben auch bei ihnen Götter, wenn auch in anderer
Form; jene erwähnten Götter dagegen sind bei ihnen consequent und durchgehends uralte
Weisen und Gesetzgeber. Dies muss doch irgend einen historischen Grund haben und ist
sicher nicht als eine neuplatonische Grille anzusehen.

Wenn ferner die neuplatonische Auffassung der altgriechischen Götterwelt von der der
homerischen Zeiten total verschieden ist, so ist aber, wie ich glaube, auch diese Auffassung
von der der Urzeiten gleichfalls verschieden. Und wenn ich damit auch durchaus nicht sagen
will, dass die Auffassung der Neuplatoniker mit der der ältesten Zeit identisch sei, so glaube
ich doch auch, dass die Anschauungen der historischen Zeit mit denen der Urzeit nicht identisch sind, und dass man aus dem allgemein angenommenen Charakter eines Gottes in der
späteren historischen Zeit gar keine bestimmte Folgerungen auf den Charakter desselben in
der Urzeit machen könne. — Viele der sogenannten hermetischen Schriften, in denen z. B. Asklepios u. dgl. andere Götter ganz entschieden die Rollen von uralten Weisen spielten, sind
sicher viel älter als das 4. oder 5. Jahrhundert p. Chr., wie man bis jetzt annahm, ja manche
von ihnen mögen auch älter als die christliche Zeit sein[189]. — Wer kann es beweisen, dass
Hermes, Asklepios u. dgl. Andere nicht wirklich Weise der Vorzeit waren, die in einer relativ
jüngern Zeit göttliche Verehrung genossen und erst in der historischen Zeit in dem Olymp der
Götter einen Platz fanden, wo ihnen eine bestimmte Stellung und bestimmte Functionen ange-
wiesen und sie in alle Fabeln und Mythen der wirklichen Götter aufgenommen wurden? Von

---

188) S. den oben p. 32, Anmk. 49 erwähnten Aufsatz p. 159.

189) Dies wurde in neuerer Zeit vielfach nachgewiesen und ist schon von Casaubonus vermuthet worden;
vgl. Hermetis Trismegisti Poemander, ed. G. Parthey, Berlin 1854. p. iv.

Tammûz, den ich aus triftigen Gründen[190] für einen göttlich verehrten Propheten und menschlichen Religionsstifter halte, will ich hier nicht sprechen; aber von dem altbabylonischen Gesetzgeber, Religionsstifter und Weisen Dewânâï kann man mit der grössten Bestimmtheit sagen, dass er ein Mensch und kein Gott war, und dennoch genoss er in den Tempeln göttliche Verehrung[191] und es hiess von ihm, dass er gar nicht gestorben, sondern lebendig in den Himmel gefahren sei[192]. Qûfâmi theilt auch eine ziemlich ausführliche Beschreibung von dem Bilde des Dewânâï in den Tempeln der Assyrer nach den Vorschriften des Assyrers Schebâhi[193] mit. Desgleichen kann keinen Augenblick daran gezweifelt werden, dass Janbûschâd ein Mensch war, der in einer historischen Zeit lebte; aber noch während seines Lebens wurde ihm ein Tempel errichtet, wo sein Bild sich befand[194]; auch von ihm behaupteten seine Anhänger, die um Theizanâbâd lebten, dass er nicht gestorben, sondern lebendig in den Himmel gefahren sei[195], und noch zur Zeit Qûfâmis wurden, wie bemerkt, die Legenden von seinem Leben und Tod, unter Weinen und Wehklagen der Zuhörer, in den Tempeln vorgetragen. Auch Dhagrît spricht in einer Stelle ausdrücklich von Menschen, welche während ihres Lebens durch grosse Frömmigkeit und Tugend sich ausgezeichnet haben und daher während einer ganzen Periode zu Göttern erhoben wurden. Konnte es denn nicht auch in Griechenland in der Urzeit Weisen gegeben haben, die nach ihrem Tode göttlich verehrt wurden? Der Gott stand im Alterthum nicht so fern von den Menschen wie bei uns; denn der Gott war nur ein höherer,

---

190) S. weiter unten p. 101 f.

191) Cod. L. *b.* p. 162 sagt Qûfâmi gelegentlich: ... لانا خضرنا فى يوم عيد ذكران دواناى فى هيكله

ببابل فلمّا ابرزوا صنمه وسجدنا له كلّنا الخ (Diese etwas verfängliche Stelle hat ein guter Mohammedaner in

den Codd. L. *c.* u. P. auf folgende Weise, offenbar absichtlich, verstümmelt: ... هيكله ببابل فلمّا سجدنا كلّنا لله ربّ

العالمين ! Ein schönes Beispiel von der kritischen Zuverlässigkeit und Treue mohammedanischer Copisten!; ähnliche Verstümmelungen giebt es ziemlich viele in den mir vorliegenden Codd. u. selbst in den für mich von Mohammedanern verfertigten Copien, — z. B. الشمس اللهم statt الهنا الشمس اللهم .) — Aus dieser Stelle, deren Anfang ich eben mitgetheilt habe, geht sogar hervor, dass dieses Fest mit einem Fasten verbunden war. Die Babylonier scheinen übrigens viele solche mit Fasten verbundene Gedächtnissfeste gehabt zu haben, welche zum Andenken an grosse und heilige Männer der Vorzeit gefeiert wurden.

192) Cod. L. *a.* p. 303 sagt Qûfâmi von Janbûschâd: (l. طيزنــاباد) ولقد بلغنى ان قوما بناحية طيرانــاباذ

.وهم اهل بلده يقولون ان ينبوشاد ما مات وانّه ارتفع الى السمآء وانّه مثل دواناى فى هذا الحال

193) Cod. L. *a.* p. 104 heisst es unter Andern: فلذلك أَمَرَشباهى بنى الجرامقة اهل بلده ان يُصوّروا ...

فى هياكلهم صورة دواناى السيّد قائم الخ ; vgl. Ssabier II. p. 914, den Nachtrag zu p. 459.

194) Qûfâmi berichtet von Janbûschâd, dass er den Einfluss und die Göttlichkeit der Gestirne geläugnet

hätte und bemerkt dann (Cod. L. *a.* p. 147) von ihm: وقد كان بعض تلميذه يحكى عنه انّه يرىَّ ان فوق قوّة

الشمس قوة اعلى واقهر للاشياَء فلمّا نما ذلك عنه خرج من الملك والكافّة وبادر الى هيكله المصوّر فيه

.صورته فجمع الناس وقصّ عليهم بقصص الخ

195) Vgl. Anmk. 192.

13

kräftiger und mächtiger Mensch, mit einem Worte ein ungewöhnlicher Mensch; der Schritt lag dann sehr nahe, dass ein ungewöhnlicher Mensch zum Gott gemacht wurde, wie dies, wie wir eben sahen, in Babylonien geschehen ist und wie dies auch in Indien z. B. der Fall war, wo ungewöhnliche Menschen als Incarnationen einer gewissen Gottheit angesehen und daher göttlich verehrt wurden.

In den altgriechischen und altitalischen Religionen gab es auch eine grosse Menge von religiösen Vorschriften, Ceremonien und Gebräuchen, ja sogar auch Geheimlehren von Sühnungen u. s. w., und es muss doch in irgend einer, sicher vorhistorischen Zeit [196], Männer gegeben haben, welche dieses Alles gelehrt und eingeführt haben. Schon in der vorhistorischen Zeit folgten sich in den von den verschiedenen griechischen Stämmen bewohnten Ländern verschiedene Culte auf einander und edlere göttliche Gestalten traten an die Stelle älterer barbarischer Götter [197]; wer hat denn die neuern Culte eingeführt und so den Grund zu einer höheren und edleren Gesittung gelegt? Waren es nicht bestimmte Männer, denen die Menschheit jene Wohl- und Uebelthaten zu verdanken hat? Vielleicht haben Männer wie Orpheus u. dgl. Andere, deren Namen wir nicht mehr kennen, in der That eine Rolle gespielt, welche der ähnlich ist, die in der historischen Zeit Orpheus zugeschrieben wird. Sei es nun, dass Hermes und Agathodämon Götter oder uralte Weisen waren, auf welche verschiedene religiöse Gebräuche und religiöse Vorschriften zurückgeführt werden: ich finde nach dem Gesagten in der Sache an und für sich, dass in unserm Buche gewisse religiöse Vorschriften auf Hermes und Agathodämon zurückgeführt werden, nichts, was gegen das hohe Alter des Qûtâmî beweisen könnte; das einzige Auffallende darin ist eigentlich nur die Form Ἀγαϑοδαίμων für ὁ ἀγαϑὸς δαίμων, welche letztere Form die in der älteren Zeit gebräuchliche war, während die erstere, wie ich glaube, in dem, Manetho zugeschriebenen Buche der Sothis zuerst vorkommt, wo Agathodämon als der 3. König der ersten ägyptischen Götter-Dynastie aufgeführt wird. Da aber in Aegypten sicher nie ein Gott dieses Namens existirt hat, so muss man annehmen, dass diese Namensform den Griechen in der allerdings nicht näher bekannten Abfassungszeit jenes Buches schon längst geläufig war.

Ich glaube übrigens, dass unsere Stelle auch auf folgende Weise ihre Erklärung findet: Die Mohammedaner schreiben immer den Namen Hermes fast so wie die Griechen, nämlich هرمس, Hermis, hier aber heisst er ارميسا, Armîsâ. Dieser Armîsâ kommt auch in dem oben erwähnten altbabylonischen Werke des Tenkelûschâ vor, wo er aber nicht als Ausländer, sondern als ein uralter einheimischer Weiser auftritt. In diesem Buche nämlich werden alle 360 Grade der 12 Zeichen des Zodiacus der Reihe nach aufgezählt und bei einem jeden Grade heisst es immer: in diesem Grade treten diese und jene Figuren auf, die dann speciell beschrieben werden, mit Angabe, wer oder was sich zur rechten und linken Seite befindet; zuletzt heisst es immer: derjenige, welcher in diesem Grade geboren wird, wird ein solcher

---

196) Ich sage: in vorhistorischer Zeit, weil der Ursprung jener Lehren und Gebräuche grösstentheils entweder ganz unbekannt ist oder auf mythische Personen zurückgeführt wurde.

197) Wie z. B. die Verbreitung des edleren Apollocultus, der den Cultus des Poseidon vielfach in den Hintergrund gedrangt hat.

und ein solcher Mann sein. Was mit diesen verschiedenen, in einem jeden Grade auftretenden Figuren gemeint ist, weiss ich nicht, und wir werden bei einer andern Gelegenheit auf diesen Punkt zurückkommen. Vom 18. Grade der Fische heisst es: «In diesem Grade treten die Gestalten des 'Hanûchâ, Sâmâ, Adami, Dewajâ (Dewânâï), Armâsijâmî, Lûmâï.... Abrâtûfâ und alle früheren Weisen auf, welche uns durch ihre Geistescultur gebildet und uns ihre Wissenschaften gelehrt haben — die Barmherzigkeit, Gnade und Segen des Barmherzigen sei über ihnen —, und denen Gott sein Licht hat innewohnen lassen, welches Licht die Eigenschaft hat, dass diejenigen, denen dasselbe innewohnt, niemals sterben. Zu seiner (des erwähnten 18. Grades) linken Seite befindet sich die fromme Jungfrau, welche keinen Mann gesehen hat, die heilig, reinigend, edel und gross ist, und welche das Kind so lange erzogen hat, bis es in 49000 Jahren das Mannesalter erreicht hat, worauf dann die bekannten Geschichten und Ereignisse (dieses Kindes) erfolgten, welche Armîsâ und Dûnâï (Dewânâï) erzählt haben» u. s w. [198]. Es ist also von einer rein babylonischen Persönlichkeit die Rede, über dessen Leben Armîsâ nebst dem uralten babylonischen Weisen und Gesetzgeber Dewânâï geschrieben haben. Armîsâ war also offenbar gleichfalls ein Babylonier, dessen nähere Stellung wir freilich nicht kennen, der aber eine ähnliche Rolle gespielt haben mag, wie der neben ihm genannte Dewânâï. In unserer Schrift über die Ssabier (I. p. 789 ff.) haben wir in der That nachgewiesen, dass bei arabischen Schriftstellern vielfach von einem babylonischen Weisen und Lehrer, Namens Hermes, gesprochen wird. Wenn aber an unserer Stelle gesagt

---

198) Diese Stelle lautet in dem einzigen mir bekannten, nachlässig und mit häufiger Weglassung der diakritischen Punkte geschriebenen Leidn. Cod. Nr 893, XII, 18, p. 151 f. wie folgt: (الدرجة) الثّامنة عشر (من الحوت) يطلع

فيها صورة حنوخا وساما وادمى ودوايا [ودوانای ا.] وأرماسيامى ولومای واماباض وابراتوفا وجميع الحكمآء
الاولين الذين أدّبنا بآدابهم وآقتبسنا من علومهم فصلوات الرحمن عليهم ورأفته وبركاته ودّلهم الله من
نوره الذى من تخلّل به لم يمت ابدًا وعن يسارها العذرآء البتول التى لم تربعلا رهى الطاهرة المطهرة
الكريمة العظيمة التى ترّى الطفل حتى يبلغ مبلغ الرجال فى تسعه واربعين الف سنّة ثم كان من اخباره
حنوخا — .واقاصيصه المشهورة ما ذكره ارميسا [أرميسا ا.] ودونای [ودوانای ا.] من تمكّن المريخ منه الخ

ist wohl mit dem sonst nur an wenigen Stellen erwähnten احنوخا identisch, der wiederum an den biblischen 'Hanôch erinnert; vgl. oben p. 62, Anmk 107, c. u. p. 95, Anmk. 185. e. — In der «nabathäischen Landwirthschaft» wird (Cod. L. a. p. 148) ein شاما erwähnt, dem Qùtâmî das Prädicat صادق beilegt und nach dem er eine Nachricht über den Bodenertrag in جوخى mittheilt, woher dieser شاما auch herzustammen scheint. Vielleicht ist hier der gleich zu erwähnende سامای النهرى gemeint. — Adami und Dewânâï sind uns längst bekannt; dagegen sind die übrigen hier erwähnten Persönlichkeiten des babylonischen Alterthums, desgleichen die hier erwähnte Jungfrau und das von derselben gepflegte Kind, mir gänzlich unbekannt. An einer andern Stelle dieses Buches (VI, 11, p. 45) ist von einer frommen Frau die Rede, deren Gebete von den Göttern immer erhört wurden und die ihren wunderbaren Sohn 30000 Jahre erzogen hat. In der «nabath. Landw.» werden auch noch viele andere heilige Männer des babylonischen Alterthums erwähnt, wie z. B. سامای النهرى, كرمانا, رسای, طولونی, سولينا, عاعامی, der Dichter حوحوش u. dgl. Andere, deren schon Adami und Îschîtâ gedenken, und von den fünf zuerst genannten Personen erzählt die babylonische Sage dass ihre Körper nach ihrem Tode niemals in Verwesung übergegangen seien. was der Babylonier so ziemlich als die höchste Belohnung ansah, die einem Frommen und Heiligen von den Göttern ertheilt werden kann.

wird, Armîsâ hätte den Genuss von Bohnen und Fischen «seinen Landsleuten» verboten, so beweist dies noch nicht, dass Qûtâmî ihn als einen Ausländer ansah; denn derselbe sagt dieses auch von Mâsî in Bezug auf die Bewohner von Sûrâ, von Dhagrît in Bezug auf die von Bersâweijâ und von Janbûschâd hinsichtlich der von Theizanâbâd, und dennoch sieht Qûtâmî Mâsî, Dhagrît und Janbûschâd immer als Babylonier an.

Was aber Agathodämon anbetrifft, dessen Name an den beiden erwähnten Stellen eben so geschrieben ist, wie bei den erwähnten mohammedanischen Schriftstellern, so haben wir es nachgewiesen, dass die Neuplatoniker, die 'harrânischen Ssabier und auch viele mohammedanische Schriftsteller ihn immer mit Hermes in Verbindung bringen, indem sie ihn nämlich bald zum Vater, bald zum Lehrer oder Schüler desselben machen, ferner dass der Ursprung verschiedener heidnischer religiöser Gebote und Vorschriften auf Hermes und Agathodämon gemeinschaftlich zurückgeführt wurde [199]. Die Vermuthung liegt daher sehr nahe, dass die Worte: «und vor ihm (Hermes) Agathodämon» als eine Interpolation von späterer Hand, wahrscheinlich erst nach Ibn-Wa'hschijjah, anzusehen sind; die zweite Stelle dagegen, in der gleichfalls Armîsâ und Agathodämon erwähnt werden, und welche keinen rechten Zusammenhang mit dem Vorhergehenden hat, scheint ganz interpolirt zu sein; jedenfalls kann der Name Agathodämon von späterer Hand eingeschoben worden sein. Qûtâmî sagt von den Schriften des Adamî und Dhagrît, dass sie, in Folge ihrer grossen Verbreitung, im Laufe der Zeit interpolirt wurden; es ist daher auch möglich, ja sogar wahrscheinlich, dass auch sein Buch, welches offenbar gleichfalls sehr verbreitet war und allgemein benutzt wurde — denn sonst hätte es sich nicht so lange erhalten — von demselben Schicksal betroffen wurde.

Hinsichtlich der monotheistischen Richtung, zu der sich Janbûschâd offen und Qûtâmî etwas versteckt neigte, bemerkt Hr. Prof. Ewald (l. c. p. 158), dem ich verschiedene diesen Punkt betreffende Stellen mitgetheilt habe: «dass mit einem gewissen Nachdrucke bemerkt wird, wie schon einige der alten nabathäischen Weisen die Einheit Gottes gelehrt und allen sinnlichen Gottesdienst verworfen hätten, mag nicht nothwendig das schon Bestehen des Christenthums oder gar des Islâm's voraussetzen: obgleich es unläugbar ist, dass solche Bemerkungen erst seit der Ausbreitung monotheistischer Religionen ihre volle Bedeutung haben». Auch darin glaube ich Hrn. Prof. Ewald nicht beistimmen zu können. In unserer Culturepoche lebte ein Voltaire im 18. Jahrh., aber 16 Jahrhunderte vor diesem lebte Lucian, der griechische Voltaire, der einer älteren Culturepoche angehörte. Ja schon 600 Jahre vor Lucian begann man in Griechenland, an dem alten religiösen Gebäude zu rütteln; und allerhand religiöse Zweifel, ja sogar Spottsucht gegen die religiösen Anschauungen der Vorfahren, nahmen überhand. Die babylonische Culturepoche verhält sich chronologisch zur griechischen ungefähr so wie diese zu der unsrigen; es ist daher nicht auffallend, wenn die religiösen Zweifel in Babylonien um viele Jahrhunderte früher begonnen haben als in Griechenland, wie die Reaction gegen den alten Cultus in diesem Lande um fast zwei Jahrtausende früher begonnen hat, als die religiösen Zweifel und der Unglaube unserer Culturepoche.

Ich benutze hier die Gelegenheit, um einige Bemerkungen zu dem oben erwähnten Aufsatz des Hrn. Prof. Ewald zu machen. Derselbe sagt (l. c. p. 150): «die Kurden, hier (d. h. in unserm Buche) wohl einerlei mit den sonst in diesen Büchern Chaldäer genannten, heissen Kinder Janbûschâd's, als wäre er ihr Lehrer in vielen Künsten gewesen». Ewald verweist hier auf die Ssabier I. p. 822. Darüber muss ich bemerken, dass das hier von den Kurden Gesagte nicht in der «nabath. Landwirthschaft», sondern in einem von Ibn-Wa'hschijjah selbst verfassten Buche steht, über welches in unserm Werke über die Ssabier Einiges gesagt ist[200]. Das, was Ibn-Wa'hschijjah hier über die Kurden sagt, bezieht sich, nach seiner eigenen Angabe, auf die Kurden der frühern Zeit, die er ausdrücklich von den Chaldäern trennt und von denen er sagt, dass sie von diesen Manches über die Landwirthschaft gelernt hätten[201]. In unsern babylonischen Büchern, wo die Chaldäer niemals so, sondern fast immer Kasdäer, und nur an einigen Stellen Kardäer — الكردانيون, wo aber auch die Handschriften variiren[202] — genannt werden, werden diese von den Kurden streng geschieden. Dieselben werden nämlich an verschiedenen Stellen unseres Buches erwähnt und man sieht, dass sie schon zur Zeit Qûtâmîs verschiedene Gegenden an der Ostseite des Tigris inne hatten; besonders scheinen sie die von den beiden Zâbflüssen gebildete Halbinsel, untermischt mit Nabathäern, bewohnt zu haben. Aus dem, was von ihnen gesagt wird, ersieht man, dass sie damals ein wildes, barbarisches Volk, ungefähr wie jetzt, waren, von denen Qûtâmî nur spricht, wenn er berichtet, wie sie aus gewissen wildwachsenden Pflanzen und aus gewissen Wurzeln Brod und manche andere Nahrungsmittel überhaupt bereiten. Die Chaldäer dagegen werden, wie bemerkt, überall als ein Stamm der Nabathäer — was nach Qûtâmîs Sprachgebrauch so viel heisst, wie ein Stamm der ältern Semiten, — und als Verwandte der semitischen Kana'anäer und Syrer bezeichnet. Man muss also entweder die Verwandtschaft oder gar die Identität der Chaldäer mit den Kurden entschieden läugnen, oder man muss annehmen, dass die letztern die von ihnen jetzt gesprochene, entschieden iranische Sprache erst in einer relativ spätern Zeit von den Persern, mit denen sie von jeher in enger Berührung waren, angenommen haben.

Hr. Prof. Ewald scheint noch jetzt, nachdem ich neue Quellen über Tammûz oder Tammûzî mitgetheilt habe[203], die Identität desselben mit Adonis festzuhalten (s. l. c. p. 151). Dies wurde allerdings bis jetzt allgemein behauptet, aber man hatte nicht den geringsten haltbaren Beweis dafür[204]; da wir aber jetzt noch obendrein wissen, dass auch die jüngern Baby-

---

200) S. Ssabier I. p. 823 f. u. II. p. 845 f.

201) Vgl. das von Hammer edirte Werk: Ancient Alphabets and hieroglyphic charact. etc. Lond. 1806, p. 131 Text u. p. 52 der engl. Uebers.

202) الكردانيون steht vielleicht statt الكزدانيون, welche Form Ibn-Wa'hschijjah im كتاب السموم öfters statt des gewöhnlichen الكسدانيون gebraucht.

203) S Ssabier II. p. 915 f. den Nachtrag zu p. 459 f.

204) Man findet zwar schon bei alten Schriftstellern Tammûz mit Adonis identificirt, so in der Apologie des Melito, des Bischofs von Sardes, der zur Zeit des Antoninus Pius schrieb (s. Cureton, Specilegium Syriac., Lond. 1855, p. 44) und später bei dem syrischen Lexicographen des 10. Jahrh. Bar-Bahlûl (s. Ssabier II. p. 206 f.), der die griechischen Mythen von Adonis auf Tammûz überträgt; aber der willkürliche Synkretismus der Kirchenväter, selbst der der altern Zeit, ist so gross, dass deren Angaben in dieser Beziehung keine Beweiskraft haben. So wurde auch, um

lonier Dewânâï und Janbûschâd, die ganz bestimmt Menschen und keine Götter waren, in
Tempeln verehrt wurden, so sehe ich in der That gar keinen Grund ein, warum man nicht
Tammûz wirklich für einen Propheten und Märtyrer eines neuen von ihm gepredigten Cultus
halten sollte, wofür er auch von den Babyloniern gehalten wurde. In dem Cultus der al-
ten Babylonier gab es eine Art von Heiligenverehrung, wie dies aus den von uns mitgetheilten Stellen über Tammûz, Dewânâï und Janbûschâd, so wie auch aus vielen andern
Stellen unzweifelhaft hervorgeht; warum sollte denn nicht auch Tammûz so eine Art babylonischer Heiliger gewesen sein? Besonders da wir auch sehen, dass er so ziemlich auf eine
Stufe mit Janbûschâd gestellt wurde und die Legenden von dem Tode und Leben dieser
Beiden in den Tempeln *nach* dem Gebete gelesen wurde. Ich glaube übrigens auch nicht, dass
die Tammûz-Sage in der spätern Zeit auf Janbûschâd übertragen wurde, wie Ewald (l. c.
p. 152) vermuthet; denn dieser spielte eine entgegengesetzte Rolle als Tammûz. Derselbe war
nämlich der Prophet und Verkünder eines neuen Cultus, dessen heftigster Gegner eben Janbûschâd war. Dieser zeichnete sich vorzugsweise durch seine Weisheit, durch seine tiefe
Kenntnisse der Natur, durch seine Opposition gegen die Landesreligion, durch seine fromme,
fast ascetische Lebensweise und durch die Höhe seines sittlichen Characters aus. Ueberhaupt
muss ich in Bezug auf Tammûz bemerken, dass derselbe vielleicht einer vorsemitischen Culturepoche, oder wenigstens der ältesten Zeit nach der Einwanderung der Semiten in Mesopotamien
angehört. In unsern Quellen spielt Tammûz, wie bemerkt, die Rolle eines Propheten und
Verkünders eines neuen Cultus und zwar des Gestirndienstes; es heisst aber auch wiederholt, dass dieser Cultus zur Zeit des Dewânâï, der als der älteste semitische Gesetzgeber und
Religionsstifter in Babylonien angesehen wird, daselbst allgemein verbreitet war und dass Dewânâï schon Rücksicht auf den allgemeinen Volksglauben genommen hätte.

Hinsichtlich des bei der Tammûz-Legende erwähnten بيت الاسكول muss ich bemerken,
dass meine muthmaassliche Veränderung الاسكول in الشكول oder الاشكال [105] durch den Pariser
Codex nicht bestätigt wird; denn dieser Cod. hat gleichfalls بيت الاسكول [206]. Die Meinung
Ewalds über diesen Namen (l. c. p. 151*), nach dem الاسكول, wie das hebräische אֶשְׁכֹּל,
Traube, bedeutet, und der in بيت الاسكول einen Dionysostempel vermuthet, könnte wohl
an und für sich richtig sein; nur muss ich bemerken, dass in dem über 200 Folioseiten starken

ein Beispiel aus vielen anzuführen, der Patriarch Joseph mit dem Gotte Serapis identificirt; s. Cureton l. c. p. 43 f.
u. 89. — Ich kann nicht umhin bei dieser Gelegenheit eine Conjectur zu machen, die mir richtig zu sein scheint.
Melito nämlich erwähnt eine Elamitische Gottheit, deren Namen in der Handschrift (mit der Präposition ب) نبد
heisst; Cureton transcribirt diesen Namen in der Uebersetzung (l. c. p. 44) «Nuh» und bemerkt dazu (l. c. p. 90): The
manuscript reads plainly نبد ... It is apparently a blunder of the copyist, probably for نبي, «Nai»; or «Anai»,
أناى, the goddess Anais, or Anaitis. Ich glaube aber, dass hier einfach نانى zu lesen sei, worunter keine andere
als die im 1. Maccabäerbuch (I. 13. 15.) und bei Arnobius erwähnte und auch auf Münzen öfter vorkommende persische
Göttin نانى, Nani, Ναναία, Nanaea, gemeint ist (s. Movers, Phön. I. p. 626 f.).

205) S. Ssabier II. p. 916 oben.

206) Im alten Upsal. Cod. fehlt leider das betreffende Blatt; aber der Pariser Cod. ist sonst ganz vom Upsaler
Codex abhängig; derselbe hat daher wahrscheinlich gleichfalls بيت الاسكول gehabt.

Capitel über den Weinstock auch nicht die entfernteste Andeutung vorkommt, dass je in Babylonien ein dem Traubengott gewidmeter Tempel existirt hätte; und wenn man sonst aus einem *argumentum ex silentio* nicht viel folgern darf, so ist doch hier der Umstand zu beachten, dass Qûtâmî in diesem Capitel vielfach Gelegenheit hatte von diesem Tempel zu sprechen und es auch sicher gethan hätte, wenn ein solcher in Babylonien überhaupt existirt hätte. Qûtâmî theilt auch die Ansicht des Dhagrît mit, nach dem der Weinstock unter dem Einfluss der beiden glückbringenden Planeten, Jupiter und Venus steht, und welcher meint, dass der Einfluss der Venus auf dieses Gewächs vorherrschend sei[207]. Qûtâmî, der diese Ansicht ausführlich bespricht, hätte wohl bei dieser Gelegenheit über einen Dionysostempel Etwas gesagt, wenn ein solcher in Babylonien existirt hätte. Wir sehen auch aus dieser Stelle, dass die Chaldäer den Weinstock als vorwaltend unter dem Einflusse einer weiblichen Gottheit stehend sich dachten und dass also an einen Dionysos nicht gedacht werden kann.

Hr. Prof. Ewald vermuthet (l. c. p. 157), dass die kana'anäischen Könige, «welche in Babel und Kûtha(rijjâ) sassen, von den damals in Nineve herrschenden wohl verschieden sein und doch mit ihnen aus demselben Stamme entsprossen sein konnten». Dass diese in Babylon herrschenden kana'anäischen Könige von denen in Nineveh verschieden sind, kann als eine ausgemachte Sache angesehen werden; ich glaube aber auch, dass sie mit diesen in gar keiner verwandtschaftlichen Beziehung standen. Wir haben schon oben (p. 44) bemerkt, dass die Babylonier von keiner Verwandtschaft mit den Assyrern etwas wissen wollten; und wenn man auch, und zwar, wie es scheint, mit Recht, gewöhnlich annimmt, dass der Kern der assyrischen Bevölkerung aus Semiten bestand, so scheint es dagegen fast gar nicht zweifelhaft zu sein, dass die assyrische Aristokratie, und natürlich auch die regierende Dynastie, andern Ursprungs war als die Masse der assyrischen Bevölkerung. In dem oben (p. 10) erwähnten altbabylonischen Buche «über Gifte» erzählt der Verfasser desselben ein chaldäisches Mährchen — das er selbst nicht recht glauben will — von einer Scammonia, die eine alte assyrische

---

207) Am Anfange des Capitels, welches vom Weinstocke handelt, heisst es (Cod. L. *b.* p. 87, L. *c.* p. 63 u. Cod. P. fol. 149, *a.f.*): (die Codd. L. *c.* u. P. كوكبان) قال ضغريث ان الكروم اشتراك فيها على سبيل الاغلبية (الاغلب

هما السعدان المشترى والزهرة وذلك ان جميع الكسدانيين مجمعون على ان الكلّ للشمس ويشارك الشمس فى كلّ شئ السّتة الباقية ثم يغلب بعد هذا الاشتراك بعد السّتة على شخص شخص من جميع الاجسام المركبة الخارجة بعد تركيبها من العدم الى الوجود ومن عدم الصورة الى الصورة فالكروم ممّا استولى عليه بعد الاشتراك العامّ السعدان المشترى والزهرة وكانت الزهرة به اخصّ وانّما قلت هذا لانّ القمر هو الوالى على النبات كلّه جملة فاذا استولى على بعضه كوكبان منهما الذى هو اقرب فى فعله الى فعل القمر أَوْلَى بذلك الشخص فلما كانت الزهرة اشبه بالقمر منها بساير الكواكب كان المشترى ابعد منها من الكروم قليلاً وكانت اقرب منه لذلك واذا كان هذا هكذا فالغالب على الكروم الزهرة ويشاركها من بعد هذا الاستيلاء المشترى الخ.

Frau in der Wüste in der Sprache Châbûthâï angesprochen und ihr dies und jenes gesagt
hätte. Der Verfasser bemerkt dazu: «die assyrischen Grossen sprechen diese Sprache
und sie behaupten auch, dass der Planet Mercur sie vor Tausenden von Jahren
diese Sprache gelehrt hätte»[208]. Man sieht also daraus, dass die assyrische Aristokratie,
und folglich auch die regierende Dynastie, eine andere Sprache sprach als die Masse des
Volkes, dass sie also folglich auch anderer Abstammung war als diese, und dass diese fremden
Eroberer aller Wahrscheinlichkeit nach ihren Nationalcultus in Assyrien hatten; denn Mercur,
auf den sie den Ursprung ihrer Sprache zurückführten, scheint ihr Nationalgott gewesen zu
sein. Welche Sprache mit dieser Châbûthâï-Sprache gemeint ist und welche Bedeutung
dieses Wort hat, kann ich nicht angeben; jedenfalls aber ist diese Nachricht für die Erklärung
der assyrischen Keilinschriften, so wie auch für die alte Geschichte Assyriens von ungeheuerer
Tragweite[209].

Hr. Prof. Ewald erwähnt auch kurz (l. c. p. 157 f.) eine ihm von mir schriftlich mitgetheilte Nachricht von einem ägyptischen König, der sich wegen der Zusendung einer gewissen
Art Knoblauch an einen babylonischen König gewandt hat. Wegen der grossen Wichtigkeit
dieser Nachricht für die Kritik des Manetho, so wie auch für die Urgeschichte Vorderasiens
und Aegyptens überhaupt, will ich sie hier ausführlicher besprechen und zugleich auch das
mittheilen, was Hr. v. Bunsen mir darüber schrieb.

In dem Capitel, welches vom Knoblauch handelt, theilt Qûtâmî eine Angabe des
Dhagrît mit, nach welcher der Bau dieser Pflanze in Babylonien «zur Zeit des Königs Qerûçâni (oder Qerûçâï) begonnen habe, auf den der König Schemûtâ (oder Semûnâ) folgte,
der, wegen der Menge der von ihm gesammelten Reichthümer, eds-Dsahabâni (der Goldene)
genannt wurde». Darauf bemerkt Qûtâmî, er habe schon das Gegentheil davon nachgewiesen,

---

208) Die betreffende Stelle lautet im Leidn. Cod. Nr. 726, fol. 106. a. wie folgt: ولاصحابنا فى السقمونيا

احاديث ظريفة يحكمونها لا علم لى بشئ منها فادكرها وانّما سمعتُ بها سماعا منها انّهم قالوا ان عجوزا

من عجائز الجرامقة اجتازت فى صحراء فيها سقمونيا وكانت الشمس فى رأس العقرب فنادت نبات السقمونيا

بلغة الخابوطاى وهى لغة تتكلّم بها خواصّ من الجرامقة يزعمون ان كوكب عطارد لقّنهم ايّاها تلقينًا منذ

الوف سنّين فقالت العجوز الخ . Die Behauptung der assyrischen Grossen, dass Mercur sie ihre Sprache gelehrt
hat, erinnert lebhaft an die Stelle in dem Decrete Sardanapal des V. zur Anfertigung der Syllabartafeln, wo es, nach
Opperts Uebersetzung, von Nebo (Mercur) und der Göttin des Unterrichts heisst: «Ils ont révélé aux rois, mes
drédécesseurs, cette écriture cunéiforme etc.»; s. Oppert, Expédition scientif. en Mésopotamie, 1858, tome II. p. 53.
Auch in dem weiter unten zu besprechenden Buche des Babyloniers Tenkelûschâ (VI, 20, p. 49) spielt Mercur geradezu die Rolle eines Gottes der Weisheit und der Wissenschaft.

209) Der Verfasser des Buches «über Gifte» hat aller Wahrscheinlichkeit nach vor Qûtâmî gelebt (s. weiter
nuten), und da diese von ihm mitgetheilte Nachricht mit einem alten Mährchen zusammenhängt, so muss folglich die Einwanderung der in Assyrien herrschenden Dynastie daselbst sehr früh, und zwar spätestens gegen 2000 v. Chr. stattgefunden haben. Diese Nachricht wirft auch ein Licht auf die nichtsemitischen Namen der assyrischen Könige und macht
vielleicht auch Opperts Scythen überflüssig. Auf ägyptischen Denkmälern erscheinen weiss- und rothfarbige Assyrer, begleitet von ihren weissfarbigen, schwarzäugigen Dienern (s. Brugsch l. c. I. p. 58 u. II. p. 38 und 89).
Ueber die vermuthliche irânische Abstammung der Assyrer s. Ssabier II. p. 697, Anmk. 181.

nämlich, dass die Knoblauchpflanze von jeher in Babylonien gebaut wurde. Nachdem er noch angegeben hatte, dass es verschiedene Arten von Knoblauch gebe[210], und dass Janbûschâd den Knoblauch für eine Zwiebelart hält, die nur herber und schärfer ist als die gewöhnliche Zwiebel, bemerkt er ferner, «wenn ich aber sagte, dass der Knoblauch von jeher in Babylonien gebaut wurde, so rührt es daher, weil es mir gewiss ist, dass der ägyptische König Sefûrâs (nach Cod. L. a. Seqûbâs) nach Babylonien gesendet hat, um sich von hier den zackigen Knoblauch zu holen und ihn in Aegypten zu bauen; denn in Aegypten wächst blos der Knoblauch, dessen Kopf ein einziges Stück bildet, der zackige dagegen wächst in Aegypten nicht. Dieses (d. h. die erwähnte Sendung des ägyptischen Königs Sefûrâs nach Babylonien) aber fand zur Zeit des (babylonischen) Königs Thîbâtânâ statt, der gegen 900 Jahre oder noch mehr vor Qerûçânî regiert hat». Dadurch, meint Qûçâmî, wird die obige Angabe des Dhagrît widerlegt, und Qûçâmî glaubt, dass dieselbe nicht von diesem herrühre, sondern dass sie in späterer Zeit in die seit so langer Zeit allgemein verbreiteten Bücher des Dhagrît eingeschoben wurde[211].

---

210) Nämlich wildwachsender und Gartenknoblauch, ferner solcher, dessen Kopf ein einziges Stück bildet, und olche dessen Kopf sich oben in einzelne Spitzen theilt, welche Knoblauchzähne genannt werden.

211) Die betreffende Stelle lautet Cod. L. a. p. 430 u. L. d. p. 137 wie folgt: هذا (يعنى الثوم) مما اتّخذ فى

اقليم بابل على عهد قروصانى[a] الملك الذى ملك بعده شموثا[b] الذى يسمّى الزهبانى[c] من كثرة ما جمع

من الاموال وهذا ذكره ضغريث وقد استدللت من امر زرعه على غير هذا وهو ان الثوم لم يزل

يزدرع[d] فى اقليم بابل.... وانّما قلت انّه لم يزل[e] يزدرع فى اقليم بابل لانّه صحّ عندى ان سفوراس[f]

ملك مصر وجّه الى اقليم بابل ليوّخذ له من الثوم ذى الاسنان ليزرعه فى بلاد مصر لانّه ليس

ينبت[g] عندهم منه الّا ما رؤسه قطعة واحدة وليس بذى[h] اسنان وان ذلك كان على عهد طيباتانا[i] الملك

وكان طيبابانا[i] قبل قروصانى نحو من تسع ماية سنّة او اكثر[k] فبهذا بطلت عندى حكاية ضغريث واظنّ

انّه تصحيف على ضغريث[l] لانّ ضغريث كان افهم واعلم من ان يذهب عليه لكن لبعد[m] عهده من

زماننا هذا ولكثرة تداول الناس بينهم كتبه فى[n] الفلاحة فسد بعضها وألحق[o] به ما ليس منه فتأدّى[p]

الينا نحن فى هذا الزمان على ذلك الفساد الخ. Die Varianten sind hier folgende: a) Cod. L. d. hat an dieser Stelle قرصانى und weiter unten قروصانى; Cod. L. a. an beiden Stellen فروصاى; der Oxforder Cod. Hunt. Nr. 340 hat an der ersten Stelle قروصانى (am Schlusse dieses Codex' kommen nur die ersten 10 Worte dieses Capitels als Bezeichnung des Anfangs des folgenden Bandes vor); diese Lesart scheint mir die richtigere zu sein; قروصا ist unzweifelhaft, und das ى am Schlusse kann sehr leicht aus نٍ entstanden sein. Hr. Prof. Ewald liest diesen Namen Qurûssânî; nach Oppert scheint allerdings das u ein vorherrschender Vocal in der altbabylonischen Sprache zu sein; ich habe aber Gelegenheit gehabt vielfach zu bemerken, dass alle Vocale mit Ausnahme des e durch ا, و u. ـ ausgedrückt werden, und ich habe es daher für rathsamer gehalten, fast immer da e zu lesen, wo kein ا, و od. ـ auf den Consonanten folgt; dies ist, glaube ich, der sicherste Weg, da man grösstentheils nicht leicht im Stande ist, die richtige Etymologie der baby-

Bevor ich aber diese Nachricht näher bespreche, will ich zuerst den Namen des hier erwähnten ägyptischen Königs feststellen. Der Leidn. Cod. 303, *a*. hat سقوباس, Seqûbâs und
der Leidn. Cod. 303, *d*. liest سفوراس, Sefûrâs; der erstere Cod. hat im Ganzen genommen
bessere Lesarten als der letztere, obgleich dieser aus der Bibliothek eines Fürsten herstammt.
Es giebt aber auch viele Fälle, wo Cod. D. bessere Lesarten bietet als Cod. A. Auch hier glaube
ich die Lesart des im Allgemeinen weniger guten Cod. vorziehen zu müssen; denn سقوباس,
Seqûbâs, kann sehr leicht aus سفوراس Sefûrâs entstanden sein, aber nicht umgekehrt; سقو
und سفو kann nämlich kaum als eine Variante angesehen werden; denn aus einem ف mit einem
etwas dicken Punkt wird leicht ein ق gemacht; aus راس kann sehr leicht باس entstehen, wenn
die linke Spitze des ر etwas nach oben gezogen ist, so dass sie das ا berührt, was sehr häufig
geschieht; dagegen kann aus باس unmöglich راس entstehen; die Lesart Sefûrâs ist also offenbar richtiger als Seqûbâs.

Um zu erfahren, wann ungefähr dieser ägyptische König gelebt hat, machte ich folgende
Berechnung: Qûfâmî lebte, wie oben nachgewiesen wurde, spätestens am Anfange des 13.
Jahrh. v. Chr.; Janbûschâd lebte wenigigstens 300—400 Jahre vor Qûfâmî und Dhagrît
wenigstens 200 Jahr vor Janbûschâd[212]; Dhagrît lebte also spätestens 1800—1900 v. Chr.;
ferner der König Qerûçânî, zu dessen Zeit nach Dhagrît die Knoblauchpflanze in Babylonien
eingeführt wurde, muss wenigstens einige hundert Jahre älter sein als dieser; denn ein jetzt lebender Botaniker oder Agronom, der mit der Geschichte seiner Wissenschaft nicht hinlänglich vertraut ist, könnte wohl irrthümlicher Weise glauben, dass der zur Zeit des Lucull nach Europa
gebrachte Kirschbaum erst zur Zeit Carls des Grossen oder zur Zeit des Friedrich Barbarossa
nach unserm Welttheil verpflanzt wurde; unmöglich aber könnte er glauben, dass dies erst zur
Zeit Friedrichs des Grossen geschehen sei. Wenn man obendrein noch bedenkt, dass Qûfâmî
sehr häufig ganz genaue Nachrichten darüber hat, wann diese und jene Pflanze in Babylonien
eingeführt wurde, so ist es einleuchtend, dass jener Irrthum des Dhagrît hinsichtlich einer so
gewöhnlichen Pflanze nur dann möglich ist, wenn jener König Qerûçâni sehr lange, d. h.

---

lonischen Eigennamen zu erkennen. — *b*) Cod. L. *d*. hat سمونا; ܫܡܘܬܐ = שמותא ist ein in den rabbinischen Schriften
oft vorkommendes Wort und bedeutet «Bann», ein allerdings für einen König unpassender Name. — *c*) In Cod. L. *d*.
الرهای, was unzweifelhaft unrichtig ist. — *d*) Cod. L. *a*. يزرع — *e*) يزل fehlt ib. — *f*) Ib سقوباس — *g*) Cod. L. *d*.
ليست statt des richtigern ليس ينبت. — *h*) Cod. L. *d*. بين — *i*) Cod. L. *d*. hat an der ersten Stelle طيبانابا und
an der zweiten طيبابا und Cod. L. *a*. طساتانا oder طساتابا und ساباسا; der Punkt an der ersten Stelle ist ziemlich stark aber fast ganz verwischt; vielleicht muss es طيباتانا gelesen werden; denn eine babylonische Form طيباتا
statt des syrischen ܛܝܒܘܬܐ und des rabbinischen טיבותא kann es wohl gegeben haben, und die Endung ان ist in
babylonischen Eigennamen ziemlich gewöhnlich, wie z. B. جرنانا und dgl. andere. — *k*) Cod. L. *a*. واكثر statt او اكثر.
— *l*) Die Worte ضغريث — واظن fehlen in Cod. L. *d*. — *m*) Ib. لتعهل, was keinen Sinn giebt. — *n*) Ib. من
— *o*) Ib. وانق. — *p*) Ib. منا فسادی — كمنه.

212) Vgl. oben p. 92.

wenigstens gegen 300 — 400 Jahre, vor ihm gelebt hat. Dieser König lebte also spätestens 2100 — 2300 v. Chr. Da aber um 2100 die medische Dynastie in Babylonien regierte[213], Qerûçânî dagegen, sowie auch sein Nachfolger Schemûçâ (oder Semûnâ) offenbar semitische Könige waren, so muss er wenigstens einer der letzten 86 Könige der ersten einheimischen babylonischen Dynastie des Berosos gewesen sein; er lebte also demnach spätestens gegen die Mitte des 23. Jahrhunderts v. Chr. Da ferner der erwähnte babylonische König Thîbâtânâ und dessen Zeitgenosse der ägyptische König Sefûrâs gegen 900 Jahre vor Qerûcânî lebten, so muss für jene ungefähr das Datum 3200 angenommen werden.

Um mir aber auch Gewissheit von anderer Seite zu verschaffen und um das zu erfahren, was die Aegyptologen von dem erwähnten ägyptischen König Sefûrâs wissen, wandte ich mich schriftlich an Herrn von Bunsen. Dieser fand gleich in diesem Sefûrâs den, nicht nur ähnlich, sondern fast gleichlautenden Namen des vorletzten Königs der III. Manethonischen Dynastie, der ohne Variante Σήφουρις heisst und der, nach seinen Berechnungen sowie nach denen von Lepsius[214], dem 33. oder 32. Jahrhundert v. Chr. angehört. Herr v. Bunsen schreibt mir darüber in einem Briefe vom 5. April 1857 unter Anderm Folgendes: ....

«Sie werden Sich vorstellen, wie wichtig mir diese [d. h. meine Mittheilung] für meine eigenen Forschungen war, wenn ich Ihnen sage, dass Ihr König Sephuras von Aegypten sich in vollen Buchstaben im Manetho findet, und zwar als einer der letzten Könige der dritten Dynastie, und als unmittelbarer Vorgänger (bis auf Einen) der weltberühmten Khufu-Dynastie, oder der vierten manethonischen Dynastie.

Ich will Ihnen jetzt diese Thatsache, mit Verweisung auf mein Aegypten, näher bezeichnen.

Manetho (Urkundenbuch p. 12) hat als vorletzten der 9 memphitischen Könige der 3. Dynastie (2. Reichsdynastie) ΣΗΦΟΥΡΙΣ, ohne Variante. Die Denkmäler, welche wir kennen, geben uns allerdings, nach meiner Vermuthung, in einem Pyramidensteinbruchstücke, die Namen des 2. oder 6. jener Königsreihe Tosorthos-Sosirtasis-Sosortosis: die Geschichtlichkeit der ganzen Dynastie, auch der monumentalen, kann jedenfalls keinem Zweifel unterliegen, aus folgenden Gründen:

1. wegen der geschichtlich-monumentalen Bemerkung, welche sich dem älteren der beiden Sesortose (Sesurtesen) dieser Dynastie aus Manethons Geschichtswerke beigezeichnet findet. Solche Anzeichen haben sich bis jetzt allenthalben bestätigt gefunden: und die Anzeichnungen der vorhergehenden 1. Dynastie sind es namentlich nachweislich.

2. wegen der anerkannten und durch die grossartigsten Denkmäler der Welt bestätigten Geschichtlichkeit der unmittelbar folgenden Könige der vierten Dynastie.

3. wegen der Uebereinstimmung mit der fortlaufenden Königsreihe des Eratosthenes[215], welcher namentlich den älteren Sesortosis und den letzten König der Dynastie nennt,

---

213) S. Ssabier I. p. 321 u. ib. Anmerk. 1.

214) Nach Lepsius neuesten Untersuchungen regierte dieser König von 3180—3150; s. Lepsius, Königsbuch der alten Aegypter, I. Berlin, 1858, synoptische Tafeln p. 4 und Quellentafeln p. 7.

215) Diesen Punkt bestreitet Lepsius, Königsbuch p. 12 ff.

und in der Zeitdauer im Ganzen bis auf wenige Jahre mit Manetho zusammentrifft. S. Aegypten, Buch V. Schlussband p. 366, wo sich die Uebersicht der letzten Ergebnisse meiner Forschungen findet.

Man könnte nun versucht sein, wegen der gleichen Dauer der beiden letzten manethonischen Regierungen in der 3. Dynastie (30 + 26 = 56) und der beiden Regierungen der vierten nach Eratosthenes Systems (29 + 27 = 56) in jenen manethonischen Königen, Sephuris und Kerpheres, Gegenkönige der zuletzt siegreich bleibenden Khufu-Dynastie zu sehen. Oder man könnte auch glauben, dass SEPHURIS eine Verschreibung sei von SNEPHROS (S. NOFRU hieroglyphisch) und dass dieser König als Stammvater der Snephros-Könige der (nach mir mit der VI. Dynastie gleichzeitigen) V. Dynastie (Elephant.) gewesen [216]. Ich habe jedoch in jenem Abschlusse, wie Sie sehen werden, alle solche Vermuthungen abgewiesen, und SEPHURIS unerklärt, aber auch unangefochten stehen lassen.

Darin bin ich nun, wie es scheint, recht glücklich gewesen. Denn es wird schwer, nach dem, was Sie sagen, an der Geschichtlichkeit der babylonischen Erzählung zu zweifeln. Nichts konnte besser passen, als eine solche Gleichzeitigkeit.

1. Die Geschichtlichkeit Ihres Königs, Ihrer Erzählung und der anderen hierbei betheiligten Quellen und Gewährsmänner angenommen, ist es zuvörderst klar, das der fragliche Sephuris der babylonischen Urkunde, dem alten Reiche zufallen muss; denn das neue Reich fängt erst 1625 an, und die Hyksoszeit, während welcher von keiner solchen Botschaft nach Babylon Seitens der nach der Thebais zurückgedrängten, zinspflichtigen Pharaonen-Könige die Rede sein kann, tritt (nach Africanus und mir) schon 2547 ein [217].

2. Von den Königen des alten Reichs könnte man zumeist an die Sesortosiden, oder die 12. Dynastie denken: allein wir kennen hier die Namen (eben wie die der drei Könige vor dem Einfalle der Hyksos in der 13. [Dynastie]) vollständig, und es ist kein ähnlicher, oder auch ein irgendwie anklingender und möglicher darunter.

3. Dasselbe gilt von den Königen der IV., V., VI., VII., VIII. und XI. Dynastie (die dazwischen liegenden von IX., X. sind herakleopolitische Gegenkönige, die schwerlich in Betracht kommen, deren Namen wir grösstentheils nicht kennen).

4. Endlich [gilt dies] auch von der allein noch übrigen, der vor Dynastie III liegenden Ersten, und der ihr gleichlaufenden 2. Dynastie.

4. In der dritten Dynastie selbst findet sich endlich unter allen neun Königen, wie Manetho's so des Eratosthenes, kein einziger, der auch nur anklänge.

6. Der von Ihnen gefundene Name, in der bestbeglaubigten Form, ist aber nicht etwa ähnlich, sondern buchstäblich, mit Einschluss der Vocale, identisch mit Manetho's Beschreibung.

7. Die Zeit (gegen 3230) passt vortrefflich mit der babylonischen Zeitrechnung.

---

216) Vgl. Lepsius l. c. I. synoptische Taf. p. 4 und II. Taf V. 3, A.

217) Lepsius erklärt sich jetzt in Bezug auf die Dauer der Hyksoszeit für die Zahlen des Josephus, d. h. 511. Jahre und zwar von 2101—1591; s. Lepsius l. c. synoptische Taf. p. 6 und vgl. Ssabier I. p. 322 ff.

Zu erklären ist der Name in dieser Form durchaus nicht; allein darin steht er nicht allein: manche andere haben sich durch die Denkmäler bewährt, ohne dass wir ihren Sinn grammatisch-lexicalisch erklären können.

Die Urkundlichkeit, welche Ihre schöne und hochwichtige Entdeckung dem manethonischen Könige gegeben hat, fordert jedoch zu neuen Vermuthungen auf. RIS erscheint zuerst wie in so vielen alten Pharaonen-Namen, deren erstes Zeichen im Thronschilde Θ = RA ist (welches aber immer am Ende gesprochen wurde und nur Ehrenhalber in der Hierogl vorangestellt ist). Allein was übrig bleibt SEPHU, oder S. PHU giebt durchaus keinen Sinn und führt auf keine ägyptische Wurzel hin, geschweige auf analoge Königsnamen.

Nun haben wir aber PHUORO als Stamm von Φαραώ, d. h. ὁ βασιλεύς, mit memphitisch ausgesprochenem Artikel Pe = PHe. Aber dann bleibt SÈ (lang) unerklärt. Es würde kurz (ε. st. η) = SI, Sohn, koptisch SE, sein können: allein welcher König heisst «Königssohn»? Ich sollte also glauben, es bliebe nur König SAPHURA übrig; nach mir Erbauer der Pyramiden vor Abusir (Aegypten Schlussband p. 366).

Ich habe hier [nämlich Schlussband p. 366] ein Fragezeichen vorgesetzt, nicht wegen seines hierher gehörigen Namens, denn der ist, wie Sie in der engl. Ausgabe näher entwickelt finden, monumental, und von jetzt ganz unbestreitbarer Lesung (früher las ich mit Lepsius: AMKHURA), sondern wegen der Aehnlichkeit mit dem eratosthenischen SIRIOS, welcher Name sich aber noch bei Eratosth. daraus erklären lässt, dass dieser König mit dem Anfang des regelmässigen Sonnenjahres in 3282 zusammenfällt (vergl. Lepsius, Einleitung......), also vor dem ersten, urkundlich in der geschichtlichen Zeit beginnenden Sothis- oder Sirios-Kreise von 2782. Das nahe Zusammentreffen wird durch meine Entdeckung der manethon. geschichtlichen Zeit von Dyn. XI (Buch IV. p. 95 ff.) bedeutend; aber Sirios kann auch rein Missverständniss sein. Nun ist es nicht unmöglich, dass man in der Aussprache dem zweiten Worte HURA den Artikel vorsetzte: dann hätte man SAPHURA. In diesem Falle war Sèphuris ein monumentaler König, entweder von 3282, oder am Schlusse der 3. Dyn. gegen 3230.......

In einem andern Schreiben vom 8. April 1857 sagt Herr von Bunsen noch Folgendes:..... «Meine Ansicht ist, dass die Einführung einer solchen Pflanze in Aegypten *nur* im alten Reiche möglich war, und wahrscheinlich nur *vor* der 4. Dynastie erfolgt sei.».....

1. Menes ist Carl der Grosse, nicht Tuisko, der Fabelhafte, oder Arminius der Cherusker. Jahrhunderte hatten die zwei Reiche bestanden, als deren Herrscher die ägyptischen Pharaonen sich bezeichnen. Die Schrift ist nicht allein so alt wie Menes, sondern da sich die der nächsten Dynastie so gut wie ganz und gar nicht von der zu Anfang des neuen Reiches unterscheidet, so muss die volle Anerkennung des phonetischen Elements bedeutend vormenisch sein; denn die Fortbewegung des Phonetischen ist doch erkenntlich, und tritt in der 20. Dynastie klar hervor durch Willkürlichkeiten und Missverständnisse.

2. Dem alten Reiche gehören ohne Ausnahme alle grossen nationalen Unternehmungen zu und alle wirklich kolossalen Bauwerke, das neue Reich hat Karnak; allein daran

bauten die Pharaonen über 1000 Jahre! Josephs König und seine beiden Nachfolger
bauten den Mörissee (mit dem dabei geführten Nilkanal), das Labyrinth und seine Pyramide, in wenigen Jahrzehnden.....

3. Dem Herodot übersetzte man die, auch von den übrigen alten Geschichtsschreibern erwähnte Nachricht, welche angab, wie viel Knoblauch und Zwiebeln die Pyramiden-
Arbeiter gegessen. Diese beiden Nahrungsmittel waren also, bei dem Riesenbau der
in zwei aufeinanderfolgenden Regierungen, im Laufe eines halben Jahrhunderts erbauten grossen Pyramiden von Giseh, eben so wichtig, wie jetzt bei uns Brod und Bier
sein würden.

4. Es steht fest, dass die Pyramiden von Giseh nicht die ältesten sind; schon einem König
der 1. Dynastie werden Pyramiden (in Oberägypten) zugeschrieben; wirklich haben
wir dort noch die unförmlichen Trümmer einer Pyramide. Die ältesten in Abusir
können nur der 3. [Dynastie] gehören. Die Gruppen der Pyramiden sind die Begräb-
nissplätze verschiedener Dynastien : jede hat ihre eigne Stätte. Man musste also gegen
Ende der 3. Dynastie das Bedürfniss fühlen, für die Mode-Frohnarbeit der abergläubischen und eitelen Pharaonen die zweckmässigste und die wohlfeilste Nahrung
zu finden.

In dieser Weise wird die von Ihnen gefundene Nachricht in so nahe Beziehung mit dem
Pyramidenbau gebracht, dass man auch ohne Kunde des Namens Sephuris die Vermuthung
aufstellen müsste, die Einführung des babylonischen Knoblauchs müsste in jene Zeit fallen[218].

Der Unterschied meiner Chronologie von der des Lepsius beträgt in jener Zeit etwa ein
Jahrhundert[219]: also im Grossen und Ganzen kann das 33. Jahrhundert als die den Urkunden
und Denkmälern entsprechende Zeitbestimmung für Ihren babylonischen König angesehen
werden».....

So weit Herr von Bunsen, der mich durch diese und dergl. andere gütige Mittheilungen
sehr verpflichtet hat und dem ich auch dafür öffentlich danke. Seine Combination unserer Nachricht mit dem Bedarf an Knoblauch und Zwiebeln beim Pyramidenbau ist höchst wahrscheinlich,
obgleich Qûťâmî behauptet, dass die Aegypter auch vor Sefûrâs Knoblauch hatten und dass
dieser König nur eine neue Art dieser Pflanze eingeführt hätte; denn immer ersieht man aus
unserer Nachricht, dass das Bedürfniss den Bau dieser Pflanze zu erweitern und zu vervielfäl-
tigen so gross war, dass es sich der Mühe lohnte, deshalb eine königliche Gesandtschaft nach
Babylonien abzufertigen.

Die Folgerungen, die sich aus unserer Nachricht ziehen lassen, sind mannigfach und von
grosser Wichtigkeit. Manetho's Königslisten gewinnen dadurch bedeutend an Authenticität,
da wir sehen, dass der Name einer seiner ältesten Könige in einer von ihm vollkommen unabhängigen altbabylonischen Urkunde sich wiederfindet. Desgleichen finden die chronologischen
Berechnungen Bunsens und Lepsius' in ihren Hauptprincipien eine glänzende Bestätigung; denn

---

218) Lepsius schreibt (l. c. synoptische Taf. p. 4) dem Sephuris den Bau einer der grossen Pyramiden von Dahsur zu.
219) Vgl. oben p. 107, die Anmk. 214.

wir sehen, dass die ägyptische Geschichte jedenfalls viel höher hinaufgeht als man gewöhnlich vor ihnen angenommen hat und als Seyffarth und Andere noch jetzt anzunehmen für gut finden. Der König, der nach jenen beiden Aegyptologen im 33. und 32. Jahrhundert gelebt hat, kann nach meinen, von den ägyptischen Forschungen ganz unabhängigen und vom Standpunkte der babylonischen Geschichte gemachten Berechnungen nicht später als im 32. Jahrhundert gelebt haben. Durch unsere Nachricht wird auch das hohe Alter der babylonischen Geschichte urkundlich bestätigt; die erste nachsintfluthliche chaldäische Dynastie des Berosos der 86 Könige (s. oben p. 69) kann auch nicht mehr als eine ganz mythische angesehen werden, wie man es bisher that, und man ist nur zu der Annahme berechtigt, dass die Spitze dieser Dynastie der Mythe angehört; denn unser König Thîbâtânâ kann nach dem eben Gesagten nur dieser Dynastie angehören und zwar regierte er wenigstens gegen 1000 Jahre vor dem Ende derselben, da der gegen 900 Jahre nach ihm regierende Qerûçânî offenbar noch dieser Dynastie angehörte und auch nicht der letzte König derselben war. Im höchsten Grade überraschend ist auch die Thatsache, dass schon in jener frühen Zeit ein Verkehr und eine Verbindung zwischen Aegypten und Babylonien stattgefunden hat, eine Thatsache, die wir aus den ägyptischen Denkmälern des alten Reiches nicht erfahren[220]. So wichtig uns aber auch unsere Nachricht ist für die Chronologie nach oben, eben so wichtig ist sie für die Zeitbestimmungen nach unten: wenn nämlich Thîbâtânâ, nach Bunsens und meinen Berechnungen, in die zweite Hälfte des 33. oder in die erste Hälfte des 32. Jahrhunderts lebte, so nehmen die beiden semitischen Könige der ersten chaldäischen Dynastie Qerûçânî und dessen Nachfolger Schemûtâ, welche 900 Jahre später regiert haben, die zweite Hälfte des 24. oder die erste Hälfte des 23. Jahrhunderts, für sich in Anspruch; folglich kann der Anfang der medischen Dynastie nicht vor dem 23. Jahrhundert gesetzt werden. Dadurch wird die Annahme Bunsens, sowie auch die meinige bestätigt, nach der der Anfang der medischen Dynastie in die zweite Hälfte des 23. Jahrhunderts zu setzen ist[221]; dagegen erweist sich die Annahme der Herren A. v. Gutschmidt, Brandis und Anderer, welche den Anfang jener Dynastie bis auf 2458 oder 2447 hinaufrücken, als unrichtig; denn nach dieser Annahme müsste man Qerûçânî entweder in die erste Hälfte der 25. oder in die des 22. und Thîbâtânâ entweder in die erste Hälfte des 34. oder in die des 31. Jahrhunderts setzen; in beiden Fällen aber könnte letzterer nach Bunsens und Lepsius' Berechnungen nicht mit Sephuris gleichzeitig sein. Durch unsere Nachricht gewinnen wir auch eine gewisse Grenze nach oben für die Lebenszeit des Dhagrît und folglich auch für die des Janbûschâd; ersterer nämlich kann nicht vor dem 20. oder höchstens 21. Jahrhundert gelebt haben, da Qerûçânî der zweiten Hälfte des 24. oder spätestens in die erste Hälfte des 23. Jahrhunderts gehört; auch Janbûschâd kann nach dem oben Gesagten nicht vor 1700 — 1800 v. Chr. gesetzt werden; da zwischen ihm und Dhagrît eine Zwi-

---

220) Die ägyptischen Denkmäler des alten Reiches wissen wohl von einer Verbindung Aegyptens mit asiatischen Völkern, aber diese geht nicht so hoch hinauf; s. Brugsch. l. c. I. p. 49 f.

221) S. Bunsen l. c. IV. p. 301 ff. und Ssabier I. p. 321 u. ib. Anmk. 1 Meine Forschungen über die Anfangszeit der medischen Dynastie sind ganz unabhängig von denen Bunsens gemacht worden.

schenzeit von einigen hundert Jahren nothwendig angenommen werden muss. Da aber Qûtâmî
sagt, dass Janbûschâd Jahrtausende vor ihm gelebt hätte, dieser aber in der That höchstens nur 400—500 Jahre älter als er ist, so gewinnen wir dadurch auch einen Massstab dafür,
was man von unbestimmten, runden hyperbolischen Zahlen der Babylonier zu halten hat. Andererseits bleibt es aber auch merkwürdig, dass Janbûschâd, der, wie bemerkt, eine verhältnissmässig kurze Zeit vor Qûtâmî gelebt hat und für diesen, so zu sagen, ein Mann der neuern
Zeit war, offenbar schon lange vor Qûtâmî eine hohe Verehrung in den Tempeln genossen hat
und sein Leben zur Zeit desselben schon mit Wundern geschmückt worden war. Diese Erscheinung ist übrigens an und für sich nichts weniger als merkwürdig, da es an zahlreiche Ana-
logien aus den heidnischen Culten der spätern Zeiten nicht fehlt; sie ist nur für uns als religiöser Zug der Babylonier neu. Wir sehen übrigens auch, dass Qûtâmî von Ereignissen ent-
fernter Zeiten wie das 33. Jahrhundert, v. Chr., mit grosser Bestimmtheit und Sicherheit spricht,
woraus man ersehen kann, dass die historischen Schriften der alten Babylonier — deren és,
wie oben gemeldet wurde, jedenfalls viele gab — sehr weit hinauf reichten und dass sie,
selbst für so frühe Zeiten wie das 33. Jahrhundert, bestimmte chronologische Data enthielten.

Die Vermuthung Ewalds (l. c. p. 155), dass ein grosser Theil der nabathäischer Schriften unter der Herrschaft der kana'anäischen Könige entstanden sei, zeigt sich schon durch den
obigen Nachweis allein als unbegründet, da selbst Qûtâmî, der jüngste Schriftsteller einer sehr
alten Culturepoche, eine verhältnissmässig kurze Zeit nach der kana'anäischen Invasion gelebt hat.

Es würde mich zu weit führen, wenn ich eine specielle Inhaltsangabe der «nabathäischen Landwirthschaft» hier mittheilen wollte; denn der Inhalt dieses Buches ist zu mannichfach und zu vielfältig als dass dies kurz geschehen könnte. Auch ein Verzeichniss der Capitel
wird durchaus kein klares Bild vom Inhalt des Buches geben; denn es kommen in demselben
eine grosse Menge bald längerer bald kürzerer Episoden vor, die nicht in geringster Beziehung
zum Ackerbau oder zu den Naturwissenschaften überhaupt stehen. Wer erwartet z. B. in dem
Capitel, welches «von dem den Landwirthen Wissenswerthen» handelt, eine weitläufige und hef-
tige Polemik gegen eine Art von heidnischen Einsiedlern[222], die, schwarzgekleidet mit langen
Nägeln an den Fingern, langhaarig und halb verwildert, in den Wüsten und Haiden lebten, ein
ascetisches Leben führten und vorgaben, mit den Göttern in Verkehr zu stehen und durch Ver-
mittlung der Götzenbilder die Zukunft zu kennen[223] u. s. w.? Desgleichen erwartet Niemand
auch in andern Capiteln, welche rein agronomische Ueberschriften tragen, ausführliche Abhandlungen zu finden, wie z. B. über die Verschiedenheit der Seelenaffection, welche durch
Wein, von der, welche durch Musik hervorgebracht wird[224], oder über das Wesen der

222) Wie aus dem weiter unten zu besprechenden Buche des Babyloniers Tenkelûschâ hervorgeht, waren
diese Einsiedler Anhänger der Religion des Saturn; s. weiter unten.

233) Ueber die Stellung der Götzenbilder als Vermittler und Repräsentanten der von ihnen dargestellten Gottheiten nach den Ansichten der alten Babylonier, s. Ssabier II. p. 914 f. und vgl. hier weiter unten.

224) Diese Abhandlung findet sich im Capitel, welches vom Weinstock handelt und es geht aus der betreffenden
Stelle hervor, dass auch die alten kana'anäischen Weisen sich mit dieser psychologischen Frage beschäftigt haben.
Herr Renan, der den Semiten alle Philosophie und alles philosophische Forschen abspricht, möge sich dies wohl merken.

Prophetie, wo zu beweisen gesucht wird, dass dem Menschen nur im schlafenden, niemals aber im wachenden Zustande Offenbarungen zu Theil werden können[225], u. dgl. Anderes. Und in der That findet sich fast in jedem der längeren Capitel eine längere oder kürzere Abschweifung, die zur Agronomie entweder in gar keiner, oder in sehr geringer Beziehung steht. Wir müssen uns daher darauf beschränken den Inhalt ganz allgemein anzugeben.

Das Werk umfasst beinahe das ganze Gebiet der Landwirthschaft in einem ausgedehnten Sinne des Wortes; ja Qûtâmî giebt sogar viel mehr als das, was direct zur Landwirthschaft gehört. Der Verfasser handelt nämlich nicht blos von der Aussaat der verschiedenen Getreide- und Gemüsearten, vom Pflanzen der Bäume und der Behandlung derselben, sondern er spricht auch ausführlich von den Zeichen des Wassers in der Tiefe, von der Art und Weise wie Brunnen zu graben und Kanäle zu leiten sind, von den verschiedenen Arten des Wassers, von denen des Bodens, von der Verbesserung desselben und wie man ihn vor Versandung und Versalzung zu schützen hat[226]; ferner von den verschiedenen Arten der Bereitung von Dünger, von der Einrichtung der Landgüter, von den Verwaltern derselben und wie diese mit den Bauern moralisch zu verfahren haben; ferner von dem Bau der Dörfer und den Einrichtungen derselben, von den Kennzeichen, welche die Veränderung der Witterung anzeigen und von dem Einfluss derselben, von der Vertheilung aller landwirthschaftlichen Arbeiten auf die zwölf Monate des Jahres, wobei ein vollständiger Landwirthschaftskalender mitgetheilt wird, der mit dem Monat Adâr beginnt und dem Monat Schobâth endigt[227], u. s. w. Diese Dinge werden aber nicht kurz und flüchtig behandelt, sondern es wird von ihnen mit der grössten Ausführlichkeit gesprochen.

Der Gang der Behandlung des Stoffes im Einzelnen ist grösstentheils ungefähr folgender: zuerst wird die zu behandelnde Pflanze genau beschrieben und zwar so, dass viele dieser Beschreibungen denen des Dioskorides, den besten, die man bis dahin hat, nicht nachstehen[228]; darauf folgen die Angaben: welcher Boden und welcher Dünger zu jener Pflanze nöthig sind, zu welcher Zeit dieselbe gesäet oder gepflanzt werden soll, wie man sie überhaupt zu behandeln, und wie, wenn sie erkrankt, zu heilen hat; dann wird auch in der Regel vom Nutzen dieser Pflanze, von den eigenthümlichen Kräften und der innern Beschaffenheit derselben gehandelt; häufig wird auch davon gesprochen, wie sie in der Medicin anzuwenden ist. Bei ausländischen Pflanzen wird oft angegeben, wann, von wem, woher und bei welcher Gele-

---

225) In dieser Abhandlung polemisirt Qûtâmî vorzugsweise gegen die Anhänger des Ischîtâ, welche das Gegentheil davon behaupten; vgl. Numeri, XII. 7, ff. und XXIV. 4. 26.

226) Der Wind bringt aus Arabien salpeterhaltigen Sand nach Babylonien, wodurch die Fruchtbarkeit des Bodens zerstört wird. Dies ist eine der Hauptlandplagen Babyloniens und schon die ältesten Weisen daselbst haben sich mit der Ausfindung von Mitteln, dieses Uebel abzuhalten, beschäftigt; die jetzige Verwüstung Babyloniens ist offenbar eine Folge dieser uralten Landesplage.

227) Die Ursache davon, dass dieser Wirthschaftskalender mit dem Monat Adâr beginnt und mit dem Monat Schobâth endigt, ist rein agronomisch, wie ausdrücklich angegeben wird; denn das religiöse Jahr begann den 1. des Monats Nîsân; s. oben p. 83.

228) So urtheilt eine in dieser Beziehung unbedingte Autorität, nämlich Ernst Meyer in seiner Geschichte der Botanik, III. p. 57 f., vgl. ib. p. 53 ff.

genheit sie in Babylonien eingeführt wurden. Am ausführlichsten werden die wichtigsten Getreidearten, wie Weizen und Gerste, ferner der Weinstock und die Palme behandelt. Auch von wildwachsenden Pflanzen ist vielfach die Rede und es wird angegeben, wozu sie gebraucht werden können; so wird z. B. eine ziemliche Menge von wildwachsenden Pflanzen aufgezählt, aus deren Wurzeln Brod gemacht wurde oder gemacht werden kann.

Ich benutze die Gelegenheit, hier eine unser Buch betreffende falsche Angabe des Botanikers Meyer zu rectificiren. Meyer, der, wie oben (p. 81) bemerkt wurde, die «nabathäische Landwirthschaft» aus den bei Ibn-el-'Awwâm und bei Ibn-Beithâr sich findenden Fragmenten dieses Werkes kennt, bemerkt über dasselbe[229]: «Es ist ein System der Baumzucht und des Ackerbaues, errichtet auf physikalischer Grundlage, ausgehend von allgemeinen Principien, allmälig fortschreitend bis in das feinste Detail der Behandlung jeder besonderen Culturpflanze, und ihrer Benutzung, wobei auch die nutzbaren wildwachsenden Pflanzen nicht vergessen werden. Neben diesem System her, und mit ihm aufs engste verknüpft, zieht sich ein anderes ebenso durchgearbeitetes System der Astrologie, und vielleicht neben diesem noch eins der Magie durch das ganze Werk. Doch letzeres, wenn es vorhanden war, hat Ibn-Alawwâm so ausgedröselt, dass uns statt leitender Grundsätze der Zauberkunst nur die Anweisung zur Bereitung verschiedener Talismane und dergleichen mehr übrig blieb.» Auf Grund dieser vagen Data nennt Meyer unsern armen Qûtâmî an einer andern Stelle[230] schlechthin «einen Lehrer der Zauberei». Dieses muss ich aber entschieden bestreiten. Wir haben oben an verschiedenen Stellen bemerkt, dass Qûtâmî im Allgemeinen ein Gegner der Zauberer und der Zauberei war, wenn er vielleicht auch an die Realität einer gewissen Art von Zauberei — die aber total verschieden von dem ist, was wir unter diesem Worte verstehen[231] — geglaubt haben mochte. Was Meyer unter dem durchgearbeiteten System der Astrologie, das er in den Fragmenten unseres Buches gefunden haben will, versteht, weiss ich nicht. Nennt er etwa dies Astrologie, wenn es heisst: diese oder jene Feldarbeit solle beim Eintritt der Sonne in das Zeichen des Widders und diese oder jene beim Eintritt derselben in das Zeichen des Stiers u. s. w. verrichtet werden? Dies heisst aber nichts Anderes, als dass für die eine Feldarbeit der April und für die andere der Mai passend ist. Was ihn aber sonst dazu hat veranlassen können, in unserem Buche «ein durchgearbeitetes System der Astrologie» zu finden, weiss ich nicht. Ebenso wenig wie man in unserm Buche ein System der Astrologie, eben so wenig findet man daselbst ein System der Magie. Anweisungen zur Bereitung von Talismanen theilt allerdings Qûtâmî hier und da nach ältern Autoren mit; aber unter Talismanen ist hier etwas anderes zu verstehen, als das, was wir damit meinen. Mit Talisman ist in der «nabathäischen Landwirthschaft» jedes Mittel gemeint, dessen Wirksamkeit aus rationellen Gründen nicht zu erklären ist; die Talismane haben daher auch oft einen rein religiösen Charakter. Solche Talismane findet man aber auch oft bei

229) L. c. p. 52; vgl. ib. p. 43 f. und 57 f.

230) L. c. p. 57, am Anfange des § 10.

231) S. oben p. 59, Anmk. 104 und vgl. unten p. 124 f.

griechischen und römischen Georgikern[232], und wenn dies in unserm Buche vielleicht häufiger der Fall ist als bei diesen, so muss mann doch das Land und die Zeit berücksichtigen, wohin unser Buch gehört. Uebrigens darf nicht unbemerkt bleiben, dass Qûtấmî jene, ich möchte sie nennen, sympathetische Mittel immer nach ältern Autoritäten angiebt, ferner dass er sie häufig offenbar nur, so zu sagen, aus Convenienz mittheilt, weil sie sich einmal bei seinen Vorgängern finden, dass er aber selbst ihre Wirksamkeit oft scharf bekämpft und dass er sie endlich nur in einigen Fällen richtig findet, wobei er aber bemerkt, dass die Erfahrung ihn von der Richtigkeit jener Mittel überzeugt hätte. Qûtấmî ist übrigens auch sonst der Mann, der bei jeder passenden Gelegenheit den Grundsatz wiederholt, dass die Empirie die wichtigste Leiterin bei der Landwirthschaft sein müsse.

Die Anordnung des Stoffes ist folgende: Nach vorausgeschicktem Lobgebet an die Sonne spricht der Verfasser vom Charakter des Gottes Saturn, giebt an, durch welche Räucherung und Opfer man sich diesen bösen Gott geneigt machen könne, und sagt dann: dieser Gott stehe dem Ackerbau vor und sei Ursache des Gedeihens und Verkommens der Pflanzen. Saturn habe ferner die Lehren dieses Buches dem Monde geoffenbart, dieser habe sie seinem Götzenbilde verkündet und dasselbe habe sie ihm, dem Verfasser, gelehrt. Ich habe, sagt derselbe ferner, Gebete an diesen Gott Saturn gerichtet und dessen Bild angefleht, dass dieses Buch den Lesern desselben Nutzen brächte, worauf mir das Bild des Saturn geoffenbart hat, dass mein Gebet erhört und mein Opfer willig angenommen worden sei[233]. Hierauf folgt (Cod. L. a, p. 4—32) ein langes Capitel über die Behandlung der Olive, und zwar fängt das Werk deshalb mit diesem Baume an, weil derselbe, wie schon oben (p. 22) bemerkt wurde, dem Saturn gehört, und dieser Gott dem Ackerbau vorsteht. Es folgen dann (p. 32—71) acht Capitel, welche auf die Bewässerung des Bodens Bezug haben, worin unter Anderm von den Kennzeichen des Wasser enthaltenden Bodens, von dem Graben der Brunnen, der Leitung der Kanäle, der

---

232) Besonders ist das von Cassianus Bassus auf Befehl des Kaisers Constantinus Porphyrogenetus gegen 950 aus ältern Georgikern zusammengestellte Werk «Geoponica» voll von solchen Dingen.

233) Der Schluss des Lobgebetes an die Sonne und die erste Hälfte der Stelle über Saturn fehlt leider in Cod. L. 303, a., dem einzigen mir bekannten Codex, in dem die erste Partie unseres Buches bis zum Wirthschaftskalender enthalten ist; glücklicherweise findet sich wenigstens die Stelle über Saturn (ob vollständig? weiss ich nicht) in einem sonst sehr mageren Auszug unseres Buches, betitelt ثمرة الفلاحة, Cod. L. B. N. 524. Der Verfasser dieses Auszuges ist kein Anderer als der bekannte Ibn-Sînâ (Avicenna). Derselbe sagt nämlich in dem Capitel seines درّ النظيم (Ms. L. B. N. 957, 42, bei Dozy, Catal. N. III.), welches vom علم الفلاحة handelt: ومن الكتب العجيبة فيه (يعنى فى علم الفلاحة) النبطيّة نقل ابن وحشية واختصرناه فى كتاب سمّيناه ثمرة الفلاحة. (Diese Notiz verdanke ich einer gütigen Mittheilung des Herrn Dr. de Jong in Leiden). 'Hâg. Chalfa kennt dieses Buch nicht und auch Wüstenfeld führt es nicht unter den Schriften des Ibn-Sînâ an; s. Wüstenf. Gesch. der arabischen Aerzte p. 71 ff. — Der Leid. Cod. des ثمرة الفلاحة, ein kleiner Folioband von 65 Blättern, enthält nur ungefähr die kleinere Hälfte dieses Werkes und ist überhaupt fast ganz unbrauchbar; denn blos die ersten 16 Blätter dieses Codex' sind mit diakritischen Punkten versehen, sonst fehlen sie fast gänzlich.

Vermehrung des Wassers in den Brunnen, von dem Geschmack und der Verbesserung des Wassers, von der verschiedenen Beschaffenheit und den verschiedenen Wirkungen desselben, und dem Aehnlichem gehandelt wird. In dreiundreissig Capiteln (p. 71—131) wird dann von Gewächsen gehandelt, die zum Theil zu den Zierpflanzen [234] gerechnet werden können, darunter wird aber auch von einigen Sträuchern und einigen Orangengewächsen, sowie auch von der Kermeseiche (s. oben p. 87), dem Pistacienbaum u. s. w. gesprochen, so dass ich eigentlich nicht angeben kann, warum diese Pflanzen zusammengruppirt sind; vielleicht aber hat der Verfasser sie unter der Rubrik «Luxuspflanzen» zusammengefasst. Qûtâmi spricht sich übrigens in verschiedenen Stellen über die ihn leitenden Principien bei seiner Gruppirung der Pflanzen aus, worin er auch, wie er sagt, bald diesem, bald jenem Vorgänger gefolgt ist. Hierauf werden in zwei Capiteln (p. 131—142) praktische Lehren mitgetheilt, wie ein Gutsbesitzer seine Güter zu verwalten hat, wie er sie beaufsichtigen, wie er die Bauern behandeln und sich gegen dieselben betragen solle, wobei angegeben wird, dass er ihnen immer freundlich und freudig entgegentreten und ihnen nie ein saueres und zorniges Gesicht zeigen möchte; ferner wie die Dörfer anzulegen und die Bauernhäuser in denselben anzubauen sind, um die Landleute gesund zu erhalten; dann wird noch von den Verwaltern gehandelt und angegeben wie diese zu verfahren haben, nämlich dass sie niemals lügen, nicht viel schwatzen sollen und überhaupt durch ihr ganzes Betragen, besonders aber durch strenges Erfüllen aller religiösen Pflichten den Bauern als Muster zu dienen haben, u. s. w. Ueberhaupt wird auf das religiöse Verhalten der Landleute ein groses Gewicht gelegt. In zwei Capiteln (p. 142—146) werden dann auch die Kennzeichen angegeben, aus denen man ersehen kann, ob die Witterung sich ändern und ob es regnen wird, worauf in dem folgenden Capitel (p. 146—149) von der besten Zeit des Säens gehandelt, wobei zugleich der Bodenertrag in verschiedenen Gegenden Babyloniens angegeben wird [235]. Darauf folgt (p. 149—166) ein Wirthschaftskalender, in dem sämmtliche Feldarbeiten auf das ganze Jahr eingetheilt sind. Diesem Kalender schliesst sich an (p. 166—168) eine von den Kana'anäern Thâmitrî und Çardanâ ausgearbeitete astronomische Tabelle über die Auf- und Untergänge des Mondes während eines ganzen Monats. In einem besonderen Capitel (p. 168—184) wird allgemein von den Dingen gehandelt, die für den Gutsbesitzer und den Landmann wissenswerth sind. Ueber atmosphärische Veränderungen und deren Einfluss auf die Pflanzen wird in zwei langen Capiteln (p. 184—215) gehandelt, worauf in dem folgenden Capitel (p. 215—221) von der Schadhaftwerdung der Pflanzen durch den Einfluss der Planeten oder, nach Andern, aus

---

234) Z. B. Veilchen, Lilie, Narcisse, Jasmin, Myrthe, Oleander u. s. w. Die Rose dagegen scheint der Verfasser unseres Buches nicht gekannt zu haben. War sie zur Jeit Qûtâmi's noch nicht nach Vorderasien verpflanzt worden? Die Rose kommt bekanntlich im Alten Testamente nicht vor und nur das Buch Sirach kennt sie; vgl. Winer. bibl. Real-Wörterbuch II. p. 339 f. s. v. Rose, die 3. Ausg. In dem weiter unten zu besprechenden Buche des Babyloniers Tenkelûschâ wird die Rose wohl erwähnt.

235) Qûtâmi sagt hier, Jemand habe ihm mitgetheilt, dass der Bodenertrag in Aegypten 300fach sei. Die Ursache dieser ausserordentlichen Fruchtbarkeit findet Qûtâmi in der Trockenheit der Luft, Fettigkeit des Bodens und in der starken Bewässerung durch das Nilwasser; vgl. Herodot. II. 14.

anderen Ursachen, gesprochen wird. Ueber verschiedene Erdarten, Bodenbeschaffenheit und Verbesserung des Bodens wird in einem langen Capitel (p. 221—265) ausführlich gehandelt, dann wird in einem andern Capitel (p. 265—281) vom Dünger und in dem folgenden Capitel (p, 281—305) vom Ausjäten der schädlichen Pflanzen gesprochen. In 15 Capiteln (p. 305 —368) wird von verschiedenen Getreidearten gehandelt und angegeben, wie dieselben zu verwahren sind, auf welche Weise aus ihnen das Brod gebacken und zubereitet wird u. s. w., worauf in 66 Capiteln (p. 368—478) von Hülsenfrüchten und Küchengewächsen gesprochen wird; darunter kommen aber auch einige Pflanzen vor; wie z. B. die Baumwollenstaude, der Hanf und dem Aehnliches, die zwar weder zu den Hülsenfrüchten, noch zu den Küchengewächsen gerechnet werden können, die aber der Verfasser, ich weiss nicht aus welchem Grunde, mit jenen Pflanzen zusammengruppirt. Etwas Aehnliches findet man übrigens auch bei Theophrast, der in dem II. Buche seines Werkes «de causis plantarum», welches von den Bäumen handelt, auch von Kräutern spricht und ebenso handelt er im IV. Buche desselben Werkes von Getreidearten und spricht dabei auch von Bäumen. Ein besonderes Capitel (p. 479—497) handelt von den Pflanzen, aus denen Brod gemacht, und wie dasselbe aus jenen bereitet wird, und in den folgenden fünf Capiteln (p. 497—552) finden sich ausführliche und höchst interessante physiologische Untersuchungen: über den Ursprung der Pflanzen überhaupt, über das Entstehen und die verschiedenen Gestaltungen derselben, über die Ursachen des Geruchs, des Geschmacks, der Farben der Gewächse u. s. w. Der Schluss dieser physiologischen Untersuchungen und das, was unmittelbar darauf folgt, fehlt in der Leidner Handschrift No. 303, a, — der einzigen, in der dieser Theil überhaupt sich findet, — die am Schlusse des ersten Bandes leider eine unersetzbare Lücke von 76 Seiten hat, von der sich ungefähr fünf der letzten Seiten in Leidn. Cod. No. 303, c. und im Pariser Cop, No. 913 finden. In 46 Capiteln (Cod. L. a, p. 629—630. L. b, p. 1—86. Cod. L. d, p. 1—63 und Cod. P. fol. 94, b. — 149, a.) wird dann wiederum von verschiedenen Küchengewächsen gehandelt, unter denen sich aber auch einige finden mögen, die nicht direct zu dieser Rubrik gehören; mit Gewissheit lässt sich dies hier ebenso wenig, wie auch sonst an andern Stellen angeben, da die Erklärung vieler der hier, und auch an andern Stellen unseres Buches aufgezählten Pflanzennamen äusserst schwierig, wo nicht gar unmöglich ist. In drei sehr langen Capiteln (p. 87 —291) wird dann vom Weinstock gehandelt, darauf wird in einem Capitel (p. 291—297) von den Bäumen überhaupt gesprochen, worauf dann von den Wüstenpflanzen in einem Capitel (p. 297—317) gehandelt wird; in diesem Capitel wird eine grosse Menge dieser wildwachsenden Pflanzen aufgezählt, deren grösstentheils altarabische Namen ganz eigenthümlich sind. In einem kurzen Capitel (p. 317—391) wird von den Fruchtbäumen im allgemeinen gesprochen, worauf 39 Capitel (319—391) folgen, welche speciell von verschiedenen Fruchtbäumen handeln, denen sich wiederum 34 Capitel (p. 319—423) anschliessen, in denen von Bäumen gesprochen wird, die keine Früchte tragen, deren Holz aber zu verschiedenen Dingen benutzt werde. Das folgende Capitel (p. 423—451) handelt vom Propfen der Bäume, dann folgt ein Capitel (p. 451—477), welches الفايدة الكبرى «der grosse Nutzen» überschrieben ist

und auf dessen Inhalt wir unten bei der Abhandlung über die Fragmente des كتاب اسرارالشمس
والقمر (s. oben p. 11) noch näher eingehen werden. Das vorletzte Capitel (p. 477—594) handelt ausführlich von der Palme, darauf schliesst das ganze Werk mit einem Schlusscapitel (p. 594—635), in dem der Verfasser den Stoff des ganzen Werkes kurz recapitulirt und hier und da neue Betrachtungen hinzufügt. Ganz am Ende des Buches sagt Qûtâmî, dass er ein besonderes Werk über die Hausthiere als Anhang zu diesem Buche geschrieben habe, worauf Ibn-Wa'hschijjah bemerkt, dass er dieses Buch nicht kenne und dass er es gleichfalls übersetzt hätte, wenn es in seine Hände gelangt wäre.

Das zweite oben (p. 10) erwähnte von Ibn-Wa'hschijjah aus dem Chaldäischen in's Arabische übersetzte Buch heisst, wie bemerkt, كتاب السموم, «das Buch von den Giften». Dieses Buch ist nicht das Werk eines Einzigen, und Ibn-Wa'hschijjah tritt hier nicht blos als Uebersetzer, sondern auch zugleich als Bearbeiter von zwei chaldäischen Schriften auf In der Ueberschrift dieses Buches, die offenbar von Abû-Thâlib ez-Zajjât, dem oben (p. 15 ff.) erwähnten Schüler Ibn-Wa'hschijjah's herrührt, heisst es, dass derselbe dieses Buch «nach den Lehren der Kasdäer und nach den Meinungen derselben verfasst hätte»[236]. Ibn-Wa'hschijjah selbst sagt in der ausführlichen und sehr interessanten Vorrede zu diesem Buche, dass dasselbe eine Compilation aus zwei alten chaldäischen Schriften sei, von denen die eine und zwar die ältere weniger vollständige einen gewissen Sûhâb-Sâth und die jüngere aber vollständigere und ausführlichere Jârbûqâ zum Verfasser habe. In der That aber besteht der Kern des ganzen Buches aus dem Werke Jârbûqâ's, und aus der Schrift des Sûhâb-Sâth theilt Ibn-Wa'hschijjah nur einige Stellen mit. Desgleichen theilt auch Ibn-Wa'hschijjah eine ziemlich ausführliche Stelle aus der Schrift eines alten chaldäischen Arztes, Namens Rewâhthâ mit, um die in Bezug auf einen gewissen Punkt mangelhaften Angaben Jârbûqâ's zu vervollständigen.

Nach wiederholtem Lesen dieses Buches «über Gifte» stellte sich mir folgendes Resultat über die Composition desselben heraus: Ibn-Wa'hschijjah hat fast das ganze Werk des Jârbûqâ übersetzt und es treu nach dem Original, mit Beibehaltung des ganzen Planes und der Eintheilung des Verfassers, wiedergegeben; nur zwei Abschnitte des Originalwerkes hat er unübersetzt gelassen und zwar deshalb, weil ihm, wie er selbst angiebt, diese beiden Abschnitte nicht recht verständlich waren und er sie daher lieber unübersetzt liess[237]. Ausser diesen beiden

---

236) Der Anfang dieses Buches lautet nach dem einzigen mir zugänglich Leidner Codex 726, p. 2 (meiner Copie) wie folgt:

هذا كتاب املأه ابو بكر احمد بن على بن قيس الصوفى الكسدانى المعروف بابن وحشية على

ابى طالب احمد بن الحسين بن على بن احمد بن محمد بن عبد الملك الزيّات وهو كتاب ألّفه فى السموم

قال على مذهب الكسدانيين ورائهم.

237) Am Ende des dritten Capitels (p. 121 ff.) theilt Jârbûqâ drei verschiedene Arten von Räucherungen nach Dewânâï mit, die für den Riechenden tödlich sind. Ibn-Wa'hschijjah aber hat nur die Beschreibung der ersten und zweiten Art dieser Räucherungen übersetzt, von der dritten theilt er nur die Ueberschrift mit und bemerkt darauf

Abschnitten hat er noch einen Abschnitt, in dem, wie es scheint, Jârbûqâ's Angaben lückenhaft waren, nur auszugsweise mitgetheilt. Ibn-Wa'hschijjah theilt nämlich an einer Stelle unseres Buches einen Abschnitt aus der Schrift des Sûhâb-Sâth mit, und bemerkt darauf: Jârbûqâ hätte über diesen Punkt (von dem eben die Rede war) etwas Aehnliches gesagt, nur habe er noch Dies und Jenes hinzugefügt, das Ibn-Wa'hschijjah auch dann angiebt[238]. Dann hat Ibn-Wa'hschijjah auch eine weitläufige an die Sonne gerichtete Lobpreisung, die Jârbûqâ, «nach der Sitte der Chaldäer», an die Spitze seines Buches gesetzt hat, gleichfalls weggelassen[239]. Sonst aber theilt Ibn-Wah'schijjah die Worte Jârbûqâ's immer wörtlich und nicht auszugsweise mit. Den Sûhâb-Sâth dagegen benutzte Ibn-Wa'hschijjah, so zu sagen, nur als Lückenbüsser an solchen Stellen, wo Jârbûqâ lückenhaft ist; so theilt Ibn-Wa'hschijjah 1) einen Abschnitt nach ihm mit, über einen Punkt, von dem Jârbûqâ gar nicht handelt, dann 2) einen Abschnitt, in dem jener vollständiger zu sein scheint als dieser; 3) wird eine Ansicht von Sûhâb-Sâth mit kurzen Worten erwähnt, wobei es übrigens möglich ist, dass diese Stelle ein Citat des Jârbûqâ ist, der den ältern Sûhâb-Sâth sicher vor sich gehabt hat; 4) wird noch ein Abschnitt nach diesem, als Ergänzung zu den Angaben Jârbûqâ's mitgetheilt[240].

(p. 123): قال ابو بكر لم انقل هذا لانّى لم اقف عليه وكان مضطرب الخسط (sic) غير متّسق ولا مستوى

فلم ادر اى شى هو فتركته. Statt des unsinnigen الخسط ist vielleicht مُعَسلَط zu lesen; der Sinn ist jedoch klar. Auch am Anfange des fünften Capitels, welches von Vergiftung durch äussere Berührung handelt, spricht Jârbûqâ von einem Mädchen, das, wenn es von der Geburt an auf eine gewisse Weise behandelt wird, Jeden, der ihm beiwohnt, augenblicklich tödtet. Darauf bemerkt Ibn-Wa'hschijjah (p. 397 f.): قال ابو بكر ابن وحشيّة أمر

هذه الجارية التى ذكروها فى هذا الباب الذى يقتل باللمس والمباشرة طويل بحيل ظريفة فى تدبيرها يؤدّى الى ما ادّعوا فيها لكنى لم انقله الى العربيّة لانّه بكلام فيه عريض كثير وصعوبة فى العبارة لم افهمها وتدبير دقيق ظريف فلما رايت قصورى عن فهمه علمت اتّى ان فعلته لم يجئ متّسقًا ولا مفهومًا فتركت نقل تدبير هذه الجارية فقط واسقطته من هذا الكتاب لما عرفتك ونقلت ما بعده على النسق لم اخرم منه حرفا وفى ذلك كفاية. — Man sieht übrigens auch daraus wie gewissenhaft Ibn-Wa'hschijjah bei seinen Uebersetzungen zu Werke ging; vgl. oben p. 14 f..

238) Pag. 257: فى الارنب البحرى ايضا من كلام ياربوقا وصف فيه شبيه بما ذكر سوهاب ساط وزاد على ذلك فى الاعراض ان قال انه الخ.

239) Gleich nach dem Schluss der Vorrede Ibn-Wa'hschijjah's bemerkt derselbe (p. 19); ابتداء كلام ياربوقا

فى السموم ابتدا كتابه بالابتداء الذى جرت عادة الكزدانيين فى صدر كتبهم وكلامهم من تمجيد الشمس وتعظيمه والصلوة له وزاد فى ذلك على سائر مؤلف الكتب ثم قال بعد ذلك هذا كتاب الخ. Auch die «nabathäische Landwirthschaft» beginnt, wie bemerkt, mit einer langen an die Sonne gerichteten Lobpreisung.

240) Sûhâb-Sâth wird citirt p. 250, 257, 273 und 382.

Sonst wird Sûhâb-Sâth nirgends mehr erwähnt. Man kann also im Ganzen das uns vorliegende Buch «über Gifte» als das Werk des Jârbûqâ ansehen, in dem sich nur drei Abschnitte von Sûhâb-Sâth und ein Zusatz aus einer medicinischen Schrift des Arztes Rewâhthâ
finden, die Ibn-Wa'hschijjah dem Werke Jârbûqâ's als Ergänzungen einverleibt hat [241].

Ibn-Wa'hschijjah hat die Uebersetzung auch dieses Buches seinem erwähnten Schüler
Abû-Thâlib ez-Zajjât dictirt, und er verfuhr überhaupt, nach seiner eignen Angabe, bei
der Uebersetzung dieses Buches auf dieselbe Weise wie er bei der Uebersetzung anderer chaldäischen Schriften verfuhr. Auch hier finden sich ziemlich viele erklärende Bemerkungen von
ihm, die grösstentheils mit einem vorangehenden قال ابن وحشيّة, oder قال ابو بكر, «Abû-Bekr»
oder «Ibn-Wa'hschijjah spricht», als Glossen des Uebersetzers zu erkennen sind; an manchen
Stellen dagegen finden sich aber auch Bemerkungen, die offenbar von Ibn-Wa'hschijjah herrühren, ohne aber vorher durch eine ähnliche Phrase als von diesem herrührnd bezeichnet zu
sein. Aber diese nicht näher bezeichneten Glossen enthalten in der Regel nur einige einleitende
Worte am Anfange eines Abschnittes oder einige erläuternde Worte zur Erklärung der im
Original vorkommenden Thier- und Pflanzennamen und daher sehr leicht aus dem Zusammenhang
als Bemerkungen Ibn-Wa'hschijjah's zu erkennen sind; wo dies aber nicht der Fall ist und
wo man leicht die Worte des Uebersetzers für die des Verfassers halten könnte, bemerkt Ibn-
Wa'hschijjah fast mit ängstlicher Gewissenhaftigkeit, dass diese und jene Worte die seinigen
und nicht die des Verfassers seien.

Sûhâb-Sâth, dessen Name bei 'Hâg'g'i Chalfa [242], Sûhâbschâth und in der Londoner

---

341) Das Citat aus Rewâhthâ findet sich p. 245—249 und handelt von den Heilmitteln gegen den Biss eines
tollen Hundes, worüber auch Jârbûqâ ausfuhrlich spricht (p. 235—244).

242) T. V. p. 98. No. 10194. Der betreffende Art. bei 'Hâg. Chalfa, auf den hier öfters verwiesen wird, lautet:

كتاب السموم الذى الّفه ياربوقا النبطى الكسدانى الفوقائى من اهل برساويا وفيه من كتاب الّفه سوهابشاط

من اهل عقرقوقا (عقرقوفا ١.) ممّا جمعه ونقله من النبطيّة الى العربية ابو بكر احمد بن على المعروف

بابن وحشيته واملأ (واملأه ١.) على (بن) ابى طالب احمد بن على وابن (ابن ١.) الزيات وفيه.ذكر كتب

فى السمّ لكثير من الامم السالفة. Statt ياربوقا hat der ziemlich uncorrecte Cod. Suchtelen des orientalischen Instituts in St. Petersburg يادتوقات und statt الفوقائى hat derselbe Codex الفوقانى; der vortreffliche Codex A. desselben Instituts dagegen hat الغوغانى. — عقرقوقا ist falsch und es muss statt dessen عقرقوفا gelesen werden, wie
wir sogleich sehen werden. Desgleichen ist واملأه statt des unrichtigen واملأ zu lesen; denn dieses Verbum bezieht
sich auf Ibn Wa'hschijjah, und das Suff. o auf das Buch. Das folgende على ist daher nur eine von dem vorangehenden واملأه abhängige Präposition und kein Nomen proprium; das darauf folgende بن ist zu streichen.
Desgleichen ist ابن الزيّات statt وابن الزيات zu lesen; vgl. oben p. 15, Anmk. 19 und p. 16, Anmk. 22. In
dem Rumänzov'schen Cod. ist der Text dieses Artikels so unsinnig, dass ich es nicht der Mühe werth halte, denselben
mitzutheilen.

Handschrift [243] Schûhâb-Schâth lautet, ist mir sonst unbekannt, aber in der Vorrede sagt Ibn-Wa'hschijjah von ihm, dass er älter sei als Jârbûqà, und in der Ueberschrift zum zweiten Theil unserer Handschrift [244], so wie auch bei 'Hâg'i Chalfa [245] wird von ihm gesagt, dass er aus 'Aqer-Qûfâ — einem sehr alten Orte westlich vom Tigris, unweit vom jetzigen Bagdâd, dessen Ruinen noch jetzt bewundert werden [246] — herstamme. Aus den wenigen Stellen, die Ibn-Wa'hschijjah nach ihm mittheilt, lässt sich nichts Bestimmtes über sein Zeitalter und über seine sonstigen Verhältnisse folgern. In diesen Fragmenten erwähnt er an einer Stelle die Ansicht eines Mannes «unserer Alten», den er nicht namhaft macht, und an einer anderen Stelle führt er die Meinung «eines unserer Alten, genannt Bâbekâï», an, der mir aber sonst unbekannt ist. Er erwähnt ferner Aegypten, Sig'istân, Rei und Qazwîn, und spricht ausführlich von einer Pflanze, die in Armenien und dessen Umgegend wächst, mit der die Armenier ihre Waffen vergiften. Wir erinnern hier an das, was wir oben (p. 15) schon nachgewiesen haben, dass nämlich Ibn-Wa'hschijjah statt der alten Städte- und Ländernamen die zu seiner Zeit gebräuchlichen setzte, und dass (s. oben p. 105 ff.) schon im 33. oder 32. Jahrhundert v. Chr. ein enger Verkehr zwischen Babylonien und Aegypten stattgefunden hat. Von dem lebhaften Verkehr zwischen Armenien und Babylonien weiss bekanntlich schon Herodot Vieles zu erzählen [247].

Rewâhthâ, ein sehr berühmter alter chaldäischer Arzt, aus dessen Schrift Ibn-Wa'hschijjah ein Fragment mittheilt, war der Sohn eines mir sonst unbekannten Themûschân (oder Semûthân) [248] und wird sehr oft mit vielen Lobeserhebungen in der «nabathäischen Landwirthschaft» citirt. Aus diesen Citaten ersieht man, dass er der Verfasser vieler und sehr bedeutender medicinischer Schriften ist. Er schrieb auch über Gegengifte [249], nur weiss ich

---

243) Herr Dr. Gosche in Berlin hat im Jahre 1856 in London eine Handschrift im Privatbesitz gesehen, von der er den Anfang abgeschrieben und denselben mir gütigst mitgetheilt hat, wofür ich hier öffentlich danke. In diesem Specimen wird auch الكشانيون und الكشدانى statt الكسدانى und الكسدانيون geschrieben. — Nach diesem Specimen zu urtheilen scheint diese Handschrift keine sonderlich gute zu sein, ich habe jedoch aus diesem kurzen Specimen ersehen, dass auf der ersten Seite der Leidner Handschrift eine ganze Zeile fehlt, wodurch mir die betreffende Stelle vorher ganz unverständlich war.

344) Diese Ueberschrift lautet (p. 250) الجزء الثانى من كتاب السموم ليابروقا النبطى الكزدانى وفيه شى من كلام سوهاب ساط [من اهل] عقرقوفا نقله من النبطيّة الى العربيّة ابو بكر الخ Vgl. über diese Ueberschrift weiter unten p. 130.

245) S. Anmk. 242 auf der vorangehenden Seite.

246) Vgl. über 'Aqer-Qûf: Ritter, Erdk. Bd. XI. p. 847 ff., Merâçid II. p. ٢٩٧, s. v. u. ib. Anmk. g. und Ssabier II. p. 643, Anmk. 43.

247) S. Herodot. I. 194; vgl. Heeren, Ideen I. 1, p. 189 und oben Anmk. 72, p. 40 f.

248) In der «nabathäischen Landwirthschaft» wird er an einigen Stellen (wie Cod. L. a, p. 94, 100 etc.) رواهطا بن طموشان genannt. In der oben p. 8, Anmk. 4. erwähnten Notiz über Ibn-Wa'hschijjah aus dem Fihrist-el-'Ulûm wird eine Schrift von ihm erwähnt, die Ibn-Wa'hschijjah in's Arabische übersetzt hat, bei welcher Gelegenheit er راهطا (l. رواهطا) بن سموطان genannt wird; vgl. Hammer, Litteraturg. der Arab. V. p. 404, No. 4218, 13.

249) Die «nabathäische Landwirthschaft», Cod. L. a. p. 267.

nicht, ob in einem besonderen Werke oder nur gelegentlich in seinen medicinischen Schriften. Ibn-Wa'hschijjah hat eine medicinische Schrift von ihm, betitelt: كتاب الحيوة والموت فى علاج الأمراض «das Buch vom Leben und Tod, über die Heilung der Krankheiten», in's Arabische übersetzt[250]. Dieses Werk scheint leider verloren gegangen zu sein. Da aber Ibn-Wa'hschijjah von diesem berühmten chaldäischen Arzte nur ein einziges Fragment in unserm Buche mittheilt, so wollen wir uns vorläufig hier mit dieser kurzen Notiz über denselben begnügen und gehen zu Jârbûqâ, dem eigentlichen Verfasser des Buches «von den Giften» über.

Ich schrieb diesen Namen ياربوقا, Jârbûqâ, nach 'Hâg'î Chalfa in der Flügelschen Ausgabe und in dem vortrefflichen Cod. A. des orientalischen Instituts in St. Petersburg und nach der einzigen wir bekannten ziemlich jungen und nicht ganz correcten Leidner Handschrift Nr. 726, wo der Name des Verfassers 22 Mal vorkommt und immer Jârbûqâ geschrieben wird. In dem Londoner Codex, dessen Anfang ich, wie angegeben, besitze, wird der Name des Verfassers in dem mir vorliegenden Specimen zweimal بارتوقا, Bârtûqâ geschrieben. In dem Art. كتاب السموم in dem ziemlich uncorrecten Codex Suchtelen des orientalischen Instituts in St. Petersburg lautet er يادتوقات, Jâdtûqât, welche Lesart für die des Lond. Cod. zu sprechen scheint. Auch in der «nabathäischen Landwirthschaft» wird an zwei Stellen ein كتاب السموم, «das Buch von den Giften», erwähnt, dessen Verfasser an der erstern Stelle in dem einzigen Leidner Codex (p. 64) بربوقا, Berbûqâ genannt wird; in der zweiten Stelle dagegen heisst er zweimal hintereinander: im Leid. Cod. (p. 267) ترتوقا, Tertûqâ, in dem sehr alten Ups. Cod. (fol. 112, b. f.) بروقا (oder برقوبا) und in dem von diesem Codex abhängigen Pariser Codex (fol. 72, a.); برقوقا, Berqûqâ. Wie dieser Name wirklich gelautet hat, lässt sich schwerlich mit Sicherheit angeben; die Etymologie kann hier nicht entscheiden; denn am Ende lassen sich alle hier erwähnten Namensformen etymologisch erklären. Da aber das Kind, wie man zu sagen pflegt, einen Namen haben muss, so wollen wir den Verfasser Jârbûqâ nennen, weil diese Namensform in den mir bekannten Texten am häufigsten vorkommt und auch 'Hâg'î Chalfa sie vor sich hatte.

Die Zeit, wann Jârbûqâ gelebt hat, lässt sich nicht näher bestimmen; aber es ist eben bemerkt worden, dass «das Buch von den Giften» schon in der «nabathäischen Landwirthschaft» citirt wird, und es kann nicht zweifelhaft sein, dass dieses hier erwähnte Buch mit dem unserigen identisch ist; Jârbûqâ ist also noch älter als Qûtâmî. Im Buche selber fand ich kein bestimmtes Datum über das Zeitalter des Verfassers, nur aus einer Stelle geht hervor, dass ein Lehrer des Jârbûqâ, Namens Scherwâqâ — der von seinem Schüler mit vielen Lobeserhebungen erwähnt wird, von dem aber Ibn-Wa'hschijjah sagt, dass er ihm sonst ganz unbekannt sei —, der Zeitgenosse eines babylonischen Königs, Namens شامعيا, Schâm'ajâ[251] war; die Zeit dieses Königs lässt sich aber nicht bestimmen.

---

250) S. die vorletzte Anmk.

251) Scherwâqâ hat diesen König von einer Vergiftung gerettet (p. 437). Der Name dieses Königs, شامعيا, erinnert lebhaft an den hebräischen Namen שְׁמַעְיָה, mit dem er aber nicht identisch sein kann; denn שמעיה ist

Von den Lebensumständen Jârbûqâ's ist gleichfalls wenig bekannt; wir wissen nur, dass er ein Chaldäer war[252] und 'Hâg'î Chalfa sagt von ihm[253], dass er aus Bersâwijâ herstammte. Diese Stadt kommt in der «nabathäischen Landwirthschaft» öfters vor; sie lag im südlichen Chaldäa und war eine alte babylonische Culturstadt; auch der oben oft erwähnte Dhagrît stammte aus dieser Stadt[254]. Woher 'Hâg'î Chalfa jene Notiz entnommen hat, ist mir unbekant; vielleicht fand er sie auf dem Titelblatte des ihm vorliegenden Codex', so wie die Notiz, dass Sûhâb-Sâth aus 'Aqer-Qûfâ stammte, sich gleichfalls nur in der Ueberschrift zum zweiten Theile des Leidner Codex' findet[255]. Er war ein vielseitig gebildeter Arzt, der zu Zaubermitteln und Beschwörungen kein grosses Vertrauen gehabt zu haben scheint. So berichtet Jârbûqâ ausführlich, wie er einen von einer Otter Gebissenen medicinisch behandelt hat und theilt dann eine nabathäische Beschwörungsformel nach einem sonst unbekannten Beschwörer, Namens Dâbât' (دابات صاحب الرقى), mit, die nach demselben gegen den Biss der Otter sehr wirksam sein soll. Darauf bemerkt Jârbûqâ: er habe jenen Kranken auf die angegebene medicinische Weise behandelt und zugleich jene Beschwörungsformel gebraucht, worauf der Kranke wirklich genas, er wisse aber nicht, fügt er hinzu, ob dies in Folge seiner medicinischen Behandlung, oder in Folge der Beschwörung, oder in Folge beider geschehen sei; jedenfalls aber, sagt er schliesslich, könne die Anwendung jener Beschwörungsformel nicht schaden[256]. An einer andern Stelle (p. 221 f.) sagt er: sein Lehrer Scherwâqâ habe ein zauberartiges Mittel gegen ein gewisses Gift erfunden, er aber wolle dieses Mittel nicht angeben; denn es sei nicht seine

---

ein Compositum aus שמע und dem Gottesnamen יה, was bei dem Namen شامعيا schwerlich der Fall ist. Es endigen übrigens sehr viele altbabylonische Namen, sowohl von Personen als auch von Ortschaften, auf يا.

252) Ibn-Wa'hschijjah nennt ihn in der Vorrede (p. 2) رجل من قدماء الكسدانيين, und auch Jârbûqâ selbst sagt gelegentlich an einer Stelle (p. 136) وهذا فعل لنا معشر الكسدانيين : vgl. oben Anmk. 244.

253) Vgl. oben p. 120, Anmk. 242.

254) Vgl. oben p. 21, Anmk. 39.

255) Vgl. oben Anmk. 244.

256) Ich benutze die Gelegenheit, hier zugleich eine kurze Beschwörungsformel in nabathäischer Sprache (treu nach dem Codex und ohne alle Conjecturen) mitzutheilen. Die betreffende Stelle lautet (p. 221 f.) wie folgt:

فاما الرقية التى امر دَابَات صاحب الرقى بها الافعى فهو ان تنفل وبيدك قضيبًا من خشب الرمان تمرّه
على موضع النهشة وعلى بدن الرجل كله وتقول شولم لدايار دافد ميراها هل ملهللا شنقربان رقش|
وشولم عليها كفاثا طوبشا شربه شخوا ايطمى شفاقا فها فها| مارى مارى دسما مارى سرا مارى كوها
دشمى مارى دشما مارى und — Die Formel مارى kommt auch in andern Beschwörungsformeln vor.
آمين امين امين —

فهذه رقية قد كنت رقيت بها اللديغ الذى اخبرت خبره قبل هذا الموضع فلا : Darauf bemerkt Jârbûqâ —
ادرى العلاج بالزيت والشراب عمل البرو او الرقية او اجتماعهما فينبغى ان تعمل جميع هذا باللديغ
فانه غير ضابر ذلك فى كل حال.

Sache von derartigen Mitteln zu sprechen, er thue dies aber nur in den Fällen, wo solche Mittel mit der medicinischen Behandlung zusammenhängen und derselben ähnlich sind. Desgleichen sagt er an einer andern (p. 426) Stelle, dass die Zauberer ein gewisses Mittel anwenden, und bemerkt darauf, dass er diess nicht weiter mittheilen wolle, weil er einen Widerwillen gegen die Zauberei hege. Dessen ungeachtet aber enthalten die ersten drei Capitel unseres Buches eine wahre Macbeth'sche Hexenküche mit obligaten Beschwörungen u. s. w. Diese Erscheinung ist merkwürdig; denn während Jârbûqâ uns in den ersten drei Capiteln als ein Hexenmeister vom reinsten Wasser entgegentritt, wird er vom vierten Capitel an, ich möchte fast sagen, urplötzlich ein ganz vernünftiger Mensch und ein rationeller und gelehrter Arzt. Sein Epilog zu unserm Buche aber giebt uns einige Aufklärung darüber. Ich erinnere an das, was ich oben (Anmk. 104, p. 59) über den Charakter der babylonischen Zauberei gesagt, wo ich bemerkt habe, dass man darunter etwas Anderes zu verstehen habe, als das was wir damit meinen, und dass der babylonische Zauberer vorgab, nur den geheimen Kräften der Natur nachgespürt und sie erforscht zu haben und der Thätigkeit derselben nachzuahmen. Der babylonische Zauberer nimmt auch daher nicht die Hülfe böser Geister in unserm Sinne in Anspruch, sondern seine Beschwörungen sind eigentlich nur an verschiedene Götter gerichtete Anrufungen, die mehr den Charakter von Gebeten als von zauberartigen Beschwörungen in unserm Sinne haben[257]. Die Götter bei ihren grossen oder geheimen Namen anzurufen ist aber nicht speciell die Sache des Zauberers, sondern die des frommen Mannes, oder des mit den Göttern in Verkehr stehenden Priesters, der durch das Aussprechen jener Namen die Gottheit zum Gewähren des zu erflehenden Wunsches gewissermaassen zwingen wollte und auch dadurch dazu zwingen zu können glaubte. Diese religiöse Handlung — denn als solche wurde eine derartige Beschwörung angesehen — übte nicht blos der babylonische, sondern auch der abendländische Priester, sowie auch der neuplatonische Theurg aus, ohne dadurch in die Kategorie des Zauberers zu treten[258].

---

257) In dem كتاب السموم finden sich (p. 75, 80, 85 f., 88 ff. und 93 f.) fünf zum Theil sehr lange Beschwörungsformeln in arabischer Sprache, aus denen man ersehen kann, dass sie eigentlich nur an diese oder jene Gottheit gerichtete Gebete enthalten. Uebrigens sind diese Beschwörungsformeln auch in der Hinsicht sehr interessant, dass man aus ihnen ersehen kann, welche Eigenschaften die alten Babylonier den verschiedenen Gottheiten beigelegt und wie sie dieselben aufgefasst haben Desgleichen bilden diese Beschwörungen eine wichtige Quelle für die theologischen Lehren der alten Babylonier. So lautet der Anfang einer an Jupiter gerichteten Anrufung (p. 88) wie folgt:

يا اله الحياة والدوام والسعادة والسرور والخير والطيّب اسألك باسمك المخزون المكنون الذى دعاك

عطارد فردَته بما اراد منك وباسمك الذى سمّاك به الهك الشمس وهو اسم الرضا ان الخ. Wie viele

Folgerungen lassen sich aus diesen wenigen Worten machen! Jupiter ist nicht blos ein Gott des Glückes und der Freude, sondern auch des Lebens und der Erhaltung. Er hat ferner verschiedene geheime Namen (vgl. K. G. Hermann, gottesd. Alterth. d. Gr. 21, 7, zweite Ausg. Heidelb. 1858), die ihm von verschiedenen Gottheiten beigelegt wurden. Mercur wendet sich bittend an Jupiter, den er mit einem geheimen Namen anruft. Die Sonne legt gleichfalls dem Jupiter einen geheimen Namen bei und ist auch zugleich eine höhere Gottheit als dieser. Desgleichen lassen sich aus den andern Anrufungen sehr viele Folgerungen hinsichtlich der Theologie der alten Babylonier machen.

258) Vgl. Hermann l. c. 42, 19 und Ssabier I. p. 737 ff. — In der «nabathäischen Landwirthschaft» (Cod. L. b, p. 342) heisst es von einem uralten Frommen, der vorzugsweise der Verehrung des Mondes oblag:

Der babylonische Zauberer stand auch weder mit obern oder untern, guten oder bösen Geistern in Verbindung, noch liess er fliegende Drachen durch die Luft fliegen, noch alte Hexen auf Besen in den Luftregionen reiten, sondern er war vielmehr, wie bemerkt, angeblicher Kenner und Nahahmer der geheimen Kräfte der Natur und des Wirkungsprocesses derselben. Der babylonische Gelehrte dagegen konnte an dieses Vorgeben der Zauberer glauben und auch nicht glauben; im ersteren Falle glaubte er seiner Wissenschaft wenig oder gar nicht zu nahe zu treten; im letzteren Falle dagegen trat er grösstentheils — aber nicht immer — in Opposition gegen die öffentliche Meinung und machte sich in religiöser Beziehung verdächtig, etwa so wie wenn Jemand bei uns im Mittelalter (und zuweilen auch jetzt) behauptet hat, dass es keinen Teufel gebe. Besonders waren es die Îschîtîaner, — d. h. die Anhänger der in Babylonien und fast in ganz Vorderasien herrschenden Religion des Îschîtâ, — deren Verfolgungen man sich durch eine solche freisinnige Richtung hat leicht aussetzen können; denn ihre Religion war einmal die herrschende und durch ihre Centralisation in der Person ihres einflussreichen Hohepriesters, des Stellvertreters des Îschîtâ, übten sie eine grosse intolerante Gewalt aus[259]. Selbst der freisinnige Qûtâmî bekommt zwar manchmal Muth und ergeht sich in Schmähungen und Vorwürfen gegen die Îschîtîaner auf die Gefahr hin, dass diese ihm, wie er befürchtet, deshalb nach dem Leben trachten würden: sehr häufig dagegen zieht er die Flügel ein, macht ihnen Concessionen und spricht sich etwas vorsichtiger über Zauberei und Zauberer aus. Jârbûqâ befand sich zwar nicht in derselben, aber doch in einer ähnlichen Lage wie Qûtâmî; er war weder so gelehrt, noch so freisinnig, noch ein so entschiedener und energischer Charakter wie dieser. Er hatte offenbar keinen rechten Glauben an die Angaben der Zauberer, aber einerseits war sein Unglauben daran nicht entschieden genug und andererseits war sein Muth nicht gross genug, um mit der öffentlichen Meinung zu brechen und alles Zauberartige aus seinem Buche auszuschliessen. Er fand es aber auch für nöthig, sich gewissermaassen über die Aufnahme solcher Dinge zu entschuldigen, und sucht in seinem Epilog anzudeuten, dass er nur ein Minimum von dem aufgenommen hätte, was Zauberer über sein Thema angegeben haben. Er sagt daher darin unter Anderem (p. 435 f.): in den ersten drei Capiteln finde sich Vieles nach der Art der Zauberei und den Angaben der Zauberer; auch über die in den folgenden Capiteln behandelten Themata finden sich medicinische von Aerzten herrührende, so wie auch zauberartige von Zauberern herrührende Angaben; er habe aber das von letztern Herrührende nicht mitgetheilt, weil er sein Buch habe kurz fassen wollen. Bei den Angaben aber in den ersten drei Capiteln sei er den Spuren der Natur gefolgt, was nur dann vollkommen sei, wenn man die Wirkung der Natur mit den Kunstgriffen der Menschen verbinde. Bei der Wahrheit der Sonne! fügt er noch hinzu, wenn sein Lehrer Scherwâqâ noch gelebt hätte, so würde er

---

اجتهد فى دعا القمر باسمه الاعظم الذى اذا سُئل به اعطى الخ, darauf, wird berichtet, habe sich das Götzenbild des Mondes ihm im Schlafe geoffenbart und ihm verkundet, dass seine Opfer beim Monde gute Aufnahme gefunden und sein Gebet erhört worden sei, da er denselben bei seinem grossen Namen angerufen habe.

259) Vgl. oben p. 27, Anmk. 70, p. 39 f. und Anmk. 179. p. 91.

nichts von den Zaubereien in jenen drei Capiteln erwähnt haben; denn dieser pflegte über ihn zu zürnen, wenn er der medicinischen Wissenschaft etwas von den Kunstgriffen der Zauberei und Beschwörungen beigemischt hatte, und pflegte auch dabei zu sagen: «Machet keine Confusion, wodurch ihr die Menschen irreleitet, und trennet das Verfahren nach den Naturwissenschaften von dem nach den zauberartigen Kunstgriffen und Beschwörungen!»

Man sieht daraus, wie auch aus einigen andern hier nicht angeführten Stellen, dass Jârbûqâ kein rechtes Vertrauen zu den Lehren der Zauberer hatte, und dass er davon in sein Buch nur so viel aufgenommen hat, als das Herkommen und die Umstände von ihm verlangten. Uebrigens darf uns die Doppelgestalt des Jârbûqâ nicht befremden; denn wir dürfen einen Arzt des Alterthums nicht nach dem Maasstabe unserer rein wissenschaftlichen Medicin beurtheilen. Magie und Medicin war im Alterthum nicht streng getrennt; Besprechungen, Beschwörungen, Amulete und Medicin gingen Hand in Hand und selbst die vernünftigsten und nüchternsten Aerzte des Alterthums gestanden, dass es gewisse Geheimmittel gebe, die sie φυσικά nannten, deren Causalität ihnen zwar unbekannt war, die sich aber in der Praxis bewährten und auch daher in den medicinischen Schriften der Alten Aufnahme fanden. Empedokles z. B., ein Mann, der in einer schon ziemlich nüchternen Zeit lebte (er blühte gegen 444 v. Chr.), war Philosoph, Arzt und zugleich Seher und Wunderthäter; und so glaubte er unter Anderm auch, dass gewisse Pharmaka nicht blos als Heilmittel gegen Krankheiten, sondern auch zur Abwendung gewisser schädlichen Winde nützlich seien [260]. Auch Theophrast theilt viele abergläubische und lächerliche Ansichten der Pharmakopolen und Rhizotomen in Bezug auf das Graben gewisser Wurzeln mit [261]; so solle man z. B. gewisse Wurzeln vom Winde abgewandt graben, andere nur bei Tage, andere dagegen nur des Nachts; wenn man das asklepische Panakes grabe, solle man einen aus allerlei Samen bereiteten Honigkuchen auf die Erde werfen, wenn man aber Xiris grabe, solle man ihr zum Lohn einen Honigkuchen aus Sommerweizen vorwerfen. Den Mandragoras solle man dreimal mit dem Schwert umziehen und gegen Abend gewandt abschneiden, ein Anderer solle aber dabei um ihn her tanzen und viel von Liebeswerken sprechen [262], und dgl. Anderes. Theophrast findet natürlich vieles von dem unsinnig, meint aber jedoch, das manches davon zweckmässig und dass das Graben gewisser Wurzeln mit Gebet nicht unangemessen sei. Serapion von Alexandrien (blühte gegen 280 vor. Chr.), ein sonst berühmter und gelehrter Arzt, der auch gegen Hippokrates schrieb und sich ausschliesslich mit Untersuchungen der Arzeneimittel beschäftigte, verordnete gegen die Epilepsie neben Bibergeil auch das Gehirn eines Kameels, das Laab einer Robbe, den Koth des Krokodils, Hasenherz, Schildkrötenblut und die Hoden eines wilden Schweines. Spätere medicinische Schriftsteller führen noch viele andere ähnliche Bereitungen und Antidote von ihm an [263].

---

260) S. Welcker, kleine Schriften III. p. 60 f.

261) Hist. plant. IX. 8, 5 ed. Schneider, vgl. Meyer, Gesch. der Bot. I. p. 8 ff.

262) Vgl. Ssabier II. p. 725 f., Anmk. 38, wo p. 726. Zeile 1 Lucian statt Julian zu lesen ist.

263) S. Sprengel, Versuch einer pragmatischen Geschichte der Arzeneikunde, dritte Auflage, Halle, 1821, Band I. p. 597.

Selbst Galen soll nach Alexander Trallianus sich mit der Zeit von der Wirksamkeit der Besprechungen überzeugt haben. Die enge Verbindung zwischen Medicin und Zaubermittel ersieht man auch aus dem Worte φάρμακον, welches Zauber und Heilmittel bedeutet [264].

Jârbûqâ hat ausser unserm Buche noch andere Schriften verfasst, von denen er drei selbst erwähnt [265], nämlich: über Vergiftung durch den Biss gewisser Thiere, wovon er übrigens auch in unserm Buche kurz handelt; dann schrieb er auch ein besonderes Werk über ein gewisses Gift, das er gleichfalls in unserm Buche kurz bespricht; endlich schrieb er noch ein besonderes Werk über den Salamander, ein Thier, das nach Jârbûqâ im Feuer nicht verbrennt, und das auch in unserm Buche so ausführlich beschrieben und besprochen wird — auch wie man es einfängt und die Gegenden in Babylonien, wo es sich aufhält, werden angegeben —, so dass man seine Existenz kaum für fabelhaft halten kann. Von diesem Thiere haben nach Jârbûqâ's Angaben schon «die Alten unter den Chaldäern» gehandelt, und selbst der alte Gesetzgeber Dewânâï hat von ihm ausführlich gesprochen.

Jârbûqâ hatte einen Bruder, Namens Qelânijâ, von dem er mit vielem Lobe spricht (p. 64 ff.) und der sich gleichfalls mit der Composition von Giften beschäftigte, weshalb Jârbûqâ zuweilen auch seine Rathschläge in Anspruch nahm.

Jârbûqâ entschuldigt sich wiederholt darüber, dass er ein Buch über ein so gefährliches Thema schrieb, mit dem von den Bösen so viel Missbrauch getrieben werden kann; er meint aber, sein Hauptzwek sei die Heilmittel gegen die Gifte anzugeben, um dadurch den armen Menschen Beistand und Hülfe gegen die Hinterlist und Bosheit der Bösen zu leisten, dabei habe er nothgedrungen auch von den Giften sprechen müssen. Dies scheint aber nicht die reine Wahrheit zu sein; denn er theilt an einigen Stellen gefährliche Gifte mit ohne die Heilmittel gegen dieselben anzugeben, und er scheint überhaupt mehr über die Composition von Giften als über die von Gegengiften nachgedacht zu haben; sogar im Schlafe soll ihm einmal offenbart worden sein, wie ein gewisses gefährliches Gift zu verfertigen ist [266]. Kräftig und sicher wirkende Gifte zu erfinden, die, je nach dem Bedürfniss, bald rasch, bald langsam wirken,

---

264) S. das Ausführliche über diesen Punkt bei Marquardt, röm. Alterth. IV. p. 116 und vgl. Hermann l. c. 42, 2. 3. 4. 5. u. 18, und dessen gr. Privatalterth. 38, 12 und 13, vgl. ferner Welcker l. c. p. 20 ff. 50 und 64 ff.

265) Pag. 27, 162 und 173.

266) Pag. 65 f. heisst es: باب عمل طين من راه مات بعد تسع ساعات الى اثنى عشر ساعة وفيه عجائب الاعمال ممّا يعمل بخاصيته وهو سرّ من اسرار الحكمآء وقد رايت انا عمل هذا الطين فى النوم فى ليلة اوّل نيسان لكن منامى كان بعد سماعى صفته وذلك انّى فكرت واستخرجته واستعنت فى استخراجى له بقلانيا الاخ المحمود الحكيم فلانيا فاستخرج قلانيا منه اكثر منّى ثم ألتقينا فاجتمعنا على صفته وأثبت ذلك فى رق عندى فلمّا كان بعد يومين من هذا الحديث رايت فى المنام كان رؤيتى لما رايت قريبًا ممّا خرج لنا بالفكر. Die erste Nacht des Monats Nîsân war bei den alten Babyloniern die Neujahrsnacht, in der verschiedene abergläubische Gebräuche ausgeübt wurden; vgl. oben Anmk. 70, p. 39 f.

war in dem alten Babylonien ein gar sehr einträgliches Geschäft. Die Borgia's können durchaus nicht die Priorität der Erfindung, Feinde durch Gift aus dem Wege zu räumen, in Anspruch nehmen; denn die alten babylonischen Könige waren schon eben so klug, und Jârbûqâ sagt (p. 96 ff.), dass die babylonischen Herrscher der alten wie auch der neuern Zeit, die wegen ihrer hohen Stellungen vielfach dem Neide und dem Hasse ausgesezt sind, sich sehr oft des Giftes bedienten, um gefährliche oder verdächtige Leute oder auch um einen unbequemen Nachbar sich vom Halse zu schaffen. Die Könige suchten daher immer geschickte Giftmischer durch alle möglichen Lockungen an sich zu bringen, um durch ihre Hülfe sich kostbare Gifte zu verschaffen, die in den Schatzkammern neben andern Kostbarkeiten aufbewahrt wurden. Es versteht sich von selbst, dass derjenige, der sich der Gifte gegen Andere bedient, auch selbst in immerwährender Angst lebt, selbst vergiftet zu werden; die von den Königen unterhaltenen Giftmischer mussten daher auch für Gegengifte sorgen, und sie beschäftigten sich auch besonders damit, die Kennzeichen zu erfahren, an denen man vergiftete Speisen und Getränke sogleich als solche erkennen konnte. Die Könige des Ostens und ebenso die alten Könige von Babylonien pflegten daher, wie Jârbûqâ berichtet (p. 134 f.), in ihren Wohnungen und an ihren Speisetischen Pfauen zu halten, weil man diesem Vogel die Eigenschaft zuschrieb, die Anwesenheit von Gift in seiner Nähe schnell zu merken und dies durch Geberden und Bewegungen kund zu thun. Jârbûqâ erzählt auch dabei eine, wie er sagt, bekannte Geschichte von einem König, Namens Marînâtâ(?)[267], dem vergiftete Speisen vorgesetzt wurden und der darauf von seinem Pfau aufmerksam gemacht wurde, wodurch er einem sichern Tode entging. Jârbûqâ giebt auch (p. 125 ff.) die verschiedenen Kennzeichen an, wodurch man die Anwesenheit von Giften in Speisen und Getränken erkennen kann, und handelt an einer andern Stelle (p. 438 ff.) von den Thieren, welche gleichfalls die den Pfauen zugeschriebene Eigenschaft: die Anwesenheit von Giften schnell herauszuwittern, besitzen

Es versteht sich übrigens von selbst, dass Jârbûqâ, bei der grossen Rolle, welche Gifte im alten Babylonien gespielt haben, weder der erste, noch der einzige war, der über Gifte schrieb und Gifte erfand. Jârbûqâ erwähnt daher in der That sehr häufig verschiedene seiner Vorgänger, von denen er viele namhaft macht.

Qûtâmî erwähnt, wie bemerkt, unser Buch an zwei Stellen und zwar verweist er an einer Stelle auf dasselbe und bemerkt dabei, dass Jârbûqâ wohl Manches von dem, was sich in andern Schriften ähnlichen Inhalts findet, weggelassen hätte, aber er habe dies nur deshalb gethan, weil er sich auf die Aufnahme von dem, was sicher ist, beschränkt hätte[268]; an

---

267) In der Handschrift مريناثا; vielleicht ist es مرينائا zu lesen.

268) Cod. L. a, p. 63 f., spricht Qûtâmî davon wie verschiedene Metallgefässe die in ihnen enthaltenen Flüssigkeiten zuweilen vergiften, und bemerkt darauf: فاما دفع ضرره بالعلاج وبالتداوى فقد دكره الاطبّاء فى

كتب طبّهم وخاصّة فى الكتاب الذى ألّفه بربوقا (sic) فى السموم فانه ما ترك فى علاج ضرر السموم لغيره

كلام لتقصّيه ذلك ونحرينه الصحّة.

der andern Stelle sagt er vom Verfasser, dass er der grösste Kenner der Lehre von den Giften war, und von seinem Buche, dass es das vollkommenste Werk über Gifte sei[269].

Zum Schlusse wollen wir noch den Inhalt unseres Werkes kurz angeben.

Auf die lange Vorrede (p. 2—19) Ibn-Wa'hschijjah's, worin viel von dem Ruhme und der Gelehrsamkeit der alten nabathäischen Stämme und der Unwissenheit der alten Araber gesprochen wird, und wo auch einige alte Schriften über Gifte von andern Völkern erwähnt werden[270], folgt (p. 19—44) die gleichfalls ziemlich lange Einleitung Jârbûqâ's, in der von dem Wesen und der Wirkung der Gifte und Gegengifte gehandelt wird. Darauf folgt das eigentliche Werk, welches in fünf Capitel eingetheilt ist.

Das erste Capitel (p. 44—71) handelt von den Giften, welche tödten, wenn man sie nur ansieht.

Das zweite Capitel (p. 71—95) handelt von Vergiftungen, die durch einen Schall oder Laut hervorgebracht werden.

Das dritte Capitel (p. 95—124) handelt von Giften, die durch den Geruch tödten.

Das vierte und ausführlichste Capitel (p. 124—396) handelt von Giften, welche tödtend sind, wenn sie in das Innere des Menschen dringen. Dieses Capitel zerfällt in verschiedene Abtheilungen und Unterabtheilungen. Zuerst spricht nämlich der Verfasser (p. 124—144) von den Kennzeichen, durch die man vergiftete Speisen, Getränke und Kleidungsstücke als vergiftet erkennen kann; dann werden (p. 144—213) achtundzwanzig zusammengesetzte Gifte nebst den diesen entsprechenden Gegengiften aufgezählt. Darauf wird (p. 213—396) von den einfachen Giften gehandelt, die in drei Classen, nämlich animalische, vegetabilische und mineralische eingetheilt werden. Er handelt dann zuerst (p. 215—259) von den

---

269) Ib. p. 367 heisst es von Jârbûqâ: وهوكان اعلم الناس بالسموم فكتابه لذلك ابلغ الكتب.

270) Die von Ibn-Wa'hschijjah (p. 9 ff.) aufgezählten Schriften über Gifte und Gegengifte sind folgende: vier indische, nämlich ein Buch von dem Inder Schânâq, dessen Titel in arabischer Uebersetzung كتاب اليتيم lautet (vgl. Flügel in der Z. d. m. Gesellsch. Bd. XI. p. 325 f. und Wüstenfeld, Gesch. der arab. Aerzte p. 5, Nr. 4), dann ein Buch des Inders طُمَشَة, Thamosched, ferner ein anderes des Inders بهلندراد und endlich ein grosses anonymes Werk. Persische gleichfalls vier Schriften, nämlich: ein anonymes für einen ungenannten persischen König verfasstes Buch, dessen Titel arabisch كتاب الاعلام الخمس lautet; ein anderes grosses Werk in 90 Abschnitten, verfasst für Chosroes Anûschirwân; dann ein drittes gleichfalls anonymes Werk, das Ibn-Wa'hschijjah in Icfâhân gesehen hat und dessen Titel in arabischer Uebersetzung كتاب المتوشّخ فى السموم lautet; endlich ein viertes Werk, das بزرجمهر, Buzurg-Mihir zugeschrieben wird, das aber, wie Ibn-Wa'hschijjah glaubt, viel älter als dieser ist. Diese Schriften sind alle vor dem Islâm und zwar wohl im Parsi oder Pehlewî abgefasst worden Von griechischen Werken über Gifte kennt Ibn-Wa'hschijjah drei, nämlich eins von Dioscorides (vgl. Wenrich, de auctorum Graec. versionibus et commentariis Syr. Arab. Armen. Persicisque commentatio, Lips. 1842, p. 219, § CL.). eins von Theophrast und eins von einem gewissen Alexander, von dem er bemerkt, dass er nicht wisse, ob darunter der Arzt oder der Philosoph Alexander gemeint sei. Von ägyptischen Schriften erwähnt er ein Buch über Gifte, welches für die Königin Kleopatra verfasst wurde, und welches Ibn-Wa'hschijjah offenbar gekannt hat; dann bemerkt er, dass auch in der «ägyptischen Landwirthschaft» manches über Gifte vorkomme; vgl. oben Anmk. 12 p. 12 f.

animalischen Giften, die durch den Genuss gewisser giftiger Thiere oder einzelner Theile derselben (wozu auch faule Eier, verdorbene Milch u. dgl. Aehnliches gehört) tödtend wirken, dann (p 260—288) von Vergiftungen, die durch den Biss gewisser Thiere verursacht werden. Darauf spricht der Verfasser (p. 289—386) von vegetabilischen und zuletzt (p. 387—396) von mineralischen Giften.

Das fünfte Capitel (p. 396—434) handelt von Giften, die durch Berührung des Körpers tödten, wobei besonders von der Art und Weise wie man Kleidungsstücke vergiftet, gesprochen wird.

In der Leidner Handschrift ist das Werk in zwei Theile eingetheilt[271]; aber diese Eintheilung scheint von jüngerer Hand herzurühren und keine ursprüngliche zu sein; denn der zweite Theil beginnt mitten in der ersten Unterabtheilung des vierten Capitels, welche von Vergiftungen durch den Biss gewisser Thiere handelt. Auch die «nabathäische Landwirthschaft» ist von verschiedenen spätern Abschreibern ganz willkührlich bald in fünf, bald in sieben und sogar in neun Theile eingetheilt worden, von denen einige Theile mitten in einem Capitel beginnen. In dem Werke selbst findet man dagegen nicht die geringste Spur von einer Eintheilung in verschiedene Bücher oder Theile.

Wenn wir uns bisher mit Schriften und Schriftstellern beschäftigten, die einen mehr oder minder wissenschaftlichen Charakter haben, so tritt uns jetzt ein ächter Chaldäer entgegen und zwar ein solcher, der den Chaldäern ähnlich ist, welche in der letzten Zeit der römischen Republik und vorzugsweise in der Kaiserzeit sich in Rom und ganz Italien herumgetrieben und daselbst viel Unfug angerichtet haben; wir haben hier nämlich mit einem der chaldäischen Astrologen, oder vielmehr Genethlialogen zu thun, deren Lehren und Principien von den bessern Geistern selbst in Babylonien verworfen wurden[272] und im Westen fast zwei Jahrtausende mehr Anhänger als Feinde fanden.

Dieser Chaldäer ist der Verfasser des oben (p. 10) erwähnten dritten altbabylonischen Buches und sein Name lautet auf dem Titelblatte seines hier zu besprechenden Werkes in der einzigen mir zugänglichen Leidner arabischen Handschrift Nr. 891: تَنْكَلُوشَا البابلى القوقانى. Tenkelúschâ el-Bâbilî el-Qûqânî; am Anfange der Vorrede dagegen lautet der Name تنكوشا, Tenkûschâ. Hier ist aber offenbar das ل hinter dem ك ausgefallen; denn auch auf dem Titelblatte ist das ل erst nachher, wie es scheint, von derselben Hand hinzugeschrieben worden. Auch in der persischen Uebersetzung dieses Werkes, die Herr v. Chanykov[273] unlängst in Meschhed in Persien für das Asiatische Museum der Kaiserlichen Akademie der Wissenschaften

271) Vgl. oben Anmk. 244, p. 121.

272) Strabo sagt (XVI. 1, 6.) ausdrücklich, dass nur einige unter den Chaldäern sich mit der Deutung der Stellung der Gestirne in der Geburtsstunde beschäftigen und dass diese Astrologen von den andern Chaldäern nicht anerkannt werden. Natürlich mussten auch Männer wie Janbûschâd und Qûtâmî, die den Einfluss der Gestirne auf diese Welt gänzlich leugneten, das Treiben der Astrologen für einen Unfug und Betrug halten.

273) Dieser ebenso ausgezeichnete Kenner des Orients, so wie unermüdliche Beförderer und Pfleger der orientalischen Wissenschaft hat unlängst gemeldet, dass er auf der Spur einer persischen Uebersetzung der «nabathäischen Landwirthschaft» sei, die in Qazwin sich befinden soll. Hoffentlich wird es seinem Eifer gelingen diese Uebersetzung, die jedenfalls einen grossen Werth hat, zu erwerben, wenn dies nur irgendwie möglich sein wird.

in St. Petersburg erworben hat, lautet der Name an verschiedenen Stellen der Vorrede des Uebersetzers gleichfalls تنكلوشا, Tenkelûschâ. Ebenso lautet dieser Name in dem Dorr-en-Nezîm des Ibn-Sînâ, wie wir weiter unten sehen werden; dagegen lautet er in der Sprengerschen Ausgabe des Irschâd-el-Qâçid des Sachâwi[274] تنكلوننا, Tenkelûnnâ; aber dies ist offenbar eine Corruption aus تنكلوشا, Tenkelûschâ; denn Sachâwî ist hier von dem eben erwähnten Buche des Ibn-Sînâ abhängig. In der kurzen Notiz über unsern Autor im Târîch-el 'Hukamâ des Wezîrs el-Qiftî nennt derselbe ihn تينكلوش, Tinkelûsch und bemerkt dabei, dass dieser Name zuweilen auch تنكلوشا, Tenkelûschâ geschrieben wird, dass aber die erstere Form die richtigere sei[275]. Bei 'Hâg'î Chalfa kommt dieser Name, so viel mir bekannt ist, an drei Stellen vor[276], wo er in der Flügel'schen Ausgabe تنكلوشاه, Tenkelûschah lautet, ebenso lautet er an beiden letztern Stellen des 'Hâg'î Chalfa im Cod. A. des orientalischen Instituts in St. Petersburg; in der erstern Stelle dagegen wird dieser Name in diesem Codex تنكلواشاه, Tenkelwâschâh geschrieben; im Cod. B. aber desselben Instituts, wo die erstere Stelle ganz fehlt, lautet er an den beiden letztern Stellen تنكلوشا, Tenkelûschâ, ohne ه, h am Ende, was auch richtiger sein mag: denn das ه, h ist offenbar erst von spätern Abschreibern hinzugefügt worden, die an das persische شاه, schâh gedacht haben mochten. In dem persischen Originalwörterbuch برهان قاطع[277] kommen die beiden Formen تنكلوش und تنكلوشا, Teng'elôsch und Teng'elôschâ[278] vor; es ist aber nicht ganz sicher, dass damit der Name unseres Autors gemeint ist, wie wir weiter unten sehen werden. Welche von allen hier erwähnten Namensformen die richtigere ist, lässt sich nicht mit Bestimmtheit angeben; wir halten uns aber an die in dem arabischen Codex und in der persischen Uebersetzung gebrauchte Form und schreiben تنكلوشا, Tenkelûschâ, obgleich wir nicht überzeugt sind, dass diese Form die richtigere ist und obgleich wir es für wohl möglich halten, dass die Endung شا aus بيشا oder aus einer ähnlichen Composition entstanden sein könnte[279].

Die Lebensumstände dieses Mannes sind mir gänzlich unbekannt, ja sogar die Zeit seines Lebens lässt sich nicht ganz genau bestimmen. In der erwähnten Notiz des el-Qiftî in

---

274) In der Bibl. Indica, Vol. VI. Nr. 21, Calcutta, 1849: two works on Arabic bibliography, edit. by A. Sprenger, fasc. I. p. ٧٢; vgl. weiter unten p. 146.

275) Vgl. die folgende Seite Anmk. 280.

276) Nämlich III. p. 223, Nr. 5046, dann V. p. 65, Nr. 9992 u. ib. p. 247, Nr. 10877; vgl. weiter unten p. 133 und 146.

277) Vgl. weiter unten p. 146 f. die Anmk. 324—327.

278) Nach der ausdrücklichen Angabe in diesem Wörterbuch ist die Sylbe لو in diesem Namen wie lô und nicht wie lu auszusprechen; vgl. unten p. 147, die Anmkn. 326 u. 327.

279) Vgl. oben p. 95 den Schluss der Anmk. 185. Desgleichen nennt schon Ibn-'Awwâm (l. c. II. p, 47) in einem Citat aus der «nabathäischen Landwirthschaft» das babylonische triticum spelta حوشاكوى, eine Lesart, die auch der weniger gute Cod. L. d. an zwei Stellen hat; dagegen lautet dieser Name in dem bessern Cod. L. a. an beiden Stellen حويشاكوى und in dem gleichfalls guten Cod. B. جونيشاكوى. Man sieht daraus, wie leicht drei Buchstaben, wie z. B. نيه, بيه u. s. w., sich in ش verwandeln können.

dessen Târich-el-'Hukamâ[280] findet sich über ihn folgende fabelhafte Angabe: er sei, heisst es, einer der sieben Weisen, denen Dho'h'bâk die sieben, den sieben Planeten geweihten Tempel übergeben hätte; er war, heisst es ferner, einer der Weisen Babels und habe ein Buch verfasst, betitelt: das Buch der Physiognomien und der Horoskopien, welches Werk bekannt und verbreitet sei. Dho'h'bâk gehört bekanntlich den mythischen Zeiten Persiens an[281] und es versteht sich daher von selbst, dass auf diese Nachricht nichts zu geben ist, wenn sie auch relativ nicht ohne Werth ist. Wir sehen nämlich daraus, dass die mohamedanichen Schriftsteller Tenkelûschâ nicht blos aus dessen uns vorliegendem Werke, sondern auch aus andern Quellen kannten; denn in seinem hier zu besprechenden Werke kommt nichts von dem vor, was el-Qifthi von ihm berichtet. Dann kann man, wie ich glaube, aus der erwähnten fabelhaften Angabe folgern, dass Tenkelûschâ nicht gar zu weit heruntergesetzt werden darf, wie man dies in Folge anderer allerdings unsicherer Angaben vielleicht thun möchte. Am Schlusse des Codex, welcher die persische Uebersetzung unseres Werkes enthält, findet sich nämlich folgende von unbekannter Hand niedergeschriebene Notiz: در تاريخ تبرى (sic). نبشته اند كه اين كتاب هشتار سال پيشتر از هجرت نبوى نوشته شده «In dem Târich-Tabarî ist geschrieben, dass dieses Buch achtzig Jahre vor der Hig'rah geschrieben worden sei». Der Mann, der diese Notiz geschrieben hat, scheint so unwissend gewesen zu sein, dass er nicht einmal wusste, dass der Name des ebenso berühmten, wie allgemein bekannten Geschichtsschreibers nicht تبرى, sondern طبرى geschrieben wird, und ich möchte daher auf diese schon an und für sich verdächtige Notiz weiter kein Gewicht legen.

---

280) Die betreffende Stelle, die auch Casiri, Bibl. Arab. Hisp. t. I. p. 441 abgekürzt mittheilt, lautet in den beiden Wiener Codd. des Târich-el-'Hukamâ (Nr. 49, fol. 67, b. und Nr. 195, fol. 60, b.) wie folgt: تينكلوش البابلى وربّما قيل تنكلوشا والاوّل اصحّ [a] هذا احد السبعة العلماء الذين ردّ اليهم الضحّاك البيوت السبعة التى بُنيت على اسماء الكواكب السبعة [b] وقد كان عالمًا فى علماء بابل وله تصنيف وهو [c] كتاب الوجوه والحدود كتاب مشهور بين ايدى الناس موجود — a) Die Worte اصحّ — وربّما fehlen bei Casiri, und statt تنكلوشا hat Cod. W. a. النَّكلوشا, was sicher unrichtig ist. — b) Die Worte السبعة — التى بنيت sind offenbar aus Versehen im Cod. W. a. ausgefallen. — c) Statt der Worte وقد كان — وهو hat Casiri blos له. — Herr Dr. Bernhauer in Wien hatte die Güte, die eben angeführte Stelle aus den Wiener Codd. mir auf meinen Wunsch mitzutheilen, wofür ich ihm hiermit danke.

281) Eine der ältesten uns bekannten Quellen über Dho'h'bâk, in welcher dieser als menschliche Persönlichkeit erscheint, ist Thabari; s. Chronique d'Abou-Djafar Mohammed Tabari etc. traduit... par Louis Dubeux, tome I. p. 108 ff., Paris, 1836. Die Fortsetzung dieser Uebersetzung ist leider bis jetzt noch nicht erschienen, und es ist sehr zu bedauern, dass die persische Uebersetzung, oder vielmehr Bearbeitung dieses, wie es scheint, zum grossen Theil verloren gegangenen arabischen Capitalwerkes, von der sich eine grosse Menge von Exemplaren auf europäischen Bibliotheken befinden — allein in St. Petersburg sind mir sieben Exemplare dieser Uebersetzung bekannt —, bis jetzt weder edirt, noch übersetzt ist. Die Loqmânischen Fabeln sind indessen gegen vierzigmal hesausgegeben worden! Achilleus ist todt und Thersites lebt! — Den Orientalisten dürfte es vielleicht unbekannt sein, dass auf der Bibliothek des Maria-Magdalena-Gymnasiums in Breslau ein ziemlich gutes und, wie ich glaube, vollständiges Exemplar des persischen Thabari sich findet.

Ein Artikel bei 'Hâg'î Chalfa könnte uns sogar fast veranlassen, Tenkelûschâ etwa in das 2. oder 3. Jahrhundert des Islâms zu versetzen; aber dieser Artikel, den ich wegen seiner Wichtigkeit hier ganz mittheilen will, scheint corrumpirt zu sein. Derselbe lautet in der Flügel'-schen Ausgabe, Bd. V. p. 247, Nr. 10877 wie folgt: كنز الاسرار وذخائر الابرار لهرمس الهرامسة

وهو كتاب جليل من اصول هذا [؟] الفنّ وهو الذى استخرج منه الشيخ ابو عبد الله يعيش بن ابرهيم الاموى كتاب الاستنطاقات شرحه تنكلوشاه البابلي شرحًا غريبًا وكذلك ثابت بن قرة الحرّانى وحنين بن اسحق العبادى وهو كتاب جليل هو اصل فى علم الاوفاق والحروف . Die beiden erwähnten Codd. des orientalischen Instituts stimmen wesentlich mit diesem Texte überein. Flügel übersetzt diesen Artikel wie folgt: «Kanz-el-asrár, thesaurus arcanorum et copiae reconditae piorum, auctore Hermete Hermetum. Hic liber illustris est, et in fundamentis hujus [?] doctrinae numeratur. Ex eo Sheikh *Abu Abdallah Yaiseh ben Ibráhím* Omayyada librum *Istintacát* extraxit, quem Tenklúschâh Babylonius commentario egregio instruxit, itemque *Thábit ben Corra Harráni*, et *Honein ben Is'hac Abbadi*, cujus liber primarius est in doctrina quadratorum talismanicorum et literarum». Demnach, müsste man annehmen, dass Tenkelûschâ nach dem hier erwähnten Abû-'Abdallah ben Ja'îsch gelebt hat. Ich zweifle aber nicht daran, dass das Suff. ه in وشرحه sich nicht auf das كتاب الاستنطاقات des Abû-'Abdallah, sondern auf das dem Hermes zugeschriebene Werk bezieht; da nun aber die Abfassungszeit und der Ursprung dieses Buches nicht bekannt ist, so lässt sich aus dem Umstand, dass Tenkelûschâ dieses Werk commentirt hat, nichts Bestimmtes für das Alter dieses Commentators folgern[282]. Dieser Artikel scheint mir aber auch überhaupt corrumpirt zu sein; denn die Worte هذا الفنّ, die hier gar keinen Sinn haben, scheinen darauf hinzudeuten, dass 'Hâg'î Chalfa diesen Artikel irgend einem bibliographischen Werke entnommen und aus dem Zusammenhang gerissen hat, so dass es gut möglich, ja sogar wahrscheinlich ist, dass entweder 'Hâg'î Chalfa selbst oder ein späterer Bearbeiter das in der ursprünglichen Quelle Gesagte in Verwirrung gebracht hat. Bemerkenswerth ist es, dass dieser Artikel 'Hâg'î Chalfa's in dem Rumänzow'schen Codex, der sonst so sehr reich an überflüssigen Zusätzen ist[283], ganz anderes lautet, und die Stelle über Tenkelûschâ darin ganz fehlt. Aus dem Wortlaute dieses Artikels[284] in dem erwähnten Codex, geht nur hervor, dass Hermes Hermetum das fragliche Werk ursprünglich verfasst und

---

282) Vgl. oben p. 96 u. ib. Anmk. 189.

283) Vgl. Flügel's Vorrede zu seiner Ausgabe von 'H. Chalfa, Bd. I. p. IV.

284) Derselbe lautet in diesem Codex wie folgt: كنز الاسرار وذخائر الابرار الاصل فيه لهرمس الهرامسة

وهو المولف (d. h. كتاب) الذى عرّبه واستخرج منه المستنبط ابو عبد الله الشيخ محمد بن ابرهيم الاموى . وكان من منخرات ثابت بن قرة الحرانى وهو مولف جليل فى اصل الاوفانى وعلم الحرف وغيرهما

Dieser Artikel lautet hier, meines Erachtens, viel vernünftiger als in der gedruckten Ausgabe; 'H. Chalfa erwähnt auch das angebliche كتاب الاستنطاقات sonst nirgends; die X. Form des Verbums نطق kommt auch in den Wörterbuchern gar nicht vor.

dass der erwähnte Abû-'Abdallah es in's Arabische übersezt und bearbeitet hat: von Tenkeluschâ ist aber, wie gesagt, hier gar nicht die Rede. Da nun weder die Angaben des el-
Qifthî, noch die des Anonymus am Schlusse der persischen Uebersetzung unseres Werkes, noch
die Mittheilung des 'Hâg'î Chalfa uns einen kritisch gesicherten Haltpunkt für die Bestimmung der Lebenszeit Tenkeluschâ's geben, so wollen wir uns lieber an das von demselben
verfasste uns vorliegende Buch wenden, das uns hoffentlich sicherere Auskunft über diesen
Punkt geben wird, als die eben mitgetheilten vagen Angaben.

Der Titel dieses Buches lautet in dem Leidner Codex: كتاب تَنْكَلوشَا البابلى القوقَانى فى
صُور دَرَج الفلك وما تَدُلّ عليه من احوال المولودين بها Auf diesen Titel folgt dann noch folgende
Bemerkung: (286) (ابن) نقله من اللغة النبطيّة الى العربيّة ابو بكر(بن) (285) احمد بن وحشيّة واملأه على
ابى طالب احمد بن الحسين بن على بن احمد بن محمد بن عبد الملك الزيّات : d. h. «Das Buch
des Babyloniers *Tenkeluschâ el-Qûqâni* über die Bilder der Grade der Sphären und
über das, was sie auf die Umstände der in denselben Geborenen hinzeigen: *Abû-
Bekr (ben) A'hmed ben Wa'hschijjah* hat dieses Buch aus der nabathäischen Sprache in's
Arabische übersetzt und hat es dem *Abu-Thâlib A'hmed ben el-'Hosein ben 'Ali ben A'hmed
ben Mo'hammed ben 'Abd-el-Malik ez-Zajjât* dictirt». Wir wollen nun verschiedene Stellen
dieses Buches mustern, aus denen man die Abfassungszeit desselben ersehen kann.

Bevor wir aber dies thun, müssen wir folgende Bemerkung vorausschicken. Es ist nämlich schon oben (p. 98) bemerkt worden, dass der Verfasser unseres Buches, nach dem Muster
der alten Chaldäer, die 12 Zeichen des Thierkreises in 360 Grade und zwar jedes Zeichen in
je 30 eintheilt. Der Verfasser geht dann alle 360 Grade der Reihe nach durch, mit dem ersten
Grade des Widders beginnend und mit dem 30. der Fische schliessend, und bemerkt immer:
in diesem Grade erscheinen diese und jene Bilder, wobei auch grösstentheils angegeben wird,
welche Bilder sich zur rechten und welche sich zur linken Seite des in Rede stehenden Grades
befinden. Was mit diesen so verschiedenen und mannichfaltigen Bildern gemeint ist, und wie
dieselben zu deuten sind, wollen wir vorläufig dahin gestellt sein lassen; es lag übrigens auch
gar nicht in der Absicht des Verfassers, dass ein Jeder den Sinn und die Bedeutung dieser
Bilder verstehen solle, was in der Vorrede ausdrücklich gesagt ist[287]. So viel ist aber sicher,
dass diese Bilder mehr oder minder der Wirklichkeit entnommen sind. So kommen z. B. folgende Bilder vor: dieser oder jener Prophet erscheint mit Tafeln in der Hand, worauf seine religiösen Vorschriften geschrieben sind; Männer, die solche und solche Schriften lesen; Männer,
die verschiedene Beschäftigungen des alltäglichen Lebens verrichten; Lehrer, welche Knaben
Unterricht ertheilen; Jünglinge und Mädchen, welche spielen, tanzen und scherzen, u. s. w.
Unter diesen Bildern kommen allerdings auch Dinge vor, die theils der Mythe, theils der Fabel

285) بن ist hier zu tilgen; vgl. oben p. 8.

286) Auch dieses ابن ist zu streichen; vgl. oben p. 15, ib. Anmk. 19 und p. 16 f. Anmk. 22.

287) Vgl. darüber weiter unten p. 148 f.

angehören, wie z. B. mythische Personen und fabelhafte Thiere, welche den Thieren nicht unähnlich sind, deren Bilder nach Berosos in dem Tempel des Bel zu Babylon aufbewahrt wurden[288]. Diese mythischen Personen und fabelhaften Thiere gehören aber in einem gewissen Sinne gleichfalls der Wirklichkeit an, in so fern nämlich die Babylonier an die einstige Existenz jener Personen und Thiere wirklich glaubten. Man kann daher mit Sicherheit annehmen — und ich bin auch nach wiederholtem Lesen unseres Buches vollkommen davon überzeugt worden —, dass die in unserm Buche, bei der Beschreibung der erwähnten Erscheinungen, geschilderten Zustände oder erwähnten Thatsachen an und für sich nicht der Phantasie, sondern der Wirklichkeit und dem Leben entlehnt sind. Wenn es nun z. B. heisst: im 16. Grade des Scorpions erscheint ein alter Mann, der in einem Buche die Geschichte des Königs Qijâmâ liest[189], so kann man nicht daran zweifeln, dass es einst wirklich einen König dieses Namens gab, dessen Geschichte in irgend einem Buche beschrieben war; oder wenn es ferner heisst: in einem gewissen Grade erscheint Saturn in einer solchen und solchen Gestalt, mit einem schneeweissen Bart und in einem solchen und solchen Anzuge[290], so kann man auch mit ziem-

---

288) S. die Fragmente des Berosos in den Fragg. hist Graec. ed C. Müller, II. p. 497, 4. u. vgl. M. v. Niebuhr l. c. p. 482 f.

289) IX. 16, p. 74 heisst es nämlich: [الدرجة] السادسة عشر [من العقرب] يطلع فيه لوح دهب مدفون

الِلِك واقاصيصه قياما حواليه فصوص زمرّد اخضر ورجل شيخ جالس فى حجره مصحف يقرأ فيه احبار قياما. Der Name lautet in der persischen Uebersetzung eben so. Der Eigenname קיימא kommt im Talmûd öfters vor. Auch in der oben p. 67 (vgl. ib. Ann k. 126) erwähnten Stelle bei Ibn-el-Monaǧǧem wird ein Babylonier, wie es scheint, aus der Zeit der Arsaciden, erwähnt, dessen Name in der Sprengel'schen Handschrift قيوما lautet, was offenbar قيوما zu lesen ist.

290) VII. 30, p. 63 folg.: الدرجة الثلثون [من الميزان] يطلع فيها زحل فى صورته العظمى[a] التى لا يُطيق احد[b] ان ينظر اليه[c] [يعنى الى زحل] ولا ان يدنوا منه[c] على مسيرة الف سنة من شدّة البرد والكزاز[d] وهو جالس على رفرف من ديباج وقد جعل احد رجليه على الآخر وعلى رأسه تاج من الزمرّد الاخضر وفى يده اليمنى طوق من حجارة الشبج[e] فيه مرآة كبيرة[f] محلّاة وهى تلمع وتبرق ولحيه كبيرة بيصآء[g] مثل الثلج وفى رجله خُفّا ديباج اسود جلد السواد[h] وهو مشتمل بكساء خزّ اخضر[h] اسود شديد

زحل [k]; in der persischen Uebersetzung dagegen: رجال فى صورة العظمى. — a) Cod. العطمى. السواد وهو ساكت مطرق[k]. — b) Cod. احد. — c) Das Suff. o in اليه und in dem gleich darauf folgenden منه در صورت بزركى خويش scheint sich auf Saturn zu beziehen und hinter التى mag Etwas, wie من اجلها, ausgefallen sein. — d) Cod. الكرار. — e) Cod. الشبخ, in der persischen Uebersetzung dagegen شبه; از سنك شبه ist der Name eines schwarzen, glänzenden, an Weichheit und Leichtigkeit dem Bernstein ähnlichen Steines; offenbar ist dieses persische شبه in arabisirt worden (wie z. B. ديباه in ديباج) und ein unwissender Abschreiber hat daraus الشبج gemacht. — f) Cod. كثيرة, in der persischen Uebersetzung richtiger بزرك. — g) Cod. ولحمه كثيرة مصا; in der persischen

licher Sicherheit annehmen, dass der Gott Saturn wirklich in der angegebenen Weise in den Tempeln dargestellt wurde; oder wenn es endlich heisst: in einem gewissen Grade erscheinen Schriften, welche die von Azdâhî (oder Azâdâ), dem Apostel des Saturn, gedichteten Gebete und Hymnen enthalten[291], so kann man voraussetzen, dass es in Babylonien wirklich einst einen Apostel des Saturn dieses Namens gegeben, der Gebete und Götterhymnen gedichtet hat. In der That sind mir verschiedene altbabylonische Persönlichkeiten, die unser Autor in verschiedenen Graden des Thierkreises erscheinen lässt, auch sonst aus anderen babylonischen Quellen als historische Personen bekannt[292]. Desgleichen, wenn es heisst: der beim Aufgange dieses oder jenes Grades Geborene wird ein Kaufmann sein, der in verschiedenen Ländern Geschäfte machen wird, oder: er wird ein ascetisches Leben führen und sich in schwarze Wolle kleiden, oder: er wird Bücher sammeln, oder: er wird Geschichtswerke schreiben, oder: er wird sich hinsichtlich der Engel zu der Lehre dieses oder jenes Mannes bekennen[293] u. s. w.: so kann man daraus gleichfalls und zwar mit noch grösserer Sicherheit folgern, dass es damals im wirklichen Leben in der That sehr reiche Kaufleute, Asceten, Büchersammler, Historiker und gewisse in Bezug auf die Religion divergirende Meinungen und dem Aehnliches gab; denn sonst hätte es dem Genethlialogen nicht einfallen können zu sagen, dass die beim Aufgange jener Grade Geborenen solche Lebensrichtungen verfolgen werden, so wenig es der phantasiereichsten Zigeunerin vor 50 Jahren hätte einfallen können, Jemandem zu prophezeihen, dass er durch Eisenbahnactien werde reich werden. Dies vorausgeschickt können wir zur Sache übergehen.

Es kann nicht im Geringsten zweifelhaft sein, dass Tenkelûschâ viel jünger als Qûtʿâmi ist; die Frage ist blos, wie weit man ihn herunterrücken kann und muss, und ich glaube nicht zu irren wenn ich ihn in die Zeit der Arsaciden und zwar spätestens in das 1. Jahrhundert nach Chr. Geb. setze. Im 9. Grade des Schützen, heisst es nämlich in unserm Buche, erscheint der Weise ʾAqûjà (oder: ʾAmʿaqûnâ) in der Gestalt, wie er als schöner Jüngling

---

Uebersetzung: وريش او بزرك وسپيد. — h) Cod. جلد اسواد, es muss aber sicher جلد السواد heissen, worauf das folgende شديد السواد hinweist; in der persischen Uebersetzung سخت سياه. — i) Cod. كمن; in der persischen Uebersetzung steht dafür سبز, es muss also أخضر gelesen werden. — k) In der persischen Uebersetzung steht ساكت مطرق وخاموش نشسته statt خاموش نشسته. — Es kann nicht zweifelhaft sein, dass Saturn in den babylonischen Tempeln auf die eben beschriebene Weise dargestellt wurde.

291) V. 21, p. 39 heisst es: zur linken Seite des 21. Grades des Löwen erscheinen: كتب فيها دعآء الآلهة وتسبيح لهم ممّا تكلّم به و وضعه ازدهى رسول زُحَل: in der persischen Uebersetzung lautet der Name dieses Apostels ازاد. Von demselben und dessen Aposteln wird weiter unten noch die Rede sein.

292) Vgl. oben p. 99, Anmk. 198.

293) VIII. 1, p. 65 heisst es من يولد بها ... لا يؤمن بالملائكة ويقول (d. h. im 1. Grade des Scorpions) ; in der persischen Uebersetzung هيدامش كما يقول هندامس التكريتى فيها.

aussah; mit seiner Hand fasst er ein schönes Mädchen an, dem er eine kleine Geschichte erzählt, die Niemand versteht, und er lächelt diesem Mädchen zu. Zur linken Seite dieses Grades erscheint das Körbchen, in welchem der Kopf des Königs Rîchânâ zu dessen Onkel gebracht wurde; dieser aber starb sogleich wie er diesen Kopf sah, und das Körbchen nebst dem Kopfe blieb ein Jahr lang im Hause, ohne dass Jemand es berührt oder gesehen hätte, bis der Gesandte des persischen Königs angelangt war, in jenes Haus kam und das Körbchen nebst dem Kopfe verbrannte[294]. Nach dem eben ausgesprochenen Grundsatze muss man annehmen, dass es einst in Babylonien einen König Rîchânâ gab, dem aus irgend einem Grunde der Kopf abgehauen wurde, und dass die Perser zur Zeit dieses Königs die Herren des Landes waren. Wann kann aber ein solcher König in Babylonien unter persischer Oberherrschaft geherrscht haben? Diesen König in die Zeit der Achämeniden zu setzen, wäre etwas Gewagtes, wenn dies auch nicht absolut unmöglich ist; denn Rîchânâ könnte vielleicht blos persischer Statthalter gewesen sein. Allerdings ist der Name Rîchânâ unzweifelhaft semitisch; aber die Statthalter von Babylonien zur Zeit der Achämeniden waren nicht immer Perser, sondern auch den Eingeborenen wurde zuweilen diese Würde anvertraut. Mazaeus nämlich, der letzte persische Statthalter in Babylon zur Zeit der Macedonischen Invasion, war sicher ein Semite; denn einer seiner Söhne hiess Brocubelus[295], eine Namensform, welche mit semitischen Buchstaben sicher ברכאבל geschrieben werden muss und vollkommen dem hebräischen Namen בְּרֶכְיָה entspricht. Auch der Name Mazaeus lässt sich auf die semitische Form מַזַי oder מָאזַי zurückführen; die erstere Form kommt in der altrabbinischen Literatur als Eigenname vor. Nur ist es aber nicht wahrscheinlich, dass ein bloser Statthalter gradezu «König» genannt worden sein sollte. Es ist daher viel wahrscheinlicher anzunehmen, dass der erwähnte Rîchânâ der Zeit der Arsaciden angehört, unter deren Oberhoheit in Mesopota-

---

294) Die betreffende Stelle lautet IX, 9, p. 89 wie folgt: [a] الدرجة] التاسعة [من القوس] يطلع فيه عقوبا

الحكيم فى صورته اذ كان شابّا جيلا وقد أخذ بيده جارية حسنآء وهو يحدّثها بحديث صغار لا يفهمه احد ويضحك اليها وعن يمينها الصنّ[b] المقبر[c] الذى حمل [فيه] رأس ريخانا الملك الى عمّه[d] فلمّا راه مات فبقى الصنّ[b] بموضعه سنة لا يمسّه احد ولا ينظر اليه والباب دونه مغلق الى ان جاءهم رسول ملك الفرس فدخل [البيت[e]] وحرق الصنّ[b] والرأس فيه. — a) Statt عقوبا hat die persische Uebersetzung معقونا. — b) Dieses Wort giebt die persische Uebersetzung an allen drei Stellen durch صندوقه wieder. — c) Cod. المقبر; die persische Uebersetzung: كه سر ريخاناء ملك بر عم او فرشتاده. — d) In der persischen Uebersetzung: صندوقه بقبر كرده بود; der arabische Codex hat رىاىا ganz ohne diakritische Punkte. — e) البيت ist nach der persischen Uebersetzung ergänzt worden, wo خانه steht.

295) So lautet dieser Name bei Curtius, de gest. Alex. V. 36, p. 496 ed. Mützell; die var. lect. dieses Namens s. ib. Anmk. Bei Arrian, Anab. lautet dieser Name III. 21, 1. Ἀντίβηλος und VII. 6, 4 Ἀρτιβόλης; Schmieder hält die erstere Form für sehr verdächtig; wahrscheinlich aber ist die von Curtius überlieferte Namensform die richtigste; denn sie allein hat einen Sinn, dagegen ist wenigstens die Form Antibelos weder semitisch, noch iranisch.

18

mien verschiedene kleine Könige regierten[296]. In der Sâsânidenzeit dagegen gab es, allen historischen Indicien zufolge, in Babylonien keine selbständigen Könige, sondern die Perser regierten damals dieses Land unmittelbar, d. h. durch ihre Satrapen[297]. Hat nun der König Rîchânâ zur Zeit der Arsaciden gelebt, so hätten wir somit die Grenze nach oben für die Lebenszeit Tenkelûschâ's bestimmt; denn dieser hat dann sicher nicht vor der Arsacidenzeit gelebt. Auch sonst finden sich verschiedene Stellen in unserm Buche, die auf persische Zeiten hindeuten; so ist z. B. die Rede von Knaben, die persisch sprechen, von persischen Stricken, von einem Schöpfeimer, der an einem persischen Rohr befestigt ist. Dieses und Aehnliches zeigt auf einen nahen Verkehr und eine nahe Verbindung zwischen Babyloniern und Persern zur Abfassungszeit unseres Buches. Um aber die Grenze für die Lebenszeit Tenkelûschâ's auch nach unten zu bestimmen, können, wie wir glauben, folgende Stellen dienen.

Im 13. Grade des Löwen, heisst es in unserm Buche, erscheint das Bild der Sonne und ein schöner junger Mann sitzt auf einem rothen seidenen Teppich, «gestickt von Frauen aus Babel»[298]. Es versteht sich von selbst, dass Frauen aus Babel nur dann haben Teppiche sticken können, so lange diese Stadt noch existirt hat. Die Stadt Babylon hat aber während des ersten Jahrhunderts nach Christus nicht mehr existirt, wenigstens war sie um diese Zeit, gänzlich verödet und ganz menschenleer[299]. Wir wollen aber auf diese Stelle allein noch kein grosses Gewicht legen; denn es könnte immer möglich sein, dass Tenkelûschâ dieses Bild der Vergangenheit entnommen und dass er selbst lange nach dem völligen Untergang Babels gelebt hat. Aber folgende Stelle nöthigt uns zu der Annahme, dass dies nicht der Fall sein kann und dass er spätestens eine sehr kurze Zeit nach dem völligen Ruin dieser Stadt gelebt haben muss.

An einer andern Stelle unseres Buches heisst es nämlich: im 25. Grade des Wassermannes erscheinen in der Umgebung eines nicht tiefen Brunnens singende Vögel, die um einander herumstolziren und von denen einige vom Wasser des Brunnens trinken. Zur rechten Seite des Grades, heisst es ferner, erscheinen Federn von Vögeln, welche letztere unter einander sprechen und die einen von ihnen den andern erzählen in einer Sprache, «welche nur die

---

296) Vgl. in Bezug auf das eigentliche Babylonien Hamzah Icfahânis Annalen ed. Gottwaldt, Text p. ٩٧ f. und Uebersetzung p. 76 und Z. d. d. m. G. II. p. 163 u. 186. Die Könige von Edessa, Adiabene, Characene u. dgl. andern transeuphratischen Provinzen waren mehr oder minder den Parthern unterworfen. Ausser diesen positiven Facten könnte man auch aus der fast ganz freien und unabhängigen Stellung der griechischen Colonialstädte im parthischen Reiche die Existenz solcher Unterkönige daselbst folgern.

297) Mit der Thronbesteigung der Sâsâniden hat in den ehemaligen parthischen Provinzen nicht blos ein Dynastiewechsel, sondern auch eine vollständige innere politische und religiöse Revolution stattgefunden. Es ist hier nicht der Ort diesen Punkt ausführlich zu erörtern, so viel will ich aber bemerken, dass aus verschiedenen Stellen des Talmûds, so wie auch aus manchen in den Schriften der Geônîm erhaltenen Nachrichten hervorgeht, dass die Sâsânidenkönige unmittelbar in die Verwaltung der Provinz Babylonien eingegriffen haben, und dass sich in diesen Schriften auch nicht die geringste Spur von der Existenz einheimischer Könige daselbst zu jener Zeit findet.

298) V. 13, p. 37: ‏[الدرجة] الثالثة عشر [من الأسد] يطلع فيها صورة الشمس ورجل شابّ حسن‎ ‏الوجه جالس على فراش ديباج احمر من نسج نساء بابل.‎

299) S. oben p. 36 und die ib. Anmk. 61 angeführte Abhandlung von Sainte-Croix.

Bewohner des Landes Babel oder vielmehr nur die (der Stadt) Babel verstehen»[300]. Dies setzt zunächst voraus, dass die Bewohner der Stadt Babylon einen Dialect gesprochen haben, der von dem in den übrigen Gegenden Babyloniens gesprochenen in gewisser Hinsicht verschieden war, was uns übrigens weiter nicht befremden darf, da die Bevölkerung Babylons von jeher eine sehr gemischte war[301]. Aus dem Umstande aber, dass der Verfasser hier dieses Bild gebraucht, glauben wir folgern zu können, dass als derselbe schrieb die Stadt Babylon noch eine Bevölkerung hatte und noch nicht gänzlich verödet und menschenleer war, wie dies im ersten Jahrhundert nach Christi Geburt der Fall war, oder wenigstens dass Tenkelûschâ eine kurze Zeit nach der gänzlichen Verödung dieser Stadt lebte, als nämlich die Erinnerung noch lebendig war, dass die ehemaligen Bewohner dieser Stadt einen Dialect gesprochen haben, der von dem in den übrigen Theilen des Landes gesprochenen verschieden war. Allerdings ist das hier vom Verfasser gegebene Bild ein reines Phantasiebild, aber derselbe würde doch keineswegs den in der Stadt Babylon gesprochenen Dialect so streng von der in den übrigen Theilen Babyloniens gesprochenen Sprache geschieden haben, wenn Babylon zu seiner Zeit schon längst gänzlich verödet und menschenleer gewesen wäre, wie dies z. B. im 2. Jahrhundert nach Christi Geb. der Fall war. Wir glauben daraus folgern zu können, dass unser Buch nicht später als etwa im 1. Jahrhundert *nach* Christi Geb. verfasst worden sei.

Auch einige andere Andeutungen scheinen darauf hinzuzeigen, dass zur Zeit des Verfassers viele Griechen in Babylonien lebten, die daselbst noch ihre Tempel und Altäre hatten und unter denen es noch Gelehrte gab; in der zweiten Hälfte des 2. Jahrhunderts aber war das Griechenthum daselbst im völligen Verfall und selbst die ehemals so blühende Stadt Seleucia am Tigris war damals eine Einöde.

Im 5. Grade der Zwillinge heisst es nämlich in unserm Buche, erscheint die Gestalt eines Weisen des Westens, — worunter offenbar ein Grieche und kein Punier gemeint ist —, der auf einem eisernen Catheder sitzt; der in diesem Grade Geborene, heisst es gleich darauf, wird ein Lügner, scham- und treulos sein und wird lange leben[302]. Zeigt dies nicht darauf hin, dass der Verfasser griechische Gelehrte kannte und dass die berüchtigte *fides graeca* zu seiner Zeit in Babylonien wohlbekannt war?

300) XI. 25, p. 139: الدرجة] الخامسة والعشرون [من الدلو] يطلع فيها طيور تُغَرِّدُ وتَزِيفُ[a] بعضها

على بعض وهى حول بئر غير عميقة وبعض الطيور يسقط على البئر ويشرب من مايها وعن يمينها ريش
نعرد [a] Cod. — طيور تتكلّم ويكّدت بعضها بعضا بلغة لا يعرفها الّا اهل اقليم بابل او اهل بابل خاصّةً
وسرف.

301) S. Berosos in den Fragm. hist. Graec. II. p. 496, 2. und vgl. Niebuhr l. c. p. 480.

302) III. 5, p. 21: الدرجة] الخامسة [من الجوزا] يطلع فيها صورة حكيم المغرب جالسًا على منبَر من

حديد. مَن يولد بها يكون كذّابًا لا حَيَاءَ[a] فى وجهه ولا توقى[b] عنده ويعيش طويلا *a) Die persische Ueber-

setzung:* وبى شرم. — b) Ib. وبى وفا *, was einen bessern Sinn giebt als* توق.

*

An einer andern Stelle heisst es: im 24. Grade des Steinbocks erscheint eine junge Kuh
von starkem Körperwuchs; einige Griechen erfassen sie und treiben sie vor sich her, um sie
zu opfern und sich durch diese Opferung dem Mars zu nähern; zwei Frauen laufen hinter der
Kuh her und lachen, während ihre Gesichter roth wurden[303]. Da auch dieses Bild, wie fast
alle andere, offenbar aus dem wirklichen Leben entlehnt ist, so müssen wohl zur Abfassungszeit unseres Buches noch viele Griechen in Babylonien gelebt haben, die noch ihre heidnischen
Tempel hatten und noch nicht in die einheimische Bevölkerung aufgegangen sind.

Ueberhaupt muss ich bemerken, dass an verschiedenen Stellen unseres Buches sich noch
sehr lebhafte Reminiscenzen aus der Blüthezeit Babyloniens sich kundthun, aus der Zeit nämlich wo dieses Land noch selbständig war und von einheimischen Königen beherrscht wurde,
wo ferner Kunst und Wissenschaft in hoher Blüthe standen und wo endlich Babylonien noch von
grossen Reichthümern und allerhand Luxusgegenständen überfüllt war, und die Städte dieses Landes reich ausgestattete Tempel hatten, die mit goldenen, silbernen und elfenbeinernen Götterstatüen
geschmückt waren. Wir wollen beispielsweise eine Stelle anführen, wo uns ein lebhaftes Bild
aus der Blüthezeit Babyloniens vorgeführt wird und aus der man ersehen kann, dass die Erinnerung an diese Zeit zur Zeit des Verfassers noch sehr lebhaft war. Im 30. Grade des Schützen,
heisst es in unserm Buche, erscheint die Gestalt eines grossen Tempels, in welchem sämmtliche
Götterbilder des Jupiter sich befinden; es ist der Festtag dieses Gottes und die Leute befinden
sich in diesem Tempel, die Einen unter ihnen beten, die Andern preisen, heiligen, räuchern,
flehen demüthig, suchen sich durch verschiedene Opfer (der Gottheit) zu nähern, Andere endlich spielen die Laute und schlagen die Trommel. Zur rechten Seite des Grades befindet sich
die Gestalt des Meschkedâï, des Verfertigers der Götterbilder, wie er ein Götterbild [in weib-
licher Gestalt] aus Marmor aushaut, mit dessen Verfertigung ihn der König beauftragt hat, um
es in seiner (des Königs) Residenz aufzustellen, damit seine Grossen und auch er selbst vor diesem
Bilde beten. Zur linken Seite des Grades befindet sich der mit [Malereien], Edelsteinen und wunderbaren Bildern geschmückte Tempelchor (ναός), in welchem ein Bild aus reinem Elfenbein
von schönster Gestalt und vollkommenster Arbeit aufgestellt ist[304]. Auch an andern Stellen ist

303) X. 24. p. 117: [الدرجة] الرابعة والعشرون [من الجدى] يطلع فيها بقرة فَتِيَّة^{a)} عظيمة الجسم
وقد اخذها بعض اليونانيين^{b)} يسوقها لينذبحها^{c)} يتقرب بذبحها^{d)} الى المرّيخ وامرأتان تسعيان خلف البقرة
وهما تضحكان وقد احمرّت وجوههما. — a) Cod. هسه, in der persischen Uebersetzung: — b) Cod.
كاوى جوان. — c) Cod. لبدبها, die persische Uebersetzung: يونانيان. — c) Cod. لبدبها, die persische Uebersetzung: البواسس
ازجهت كشتن, die persische Uebersetzung: — d) Cod. لبدبها, was unzweifelhaft بذبحها gelesen werden muss. وقربان كردن ازجهت مريخ.

304) Diese Stelle lautet IX. 30, p. 104 wie folgt: الدرجة الثلاثون [من القوس] يطلع فيه صورة
هيكل كبير فيه اصنام المشترى كلّها^{a)} وذلك فى يوم عيد المشترى^{b)} والناس فى الهيكل يصلّى بعضهم
ويسبّح بعضهم ويقدّس بعضهم ويدخّن بعضهم ويتضرّع بعضهم ويتقرّب بانواع القرابين وبعضهم يضرب

von kostbaren Götterstatüen, so wie auch von sonst höchst werthvollen Kunstproducten sehr oft die Rede[305]. Ich glaube, dass Tenkelûschâ keine so lebhafte und klare Erinnerungen aus der Glanzperiode Babyloniens noch erhalten, wenn er etwa im 4. oder 5. Jahrhundert n. Chr. gelebt hätte, wo der Glanz Babels seit länger als 800—900 Jahre schon erloschen war.

In unserm Buche kommen aber auch manche andere Stellen vor, aus denen Andere vielleicht folgern werden, dass dasselbe noch jünger als das erste Jahrhundert n. Chr. sei, was ich aber nicht thun kann. Wir wollen hier diese Stellen kurz besprechen. So kommt z. B. in unserm Buche an zwei Stellen der Name Türke vor; aber es ist schon oben (p. 15) nachgewiesen worden, dass Ibn-Wa'hschijjah die alten Völker-, Länder- und Städtenamen seines Originals modernisirt hat. In unserm Buche ist auch oft die Rede von irreligiösen Menschen, welche die Religionen nicht achten, die Götter nicht verehren, verbotene Speisen geniessen, und von Königen,

بالعود والمعزفة‘ وعن يمينها صورة مشكداى‘‘ صانع الاصنام وهو ينحت‘ صنمًا من حجر رخام‘‘ أَمَرَهُ المَلَك بعمله‘‘ ليجعله عنده‘‘ فى داره تصلّى له حاشيته ويصلّى له المَلَك معهم وعن يسارها محراب‘‘ مزوّق بفصوص وتماثيل‘‘ عجيبة وفيه صنم معمول من عاج نقىّ فى احسن صورة واكمل عمل

a) Man sieht daraus, dass in den babylonischen Tempeln eine Gottheit nicht durch ein einziges, sondern durch verschiedene Bilder dargestellt wurde, und dass die Zahl dieser Bilder — und sicher auch die Symbolik eines jeden derselben — durch religiöse Vorschriften festgesetzt waren; denn sonst könnte nicht von «allen» Bildern des Jupiter die Rede sein. — b) An welchem Tage dieses Fest fiel, ist in den mir bekannten babylonischen Quellen nicht angegeben. — c) Cod. والمعرفة; die Uebersetzung der Worte وبعضهم يضرب بالعود ولمعزفة fehlt in dem persischen Text. Vgl. Ssabier II. p. 463, und p. 728, Anmk. 61. — d) Cod. vielleicht مشكذاى, in der persisch. Uebersetz. steht aber ein deutliches ذ; dagegen hat der persische Uebersetzer die in babylonischen Eigennamen so häufige Endung اى missverstanden und sie durch يعنى wiedergegeben, was hier unbedingt falsch ist. — e) Cod. ينحت. es kann aber nicht zweifelhaft sein, dass hier ينحت zu lesen ist; die persische Uebersetzung hat auch بت تراس durch تراشد; eben so ist hier صانع الاصنام durch wiedergegeben, und man sieht daraus, dass das Verbum تراشيدن auch von Bildhauerarbeiten gebraucht wird; vgl. Vullers Lexicon Persico-Lat. I. p. 429 f. s. vs. تراش und تراشيدن. — f) Die persische Uebersetzung fügt hier die Worte: بر صورت زنى hinzu; im arabischen Text müssen also hier die Worte فى صورة امرأة ausgefallen sein. — g) Statt der letzten drei Worte hat die persische Uebersetzung ganz abweichend: از جهت زن پادشاه; der persische Uebersetzer hat also امرأة statt أَمَرَهُ gelesen. — h) Cod. عينه, was sicher falsch ist; die persische Uebersetzung: تا در سراى خويش مى دارد. — i) Unter محراب ist hier sicher der Standort des Bildes, der ναός der Griechen, zu verstehen. — k) Cod. تماثيل; die persische Uebersetzung: ومحرابى نكار ونكينها در نشانده وتماثيل das entsprechende Wort für نكار fehlt im arabischen Text. فصوص und das diesem Worte entsprechende عجيب كرده; نكين ist nicht ganz treu durch Edelsteine wiedergegeben; denn unter diesen Worten versteht man vielmehr: geschnittene oder auch ungeschnittene Siegelringsteine.

305) Z. B. III. 29. IV. 3. 14. 22. IX. 2. 13. 19. 20. 27. 30. X. 7. XII. 6. 28 u. s. w.

welche die Wissenschaften pflegen und die Religionen verachten; desgleichen werden Bücher
erwähnt, welche gegen die Götter und deren Verehrung gerichtet sind[306]. Aber dieses Alles
berechtigt nicht, wie ich glaube, eine starke Verbreitung des Christenthums zur Abfassungszeit
unseres Buches vorauszusetzen; denn erstens haben wir oben öfters gesehen, dass eine Opposition gegen die Landesreligion sich schon von den Zeiten Anû'hâ's und Jaubûschâd's her-
datire, und da letzterer Nachfolger hatte, die ihn fast göttlich verehrten[307], so muss es eine
ganze Secte gegeben haben, die im schroffsten Gegensatz zur allgemeinen Landesreligion stand.
Allerdings zeigte Jaubûschâd seine Nichtachtung derselben mehr durch Worte und Thaten[308]
als durch Schriften, die er vorsichtig abgefasst und in denen er nur versteckte Angriffe gegen
den Landescultus machte; aber Anû'hâ trat ganz öffentlich mit Schriften gegen den Götzendienst auf und wurde auch deshalb von seinem eifrigen Gegner, dem Kana'anäer Thâmitrî,
verfolgt[309]. Und wer weiss wie viele andere Männer ausser den beiden erwähnten schon frühzeitig gegen die Landesreligion aufgetreten sind! Ausserdem muss ich bemerken, dass in unserm Buche weit öfter von frommen, den Göttern und der Verehrung derselben mit Leib und
Seele ergebenen Königen und Privatleuten als von Gottlosen und Verächtern der Religion die
Rede ist[310].

An einer andern Stelle unseres Buches werden drei Kerûbîm erwähnt[311]: aber dieses
braucht nicht gerade von den Juden und aus der Bibel entlehnt worden zu sein; denn die alten
Babylonier hatten — was ich ganz bestimmt weiss — eine sehr ausgebildete Angelologie und
sogar, wie es scheint, verschiedene diese Lehre betreffende Systeme[312]. Bekanntlich geben auch
die Rabbinen an, dass die Juden die Namen der Engel erst in Babylon gelernt haben. Auch
Qâbîl der Sohn des Adam — oder nach der persischen Uebersetzung: Qâbîn der Sohn des
Adamî — wird in unserm Buche erwähnt, wo es von ihm heisst, dass er im 13. Grade des
Schützen erscheint und bei sich einen langen Stein in Form einer Tafel hat, auf dem unter-
einander ringende, singende und spielende Mädchen abgebildet sind[313]. Bekanntlich nennen

306) V. 3, p. 33: كتب إبْطال الآلهة والكُفْر بعبادتها.

307) S. oben p. 97.

308) Qûtâmî erzählt von ihm, dass er niemals die Tempel der Götter besucht und dies selbst an den höchsten
Feiertagen zu thun unterliess; und als er einst darüber befragt wurde, hätte er die Augen zur Erde niedergeschlagen
und nichts darauf erwiedert.

309) Cod. L. a. p. 303 spricht Qûtâmî ausführlich darüber.

310) Von Gottlosen und Religionsverächtern ist in unserm Buche etwa in 13—14 Stellen die Rede; von Frommen und strengen Verehrern der Götter, die sich durch Fasten, häufiges Beten, Darbringung vieler Opfer und dem
Aehnliches auszeichnen, wird an fast fünfzig Stellen gesprochen.

311) V. 17, p. 38: (sic) ثَلاَثَة كُرُبِين; in der persischen Uebersetzung: سه فريشته كروبى.

312) Vgl. oben p. 136, Anmk. 293.

313) IX. 13, p. 92: [الدرجة] الثَّالثة عشر [من القوس] يطلع فيها اذا طلعت قابيل ابن ادم[a] ومعه
حجر طويل مرتفع اغبر اللون كهيئة اللوح منقوش فيه صور جَوارى يَتَصَارَعْن بعضهن عُراة وبعضهن قعود

die Mohammedaner den biblischen Qajin: قابيل, welche Namensform, wie ich glaube, aus der Form قايين entsanden ist, die wiederum eine Corruption von dem ursprünglichen قايين sein mag. Aber eben so gut wie die Babylonier, unabhängig von der Bibel, einen Îschîtâ ben Adamî hatten, so könnten sie auch einen Qajin ben Adami gehabt haben, ohne denselben der Genesis entlehnt zu haben. Dann darf es uns, bei der ausserordentlichen Verbreitung der Juden in Babylonien, weiter nicht befremden, etwas Biblisches in einem babylonischen Buche des ersten christlichen Jahrhunderts zu finden, besonders da unsere Stelle ausser dem Namen nichts Biblisches enthält. Die von den Mohammedanern gebrauchte Form قابيل dagegen, rührt sicher von Ibn-Wa'hschijjah oder von einem Abschreiber her.

Am Schlusse der Beschreibung des dritten Grades des Scorpions findet sich der Satz: قال وُلد بها سليمان بن داود. Dieser Zusatz aber, der übrigens in der persischen Uebersetzung ganz fehlt, rührt ohne Zweifel von Ibn-Wa'hschijjah her, worauf das قال hinzeigt, hinter dem die Worte ابو بكر oder ابن وحشيّة offenbar ausgefallen sind. In unserm Buche kommen nämlich an verschiedene Stellen Bemerkungen vom Verfasser selbst vor, in denen es heisst, dass in diesem oder jenem Grade diese oder jene altbabylonische Celebrität geboren wurde, aber niemals geht diesen oder andern Bemerkungen des Verfassers ein قال voran; Ibn-Wa'hschijjah setzt dagegen seinen eigenen Bemerkungen immer dieses Wörtchen voran, und es findet sich in der That von ihm auch eine Bemerkung über die Constellation bei der Geburt Mosis.

Beim 10. Grade des Krebses wird bemerkt: يطلع فيها صورة تنّين وثعبانين وحيوان يسمى براید درين. ازدها يمشى دائمًا عظم الصورة. Diese Stelle lautet in der persischen Uebersetzung: درجه صورت ازدها وثعبان وحيوانى بزرگ که اورا اردهاقا (sic) خوانند. Es kann nicht zweifelhaft sein, dass ازدها des arabischen Textes = dem persischen ازدها ist und dass اردهاقا wie ازدهاقا gelesen werden muss, welche Form dem persischen ازدهاك entspricht. Da nun der Text der mir vorliegenden persischen Uebersetzung viel zuverlässiger ist als der arabische des höchst corrumpirten Leidn. Cod., so muss man annehmen, dass ازدهاقا die richtige Form ist und dass ازدها entweder eine Corruption oder eine schlechte Conjectur eines Abschreibers ist. Ob aber die Form ازدهاقا von Tenkelûschâ oder von Ibn-Wa'hschijjah herrührt, lässt sich, wie ich glaube, schwer entscheiden. Desgleichen muss es den Irânisten zur Entscheidung überlassen werden, ob auch Tenkelûschâ im 1. Jahrhundert n. Chr. die Form ازردهاقا hat gebrauchen können, oder nicht. In den Zendbüchern kommt übrigens die Form Agi-dahâka[314] vor; da wir aber die religiösen Verhältnisse in Babylonien und Persien zur Zeit der Arsaciden so gut wie gar nicht kennen, so lässt sich aus dem Gebrauche des erwähnten Wortes keine bestimmte

---

بايديهن معازف وعيدان يضربون بها ويلعبون ويغنّون ويرقصون على ذلك الغنا[b] بحال لا يوصف عظما الخ. — a) In der persischen Uebersetzung: قابين ابن ادمى. — b) Cod. الغنا.

314) Vgl. Vullers l. c. I. p. 86, s. v. ازدرها.

Folgerung für das Zeitalter Tenkelûschâ's machen, selbst wenn wir bestimmt wüssten, dass dieser und nicht erst Ibn-Wa'hschijjah dieses Wort gebraucht hat.

In der Einleitung spricht der Verfasser von seinen Vorgängern und erwähnt zwei Gelehrte, welche über das von ihm bearbeitete Thema geschrieben haben, und von denen der eine بَرْهَمَانِيَا الخسرواني, Berhemânijâ el-Chosrawânî heisst[315]. Dieser Mann ist mir sonst unbekannt; was aber seinen Beinamen anbetrifft, so muss ich bemerken, dass in der «nabathäischen Landwirthschaft» ofters eine Stadt Namens خسرويه oder خسراويه, Chosrâweijah, vorkommt, die jenseits des Tigris unweit vom jetzigen Bagdâd lag und den Beinamen القديمة, «die alte» führt. Wenn nun aber der Name dieser Stadt auf die Sâsânidenzeit hinweist, so muss angenommen werden, dass diese Stadt schon lange vor dieser Zeit existirt hat und von einem der Chosroen nur renovirt und mit dem Namen des Renovators benannt wurde; Ibn-Wa'hschijjah aber gebrauchte hier, wie auch sonst überall, den modernen Namen dieser Stadt.

Der Name des zweiten Gelehrten, den Tenkelûschâ als seinen Vorgänger bezeichnet, lautet in der Leidn. Handschrift أَرَسَطَايُولُوسِ, d. h. Arsathôjûlûs. Dieser Name ist sehr deutlich geschrieben und mit Vocalen versehen, nur ist der letzte Buchstabe س etwas zweifelhaft; denn unter dem zweiten Häkchen dieses Buchstaben finden sich zwei horizontal gesetzte Punkte, die vielleicht nicht aus Versehen hieher gesetzt wurden; dagegen zeigt das an unserer Stelle sich befindende Häkchen über dem س, dass dieser Buchstabe wirklich wie س gelesen werden soll. Man muss also eins von beiden annehmen, nämlich entweder dass das Häkchen über dem س oder dass die zwei Punkte unter demselben falsch sind; nehmen wir also das letztere an, so lautet der Name deutlich nach der Vocalisation des Leidn. Codex' Arsathâjûlûs. Tenkelûschâ sagt von ihm, dass er gleichfalls ein ausführliches Werk über die Indicien der Grade geschrieben hätte, dass dieses Werk aber sehr dunkel abgefasst und schwer verständlich sei u. s. w.[316]. Natürlich wird es einem Jeden gleich einfallen, den Namen أَرَسَطَايُولُوس, Arsathâjûlûs, in أَرِسْطَاطَالُوس, Aristoteles zu verwandeln und demnach anzunehmen, dass unser Verfasser eine Pseudo-Aristotelische Schrift über Genethlialogie vor sich gehabt hat. Unter den Mohammedanern cursirten nämlich in der That eine Menge Schriften über verschiedene Arten

---

315) Vgl. die folgende Anmerkung.

316) Die betreffende Stelle, in der auch von dem oben erwähnten Berhemânijâ el-Chosrawânî die Rede ist, lautet (p. 6) wie folgt: فانّ أَرَسَطَايُولُويٍّ قد عمل كتابا فى دلايل الدرج درجة درجة على اشياءَ يطول الكلام فيها جدًّا وعظّم امر تلك المعانى ولعمرى انّه لَصَادِقٌ فى ذلك كلّه لكن كتابه شديد الغموض يحتاج الى فصلٍ تَدَبُّرٍ وتكرار درسٍ طويلٍ وكذلك ايضا بَرْهَمَانِيَا الخُسْرَواني تكلّم على عوالم الدرج بكلام كثيرة وتكلّم على دلايل صور الدوج بعد شرحه نها فاكثر والطال واغمض وابهم.

der Zauberei, über Divination, Astrologie, Telesmatik und andere ähnliche abergläubische Gegenstände, die sonderbarer Weise den Namen des Aristoteles als Verfasser an der Spitze trugen[317]. Der Ursprung dieser Pseudo-Aristotelica ist mir unbekannt, sie rühren aber wahrscheinlich theils von mohammedanischen, theils von syrischen und theils wohl auch von griechischen Fälschern her. Unzweifelhaft ist es jedenfalls, dass Tenkelûschâ keine solche dem Aristoteles fälschlich beigelegte Schrift vor sich gehabt haben könnte, wenn er wirklich im 1. Jahrhundert nach Chr. gelebt hat. Ich muss aber bemerken, dass ich meinerseits eben nicht daran glaube, dass der Name أَرَسْطَايُولُوس eine Corruption des Namens Aristoteles sei. Von den Mohammedanern nämlich kann man es mit Bestimmtheit behaupten, dass sie das griechische η niemals durch و, sondern immer durch ـِ wiedergegeben haben. Der Name des Aristoteles wird daher von mohammedanischen Schriftstellern in der Regel — ارسطوطاليس abgekürzt blos ارسطو — geschrieben, und die Form ارسطاطاليس kommt allerdings gleichfalls vor, aber selten. Nun wäre es allerdings nicht auffallend, wenn ein babylonischer Schriftsteller der spätern Zeiten das erste τ im Namen Aristoteles durch ט und das zweite τ durch ח wiedergegeben hätte; denn ähnliche Erscheinungen kommen bei syrischen Schriftstellern vor; dagegen wäre es höchst auffallend, wenn er das griechische η, das in der spätern Zeit ganz bestimmt wie i ausgesprochen wurde, durch ו transscribirt hätte. Der Name Aristoteles war auch früher unter den Mohammedanern eben so bekannt wie bei uns, und wenn nun an unserer Stelle der erste Theil des Namens ausdrücklich أَرَسْطَا — und sogar mit einem ء über dem l, was die Mohammedaner bei fremden Namen, meines Wissens, sonst niemals thun — vocalisirt ist, so wollte man offenbar durch diese Vocalisation der Verwechslung mit dem allgemein bekannten Namen des Aristoteles vorbeugen. Die beiben Sylben يولو in dem Namen أَرَسْطَايُولُوس kommen auch sonst in dem babylonischen Namen einer Speltart, يولوريثا, Jûlûrîtâ genannt, vor. Das letzte س in dem erwähnten Namen ist, wie oben bemerkt wurde, überhaupt unsicher. Nach dem eben Gesagten hat man also keine haltbare Gründe, in dem erwähnten Namen den des Aristoteles und an unserer Stelle eine pseudo-aristotelische Schrift zu vermuthen. Wollte man übrigens, wegen der allerdings zweifelhaften Endung u s, durchaus annehmen, dass in dem Namen أَرَسْطَايُولُوس ein griechischer Name steckt, so könnte man eher an Aristobulus als an Aristoteles denken; Aristobulus könnte aber der Name irgend eines unbekannten orientalischen Griechen, oder auch vielleicht der eines Chaldäers[318] sein, der um die Zeit Christi oder vielleicht noch früher ein Buch über Genethlialogie geschrieben haben mochte.

Der erste mir bekannte Schriftsteller, der unser Buch erwähnt, ist der berühmte Ibn-Sînâ (starb 1037 n. Chr.), der in seinem درّ النظيم im Capitel علم احكام النجوم unserer Schrift mit den Worten: ودرج الفلك لتنكلوشا غريب عجيب gedenkt. Wahrscheinlich von dieser Quelle

---

317) S. Ssabier I. p 714 und ib. Anmk. 3.

318) Strabo (XVI. 1. 6.) kennt einen Chaldäer, der den ächt griechischen Namen Seleucus führt.

abhängig, erwähnt auch Schems-ed-Dîn Mo'hammed ben Ibrâhîm ben Sâ'id el-Ancârî el-Akfânî *es-Sachâwi* (starb 749 = 1348) in seinem Irschâd el-Qâcid[319] die Schrift درج الفلك لتنكلوننا (لتنكلوشا .l) unter den Schriften, welche einzelne Theile der Astrologie behandeln. Hâg'i Chalfa, der hier wohl aus dem Irschâd des Sachâwî schöpfte, erwähnt gleichfalls unser Buch[320] unter dem Titel درج الفلك فى الاحكام لتنكلوشاه. Auch der berühmte Rabbiner Maimonides, der gegen das Ende des 12. Jahrhunderts n. Chr. schrieb, erwähnt[321] unter den heidnischen Schriften, die ihm, wie er sagt, Aufklärung über den Ursprung vieler mosaischen Gesetze gaben, ein Werk, dessen Titel in hebräischer Uebersetzung ספר מעלות הגלגל והצורות העולות בכל מעלה מהם lautet und an dessen Identität mit unserm Buche ich jetzt nicht mehr zweifle[322].

'Hâgî Chalfa erwähnt auch an einer andern Stelle[323] ein كتاب تنكلوشاه البابلى ohne weitern Zusatz; ich bin aber nicht ganz davon überzeugt, dass er damit unser Buch meint. Unter den Persern cursirte nämlich ein Buch mit Malereien, das den Titel Teng'elôsch oder Teng'elôschâ führte und über welches in dem persischen Originalwörterbuch: برهان قاطع folgende Notizen sich finden: Teng'elôsch, heisst es daselbst, sei nach den Einen der Name eines Gemäldebuches von einem griechischen Weisen, Namens Lôschâ, welches dem Gemäldebuche Arteng' des Malers Mânî entgegengesetzt ist, und so wie dieses Arteng', so wurde jenes Teng' genannt; nach Andern soll es der Name einer griechischen Malerschule sein, die der chinesischen Schule (deren Repräsentat Mânî ist), entgegengesetzt sei. Andere dagegen behaupten, *Teng'elôsch* sei der Name eines babylonischen Weisen[324]. In dem folgenden Artikel heisst es daselbst: Teng'elôschâ, mit einem Elif am Ende, bedeute dasselbe wie Teng'elôsch und damit sei das Buch und die Tafel des Weisen Lôschâ gemeint; Teng' heisst nämlich eine Tafel und Lôschâ sei der Name eines griechischen Weisen. Nach Andern soll Lôschâ der Name eines babylonischen Weisen sein, der Kenner der Lehren von natürlicher Magie, der Alchymie und dem Stein der Weisen und zugleich in der Kunst der Malerei ein zweiter Mânî war, so dass das Buch des Mânî: Arteng' und sein Buch Teng' genannt wurde. Andere dagegen behaupten; Teng'elôschâ und Arteng' seien die Namen von zwei Büchern und (ersteres) bezeichne zugleich eine griechische Malerschule. Hierauf folgt noch

---

319) An der oben p. 131, Anmk. 274 erwähnten Stelle.
320) III. p. 223, Nr. 5046.
321) In seinem Moreh Nebûkim III. 29 gegen Ende.
322) S. Ssabier I. p. 715 f. und vgl. ib. II. p. 361, § 14.
323) V. p. 65, Nr. 9992.

---

324) تنكلوش با لام بر وزن پرده پوس نام كتاب لوشاى حكيم رومى است وصنائع وبدائع اين كتاب در برابر صنائع وبدائع ارتنگ مانى نقاش است وهمچنانكه كتاب مانى را ارتنگ خوانند اين كتاب را تنگ نامند وبعضى گوٮند علم خانه روميان است در صورت كرى وصنائع وبدائع نقاشى واين در مقابل نكار خانه چينى باشد وبعضى ميكوٮند نام حكيمى است بابلى. Ueber den Maler Mânî vgl. weiter unten.

die Bemerkung, dass der Name Teng͑elôschâ auch mit ژ geschrieben wird [325]. In dem Art. لوش werden zuerst die verschiedenen Bedeutungen dieses Wortes angegeben und dann wird bemerkt, dass dasselbe der Name eines griechischen Weisen sei, der auch لوشا, Lôschâ hiess [326]. In dem gleich darauf folgenden Art. لوشا heisst es: Lôschâ sei der Name eines griechischen Weisen, der ein ausgezeichneter Maler war, und so wie Mânî das Oberhaupt der chinesischen, so war Lôschâ das der griechischen Maler; das Buch des erstern wurde Ang͑eljûn und das des letztern Teng͑elôschâ und zugleich Teng͑elôsch genannt [327]. So weit der persische Lexicograph; was ist aber von diesen Nachrichten zu halten und in welchem Verhältniss steht dieses Gemäldebuch zu dem unsrigen? Vullers glaubt mit diesen Angaben des persischen Lexicographen leicht fertig zu werden und bemerkt: «Sine dubio vox لوش sive لوشا e pictoris Graecorum celebrati nomine Ζεῦξις depravata et cum voce تنگ s. تنگ composita est, qua planum extensum s. tabula (صفحه یا تخته) pictoris intelligenda est ita, ut voce تنكوش sive تنكوشا Zeuxis opera significentur et altera voce ارتنگ, pro quo etiam simpliciter تنگ dicitur, Manetis pictoris opera». Es gehört allerdings Phantasie dazu, in dem Namen Lôsch oder Lôschâ den Namen Zeuxis herauszufinden. Ich vermuthe, — und will das hier Gesagte auch nur als Vermuthung aussprechen —, dass die Angaben des persischen Lexicographen auf folgende Thatsachen sich reduciren. Im Orient cursirte nämlich die Sage, dass der bekannte Häresiarch Manes ein Buch mit Bildern geschrieben hätte, durch das er die Leute zu seiner Lehre zu verführen suchte; dieses Buch wurde, wie wir eben sahen, انگلیون, d. h. Evangelion und auch ارتنگ genannt, welches letztere Wort nach Vullers vom Zend airya caṅha, narratio praeclara, abzuleiten ist und also, wie Vullers annimmt, gleichfalls Evangelium bedeutet. Es gab ferner auch von unserm Werke des Tenkelûschâ Exemplare, in denen die im Texte

---

تنكوشا با زیادی الف بعنی تنكوش است که کتاب وصفحهٔ لوشای حکیم باشد چه تنگ بعنی (325 صفحهٔ ولوشا نام حکیمی است روی وبعضی گویند بابلی بوده واو صاحب علم سیمیا وکیمیا وتکسیرات است ودر صنائع وبدائع نقاشی ومصوری ثانی مانی بوده است چنانکه کتاب مانی را ارتنگ می خوانند کتاب اورا تنگ میگویند وبعضی گفته اند تنكوشا وارتنگ نام دو کتاب است ونام علم خانهٔ رومیان هم هست در نقاشی وصورت کری وبا ثانی مثلثه هم آمده است.

لوش...با ثانی مجهول نام حکیمی است رومی واورا لوشا هم میگویند (326.

لوشا با ثانی مجهول وشین بالف کشیده نام حکیمی بود رومی واو در صنعت نقاشی ومصوری (327 عدیل ونظیر نداشته وهمچنانکه مانی در چین سالار وبزرگ نقاشان وسرآمد ایشان بوده او نیز بزرگ وسرآمد نقاشان روم بوده است وچنانچه کتاب مانی را انگلیون می خونند کتاب اورا تنكوشا نامند وتنكوش هم میگویند. Vgl. Vullers l. c. I. p. 76, s. v. ارتنگ, p. 136, s. v. انگلیون und p. 471, s. v. تنكش.

beschriebenen, in einem jeden Grade des Thierkreises erscheinenden Figuren abgebildet waren. Ich habe zwar kein solches Exemplar unseres Werkes gesehen; aber in dem mir vorliegenden Exemplare der persischen Uebersetzung unseres Buches sind leere Stellen für jene Abbildungen gelassen, die aus einem mir unbekannten Grund unausgefüllt geblieben sind. Der Maler Lôsch oder Lôschâ hat, wie ich glaube, seine Existenz einer falschen Etymologie zu verdanken. Die Perser nämlich haben wohl unser Buch mit den in demselben sich befindenden Abbildungen gekannt, und da تَنَگ persisch: «planum quodvis expansum vel tabula, quam pictores pingunt» heisst, so spalteten sie den Namen تنكلوشا in تَنَگ und لوشا und machten aus unserm Buche ein Gemäldebuch des Malers Lôschâ. Dieses scheint mir die Grundlage zu sein, aus dem das Gewirre von unsinnigen Nachrichten bei dem persischen Lexicographen entstanden sind. Uebrigens sieht man, dass selbst unter diesen unsinnigen Angaben sich auch die richtige findet, nämlich, dass Tengʿelôsch oder Tengʿelôschâ (= Tenkelûschâ) der Name eines babylonischen Weisen sei, der sich mit jenen Afterwissenschaften, wie: natürlicher Magie, Alchymie und dem lapis philosophorum, befasst hat. In unserm Buche findet man zwar keine ausdrückliche Angaben, dass der Verfasser desselben sich mit diesen Dingen abgegeben hat; aber es fehlte hier die Gelegenheit dazu über solche Dinge direct zu sprechen; Tenkelûschâ ist aber der Mann, von dem man es vollkommen glauben kann, dass er sich mit der erwähnten Afterweisheit viel beschäftigt hat. Durch diese Annahme findet übrigens auch die oben (p. 132) ausgesprochene Meinung, dass die Mohammedaner den Tenkelûschâ auch anderweitig kannten und ihn nicht blos durch unser Buch kennen gelernt haben, ihre Bestätigung. Nur muss es dahin gestellt bleiben, ob sie ihn aus seinen oben erwähnten zwei Schriften — nämlich seinem Commentar zu dem hermetischen Buche und seinem Buche über Physiognomik und Horoskopie — kannten, oder ob dies durch noch andere Schriften geschehen ist, deren Titel wir nicht kennen. Desgleichen lässt sich nicht genau angeben, ob die andern Schriften des Tenkelûschâ gleichfalls so, wie die unsrige, von Ibn-Wa'hschijjah übersetzt wurde, oder ob dies vielleicht von Andern geschehen ist.

In der Einleitung — von der in der persischen Uebersetzung sich nur ein kurzer Auszug findet und die wegen der Verderbtheit des Leidn. Codex' an manchen Stellen ziemlich dunkel ist — sagt der Verfasser etwa Folgendes: die alten Chaldäer hätten sich von jeher mit allen Wissenschaften und vorzugsweise mit der Wissenschaft von der Himmelskunde beschäftigt, die sie für die wichtigste unter allen Wissenschaften hielten. Sie theilten aber von dieser Wissenschaft den Leuten nur so viel mit, so viel sie für gut fanden, den grössten Theil davon aber behielten sie für sich[328]. Auch die in diesem Buche enthaltenen Lehren[329] gehörten zu denen, welche vor der Masse des Volkes verborgen gehalten wurden und nur den Gelehrten bekannt waren. Bei dieser Geheimhaltung der Wissenschaften verfuhren sie auf zwei verschiedene

---

328) Qûtâmî spricht gleichfalls (Cod. L. a, p. 221) von frühern Weisen, zu denen auch Dhagrît gehört, welche gewisse Partien der Wissenschaften entweder ganz verborgen hielten, oder sie in einer so dunkeln und allegorischen Redeweise vortrugen, dass sie nicht einem Jeden verständlich waren; vgl. oben p. 21, Anmk. 29.

329) Vgl. die auf den beiden folgenden Seiten angeführten Stellen aus der Einleitung.

Arten, nämlich entweder sie verheimlichten dieselben gänzlich und schrieben gar nichts darüber, oder sie fassten die betreffenden Bücher in allegorischen Ausdrücken ab, deren innerer Sinn von dem äussern (d. h. natürlichen) verschieden ist. Mit den in diesem Buche enthaltenen Lehren verfuhren sie, — indem nämlich dieselben für denjenigen, der sie versteht, nützlich sind —, nach der zweiten Art und zwar so, dass sie sich darüber bald weniger klar, bald in einer leicht verständlichen allegorischen Redeweise aussprachen. Der Verfasser entschuldigt dann die Chaldäer, dass sie die Wissenschaften geheim hielten und spricht darauf ein Langes und ein Breites darüber, wie gefährlich es sei, dieselben unter die Masse des Volkes zu verbreiten, und zwar deshalb, weil es unter dieser allerhand Menschen gebe, die theils bösartig, theils unverständig sind und daher die Lehren der Wissenschaften missverstehen, missdeuten und mit denselben den schlimmsten Missbrauch treiben könnten. — Die Gefährlichkeit der Wissenschaften ist demnach keine Erfindung einer modernen Staatsweisheit. — Da aber die Wissenschaften und die Abfassung von Büchern, heisst es ferner, aus verschiedenen Ursachen nothwendig sind, so bedienten sich die Weisen, je nach der Beschaffenheit der zu beschreibenden Wissenschaft, einer mehr oder minder verständlichen allegorischen Redeweise. Das vorliegende Buch aber sei in leicht verständlichen Allegorien abgefasst, deren Sinn der verständige Leser verstehen werde.

Der Verfasser spricht darauf ausführlich davon wie die alten chaldäischen Weisen in der ganzen Sonnenbahn die zwölf Zeichen des Thierkreises erkannten, diese in je dreissig Grade eintheilten. Diese, sagt er ferner, theilten sie wiederum ein: in männliche und weibliche, leuchtende und finstere, glückbringende und unglückbringende, in heisse und kalte, in vermehrende und vermindernde, und endlich in solche, welche die Mitte zwischen den eben angegebenen entgegengesetzten Eigenschaften halten. Mit diesen Eintheilungen aber wollten sie die Verhältnisse angeben, in welchen die Grade zu unserer Welt und unsern Angelegenheiten stehen, und zwar nehmen sie für einen jeden Grad eine besondere Welt und eine besondere Schöpfung von 1000 — 3000jähriger Dauer an. Der Verfasser erwähnt dann die beiden oben gedachten Vorgänger, worauf er noch bemerkt, dass er dieses Buch in einer Ausdruksweise verfasst hätte, die von dem Verständigen und Gelehrten leicht verstanden werden könne, u. s. w.

In dieser Einleitung kommen zwei Stellen vor, die leicht die Meinung veranlassen könnten, dass Tenkelûschâ nicht der Verfasser, sondern etwa blos der Herausgeber unseres Buches sei; zwei andere Stellen dagegen in derselben Einleitung sprechen aber entschieden dagegen. An der Stelle nämlich wo gesagt wird, dass die alten Weisen die Himmelskunde verborgen hielten und davon nur so viel mittheilten, als sie für gut fanden, heisst es dann gleich darauf:

فكان هذا الكتاب احد الكُتبِ المطويّة عن العامّة المشهورة عند الخاصّة نفيس فايدة ما يتضمّن هذا الكتاب وانّ ما فيه اصل لشى كبير جليل وذلك ان علم الفلك على الصحّة من الاشياَء العسيرة (330) الوجود البعيدة المُتَنَاوَل من جميع الوجوه, An der zweiten Stelle, wo gesagt wird, dass die Alten hin-

---

330) Cod. unrichtig العشرة.

sichtlich der Himmelskunde auf zwei verschiedene Arten verfuhren u. s. w., heisst es ebenfalls

gleich darauf: فكان هذا الكتاب ممّا عملوه على الطريق الثانية التى هى الرمز فبعضًا اظهروه بتّةً وبعضًا

رمزوه رمزًا قريبًا لِمَا فيه من المنفعة لِمَن فَهِمَهُ. Durch diese beiden Stellen möchte man sich zu der

Meinung veranlasst sehen, dass das vorliegende Buch schon lange vor Tenkelûschâ verfasst

wurde; dagegen sprechen aber die beiden folgenden Stellen ganz entschieden gegen eine solche

Annahme: an der einen Stelle nämlich heisst es: فليَفْهم الناظر فى كتابى هذا ما سُقْتُ من المعنى

وليَعْمَلْ بحسبه فان رموز هذا الكتاب رموز قريبة غير بعيدة النخ; Tenkelûschâ bedient sich also

hier ganz deutlich des Ausdruckes: «dieses *mein* Buch», und auch in folgender Stelle docu-

mentirt er sich noch deutlicher als Verfasser, wo er sagt: [231] وامّا هذا الكتاب فانى نظمْته وجمعته

بكلام على دلايل قريبة المتناوَل النخ. Diese sich widersprechenden Stellen lassen sich, wie ich

glaube, nur durch unsere oben (p. 29 f.) ausgesprochene Vermuthung erklären, dass nämlich

Ibn-Wa'hschijjah ein Wort seines Originals, wie etwa מאמרא, von der doppelten Bedeu-

tung: wissenschaftliche Disciplin und zugleich Buch, an den beiden zuerst angeführten

Stellen unrichtig in letzterm Sinne aufgefasst und durch كتاب wiedergegeben hat, während dort

nicht von einem Buche, sondern von der Wissenschaft der Himmelskunde die Rede ist, worauf

übrigens auch der Schluss der ersteren Stelle hinzudeuten scheint.

Den allgemeinen Inhalt unseres Buches haben wir schon oben (p. 98 f. und 134) ange-

geben; wir haben auch oben (p. 11) bemerkt, dass dasselbe zwar klein an Umfang, aber reich

an historischen Notizen sei; Letzteres ist aus den bisher angeführten Stellen aus diesem Werke

einleuchtend; wir wollen uns aber hier noch ausführlicher darüber aussprechen. Unter der

grossen Menge von äusserst mannichfaltigen Bildern, die in unserm Buche vorgeführt werden,

giebt es, wie bemerkt, auch viele, die aus dem gewöhnlichen Leben entnommen sind, wodurch

uns sehr oft ein Blick in das alltägliche Leben, in die Lebensweise und Culturzustände der Ba-

bylonier vergönnt wird. Desgleichen legen uns diese Bilder ein Zeugniss ab von der hohen

Cultur in Kunst und Wissenschaft und von einem vielseitig ausgebildeten religiösen und anti-

religiösen Leben in Babylonien, wie man es bei alten Culturvölkern häufig findet. Wir sehen

hier nämlich Männer, die verschiedene Geschäfte des alltaglichen Lebens verrichten; Künstler,

wie z. B. Goldarbeiter, Maler[332], Bildhauer[333] u. dgl. Andere; ferner Kunstproducte der ver-

schiedensten Art[334], reiche Kaufleute, die ihre Geschäfte in verschiedenen Ländern treiben und

---

331) Cod. unrichtig نضيته.

332) Besonders werden (II. 10, p. 16) die Maler des Landes (oder der Stadt) ارقيا, Arqijâ, geruhmt.

333) Vgl. oben p. 140 und ib. Anmk. 304.

334) Verschiedene sehr bemerkenswerthe Producte der Kunst werden erwähnt: III. 29. IV. 5. 14. 22. IX. 2.
13. 19. 20. 27. 30. X. 7. u. XII. 6. u. 28.

ein reiches und luxuriöses Leben wie die Fürsten führen[335]; dann: Briefträger[336], Musikanten, Sclaven und Sclavinnen, Schiffe aus China, beladen mit Ballen von chinesischem Papier und andern chinesischen Waaren[337]. u. dgl Anderes. Jene Bilder führen uns ferner vor: edle und wohlthätige Männer, Räuber und Banditen, Fromme und Einsiedler, die durch vieles Beten, durch Fasten, durch ihr ascetisches Leben und andere religiöse Uebungen sich auszeichnen[338], und zugleich solche, welche ihr Lebelang verbotene Speisen geniessen und die Religionen verachten; ferner Botaniker, Zoologen, Mediciner[339], Thierärzte[340], Philosophen[341], Astronomen[342],

---

335) XII. 13, — تاجر نبيل وله ضياع وقرى يُعْطيه زُحَل سعادةً زُحَل في الأَرَضِين والضياع : XI. 27, p. 140

XII. 27, p. 156: — تاجر مُثرى يعيش عيش الملوك في خفض ورغد من العيش ... يكون ... كَسُوبًا ... p. 149:

للمال جوعًا له يكون له في كلّ بلد مال للتجارة مع ضياع وغلّات كثيرة.

336) II. 27, p. 20: يكون طَوّافًا للبلدان وربّما كان ذلك منه لِيُبلغ رسائل قوم الى قوم ....

337) XI. 16, p. 135: اعدال فيها كاغد صينّ مجلوب في سفينة فيها اصناف من أَمْتِعَة الصين ....

338) Vgl. oben p. 142, Anmk. 310 und unten p. 159 f. und ib. die Anmkn. 363 und 368.

339) II, 14, p. 17: — ...: يكون طبيبًا عارفًا بالعقاقير والمنابت عالمًا بطبائع الحيوان : IV. 8, p. 27 يُحبّ النظر XI. 3, p. 124: — ...; يعالج الادوآء الجَسَدِيّة ينتفع به الناس ويكون محبًّا للنظر في كتب الاطبّآء ويبحث على Der Cod. hat في كتب القدمآء وعلومهم ويبحث عن الطبّ ومداواة المرضى وجميع الادوية aber die persische Uebersetzung hat بحث und demnach muss auch das folgende على in عن geändert werden; يبحث giebt übrigens auch einen bessern Sinn als بحث.

340) XI. 2, p. 105: يتعلّم علم البيطرة فيعيش منه ....

341) Von Philosophen und philosophischen Schriften ist in unserm Buche sehr oft die Rede; so IV. 6, p. 27: ...يكون — VI. 14, p. 47: ...; — V. 17, p. 38: يكون ملكًا فيلسوفًا عظيم الشان ; — رجل فيلسوف كامل الطباع عالمًا فيلسوفًا يجمع الكتب ويكثر النظر فيها ويتعلّم اكثر العلوم ويحتوى على ما يريد الاحتوآء عليه ويبلغ ... يكون حكيمًا طالبًا للعلم والفلسفة من الحكمآء يستنطق IX. 10, p. 90: — ; مَطْلَبَهُ ومقاصده او اكثرها — (يستنبط l.؟;) الغوامض من المعاني والدقائق من العلوم وينتفع مع إِدْراكِهِ سعة الكتب وارتفاعَ الذكر

VI. 20, p. 49 ist von der حكمة الاوّلين والآخرين die Rede, die auf einer Tafel des Gottes Mercur geschrieben war. Dass man auch in Babylonien, eben so gut wie in Griechenland und in Indien, über das Sein und den Anfang und das Ende desselben philosophisch forschte, beweisst auch folgende Stelle, wo es heisst (XI, 23, p, 138): خمسة نفر قعود في هيكل القمر يفكرون كيف ما كان وكيف لم يكن وكيف كان بسبب القَبْل وكيف يكون عاقبة العبد وهل للدهر قَبْل ام لا وهل للدهر بَعْد ام لا. Diese Stelle scheint ein wenig verderbt zu sein; die persische Uebersetzung lautet:

Arithmetiker[343], Historiker[344], Redner, Prediger[345], Dichter[346], Büchersammler[347], Schullehrer[348],

---

پنج كس در هيكل ماه نشسته ومى انديشند كه بودنيها چكونه بودست وچكونه نباشد وچكونه بود وپيش ازين چكونه بود

وپس از عاقبت چكونه شود ومر دهر را قبل وبعد چكونه بود. Der persische Text ist viel einfacher und na-

türlicher und bildet passende Gegensätze. Statt des persischen بودنيها, welches Wort dem arabischen الكاينات oder

الاكوان entspricht, hat der arabische Text ein unpassendes ما, dass in dieser Stellung nicht gut substantivisch ge-

braucht werden kann. Es ist aber möglich, dass das Object, womit wohl das All gemeint ist, im chaldäischen Original,

so wie auch in Ibn-Wa'hschijjah's Uebersetzung, als von selbst verständlich, ganz fehlte und dass es vom pers. Ueber-

setzer richtig durch بودنيها und von einem arabischen Abschreiber unpassend durch ما ersetzt wurde. بسبب fehlt

in der persischen Uebersetzung und stört den klaren Sinn; das darauf folgende القبل lautet im Cod. العبل und ist

ohne Zweifel القبل zu lesen. Das unpassende العبد, das gleichfalls in der persischen Uebersetzung fehlt, scheint

mir von einem mohammedanischen Abschreiber herzurühren (vgl. oben p. 97, Anmk. 191). Nach der persischen Ueber-

setzung würde dieser Satz einfach und natürlich lauten: وكيف كان القبل وكيف يكون العاقبة, wodurch auch in

allen drei Sätzen die passenden Gegensätze wiederhergestellt sein würden. — Vgl. weiter unten Anmk. 371.

342) IX. 18, p. 96: يكون عالمًا محبًّا للخيرات لعلم السنن والفرايض ويعرف اسرار علم الفلك...

ودحركاتها كلّها, und an vielen andern Stellen.

343) IV. 25, p. 32: يكون كاتبًا حاسبًا ناقدًا فى الحسب الخ....

344) IV. 7, p. 27: يكون... محبًّا للعلم ناظرًا فى اخبار الاوّلين...; VII.18, p. 58: رجال لهم شرف...

يكون مشغوفا بالاخبار والاشعار معلّم خصيان... VII. 26, p. 62: وقدر وفيهم مَن يكتب اخبار الامم وسيَرَها...

يكون عالمًا باخبار الامم الخالية ويكون معاشه بالقَصَص لتلك... XII. 3, p. 143: او نساء او جميع هؤلاء معًا...

رجال معهم دفاتر ودَوى وهم يمضون... XII. 8, p. 144: الاخبار ومن تعليم الصبيان شيًا ممّا هو فى قصصه...

الى مجلس عالم ليكتبوا ما يُمليه عليهم من الاخبار.

345) VII. 9, p. 55 f.: يكون جيّد المنطق خطيبًا شاعرًا نقىّ القلب للناس ويتكلّم عليهم بالمواعظ...

رجل قايم على منارة يصيح بذكر الآلهة ويبعث الناس على تسبيحهم... XI. 11, p. 130 f.: والحِكَم البالغة...

وملدهم وتقليسهم بصوت مضطرب.

346) Vgl. die vorangehende Anmerkung; auch sonst an andern Stellen werden Dichter und Freunde der Poesie erwähnt.

347) Vgl. die vorangehende Seite Anmk. 341.

348) II. 22, p. 19: معلّم صبيان على كتفه سَيْر وفى يده دفتر كبير فيه كتابة بعضها بسواد وبعضها...

بخضرة; dieser babylonische Schullehrer hatte also sogar das Werkzeug bei der Hand, das nach der Ansicht manches

Dorfschullehrers beim Unterricht ganz unentbehrlich sein soll; — III. 9, p. 21: يكون معلّمًا للعلم والادب...

Jurisconsulten [349], Religionslehrer [350], Gesetzgeber [351], Reisende, die wissenschaftliche Reisen

يوخذ ذلك عنه ويكون مع ذلك ناقص العقل ; also eigentlich noch mehr als ein gewöhnlicher Schullehrer, eher

so eine Art Professor; XI. 9, p. 128: القدماء فى الوصايا (اشعار pers. Uebers.) ...معلّم الصبيان يقريهم اسفار

والحكم ويعلّمهم ما يأتون وما يذرون فى كلّ معنى ; aus dieser Stelle kann man ersehen, welche Bedeutung der

babylonische Schullehrer hatte und welch wichtiges Amt derselbe ausgeübt hat; vgl. die oben Anmk. 344 angeführten

Stellen aus VII. 26. u. XII. 3.

349) VI. 28, p. 52: يكون فقيهًا فى زمنه عالمًا بما له وعليه عاملاً للخير محبًّا له مشغوفًا بعمل البرّ ...

نبه ويسر قلبه وصلَة الفقرآء والمساكين لانّه يلذّ له : — ; nebenbei treibt dieser sonst brave Jurisconsult die Päderastie

auf eine gräuliche Weise; dieses im Orient seit den frühesten Zeiten verbreiteten Lasters wird in unserm Buche öfters

gedacht (III. 24. IV. 4. 21. u. XII. 30), und die Babylonier scheinen dieses gar nicht als eine Sünde angesehen zu

haben; wie sehr müssen wir daher die hohe Sittlichkeit des Mosaismus bewundern, der die Ausübung dieses abscheu-

lichen Lasters schon in so frühen Zeiten mit dem Tode bestrafte —; VII. 28, p. 63 heisst es von Jemanden, dass er

drei Söhne haben wird, welche علماء فقهاء ابرار sein werden; IX. 10 p. 89: قاضى قاعد على طراحة وسط...

صدر مجلس حكمه وعلى رأسه برنس الحكم وفى ذراعيه ذراعَتَا الحكّام وهو يقرأ درج من (از: pers.Uebers. فيه، Cod.)

جلود ابيض بين يديه فيه حكومة قد انفذها بحكمه ; man sieht also, dass die babylonischen Richter eine

eigne Tracht hatten, in der sie beim Rechtsprechen erschienen, und dass sie ihre Urtheilspruche schriftlich abfassten:

IX. 16, p. 94: القاضى الجاير المسرف فى الجور والحكم بما يسخط الآلهة (سبيلايا pers. Uebers.) صورة تشلايا...

XII. 2, p, 142: كلّها عليه وكان عاقبة امره ان سقط من علو فانكسرت ساقاه وذراعاه ثم مات بعد ساعة;

XII. 28, p. 156: يكون وزير الملك وهو حكيم فقيه عالم مقدّم فى زمانه على اكثر الناس...;

عالمًا فقيها ردىّ النيّة للناس كذّابًا يعاون قضاةً جايرة على الجور ويفتقر آخِرَ عمره. Diese Stellen sind

alle sehr charakteristisch für den babylonischen Richterstand und die babylonischen Rechtszustände, und man sieht,

dass der Richter eine grosse Gewalt in Händen gehabt haben muss.

350) IV. 22, p. 31: يضع للناس السنَن ويعلّمهم طرق العبادات ; IV. 27 p. 33: يكون...عالمًا...

بالعبادات والسنَن والشرايع, womit allerdings mehr ein Theolog als Religionslehrer gemeint sein mag; vgl. die

oben Anmk. 348 angeführte Stelle aus XI. 9, p. 128.

351) VIII. 3, p. 67: يضع من الشرايع ما ينتفع به الناس ويقتدى به ; VIII. 4, p. 68: يكون...

XII. 10, له رياسة عظيمة ويكون مقبول القول ويقتدى به اهل زمانه ومن بعدهم اربعمائة وعشرين سنة;

p. 147: يكون رئيسًا مطاعًا يضع للناس ناموسًا وسنَنًا وشرايع فتقبل كلها الخ ; XII. 29, p. 157: يكون...

واضعًا شريعةً وناموسًا يدعو الناس اليها فيجيبه بعض من يدعوه ويمتنع بعض ويبقى ويبقى ذكره على الايّام.

Das öftere Auftreten von neuen Gesetzgebern erklärt sich dadurch, dass die Babylonier der Meinung waren, dass die

Religionen und die Gesetze nicht für ewige Zeiten bestimmt seien und dass sie daher von Zeit zu

Zeit durch neue religiöse Anschauungen und Begriffe und durch neue Institutionen aufgehoben

und ausser Kraft gesetzt werden. Bei Qûtâmi findet sich über diesen Punkt eine sehr merkwürdige Stelle.

20

machen[352]), Gelehrte, die dem Studium der alten Litteratur obliegen[353]), dann solche, welche die Religionen der verschiedenen Völker studiren[354]), Männer, die während ihres ganzen Lebens sich nur mit der Erforschung der Wissenschaften und mit Unterricht in denselben beschäftigen[355]), und dgl. Mehreres. Auch für die Erkenntniss der Religion der alten Babylonier enthält unser Buch viele höchst schätzbare Notizen. Wir wollen beispielsweise hier einen, die religiösen Anschauungen der Babylonier betreffenden Punkt besonders hervorheben, wobei wir auch ein Paar merkwürdige Persönlichkeiten des babylonischen Alterthums kennen lernen werden.

Es wird nämlich als eine allgemein ausgemachte Thatsache angenommen, dass die Religion der Babylonier in der Verehrung der Sonne und aller Planeten bestand; dies ist allerdings und

352) VII. 17, p. 58: ‏يكون عفيفًا يحبّ اصطناع المعروف ويسافر أَسْفارًا ينتفع بها ويُثرى فيها...‏

‏وتكثر اصدقاؤه ويكون مُحبًّا للعلم ينظر فى اصناف منه يَحْتَوى عليها ويصير فيها إمامًا.‏

353) III. 8, p. 21: ‏يكون...نظّارًا فى الكتب القديمة‏ .... Vgl. XI. 3, p. 124. oben p. 151, Anmk. 139.

354) IX. 13, p. 92 f.: ‏يكون عالمًا بسُنَن الآلهة كلّها وشرايعها فى البلدان حافظًا لمَا تستعمله‏

‏الامم من الفرايض يُكرمه الناس طُرًّا ويعظمونه ويبجّلونه‏; es ist eine merkwürdige Erscheinung, dass man sich in Babylonien auch um die Religionen und Gesetze anderer Völker kümmerte und dass die Männer, welche sich mit solchen Studien befassten, daselbst in so hoher Achtung standen. Auch dies kann als glänzendes Zeugniss der hohen Cultur der Babylonier gelten.

355) III. 12, p. 22: ‏ويكون مُحبًّا للنظر فى الكتب‏ ,...; III. 24, p. 24: ‏يكون...نظّارًا فى الكتب فهمًا‏,...;

III. 25, ib.: ‏يكون...مُحبًّا للعلم ناظرًا فى اخبار الاوّلين‏,...; IV. 7, p. 27: ‏يحبّ الكلام والعلوم كلّها‏;

III. 12, p. 28: ‏يكون...‏; VI. 14, p. 47 s. oben p. 151, Anmk. 341; VIII. 13, p. 73: ‏ويكون مُحبًّا للعلم ويحنّ اليه النح‏

man ;‏مُحبًّا للعلم طالبًا له كثير النظر فى الكتب وينتفع بالعلم والكتب ويفيد بذلك مالاً وأَصدقآء النح‏ konnte also in Babylonien durch Gelehrsamkeit sogar reich werden; IX. 10. p. 90 s. oben Anmk. 341; XI. 13, p. 133:

‏– ...يكون وليًّا من اولياء الشمس حسن التدبير مُقبلًا دهره على العبادة مستنبطًا اصناف العلوم النح‏

statt der letzten drei Worte steht im Cod. ‏مسطالًا صادق العلوم‏; in der persischen Uebersetzung lautet die entsprechende Stelle: ‏رجال اشرف ذوو اخطار بعضهم ... وبيرون آرنده اصناف علوم‏ ; – XII, 1, p. 142:

‏يصلّى للكواكب وبعضهم يتذاكر العلم وبعضهم يتفكّر فى العلم وبعضهم يبكى على نفسه من الموت‏

‏...يكون حكيمًا كثير الصوم والتجوّع يطلب بذلك تنزيه مدده (sic ?)‏ XII. 12, p. 148: ‏;والبلى والنوآء‏

‏ليستخرج العلوم ويستنبط الخَبّيّات ويثبت ذلك فى دفاتر‏. Um zu zeigen wie allgemein die Wissenschaften in Babylonien verbreitet waren, haben wir hier auch einige solche Stellen angeführt, in denen zwar Gelehrte erwähnt, aber nicht so geschildert werden wie die von uns oben im Texte beschriebenen.

besonders in einer relativ jüngern Zeit auch wirklich der Fall gewesen. Aber dieser Cultus bildet keine ursprüngliche Einheit, sondern er ist das Resultat der Vereinigung verschiedener Religionen und Culte, wie z. B. der der Sonne, des Jupiter, des Saturn u. s. w.; ursprünglich aber bestanden diese Religionen eine jede für sich und sind zu verschiedenen Zeiten und von verschiedenen Religionsstiftern, und zwar auf ganz verschiedenen, ja manchmal sogar auf heterogenen Principien gegründet werden. So unterschied sich der Cultus des Saturn von dem des Jupiter nicht etwa blos darin, dass die Verehrung des erstern auf eine andere Weise stattfand als die des letztern — denn dies versteht sich von selbst —, sondern die Saturnreligion beruhte auf ganz andern Principien, hatte eine ganz andere Moral und vertrat ganz andere Religions- und Lebensanschauungen, als die Religion der Sonne oder des Jupiter. Erst in einer relativ jüngern Zeit — die aber über die Zeiten des Dhagrît' weit hinausgeht — fand allmählig in einem gewissen Sinne eine Verschmelzung dieser verschiedenen Religionen statt, aber immer doch nur so, dass man sie zugleich als nebeneinanderstehend ansehen kann und dass z. B. die specifischen Anhänger der Saturnreligion durch ihre ganze Lebensweise und durch ihre religiösen Anschauungen sich, sogar in viel spätern Zeiten, von den übrigen Babyloniern auszeichneten. Diese Erscheinung von der ursprünglichen Verschiedenheit dieser Religionen und allmähligen Verschmelzung derselben darf uns an und für sich ganz und gar nicht befremden: denn etwas ganz Aehnliches hat auch in Griechenland stattgefunden. Ich hebe nur diesen Punkt deshalb besonders hervor, weil wir gewöhnt sind, die Religion der alten Babylonier anders aufzufassen und in der Verehrung der Planeten einen einzigen und durchaus einheitlichen Cultus zu sehen. Wir wollen hier einige, diesen Punkt betreffende Belegstellen anführen.

An einer Stelle ist nämlich von einem mächtigen und weisen König die Rede, der zu seiner Zeit die Wissenschaft und die Gelehrten emporhebt, aber ein Verächter der Religionen (الأديان) ist und an Nichts von denselben glaubt[356]. Es ist also hier von verschiedenen Religionen die Rede: damit könnte allerdings die babylonisch-heidnische, die jüdische und die persische Religion gemeint sein. Dagegen ist an einer andern Stelle von einem Manne die Rede, der an die religiösen Institutionen aller Götter glaubt und keine derselben ohne die andere ausübt[357]; hier aber kann nicht, wie ich glaube, etwa von den religiösen Einrichtungen der babylonischen, griechischen und indischen Götter die Rede sein; denn alle diese Religionen konnte doch ein Babylonier nicht ausüben; es muss also von den verschiedenen Religionen der babylonischen Götter die Rede sein. Es giebt aber auch noch einige andere Stellen, welche viel entschiedener für die von uns eben ausgesprochene Ansicht über die ursprüngliche Gestalt des Planetendienstes in Babylonien sprechen.

356) IV. 16, p. 29 : يكون ملكًا عظيما حكيمًا جيّد السياسة يرتقع فى ايامه العلم والغلمآء ويكون ... منهاونًا بالاديان لا يعتقد منها شيا.

357) VIII. 17. p. 75 : يكون نقيًا مؤمنًا بشرايع الآلهة كلّها لا يستعمل بعضها دون بعض ....

*

In der «nabathäischen Landwirthschaft» nämlich wird Adâmî oft رسول القمر, «der Apostel des Mondes» genannt; warum er so genannt ward, lässt sich aus den betreffenden Stellen nicht leicht ersehen; auch Asqôlebîtâ wird an vielen Stellen رسول الشمس, «der Apostel der Sonne» genannt und es geht aus mancher Stelle ziemlich deutlich hervor, dass er entweder der Stifter oder wenigstens der Reformator des Sonnencultus war. Auch in unserm Buche findet sich eine höchst merkwürdige Stelle über den Stifter der Saturnreligion. Wir haben schon oben eine Stelle angeführt, in der von Schriften die Rede ist, welche die vom Azâdâ (oder Azdâhî), dem Apostel des Saturn, gedichteten Gebete und Götterhymnen enthalten[358]. An einer andern Stelle wird von diesem Apostel des Saturn folgendes gesagt: «Im 5. Grade des Schützen erscheint der Apostel des Saturn, der sieben Namen hatte, gehüllt in seine schwarze Kleidung, die er während seines Lebens trug, und umgeben von seinen Schülern und Nachfolgern, unter die er schwarze wollene Stoffe austheilt und ihnen dabei befiehlt, Stücke davon abzuschneiden und sich daraus Unterkleider, Kopfbedeckungen (oder vielmehr Mäntel) und Beinkleider zu verfertigen, damit ihre Kleider den seinigen gleichen möchten, denen er auch verordnet, grobe Kost zu geniesen, alle Vergnügungen der Welt zu fliehen und sich in Bezug auf die Nahrung auf das Nothwendigste zu beschränken. Zur rechten Seite des Grades erscheint Lâlâ, der Schüler des Apostels des Saturn, den Azâdâ als Apostel nach dem Orient gesandt hat, um ihnen (d. h. den Bewohnern dieser Gegenden) das Gesetz und die religiösen Satzungen mitzutheilen und das, was ihm (d. h. Azâdâ) von seinem Herrn (Saturn) geoffenbart wurde, so wie auch die ihm (Azâdâ) von Seiten seines Gottes Saturn zu Theil gewordene Gnade, Hülfe und Stütze zu verkünden. Zur linken Seite des Grades erscheint Kîlâfâ (oder Kelbelâqâ), der jüngere Bruder des Saturn-Apostels, den derselbe als Apostel nach dem Westen gesandt hat, um die Völker dieser Gegenden die Religion des Saturn-Apostels und dessen religiöse Satzung zu lehren, seine Anordnungen und Grundsätze dort zu befestigen, ihnen anzuzeigen, dass sein Bruder ihn zu ihnen gesandt hat, und ihnen die Wunder desselben und die Zeichen seiner Sendung, so wie auch die Wahrhaftigkeit derselben zu verkünden»[359].

358) Vgl. oben p. 136, Anmk 291.

359) Der arabische Text der betreffenden Stelle ist ziemlich corrumpirt, er lässt sich aber durch die persische Uebersetzung leicht wiederherstellen. Er lautet IX. 5, p. 85 f.: رسول [a] يطلع فيها [من القوس] الخامسة [الدرجة]

زُحَل[b] الذى كان له سبعة اسمآء ملتخفّا بكِساءه الاسود الذى كان له فى وقت حيّاته وحوله تلاميذه وأتباعه وهو يفرّق عليهم اثواب[c] صوف اسود ويأمرهم ان يقطعوا منها أَقْمِصَةً وعَمَائِم[d] وسراويلات يلبسونها ليكون لباسهم مثل لباسه ويوصيهم بأكلِ الخَشِن[e] وهجر لذّات الدنيا كلّها وتَنَاوُل البُلْغَة من القوت وعن يمينها لالا [تلميذ][f] رسول زُحَل الذى أَنْفَذَهُ [رسولا] الى المشرق ليبلغهم[g] السُنَّة والشرابع ويخبرهم عنه ما جاء به من عند ربّه وعِنَايَةَ إِلهِ زُحَلَ[h] به ونصره إيّاه وإمْداده له[i] وعن يسارها

Wir lernen also hier einen ächten Religionsstifter im strengsten Sinne des Wortes kennen, der nicht etwa mit einigen Neuerungen in dem Cultus des Gottes Saturn auftrat, sondern der im Namen seines Gottes eine neue Religion stiftete, die neue Lebensprincipien aufstellte, Enthaltsamkeit und Entsagung aller Genüsse der Welt predigte, und welche als die Religion des Gottes Saturn bezeichnet wurde. Dieser grosse Religionsstifter, der, wie wir gleich sehen werden, Jahrtausende lang seine Anhänger hatte und dessen Principien auch jetzt noch nicht vergessen sind, ich sage, dieser Azâdâ beschränkte sich nicht etwa blos auf Babylonien allein, sondern er sandte auch seine Apostel nach dem Osten und dem Westen aus, um seine Lehren auch fern

كيلافا [k] اخو رسول [l] زحل وهو اصغر منه الذى كان أَنْقَذَهُ رسولًا الى المغرب ليعلّم تلك الامم دين

[رسول] [m] زحل وشرايعه ويثبت فيه وصاياه وحكمه ويعلّمهم أنّ اخاه ارسله اليهم ويخبرهم بآياته وأَعْلام

رسالاته وصحتها [n]. — a) Cod. معها, sonst immer فيها und auch die persische Uebersetzung hat hier wie sonst

براير درين. — b) Cod. رجل, die persische Uebersetzung زحل. — c) اثواب, das im persischen Text unübersetzt

geblieben ist, kann hier nicht in der gewöhnlichen Bedeutung «Kleidungsstücke» genommen werden; denn die Kleidungsstücke sollten ja noch erst verfertigt werden. — d) عمايم, das in der persischen Uebersetzung durch دستارها

wiedergegeben ist, scheint hier eher Mäntel als Turbane zu bedeuten; denn die alten Babylonier haben keine Turbane getragen; s. Herodot. I. 195 und Bähr ad. h. l. Bd. I. p. 392. Die Grundbedeutung des Stammes عمّ lässt übrigens

diese Auffassung des Wortes عمايم zu, und das persische دستار heisst gradezu Turban und auch Mantel. — e) Cod.

الحسن, die pers. Uebersetzung: ووصيت ميكند بخوردن چيزهاء درشت; درشت ist also durch wiedergegeben und man muss demnach الخَشِن lesen, womit hier grobe Speisen überhaupt gemeint sind. — f) Die Parallele

mit der folgenden Stelle, in der vom Bruder des Saturn-Apostels die Rede ist, sowie auch das fehlende Subject zum Verbum نفذ veranlasst mich hier تلميذ zu suppliren; es ist auch sonst nicht wahrscheinlich, dass dieser Abgesandte

des Apostels wie sein Lehrer und Meister schlechthin رسول زحل genannt werden sollte. — g) Cod. أَنْقَذَ به المشرق

وابلغهم لخ; ich habe aber diesen offenbar corrumpirten Text nach der gleich folgenden Parallelstelle und nach der

persischen Uebersetzung emendirt; dieselbe lautet: لالاى رسول زحل كه بمشرق فرستاده بودش تا ايشانرا ...

In der persischen Uebersetzung: ايشانرا وخبر دهد. — i) وعمّانه الهه رحل. — h) Cod. سنّت وشريعت اموزد

تعالى ist natürlich ein Zusatz — از آنچه از خداى تعالى بدو وحى آمداست وبعنايت زحل ومدد او;

eines mohamedanischen Abschreibers. — k) In der persischen Uebersetzung كلبلاقا. — l) رسول fehlt im Cod. und

ist nach der persischen Uebersetzung supplirt worden, weil der Sinn es durchaus erfordert. — m) Auch hier fehlt

رسول im arabischen Text und findet sich in der persischen Uebersetzung, ist aber hier nicht absolut nothwendig. —

n) Cod. بابايه und وصحه; in der persischen Uebersetzung روايات ومعجزات او حكايت كند; demnach muss

بابايه unzweifelhaft بآياته gelesen werden, und اعلام, das durch ومعجزات wiedergegeben wird, entspricht dem

deutschen «Zeichen» im biblischen Sinne, wenn von Wundern und Zeichen die Rede ist.

von der Heimath zu predigen und seine Principien auch in fernen Ländern zur Geltung zu
bringen. Leider sind die Berichte über diesen Religionsstifter zu fragmentarisch auf uns gekommen als dass wir uns ein ganz klares Bild von seiner Lehre entwerfen könnten; besonders
wäre es interessant zu wissen, was er als Ersatz für die Entsagung bot. Auch das Christenthum fordert zum Theil Entsagung, es bietet aber ein langes nie endendes Jenseits dafür; dies
kann aber Azâdâ nicht geboten haben; denn die alten Babylonier wussten von keinem Jenseits
und von keiner Belohnung nach dem Tode[360]. Die Gnade der babylonischen Götter gab Fruchtbarkeit des Bodens, Frieden, Gesundheit u. dgl. andere irdische Glückseligkeiten; ihr Zorn dagegen brachte Hungersnoth, Krieg, verderbenbringende Winde und Krankheiten. Das einzige,
was die Gnade und die Gunst der Götter dem Frommen nach seinem Tode gewährten, bestand
nur in einer kürzern oder längern Erhaltung des todten Körpers und in der Beschützung desselben vor Verwesung, was der Babylonier allerdings unendlich hoch anschlug[361]. Der Religionsstifter des Saturn kann also auch kein Jenseits als Ersatz für die Entsagung hienieden an-
geboten haben, da dieser Ersatz den Babyloniern ganz unbekannt war und auch wohl immer
unbekannt blieb. Soll sich Azâdâ etwa zur Idee der griechischen Cyniker erhoben und eingesehen haben, dass ein Diogenes viel leichter glücklich sein kann, als ein Alexander? Aber
in diesem Falle muss man eine lange Culturepoche und eine hohe Entwickelung, die jenem
Religionsstifter vorangegangen war, voraussetzen, was allerdings nicht unmöglich ist. Azâdâ
lebte zwar, wie wir gleich sehen werden, ziemlich lange vor Adami, dem Urgrossvater des
Sûrâners Mâsî, der seinerseits um ein Jahrtausend älter als Qûtâmî ist; aber immerhin
konnte ihm eine lange Culturepoche vorangegangen sein; denn schon in den Zeiten Dewânâï's,
der viel älter ist als Adami, gab es in Babylonien vollkommen geordnete staatliche Verhältnisse,
so dass schon dieser uralte Gesetzgeber vor Ungehorsam gegen Könige, Häupter, Fürsten und
Heerführer warnen konnte[362].

360) Der alte Gesetzgeber Îschîtâ droht zwar denjenigen, welche ihren Verpflichtungen gegen ihre Neben-
menschen nicht treulich nachkommen, mit Verbrennung ihrer Seelen durch Kälte und Frost (Qûtâmî sagt nämlich, L. a, p. 132: man solle den Bauern an den Feiertagen verschiedene religiöse Schriften vorlesen, darunter auch:

ما خوّف ايشيثا ابن ادم من احراق النفوس بالبرد والزمهرير لِمَن اغتال او احتال او توانا فى واجب

عليه لانسان مثله يجب); auch Qûtâmî nennt (L. a, p. 178) die Anachoreten, von denen sogleich die Rede sein

wird, اتباع سكان الزمهرير اهل العقوبات, und man möchte fast daraus folgern, dass die Babylonier an eine
kalte Hölle glaubten (vgl. auch unten p. 161, Anmk. 369); aber diese beiden dunkel gehaltenen Stellen beweisen nichts
gegen den Gesammteindruck der vielen Stellen, aus denen deutlich genug hervorgeht, dass die Babylonier von einem
Jenseits in unserm Sinne nichts wussten. Wir werden übrigens dieses wichtige Thema in unserer «historischen
Einleitung» ausführlich behandeln.

361) Eine darauf bezügliche sehr wichtige und ausführliche Stelle des Dhagrît theilt Qûtâmî (L. b, p. 27 ff.) mit.

362) An der in der vorletzten Anmerkung zuerst angeführten Stelle erwähnt Qûtâmî unter den, den Bauern an
den Feiertagen vorzulesenden religiösen Schriften, auch: ما خوّف دواناى السيّد الجليل من الجزأة على مخالفة

الملوك والرؤساء والسادة والقادة ومَن له فضل على اخر اذا خالف امره ونهيه وما ذكر من العقوبة على

Wir haben eben bemerkt, dass Azâdâ älter als Adamî sei und dass seine Religion länger als ein Paar Jahrtausende bestanden hat; wir schliessen dies aus folgenden Umständen, Wir haben nämlich oben gesehen, dass Azâdâ seinen Anhängern befohlen hat, schwarze wollene Kleider zu tragen, alle Vergnügungen der Welt zu fliehen und nur grobe Speisen zu geniessen, und zwar nur so viel davon zu sich zu nehmen, als zur Erhaltung des Lebens nöthig ist. Man sieht also, dass Azâdâ von seinen Jüngern ein strenges ascetisches Leben verlangte. Am Schlusse der oben angeführten Stelle über diesen Religionsstifter heisst es auch, dass derjenige, welcher in dem erwähnten Grade bei den erwähnten Erscheinungen geboren wird, sich durch Enthaltsamkeit, Fasten u. s. w. auszeichnen werde[363]; auch daraus kann man, wie wir glauben, ersehen, dass eine strenge Ascese ein Hauptkennzeichen der Anhänger des Azâdâ oder der Saturnreligion ist. Auch in der «nabathäischen Landwirthschaft»[364] findet sich eine merkwürdige Stelle über gewisse heidnische Anachoreten in Babylonien, von denen Qûtâmî sagt, dass sie schwarze wollene Kleider tragen, niemals in die Badstuben gehen, ihren Körper vernachlässigen, grobe Speisen, und auch davon sehr wenig geniessen, allen Genüssen der Welt entsagen und ganz abgesondert von den Menschen in Wüsten und Steppen leben. Qûtâmî sagt auch von ihnen, dass sie, ausser an den beiden grössten Feiertagen, d. h. an dem 24. December und am Neujahrstage[365], niemals die Tempel besuchen, und er stellt sie überhaupt als die Repräsentanten einer ihnen eigenthümlichen Religion dar[366]. Aus der Beschreibung Qûtâmî's — der in einer langen Stelle von drei Folioseiten sie schildert und sich in den ärgsten Schmähungen über sie auslässt — geht klar hervor dass diese von ihm auf die angegebene Weise geschilderten Anachoreten keine andere als Anhänger und Nachfolger des Azâdâ waren. Qûtâmî sagt aber auch von ihnen, dass schon Adamî sie «Selbstfeinde», d. h. Feinde ihrer selbst, nannte, und dass auch Anû'hâ sie «Unglückselige» hiess; Azâdâ war also jedenfalls älter als Adamî und da die Saturnreligion zur Zeit des Anû'hâ — des Zeitgenossen des Mâsî aus Sûrâ, des Urenkel's Adamî's, — auch schon in Kana'an, dem Vaterlande des Anû'hâ verbreitet war[367], folglich muss Azâdâ ziemlich lange vor Adamî gelebt haben. Dass aber die

---

من خان انسان من جميع الناس. Man sieht auch daraus, welche edle Grundsätze schon der älteste bekannte babylonische Gesetzgeber aufgestellt hat. Er macht auch keinen Unterschied zwischen Menschen und Menschen, und bedrohet denjenigen mit Strafen, welcher irgend einem Menschen, gleichviel wer dieser auch sein mag, ein Unrecht zufügt.

363) Cod. L. a, p. 85 f.: من يولد بها يكون زاهدًا فى الدنيا راغبًا فى العبادة والصوم والصلاة كاقّا للأَذَى عن كلّ محسن وغير محسن يملك العالم بالزهد والتقشّف الخ.

364) Cod. L. a, p. 177 ff.

365) Vgl. oben p. 83.

366) Qûtâmî sagt nämlich in Bezug auf sie (L. a, p. 180): فقد كان الرأى الجيّد فيهم ان يحبسوا حتى يموتوا فى الحبوس لئَلا يفسدوا قومًا من الناس بادخالهم فى ملّتهم الخ.

367) Vgl. oben p. 28. p. 60 u. ib. die Anmkn. 105 u. 106.

Religion dieses Religionsstifters bis auf die jüngsten babylonischen Zeiten herab gedauert bat,
ersieht man daraus, dass noch Tenkelûschâ an verschiedenen Stellen von solchen Einsiedlern
und Asceten spricht, die einsam und abgesondert von allen andern Menschen leben, schwarze
wollene Kleider tragen, häufig fasten, allen Vergnügungen der Welt entsagen und überhaupt
ein elendes Leben führen; ja an einer Stelle spricht er sogar von solchen Asceten, welche
Hals- und Armbänder tragen, in denen sich Todtenknochen befinden, um durch den Anblick
derselben an die Todten erinnert zu werden u. s. w.[368].

Wir haben also eben nachgewiesen, dass die Saturnreligion nicht etwa einen Theil des
Planetencultus überhaupt ausmachte, sondern dass sie eine selbständige, für sich bestehende
Religion war, die, nach Qûtâmî's Aeusserungen zu urtheilen, sogar in einem grellen Gegensatz zu den Religionen der übrigen Planeten stand, so dass Qûtâmî die Anhänger jener Religion gradezu als gottlos und als Feinde der Götter bezeichnet. Wir wollen aber auch nach-
weisen, dass es aller Wahrscheinlichkeit nach auch eine selbständige Jupiterreligion gab,
die uns aber eine freundlichere und freudigere Gestalt bietet als die des Saturn.

«Im 9. Grade des Wassermannes, heisst es nämlich in unserm Buche des Tenkelûschâ,
erscheint die Tafel des Scharmîdâ, welcher auf dieselbe die Offenbarung niedergeschrieben,
die Jupiter ihm geoffenbart und in der Sprache des Gûtâ, des Bewohners des Landes (od. in der
Sprache der Leute von Gûchâ, der Bewohner des Landes (?)) mitgetheilt hat, und welche
vieles von den edlen und grossen Anordnungen enthält, darunter auch folgendes: ««Beschädige
nie ein Thier, thue ihm niemals etwas zu Leide und lade ihm auch nie so viel auf, dass es
(die Last) nicht tragen kann; wenn du aber dem zuwider handelst und einem Thiere irgendwie
etwas zu Leide gethan hast, so bist du verflucht vor dem Gotte Jupiter und vor dem Gotte [der
Götter], der Sonne, und derjenige, welcher verflucht ist, der ist verstossen, und wer verstossen,
ist entfernt, und wer entfernt, ist wie ein Ziegelstein, dessen Erde zuerst mit Wasser vermengt,
dann zum Ziegel geformt, in der Sonne getrocknet, im Feuer gebrannt und zuletzt in die Mauer
gelegt und von oben und unten beschweret wird, und so von der einen Strafe in die andere

---

368) VI. 5, p. 43: ‏لا منهم وَحْشِيَّا من الناس والتخلّى التفرّد كثيرا فى الدنيا زاهدًا يكون...‏

‏الخ البتّة يخالطهم‏; VII. 30, p. 64: heisst es von dem Manne, der im 30. Grade der Waage bei der oben (p. 135, Anmk.

290) mitgetheilten Erscheinung des Gottes Saturn geboren wird, wie folgt: ‏الدنيا فى الزهد مفرط ناسكًا يكون‏

‏لباسه لها فَيَنْقَادَ بشئٍ شهوته تطالبه ولا يريدها شهوة الى يدنوا لا وهو شيًا لَذَّاتها من يذوق لا‏

‏الخ صومه بعد يطوى أيّامه واكثر والصوم التقشّف وسيرته الاسود الصوف‏: IX. 1, p. 82 f.: ‏القوس برج‏

‏فيها منظومة مَحَانِقُ أَعْناقِهم وفى الاسود الصوف لباسهم الدنيا فى الزهّاد من عِدّة فيها يطلع منه الاوّلى‏

‏بها ليذكروا اليها ينظرون عليها منظومة الموتى عطام من شئٌ أَذرِعَتِهم فى وكذلك الموتى عطام‏

‏بذلك عظام‏ bezieht sich wohl auf das vorhergehende ‏منظومة‏ .2 Das — . ‏بذلك انفسهم ويكسروا الموتى‏

verfällt, bis er einst in die Himmelshöhe erhoben, und dann vom Irdischen befreit und seine Wesenheit himmlisch, edel und frei werden wird»»[369].

369) XI. 9, p. 127 f.: [الدرجة] التاسعة [من الدلو] يطلع فيها لوح *a* شرميد[*b*] الذى كتب فيه الوحى الذى اوحاه المشترى اليه وخاطبه على لسان جوثا *c* ساكن الارض *d* من الوصايا الكرام العظام اشيآء كثيرة وفيها ان لا تؤذى *e* حيوانا بتّة ولا توَلّه ولا تحمل عليه ما لا يطيق فانك ان خالفت ذلك فألمت حيوانا ولو أدْنَى أَلَم فأنت ملعون عند إله *f* المشترى والإله [الآلهة] *g* الشمس ومن كان ملعونًا وهو مطرود ومَن كان مطرودًا فهو مُبعد *h* ومن كان مُبعدًا فهو كالآجرة التى بلَّ ترابها بالمآء ثم عُملت لبُنة ثم شُمّست ثم طُبخت بالنار ثم أُدخلت فى استعمال الحائط فوقها وتحتها الثقل *i* فما انفكّت من عذاب على عذاب الى ان يُرفَع *k* طورا الى علّيّين فيتخلّص من الارضبة وتصير حقيقته سماوية كريمة حارّة *l*

a) Tafeln, auf denen Gesetze oder Weisheitssprüche geschrieben, oder Tafeln, die sich in den Händen von Propheten und Weisen befinden, werden öfters in unserm Ruche erwähnt. — *b*) Cod. سرميد, in der persischen Uebersetzung شرميد; wir schrieben شرميد mit Verwandlung des ذ in د, weil ersterer wahrscheinlich nur dem vorangehenden Vocal seine Existenz zu verdanken hat. شرميد könnte ein aus dem Schaf'el eines Verbums רמד gebildetes nomen proprium sein. — *c*) Cod. جوثا, die persische Uebersetzung جوثا; vgl. sogleich in *d*. — *d*) Die persische Uebersetzung: جوثا oder جوثا was mit diesem حوثا oder جوثا كه مشترى بر زبان جوثا كه ساكن زمين است وحى فرستادست: gemeint ist, kann ich nicht angeben. Im Meràçid (I. p. ٢٧ s. v. جوثاء) kommt جوثاء als ein Name eines daselbst nicht näher bezeichneten Ortes vor; aber das in unserm Texte gleich auf جوثا folgende ساكن nöthigt zur Annahme, dass جوثا ein nomen proprium irgend eines Mannes sei; dabei bleibt aber der ganze Satz unverständlich, da es nicht denkbar ist, dass dieser جوثا oder جوثا eine Sprache für sich hatte. Ich möchte daher die fragliche Stelle auf folgende Weise emendiren: على لسان اهل جوخا سُكّان الارض: اهل kann nämlich leicht ausgefallen sein, جوثا aber kann leicht aus جوخا und ساكن aus سكان entstanden sein. جوخا, zuweilen auch جوخى geschrieben, ist eine zu Babylonien gehörende äusserst fruchtbare Provinz, welche in der «nabathäischen Landwirthscbaft» sehr oft erwähnt wird und östlich vom jetzigen Bagdâd in der Nähe von Chûzistân liegt (s. Meràçid l. c. s v جوخا); der Jupiter-Apostel Scharmîdâ stammte wahrscheinlich aus dieser Provinz her, deren Bewohner wohl einen eigenthümlichen Dialect gesprochen haben; vgl. oben p. 18, Anmk 26, wo nachgewiesen wurde, dass die babylonische Sprache in viele Dialecte zerfiel; vgl. auch oben p. 139, Anmk. 300. Auch in unserm Buche ist (IX. 18, p. 96) von Frauen die Rede, welche sich unterhalten بالنبطيّة بلغة اهل باجرما وبلغة اهل الجزيرة فيما بين الخابور والبليخ. Die Provinz Bâgermâ grenzte fast an die Provinz G'ûchà; vgl. oben p. 31, Anmk. 46. — *e*) Cod. يودى. — *f*) Cod. ursprünglich الالهة, worauf dann ة weggestrichen wurde; vgl. sogleich in *g*; die persische Uebersetzung hat hier: خداى خويش يعنى مشترى. — *g*) Die persische Uebersetzung: خداى خدايان افتاب; das in *f* erwähnte الالهة gehört wahrscheinlich hierher vor الشمس. — *h*) Solche Redensarten wie hier: ومن كان ... وهو ... ومن كان ... وهو الخ kommen auch in der «nabathäischen Landwirthschaft» öfters vor, und dies scheint eine babylonische Eloquenz zu sein. —

21

Welche sonderbare, alterthümliche Redeweise, und welche fremdartige uns fast unverständliche Bilder! Besonders ist uns der Schluss nicht ganz verständlich. Wie dem aber auch sei, wir sehen hier einen Propheten, der im Namen des Gottes Jupiter auftritt und erhabene Lehren predigt, die sogar die äusserste Schonung der Thiere fordern; und wenn es hier nicht ausdrücklich gesagt ist, dass er der Stifter der Jupiterreligion war, so sieht man doch wenigstens, dass er im Namen dieses Gottes neue Satzungen und Lebensprincipien verkündet hat, und es ist daher nicht unwahrscheinlich, dass er, Azâdâ, dem Stifter der Saturnreligion ähnlich, gleichfalls der Stifter einer neuen Religion, und zwar der des Jupiter, war.

Wann dieser edle Religionsstifter gelebt hat, lässt sich nicht genau angeben; aber wahrscheinlich lebte er gleichfalls vor Adamî. Mâsî der Sûrâner, der Urenkel Adamî's, eben so sein Schüler, der Dichter Gernânâ, haben sich nämlich, wie schon oben (p. 57) bemerkt wurde, zu der Lehre bekannt, dass den Göttern keine lebenden Wesen geopfert werden dürfen, und es kann fast gar nicht zweifelhaft sein, dass diese Lehre eine mittelbare oder unmittelbare Folge der erwähnten von dem Jupiter-Apostel Scharmîdâ verkündeten Grundsätze über die Schonung aller lebenden Wesen war. Was uns aber um so eher zu dieser Vermuthung berechtigt, sind die von Qûťâmî (Cod. L. *d*, p. 269) mitgetheilten Angaben der Anhänger des Mâsî des Sûrâners, nach denen derselbe mit dem Jupitercultus in enge Verbindung gebracht wird. So behaupteten sie von ihm, dass Jupiter ihm die Erfindung einer gewissen Art des Weinstockes geoffenbart habe und führten als Beweis die Umstände an, dass der Name Mâsî's auf dem Vorbau und auf den vier Seiten des Jupitertempels in Sûrâ sich geschrieben findet und dass seine Nachkommen in diesem Tempel den Priesterdienst bis auf den heutigen Tag verrichten. Da nun Mâsî in so enger Verbindung mit dem Jupitercultus gebracht wird, und da er auch gegen das Opfern lebender Wesen sich erklärt hat, so liegt die Vermuthung sehr nahe, dass er ein Anhänger des Scharmîdâ war; demnach müsste dieser vor Adamî, oder spätestens mit diesem gleichzeitig gelebt haben.

Dieser Religionsstifter scheint gleichfalls noch in den jüngsten Zeiten der Babylonier seine Anhänger gehabt zu haben; denn Tenkelûschâ sagt, dass derjenige, welcher im 10. Grade der Jungfrau bei gewissen Erscheinungen geboren wird, ein frommer von Gott geliebter Mann sein, der unter Anderm auch den Leuten verbieten wird, Thiere zu schlachten und den-

---

i) Cod. المعل; in der pers. Ueb. fehlt die Ueb. der Worte فوقها وتحتها الثقل. — *k*) Cod. يرفعها, was keinen Sinn hat; denn nach dieser Lesart müsste das Suff. ها, so wie auch das Folgende auf الآجرّة bezogen werden, was gewiss unmöglich ist; nach unserer Emendation aber bezieht sich das hier Gesagte auf den sündigen Menschen, mit dem, nach überstandener Strafe, das hier angegebene geschieht; vgl. sogleich in *l*. — *l*) Cod. حاره; die persische Uebersetzung: تا آنکاه كه بعليين رسل واز زمينها خلاص ياود [st. يابد] واسمانى شود; hier ist es unbestimmt gelassen, auf wen das hier Gesagte sich bezieht. So unverständlich aber auch dasselbe sein mag, so ist es doch viel wahrscheinlicher das Verbum رفع auf den Menschen als auf den Ziegelstein zu beziehen, besonders da das Suff. ه in حقيقته nur auf erstern bezogen werden kann.

selben etwas zu Leide zu thun[370]: offenbar hatte Tenkelûschâ hier einen frommen Anhänger des Scharmidâ im Auge gehabt.

Unsere kleine Schrift des Tenkelûschâ enthält auch sehr wichtige Notizen, aus denen
man ersehen kann wie vielseitig und mannichfach die babylonische Literatur überhaupt und
besonders die historische ausgebildet war. So werden darin erwähnt: eine Art von encyclopädischen Schriften, die von verschiedenen Wissenschaften handeln[371]; ferner Schriften, in denen die verschiedenen Künste ausführlich und im Detail behandelt wurden[372]; Schriften über
Philosophie und Astronomie[373], über Zauberei[374], über Medicin[375], dann Schriften, welche von
den Religionen und von den Gesetzen handeln[376], ferner «die Schriften der Alten» und «die alten
Schriften»[377], Gebet- und Hymnenbücher[378], Poesien und Gesetzbücher[379], antireligiöse Schriften[380]

370) VI. 10, p. 44 : ... يكون مَسْعُودَ الجَدّ مَيْمُونًا مَقْبُولاً مُحِبًّا لله (عز وجل) مُحِبًّا للخير فَعّالاً له قايلاً

.بالصدق يأمر بالبرّ والسلامة والدعة ويَنْهَى الناس عن ذَبْح الحيوان وتعذيبه Wenn unsere Vermuthung
richtig ist, dass hier von einem Anhänger der Jupiterreligion die Rede ist, so kann man daraus ersehen mit welchen
guten Eigenschaften ein solcher ausgestattet war und welche hohe moralische Grundsätze diese Religion gepredigt hat.

371) VI. 12, p. 46: ... الواح خشب مكتوب فيها الحكمة والعلوم النافعة وعلم الفلسفة ومعرفة العقاقير

والادوية ومعها قطع حجارة كبار منقورة فيها كتاب فيه العلوم والحكم وعلم النجوم واسرار الفلك وافعال
الكواكب .

372) VI. 13, p. 46 : ... الواح حجارة واساطين حجارة مكتوب عليها تعليم كلّ صنعة على وَجْه الارض

بتفصيل وتدقيق . Hier ist allerdings nicht ausdrücklich von derartigen Schriften die Rede, aber واحكام واذهم
offenbar hat es auch Bücher vom angegebenen Inhalt gegeben.

373) Vgl. oben p. 151, Anmk. 341 und die vorletzte Anmerkung.

374) كتب السحرة werden erwähnt II. 26, p. 19.

375) Die كتب الاطبّاء werden IV. 8, p. 27 erwähnt; vgl. oben p. 151, Anmk. 339. Ja in der babylonischen
Literatur hat es sogar medicinische Monographien gegeben; VII. 20, p. 59 wird nämlich erwähnt: صحيفة فيها

.علوم العلاجات وصفات ادوية العين

376) XI. 26, p. 140: ... يكون رجلاً ناظرًا فى كتب الاخبار والاديان والنواميس بَحّاثًا جيّد
الاستنباط والفكر , vgl. oben p. 153, Anmk. 350 u. p. 154, Anmk. 354.

377) كتب القديمة und كتب القدماء werden erwähnt; vgl oben p. 151, Anmk. 339, und p. 154, Anmk. 353.

378) XII. 17, p. 151 : صحف فيها... ; ... ; XII. 29, p. 157: ...كتب ودفاتر فيها تسبيح وتقديس ومدح الآلهة
تمجيد وتقديس لله ومدايح كثيرة ; über die Hymnenbücher des Saturn-Apostels Azâdâ vgl. oben p. 136,
Anmk. 291.

379) Vgl. Anmk. 376 u. oben p. 152, Anmk. 344, p. 153, Anmk. 348.

380) Vgl. oben p. 142, Anmk. 306.

u. s. w. Was nun die historische Literatur anbetrifft, so werden darin erwähnt: allgemeine Weltgeschichten[381], Schriften, welche die Geschichten der alten Völker mit verschiedenen darauf bezüglichen Abbildungen, und auch ohne solche, enthalten[382], ferner Geschichten der Männer der Vorzeit[383], Biographien der Weisen[384], Geschichten der Feldherren und Edlen[385], Monographien von einzelnen Königen[386], die vier Bücher des Auzwâjâ über die Regierung des Reiches, der Städte u. s. w.[387]. Ueberhaupt ist öfters von «Geschichtsbüchern» die Rede, so wie auch von Geschichtsschreibern und von Lehrern der Geschichte, die den Knaben in der Geschichte der alten Völker Unterricht ertheilen[388]. Aus diesen Umständen kann man ersehen, wie mannichfach die babylonische Literatur überhaupt ausgebildet war und wie besonders die historische Literatur und die historische Wissenschaft vielseitig bearbeitet wurde und allgemein verbreitet war, so dass sogar Kinder die Geschichten der alten Völker lernten. Mann kann aber unmöglich annehmen, dass dieser blühende Zustand der babylonischen Literatur in die Jahrhunderte fällt, welche dem Zeitalter Tenkelûschâ's unmittelbar vorangegangen sind; denn diese Jahrhunderte bildeten die Zeiten des grössten Verfalls Babyloniens, wo dieses Reich seinem jähen Untergang mit Riesenschritten entgegenging[389]. Wir müssten demnach jene Blüthenzeit der babylonischen Literatur in die, dem Nebûkadneçar, oder wenigstens Nabonit vorangegangenen Zeiten setzen, selbst wenn wir die bei weitem älteren Nachrichten der «nabathäischen Landwirthschaft», die gleichfalls eine uralte, hohe geistige Cultur bezeugen, nicht vor uns gehabt hätten.

Das Buch, von dem die oben (p. 11) erwähnten Fragmente sich erhalten haben, führt den Titel: كتاب اسرار الشمس والقمر «das Buch von den Geheimnissen der Sonne und des Mondes», es wird aber von arabischen Schriftsellern auch oft unter dem abgekürzten Titel: كتاب اسرار القمر، كتاب الاسرار, «das Buch der Geheimnisse des Mondes», oder auch blos

---

381) Vgl. oben p. 152, Anmk. 344.

382) IV. 14, p. 29: دفاتر فيها صور واخبار الامم السالفة كلّ ذلك مصوّر بصور حكمة مذهبة ....; vgl. oben p. 152. Anmk. 344.

383) VII. 22, p. 60: يحبّ سماع الاغانى والاحاديث واحاديث المتقدّمين واخبارهم ....; vgl. oben p. 152, Anmk. 344.

384) III. 1, p. 20: ....رقاع مكتوب فيها سيَر الحكماء ....

385) V. 19, 38: ....صبيان معهم الواح فيها اقاصيص القوايد واخبار الكرام ....

386) Wie z. B. die Geschichte des Königs Qijâmâ; vgl. oben p. 135, Anmk. 289.

387) III. 4, p. 21: دفاتر اوزوايا الاربعة فيها سياسات الملك والمدن وما اشبة ذلك واتّصل به .... Nach dieser Angabe zu schliessen scheint dieses Werk etwas Aehnliches wie die Πολιτεῖαι des Plato und des Aristoteles gewesen zu sein. — اوزوايا ist mir sonst unbekannt und dieser Name ist auch in der persischen Uebersetzung, wohl aus Versehen, ausgefallen.

388) Vgl. oben p. 152, Anmk. 344 und oben Anmk. 385.

389) S. oben p. 42.

«das Buch der Geheimnisse», erwähnt, zuweilen wird es auch كتاب التعفينات, «das Buch von den Verwesungen genannt. Um aber einen klaren Begriff von dem Inhalt dieses Buches zu geben und um den Sinn dieser Titel zu erklären, wollen wir folgende Bemerkungen vorausschicken.

Die alten Babylonier hatten nämlich bei ihren hohen wissenschaftlichen Bestrebungen zugleich einen entschieden praktischen Sinn und verfolgten bei ihren gelehrten Forschungen häufig rein praktische Zwecke. Sie stellten den Satz auf, der Mensch, wenn er den Naturprocess genau und sorgfältig beobachtet hat, könne dann der Natur nachahmen und selbst Dies und Jenes schöpferisch produciren. Dieser Grundsatz ist an und für sich in gewisser Beziehung richtig; denn wenn wir in regenloser Zeit die Felder mit Wasser tränken, so ahmen wir dem Naturprocess nach und suchen die ausgebliebene Thätigkeit der Natur zu ersetzen; ja die neuesten chemischen Fortschritte auf dem Gebiete der Agronomie beruhen auf jenem babylonischen Grundsatz. Die Hauptsache ist aber dabei wie dieser Grundsatz ausgeführt und praktisch angewandt wird, worin viele der alten Babylonier jedenfalls zu weit gingen und statt einer ächten Wissenschaft Charlatanerie und Aberglauben beförderten. Die Babylonier behaupteten nämlich, dass der Mensch durch gewisse Vorrichtungen nicht blos Pflanzen und Metalle, sondern sogar lebende Wesen schaffen könne, wenn er nur dabei die Thätigkeit der Natur bei der Production dieser Dinge genau beobachtet und derselben treu nachahmt. Wir haben ohne Zweifel dieser Meinung die ersten Grundlagen zu unsern Naturwissenschaften, zugleich aber auch die vielen Ausschweifungen derselben zu verdanken. Diese künstlichen Erzeugungen wurden von den Babyloniern توليدات, «Erzeugungen», oder تكوينات, «Bildungen», endlich auch تعفينات «Verwesungen» genannt, und zwar rührt der letztere Name daher, weil die Babylonier von dem Grundsatze ausgingen, dass die Dinge erst nach einer vorangegangenen Verwesung entstehen. Qûťâmî widmet der Lehre von diesen künstlichen Erzeugungen ein ziemlich langes Capitel, das er الفايدة الكبرى, «der grosse Nutzen» überschrieben hat und worin er sich über diesen Punkt ziemlich vernünftig ausspricht. Aus den Angaben Qûťâmî's in diesem Capitel, so wie auch an manchen andern Stellen, ergeben sich folgende Thatsachen:

Asqôlebîťâ, der uralte babylonische Apostel des Sonnencultus, hat schon jenen Grundsatz ausgesprochen, dass der Mensch den Wirkungen der Natur nachahmen und selbst Dies und Jenes produciren könne. In seinem grossen Werke, betitelt كتاب اسرار الشمس, «das Buch der Geheimnisse der Sonne», von dem bei Qûťâmî sich ziemlich viele Fragmente erhalten haben, hat er vielfach von diesen künstlichen Erzeugungen gehandelt, und er hat, wie es scheint, die Meinung aufgestellt, dass man Alles, d. h. nicht nur Pflanzen und Metalle, sondern sogar lebende Wesen, künstlich erzeugen könne, wenn man nur die dazu nöthigen Stoffe besitzt und die Behandlung derselben versteht. Qûťâmî theilt auch eine von ihm vorgeschriebene Operation mit, in Folge deren ein monströses Thier erzeugt worden sein soll. Jene Annahme ist leicht erklärlich wenn man bedenkt, dass erst die neuere Wissenschaft nachgewiesen zu haben glaubt, dass es keine *generatio aequivoca* mehr giebt und dass z. B. sogar die im lebenden Thierkörper gefundenen Würmer sich nicht aus diesem, sondern aus Eiern gebildet haben. Wie leicht konnte man früher auf den Gedanken kommen, dass man Pflanzen und Thiere künstlich aus gewissen Stoffen produciren könne, da wir viele wildwachsende Pflanzen sehen, die, wie man sehr lange glaubte, von selbst entstehen, und da wir auch täglich wahrnehmen, dass gewisse Thiere sich in faulenden Stoffen entwickeln. Etwas aus Nichts erzeugen zu können, hat dagegen kein Babylonier je behauptet.

Andere Babylonier, die nach Asqôlebîtâ lebten, haben die Principien desselben weiter entwickelt, und der alte Zauberer 'Ankebûtâ hat in seiner Schrift über künstliche Erzeugungen behauptet, dass er sogar einen Menschen erschaffen hätte, und er giebt auch in jenem Buche an, auf welche Weise er dies zu Stande gebracht hat und wie dies ihm gelungen ist. 'Ankebûtâ, der dieses Kunststück aus der von Asqôlebîtâ in dessen erwähntem Buche gegebenen Beschreibung, wie die Sonne den Menschen gebildet hat, gelernt haben will, gestand aber, dass der von ihm geschaffene Mensch ein sprach- und vernunftloses Wesen war, dass er nur in seiner äussern Gestalt einem Menschen ähnlich war und auch nichts genoss, sondern nur die Augen auf- und zuschloss; er behauptet aber, dass er dieses Wesen ein Jahr lang künstlich lebendig erhalten hätte, indem er ihm etwas Nahrung in den Körper einfliessen liess. Desgleichen behauptete 'Ankebûtâ, eine weisse Ziege geschaffen zu haben, die aber ebenfalls keine Stimme und weder gegessen noch getrunken hatte, sondern nur die Augen auf- und zuschloss. Ein jüngerer Zauberer, Namens Çinâtâ (oder Çebîatâ) hat gleichfalls einen Menschen schaffen wollen, aber der zu seiner Zeit regierende König hatte ihn davon zurückgehalten, indem er sagte, dass Çinâtâ seine Zeit auf eine für die Menschen nützlichere Beschäftigung verwenden möge; Qûtâmî meint, dass der König dies aus politischen Gründen gethan hätte.

Später als 'Ankebûtâ hat sich Adamî, der Apostel des Mondes, in seiner Schrift كتاب التوليدات, «das Buch der Geheimnisse des Mondes», welche auch كتاب اسرار القمر «das Buch der (künstlichen) Erzeugungen» genannt wird, vielfach mit der Lehre von den künstlichen Erzeugungen beschäftigt. Qûtâmî theilt viele Fragmente aus dieser Schrift des Adamî mit, und es scheint, dass derselbe nur von der künstlichen Erzeugung von Pflanzen handelt; ja Qûtâmî sieht Adamî gewissermaassen als den wissenschaftlichen Begründer dieser Disciplin in Bezug auf die künstliche Erzeugung der Pflanzen aus gegebenen Stoffen an. Die Vorgänger Adamî's sollen nach Qûtâmî die Art und Weise wie Pflanzen von selbst entstehen, nicht gehörig erforscht haben, Adamî aber soll dies zuerst ergründet und seinen Nachfolgern gezeigt haben, wie durch Vereinigung gewisser Dinge, die in der Erde vergraben und daselbst in Verwesung übergehen, oder auf sonst eine gewisse Weise behandelt werden, eine Wirkung hervorgebracht werden könne, die dem von der Natur von selbst Erzeugtem ähnlich ist. Qûtâmî führt aus der erwähnten Schrift Adamî's verschiedene Vorschriften und Methoden desselben an, wie eine solche (angebliche) *generatio aequivoca* hervorgebracht werden könne, die allerdings von einem modernen Botaniker schwerlich gebilligt werden, die Qûtâmî aber auf eine rationelle Weise zu erklären sucht. Qûtâmî giebt uns auch nähere Auskunft über jenes Buch des Adamî, und man ersieht aus seinen Mittheilungen, dass dasselbe mit einer ausführlichen Einleitung versehen war, in der Adamî die Grundprincipien seines Systems auseinander setzte, worauf er dann speciell von der künstlichen Erzeugung der verschiedenen Pflanzen handelt.

Aus den Angaben Qûtâmî's ersieht man auch, dass Mâsî der Sûrâner sich gleichfalls mit der Lehre von den künstlichen Erzeugungen beschäftigt hat. Ob er auch darüber eine selbstständige Schrift verfasst, oder ob er von diesem Thema nur gelegentlich in seinen andern Schriften über den Ackerbau gehandelt hat, kann ich nicht mit Bestimmtheit angeben. Er scheint aber jedenfalls die Principien seines Urgrossvaters Adamî weiter entwickelt zu haben.

Qûtâmî selber giebt es zu, dass die allermeisten wildwachsenden Pflanzen nicht von selbst, sondern durch Samen entstehen, die entweder der Regen oder sonst irgend eine Wasserströmung gebracht hat. Er meint aber, dass es dabei auch zuweilen eine *generatio aequivoca* gebe; denn, meint er, da man doch annehmen müsse, dass es zu irgend einer Zeit eine solche gegeben hat, die durch eine Thätigkeit der Natur producirt wurde, so kann sich eine solche Selbstzeugung auch wiederholen. Wird aber der Process einer solchen Selbstzeugung beobachtet, so kann der Beobachter, nach Qûtâmî's Meinung, auch eine solche selbst produciren. Die Götter, meint er ferner, haben den Menschen die Fähigkeit verliehen, der Natur nachzuahmen; nur glaubt er nicht, dass der Mensch im Stande sei der Natur in allen Stücken nachzuahmen. Qûtâmî meint daher, dass jene Fähigkeit des Menschen sich nur auf die Nachahmung einiger wenigen Dinge der Thätigkeit der Natur beschränke, dass der Mensch aber keinesweges im Stande sei, alles das zu produciren, was die Natur hervorbringt. Dass man Pflanzen künstlich produciren könne, glaubt er wohl, dagegen glaubt er nicht, dass man auch lebende Wesen erschaffen könne. Die Angaben des erwähnten 'Ankebûtâ und anderer alten Babylonier, welche behaupteten, auch lebende Wesen geschaffen zu haben, will er zwar nicht ganz offen für reine Lügen erklären, er scheint sie aber als solche anzusehen, obgleich er dies nicht ausdrücklich sagt.

Qûtâmî theilt, wie oben gemeldet wurde, viele Angaben Adamîs mit, auf welche Weise verschiedene Pflanzen künstlich erzeugt werden können. Qûtâmî war aber ein Mann, der überall und bei jeder Gelegenheit den Grundsatz predigte, dass die Empirie die wichtigste Leiterin in der Agronomie sein müsse und dass sie allein über den Werth oder Unwerth einer agronomischen Maassregel entscheiden könne; er hat daher auch nach den Angaben Adamî's experimentirt und die Experimente sind, wie es zu erwarten war, mit wenigen Ausnahmen misslungen. Qûtâmi, der ein grosser Verehrer Adamî's war, sucht dieses Misslingen auf folgende Weise zu erklären. Er meint nämlich, viele dieser Experimente hätten seine Landleute in seiner Abwesenheit gemacht und sie seien alle misslungen, was er als eine Folge des ungenauen Verfahrens seiner Bauern ansieht; von denen aber, die in seiner Gegenwart ausgeführt wurden, sind zwar die meisten misslungen, manche aber sind auch gelungen. Die misslungenen Experimente, meint er, rühren daher, weil der Text in dem erwähnten Buche des Adamî sich in einem verworrenen Zustande befindet. Qûtâmî, der bei jeder Gelegenheit Îschîtâ und dessen Anhänger gerne etwas am Zeuge flickt, macht auch hier dem ersteren den Vorwurf, dass er diese Schrift seines Vaters vernachlässigt und dieselbe weder selbst auswendig gelernt, noch

Andern befohlen hat, es zu thun, um einen richtigen Text zu erhalten und denselben vor Verfälschungen zu schützen[390]. Nach Qûťâmî hat Adamî zwei Methoden angegeben, wie man
Pflanzen künstlich erzeugen könne und zwar soll dies entweder durch Vergrabung, oder
durch Verbrennung gewisser Dinge geschehen können. Nur meint Qûťâmî, dass ihm die
Experimente bei Anwendung der letztern Methode weit öfters gelungen seien, als bei der der
erstern. Er glaubt aber, dass dies daher rührt, weil er nach der letztern Methode überhaupt
weit öfters experimentirt hat als nach der erstern.

Schriften, welche von den künstlichen Erzeugungen von Pflanzen, Metallen und lebenden
Wesen handelten, scheint es in Babylonien sehr viele gegeben zu haben. Auch unsere Fragmente sind Ueberreste einer solchen Schrift. Die mir bis jetzt bekannten Fragmente
finden sich fast alle in einer agronomischen Schrift und handeln daher nur von der künstlichen
Erzeugung von Pflanzen; und nur ein einziges kurzes Fragment bei einem andern Schriftsteller enthält eine kurze Angabe über das Entstehen der Metalle: es lässt sich aber daraus nicht
mit Bestimmtheit folgern, ob jenes Buch auch von der künstlichen Erzeugung von Metallen
handelt. Wir wollen aber zuerst einige literarhistorische Notizen über das Werk, aus dem unsere Fragmente sich erhalten haben, mittheilen, worauf wir den Inhalt des verloren gegangenen
Buches untersuchen werden.

In der oben (p. 8, Anmk. 4) erwähnten Notiz im Fihrist el-'Ulûm über Ibn-Wa'h-
schijjah wird eine Schrift desselben, betitelt كتاب اسرار الكواكب, «das Buch der Geheimnisse der Planeten», ohne alle näheren Angaben erwähnt; es ist aber jedenfalls sehr zweifelhaft, ob damit unser Buch gemeint ist. Ibn-Sînâ bemerkt in dem Capitel علم سيميا seines
Dorr-en-Nezîm[391], dass die natürliche Magie in zwei Branchen zerfällt, nämlich in die
Kenntniss der eigenthümlichen Kräfte und Eigenschaften der Pflanzen, Metalle und Thiere und
in die Kenntniss der Construction von Maschinen u. s. w.; darauf sagt er: ومن الكتب الجيّدة
فى النوع الاوّل التعفينات الذى نقله ابن وحشيّه, «zu den vortrefflichen Büchern, welche von der
ersten Art handeln, gehört (das Buch) et-Ta'afinât (die Verwesungen), welches Ibn-Wa'h-
schijjah übersetzt hat»[392]. Hier wird also unser Buch nur unter dem Titel التعفينات erwähnt,
und es wird ausdrücklich gesagt, dass Ibn-Wa'hschijjah es übersetzt hat.

In dem Irschâd-el-Qâçid[393] spricht Sachâwî von den verschiedenen Arten der Zauberei und bemerkt darauf: der Zauberei naheliegend ist die Production jener wunderbaren
Kräfte, die durch verschiedene Compositionen hervorgebracht werden. Zuletzt sagt er, dass in
dem Buche: «die Geheimnisse der Sonne und des Mondes, welches Ibn-Wa'hschijjah

---

390) Man sieht daraus, dass selbst niedergeschriebene Bücher auswendig gelernt wurden, um den Text
derselben dadurch vor Verfälschungen zu schützen. Man kann also aus dem Umstand, dass irgend ein altorientalisches
Buch auswendig gelernt wurde, noch nicht folgern, dass dasselbe vom Autor nicht niedergeschrieben wurde.

391) Vgl. oben p. 115, Anmk. 233.

392) Vgl. Ancient alphabets etc. by Jos. Hammer, p. XVI f., wo p. XVII, Zeile 1 الجيّدة statt الجبرة zu lesen ist.

393) Pag. ٧٢ ff. vgl. oben p. 131, Anmk. 274.

aus dem Nabathäischen übersetzt hat», sich wunderbare Dinge über dieses Thema finden[394]. Auch hier wird also ausdrücklich gesagt, dass dieses Werk eine Uebersetzung aus dem Nabathäischen sei; nur wird dasselbe hier unter einem andern Titel als von Ibn-Sînâ angeführt. Wir werden gleich sehen, dass das كتاب اسرار الشمس والقمر mit dem كتاب التعافينات iden-tisch ist.

Der Kosmograph Schems-ed-Dîn Dimeschqî theilt nämlich in seinem Nuchbah ed-Dahr[395] zwei Fragmente unseres Buches mit und führt das erstere mit folgenden Worten an: قال ابن وحشيّه فى كتاب التعافين (sic) المسمّى باسرار الشمس والقمر, «Ibn-Wa'hschijjah spricht in dem Buche et-Ta'âfîn, genannt: die Geheimnisse der Sonne und des Mondes». Hier wird zwar nicht gesagt, dass Ibn-Wa'hschijjah blos der Uebersetzer dieses Buches sei, dies beweist aber nichts: denn die von Ibn-Wa'hschijjah aus dem Nabathäischen übersetzten Schriften werden von mohammedanischen Schriftstellern sehr häufig so citirt als wenn sie von ihm selbst verfasst worden wären; ja sie werden sehr häufig gradezu ihm zugeschrieben. Dagegen bezeugt hier Dimeschqî die Identität des كتاب اسرار الشمس والقمر mit dem كتاب التعافينات ausdrücklich. Auch Ġemâl-ed-Dîn el-Wathwâth el-Katbî, von dem wir gleich sprechen werden, citirt unser Buch gewöhnlich unter dem Titel كتاب اسرار القمر, an einer Stelle da-gegen citirt er es unter dem Titel كتاب اسرار القمر فى التعافين. 'Hâġî Chalfa erwähnt unser Buch[396] mit den Worten: اسرار الشمس والقمر فى النيرنجيات لابن وحشيّة [ابى بكر احمد], «die Geheimnisse der Sonne und des Mondes über natürliche Magie von Ibn-Wa'h-schijjah [Abû-Bekr A'hmed]. Der ursprüngliche Titel unseres Buches scheint also كتاب اسرار الشمس والقمر gewesen zu sein, und كتاب التعافينات wurde es wahrscheinlich, aus dem oben angegebenen Grunde, wegen seines Inhalts genannt.

So weit es mir jetzt bekannt ist, finden sich die fraglichen Fragmente nur bei Dimeschqî und bei dem erwähnten el-Katbî, und zwar finden sich bei ersterm (Buch II. Cap. VIII seines erwähnten Werkes) nur zwei Fragmente. Dass erstere derselben[397] enthält Angaben über das Entstehen der Mineralien, Pflanzen und der lebenden Wesen. Dieses Fragment scheint der Einleitung entnommen zu sein und ich weiss es nicht, ob man berechtigt ist daraus zu folgern, dass das Buch auch von der künstlichen Erzeugung von Metallen und lebenden Wesen handelt; wenigstens ist mir bis jetzt kein Fragment bekannt, das für diese Annahme spräche. Ueber den Inhalt des zweiten Fragments bei Dimeschqî kann ich jetzt noch keine genaue Auskunft geben, weil der Text der betreffenden Stelle in der mir vorliegenden Handschrift des Dimeschqî

---

394) Pag. ٧٠ : وفى كتاب اسرار الشمس والقمر نقل ابن وحشية عن النبط غرايب هذا الامر وعجايبه.

393) Vgl. über dieses Buch und dessen Verfasser Ssabier II. p. XXVIII ff.

396) I. p. 281, Nr. 630.

397) Der Anfang dieses Fragments kommt bei Dimeschqî noch einmal (II. 2) vor, wo derselbe ihn blos mit den Worten قال ابن وحشيّة citirt.

verworren zu sein scheint und ich daher nicht genau weiss, wo dieses Fragment anfängt und wo es endet. Es ist nämlich möglich, dass die von Dimeschqî mitgetheilte Angabe über das Entstehen von Salz, Alaun und Salpeter unserm Buche entnommen ist; sicher ist es dagegen, dass die Angabe, nach der die Pilze als ein Mittelding zwischen Pflanzen und Mineralien anzusehen seien[398], aus demselben geschöpft sei. Dagegen finden sich 35 zum Theil ziemlich lange Fragmente unseres Buches in dem 4. Fenn des encyclopädischen Werkes des oben erwähnten Ġelâl-ed-Dîn Mo'hammed Ibn Ibrâhîm el-Wath'wâth el-Katbî el-Warrâq (starb 718 = 1318), betitelt Manâhig' el-Fikr we-Mabâhig' el-'Ibr[399]. Das vierte Fenn dieses Buches ist überschrieben كتاب فى علم الفلاحة und handelt ziemlich kurz vom Ackerbau. Sämmtliche in diesem Buche vorkommende Fragmente handeln daher ausschliesslich von der künstlichen Production verschiedener Pflanzen.

Diese Fragmente geben uns nicht den geringsten Aufschluss über den Verfasser und die Abfassungszeit des Buches, aus dem dieselben entnommen sind. Nur möchte ich aus dem Titel unseres Buches: كتاب اسرار الشمس والقمر, vermuthen, dass dasselbe aus einer Verschmelzung der beiden oben erwähnten Schriften, nämlich des كتاب اسرار الشمس des Asqôlebîtâ und des كتاب اسرار القمر des Adamî, entstanden sei. Was mich aber in dieser Vermuthung bestärkt, ist das, dass acht unserer Fragmente mit denen von Qût̄âmî mitgetheilten Fragmenten aus der erwähnten Schrift des Adamî in der That fast wörtlich übereinstimmen. Dass aber der Autor unserer Fragmente seine Angaben nicht blos aus der erwähnten Schrift des Adamî geschöpft hat, ersieht man daraus, dass dieselben in einigen Punkten von den Mittheilungen Qût̄âmî's aus jener Schrift Adamî's abweichen.

Wir haben uns bestrebt, in dem vorangehenden Blättern ein Bild von dem Inhalt der erhaltenen altbabylonischen Werke zu entwerfen und zugleich das Alter derselben approximativ zu bestimmen. Wir haben hier von diesen Schriften nur so viel mitgetheilt, als es nöthig war, um festzustellen, wer die Verfasser jener Bücher sind und wann dieselben abgefasst wurden. Das Werk des Babyloniers Tenkelûschâ ist ein Schatzkästlein, voll von Edelsteinen und Perlen; ich habe hineingegriffen und einige wenige derselben ausgestreut; die «nabathäische Landwirthschaft» dagegen ist ein ganzes Gebirge, gefüllt mit Gold, Silber und Edelsteinen; ich habe dieselben unberührt gelassen und beschränkte mich darauf, die Wege zu bahnen und einige Schachte zu eröffnen, ohne aber die dort aufgehäuften Schätze zu berühren.

Was hat aber, wird jeder ächte Historiker fragen, die historische Wissenschaft von der

---

298) Diese Ansicht findet man auch in Qazwînî's عجايب المخلوقات p. ٢٠٢ f. ed Wüstenfeld. Ueberhaupt scheint es mir, dass Qazwînî unser Buch stark benutzt hat, wenn er es auch nirgends ausdrücklich erwähnt.

399) Vgl. über dieses Buch und dessen Verfasser Ssabier I. p. 237, Anmk. 3. Mir liegt das ziemlich fehlerhafte Leidn. Ms. (Nr. 219) dieses Werkes vor.

Veröffentlichung jener altbabylonischen Schriften zu erwarten? Ich gestehe, dass ich, obgleich ich mich schon jetzt ziemlich lange mit denselben beschäftige, diese Frage noch nicht vollständig beantworten kann. Das Material ist so massenhaft, so mannichfaltig und so ganz und gar neu, dass ich die aus demselben zu ziehenden Folgerungen noch gar nicht übersehen kann. Was wussten wir bis jetzt von Babylonien oder von babylonischer Cultur? Nichts oder fast nichts. Ein gewaltiger Jäger vor dem Herrn, Nemrôd, den die Einen zu einer nebelhaften menschlichen Gestalt, die Andern zum Orion gemacht haben, herrschte einst über Babylon; dann tummelte sich die fabelhafte Figur der Semiramis herum, darauf kam man in einem gewaltigen Sprung zu Nabonassar, einige corrumpirte und entstellte Namen von Königen oder Statthaltern — man weiss dies nicht näher — folgten, mit Nabopalassar und Nebûkadneçar wird es ein wenig heller und mit Nabonit ist die Geschichte zu Ende. In einigen Zeilen ist somit die 4000jährige Geschichte Babyloniens erzählt. Ja, um es nicht zu vergessen, auch von babylonischer Religion und Cultur wusste man Manches und es wurden sogar Bücher, voll der schönsten Phantasieen, darüber geschrieben. Die Babylonier, wusste man, haben Sonne, Mond und Planeten verehrt; die Chaldäer waren Stern- und Traumdeuter, und somit war man mit der Cultur- und Religionsgeschichte Babyloniens fertig. Einzelne wichtige Data über die hohe Bildung der alten Babylonier wurden wenig beachtet und die Frage: ob die Babylonier eine Literatur hatten, wurde grösstentheils verneinend beantwortet, obgleich im Buche Daniel ausdrücklich von chaldäischen Büchern die Rede ist. Im Ganzen genommen wussten wir von der uns so fern liegenden Geschichte Chinas bei Weitem mehr als von der Babyloniens, die auf unsere Cultur jedenfalls einen bedeutenden Einfluss ausgeübt hat.

Was bieten uns aber dagegen die neuentdeckten Quellen für die babylonische Geschichte? Jene Schriften eröffnen uns eine neue völlig unbekannte Culturwelt, die so mannichfach, so grossartig, so herrlich und so schön war, wie die der Griechen und die, wie schon oben bemerkt wurde, sich chronologisch zu der griechichen Culturepoche so verhält, wie diese zu der unserigen. Allerdings findet man in diesen babylonischen Schriften nichts von dem, was man Weltgeschichte zu nennen pflegt; es finden sich nämlich in ihnen keine Beschreibungen von Schlachten, keine Nachrichten über die Art und Weise wie der rechte Flügel den linken des Feindes umgangen und, in der Verfolgung desselben zu weit vorgedrungen, selbst vom feindlichen Centrum in der Flanke angegriffen wurde, und auch sonst nichts von dergleichen andern sogenannten welthistorischen Thaten. Desgleichen findet man in jenen Büchern keine Kunde darüber, wie die Völker wie wilde Bestien gegenseitig auf der Lauer lagen, und jede günstige Gelegenheit abpassten, um in die Nachbarländer einzufallen, daselbst legitime Raub- und Mordthaten grausam auszuüben und sich fremden Eigenthums gewaltsam zu bemächtigen. Von solcher Geschichte findet man nichts in unsern babylonischen Quellen. Wir bedauern dies auch nicht; denn dieses ist eben so wenig wahre Geschichte, als die von irgend einem Menschen in der Raserei ausgeübten Handlungen die wichtigsten Momente der Biographie desselben bilden. Für die wahre Geschichte dagegen, d. h. für die Geschichte der Entwicklung des menschlichen Geistes, wie derselbe in der Religion, in der Philosophie, in der Erforschung der Gesetze der Natur, in seiner allmäligen Veredlung und in seinem beständigen Streben zur Sittlichkeit und Vollkommenheit sich manifestirt, ich sage, für diese wahre Geschichte sind unsere neu aufgefundenen babylonischen Quellen eine unerschöpfliche Fundgrube, und zwar verbreiten sie grosses Licht über Zeiten und Epochen, in denen bisher die tiefste Dunkelheit herrschte. Unsere historische Zeiten rücken plötzlich gegen 3000 Jahre hinauf. Und wie werden diese Tausende von Jahren mit Geschichte ausgefüllt! Es sind nicht etwa ein Paar verstümmelte Königsnamen, die uns aus jenen bis jetzt so dunkeln Zeiten herüberschimmern, nein, es ist eine grossartige, Herz und Seele erfreuende, unbekannte und ungeahnte Culturwelt, die sich uns aufthut. Eine grossartige, herrliche und vielseitig ausgebildete Literatur, tief denkende Männer und ernste Forscher, denen wir die Anfänge unseres Wissens zu verdanken, heilige Propheten, Gesetzgeber und grosse Religionsstifter, die Vieles zur Veredlung der Menscheit beigetragen haben und durch deren Worte Milliarden von Menschen geleitet wurden, Männer, welche durch ihre civilisatorischen Thaten die Menschen veredelt und gesittet, die durch ihre Erfindungen den Menschen auf Jahrtausende reichliche Nahrung und ein behagliches Leben verschafft, blühende Staaten, die durch Kunst, Wissenschaft und Religion sich hervorgethan haben, — dieses Alles, sage ich, was die Geschichte längst vergessen hat, tritt uns im herrlichsten Glanze entgegen. Wer waren die Männer, die in den Urzeiten der altsemitischen Welt die ersten Keime zur Bildung, Gesittung und Civilisation gelegt, welche die jüngern Griechen zum Theil geerbt und uns mitgetheilt haben? Wer waren jene Männer, welche dort weitverbreitete Jahrtausende lang herrschende Religionen gestiftet haben? Wer waren jene Männer, wie hiessen sie? Die Geschichte hat ihre hochgefeierte Namen vergessen und uns von ihren herrlichen Thaten keine Kunde überliefert; wir lernen sie jetzt kennen, und zwar treten sie uns nicht als Nebelgestalten der Vorzeit, als dunkele Erinnerungen der Menschheit entgegen, sondern als Männer mit Fleisch und Blut, als rein historische Persönlichkeiten, von deren grossen Thaten und Werken wir zum Theil die klarste und hellste Kunde erhalten.

Leer und öde lagen vor uns die Zeiten vor dem 13. Jahrhundert vor Christus, da tritt uns etwa im 14. Jahrhundert Qûťâmî, ein Mann von einem klaren Geiste und einer edlen sittlichen Natur, mit einem herrlichen, grossartig angelegten Werke entgegen. Man staunt, man zweifelt, man traut den eigenen Augen nicht und dennoch liegt uns sein grosses Werk so klar, so über alle Zweifel erhaben vor den Augen. Und dieses Werk des 14. Jahrhunderts ist nicht etwa der A n f a n g einer Culturepoche, es enthält keine dunkele Ahnungen des menschlichen Wissens, nein, es bildet den G i p f e l p u n k t einer uralten Civilisation und bekundet eine vorangegangene 3000 jährige Culturepoche. In Qûťâmî, dem Manne des 14. Jahrhunderts, lernen wir einen hellen Denker und einen klaren ernsten Naturforscher kennen, der seine Vorgänger, «unsere Alten», wie er sie oft nennt, häufig citirt und von ihnen oft so spricht, wie wir von den, von unseren Zeiten so weit entfernt liegenden Weisen des Alterthums: A r i s t o t e l e s, P y t h a g o r a s, O r p h e u s u. s. w. sprechen. Eine 3000 jährige Culturepoche ist ihm vorangegangen und lange lange vor ihm haben schon die Kämpfe zwischen Glauben und Forschen, zwischen Religion und Philosophie stattgefunden. Uralte semitische Weisen und Religionsstifter, denen der Ehrennamen «Propheten» beigelegt wurde, haben schon den Satz ausgesprochen, dass es nichts Böses auf der Welt gebe, dass das scheinbare Böse nur relativ in Bezug auf die Menschen als böse anzusehen sei, in der That aber sich nach denselben Naturgesetzen entwickele wie alle andern Dinge, und dass endlich jene uns treffende Uebel als Strafen der Gottheit für unsere Sünden anzusehen seien. Andere sehr alte kana'anäische und chaldäische Weisen behaupteten dagegen, dass Alles nach ewigen unveränderlichen Gesetzen, und zwar ganz ohne Bezug auf die guten oder bösen Thaten der Menschen, geschehe.

Wie in einem Gebirgslande, wo lange Reihen von verschiedenen Gebirgsketten auf einander folgen und bei Ersteigung des einen Gipfels eine neue Kette von Gebirgen sich vor unsern Augen entwickelt und immer so weiter geht, bis die letzten Gipfel allmählig in allgemeinen Umrissen und in dunkeln Massen erscheinen und zuletzt gänzlich in den Wolken verschwinden: so entwickeln sich uns in den Qûtâmî vorangegangenen Zeiten eine lange Reihe von verschiedenen Culturepochen und verschiedenen Culturzuständen, die immer einander vorangingen, bis die letzten ältesten Zeiten, die wohl dem 5. Jahrtausend angehören, sich allmählig in Dunkelheit und zuletzt in völliger Finsterniss verlieren. Gegen 400 — 500 Jahre vor Qûtâmî tritt uns Janbûschâd entgegen, dieser wahrhaft grosse Mann des babylonischen Alterthums, dieser ernste und eifrige Naturforscher, der sein ganzes Leben damit zubrachte, die Gesetze der Natur zu erforschen und die Tiefe der Religion zu ergründen und der im vertrauten Kreise seiner Schüler die höchsten und ewigen Wahrheiten von einem einzigen Gott, der auch die Sonne schuf und der Alles regiert und leitet, zu verbreiten suchte. Einige Jahrhunderte vor Janbûschâd lernen wir Dhagrît kennen, gleichfalls ein Forscher auf verschiedenen Gebieten der Naturwissenschaften, der aber der Repräsentant einer andern Culturepoche ist als die des Janbûschâd und der noch in spätern Zeiten seine Anhänger und Nachfolger hatte. Dieser Dhagrît, der, wie wir oben (p. 106 ff.) sahen, gegen 2000 v. Chr. gelebt hat, spricht von verschiedenen heiligen Männern des babylonischen Alterthums so, dass man sieht, dass dieselben für ihn Männer des grausten Alterthums, der fernsten Zeiten waren.

Lange vor Dhagrît ging eine andere Culturepoche voran, deren grosse Repräsentanten Mâsi der Sûrâner, dessen Schüler Ġernânâ, und die Kana'anäer Anû'hâ, Thâmitrî und Çardânâ sind. Ungeachtet ihres hohen Alters (gewiss nicht später als 2500 v. Chr.) stellen sie uns das Bild einer sehr fortgeschrittenen Culturepoche dar; Mâsî nämlich war nicht blos ein grosser Naturforscher, der über die Ursachen der Dinge forschte, sondern er war auch ein Mann von hoher priesterlicher Stellung, der einen grossen religiösen und moralischen Einfluss auf die Nachwelt ausgeübt hat; er bekannte sich schon, wie oben nachgewiesen wurde, zu der Lehre, dass man den Göttern keine lebende Wesen opfern dürfe, aus welchem Umstande man auch veredelte religiöse Begriffe folgern kann. Desgleichen war Thâmitrî ein grosser Naturforscher, der die Pflanzen systematisirte, der auch mit dem erwähnten Kana'anäer Çardânâ, der gleichfalls Naturforscher war, astronomische Mondtabellen entwarf. Auch Anû'hâ, der Apostel des Mondes, war eine grossartige Persönlichkeit, der sich ebenfalls durch sein Wissen und durch seine agronomischen Erfindungen auszeichnete, noch mehr aber durch seine kühne Opposition gegen den Götzendienst und durch seine Verkündigung edlerer Religionsbegriffe, für welche Bestrebungen er auch muthvoll litt.

Eine kurze Zeit vor ihnen lebte der grosse Religionsstifter Îschîtâ, dessen Religion fast über ganz Vorderasien verbreitet war und dessen Lehren, für eine spätere aufgeklärte Zeit wohl unheilvoll, für seine Zeit dagegen sicher heilsam waren, und jedenfalls eine hohe Moral predigte, der selbst Qûtâmî, der Gegner Îschîtâ's, seine Anerkennung nicht versagen kann. Îschîtâ ging sein grosser Vater Adamî voran, dieser grosse Civilisator, der eigentliche Begründer, Beförderer und Verbreiter eines rationellen Ackerbaus, der weite Länder durchreiste und durchforschte, Pflanzen aus fernen Gegenden nach Babylonien brachte und sie daselbst cultiviren lehrte. Adamî, zu dessen Zeit einzelne Theile Babyloniens noch von einer barbarischen Urbevölkerung bewohnt war, die den Ackerbau noch gar nicht kannte, war nicht blos der materielle Wohlthäter seiner Zeit und der Nachwelt, wesshalb ihm der Beiname «Vater der Menschheit» beigelegt wurde, sondern er war auch der geistige Leiter seiner Zeit, und spätere Generationen beriefen sich noch auf seine erhabenen und veredelten Lehren, die er verkündigt hat.

Noch weiter hinauf tritt uns die grosse Gestalt des Saturn-Apostels Azâdâ entgegen, der die Religion der Entsagung gestiftet und dieselbe durch seine Apostel in Osten und Westen zu verbreiten suchte, und dessen Anhänger und Nachfolger von den ältesten bis zu den jüngsten Zeiten herunter bei den Höhern und Gebildetern ein Gegenstand der Verfolgung, bei der Masse des Volkes dagegen ein Gegenstand der höchsten Verehrung waren. In die voradamischen Zeit gehört auch 'Ankebûtâ, bei dem die lange vor ihm vielfach gemachten Beobachtungen der Natur schon in Charlatanerie und Aberwitz ausgeartet sind. Derselben Zeit gehört auch Sâmâï-Neherî an, ein berühmter agronomischer Schriftsteller des babylonischen Alterthums, desgleichen der Dichter 'Hû'hûschî, dessen Name von den fernsten Generationen gefeiert wurde. Noch weiter hinauf begegnen wir der grossen Persönlichkeit des Asqôlebîtâ, des Apostels des Sonnencultus, der, wie es scheint, auch eine Kosmogonie schrieb und besonders durch seine medicinischen Schriften der Wohlthäter der folgenden Generationen wurde. Endlich gelangen wir bis zu Dewânâï, dem ältesten bekannten Gesetzgeber der Semiten, dem grossen Civilisator seiner Zeit, der in den semitischen Ländern göttliche Verehrung in ihm geweihten Tempeln genoss, dessen Andenken von spätern dankbaren Geschlechtern in Gedächtnissfesten gefeiert und dem auch der Beiname «Herr der Menscheit» beigelegt wurde. Wir glauben nun den höchsten Gipfel erreicht zu haben, aber nein, es ist nur ein grosses Gebirgsplateau, das wir mit Dewânâï erstiegen sind, eine Gebirgsebene, die mit Städten und Dörfern besäet, von einer reichen Bevölkerung bewohnt ist und hinter der noch unendliche bis zu den Wolken reichende Gebirgsmassen sich über einander thürmen. Die Zeiten Dewânâï's sind völlig historische und zu seiner Zeit war Babylonien schon ein vollkommen organisirter Staat mit einem König, mit Häuptern und Feldherren an der Spitze; wo es aber Feldherren giebt, giebt es auch ein Heer und eine geordnete Staatsverfassung. Ueberhaupt sieht man aus dem, was über Dewânâï mitgetheilt wird, dass eine lange Culturepoche diesem uralten Legislator vorangegangen ist. In der That leuchtet uns aus den vordevânâïschen Zeiten die Gestalt des Kâmâsch-Neherî entgegen, von dessen Leben die spätern Geschlechter nichts mehr zu berichten wussten, von dessen Sein und Wirken aber sein Werk in 3 Büchern über den Ackerbau mit dem fremdartigen Titel شياشق, Schijâscheq, uns Zeugniss ablegt. Diesen fernen Zeiten gehören auch viele babylonische Heilige und Lieblinge der Götter an, wie z. B. ʾĀʿâmî, Sûlinâ, Thûlûnî, Resâï, Kermânâ u. dgl. Andere, die göttliche Verehrung genossen, und deren Thaten den fernsten Generationen als Muster galten. Zuletzt erscheint uns noch das Bild des Märtyrers Tammûzî, der eine neue Religion, die des Planetendienstes, predigte und für dieselbe litt und starb, wofür er auch von den jüngsten Geschlechtern in fernen Ländern beweint und betrauert wurde. Vielleicht gehören die Männer, nach denen die 12 Monate benannt wurden[400], gleichfalls den zwischen Dewânâï und Tammûzî liegenden dunkeln Zeiten an. Dann aber verliert sich Alles im dicksten Nebel und eine undurchdringliche Finsterniss umgiebt die vorangehenden Epochen, aus denen kein Licht mehr zu uns herüberschimmert.

Diese hier aufgezählten Männer des babylonischen Alterthums — und wir haben hier nur einen sehr kleinen Theil der uns bekannten erwähnt — waren nicht etwa Stubengelehrte, die durch ihre Schriften nur die Wissenschaften beförderten, sondern sie waren die leuchtenden Sterne ihrer Zeit und der künftigen Generationen und sie waren es, welche durch ihre legislatorische Thätigkeit, durch ihre religiösen Institutionen, durch ihre moralischen Principien und durch ihren civilisatorischen Einfluss überhaupt der semitischen Welt für Jahrhunderte lang eine neue Lebensrichtung und eine neue Entwickelung gaben.

Machen wir aber den eben zurückgelegten Weg zurück und fangen wir mit Dewânâï — mit dem klare historische Zeiten beginnen — an und gehen bis auf Qûtâmî herunter, so entfaltet sich, ganz naturgemäss, eine stufenweise erfolgende und allmälige geistige Entwickelung vor unsern Augen. Die dunkeln Ahnungen des Dewânâïschen Zeitalters über die Ursachen und Wirkungen der Erscheinungen in der Natur werden durch Männer, wie Adamî, Janbûschâd, Qûtâmî und dgl. Andere, allmälig heller und klarer. Statt der frühern Anschauungen, nach denen man in verschiedenen Naturerscheinungen beständig sich wiederholende, unmittelbare Eingriffe der Götter immer sah und in der ganzen Natur lauter Wunder erblickte, traten Bestrebungen ein, die Ursachen und Wirkungen des Naturprocesses zu erforschen und die Gesammtthätigkeit der Natur auf allgemeine unabänderliche Gesetze zurückzuführen. Mit der Entwickelung der Erkenntnisse der Natur ging auch natürlich eine Entwickelung der religiösen Anschauungen Hand in Hand. Statt der von «den Alten» vorgeschriebenen hieratischen Mittel um die Fruchtbarkeit des Bodens und das Gedeihen der neu gepflanzten und frisch gepfropften Bäume zu befördern, oder um manches Uebel abzuwenden, sann man später über rationelle Mittel nach, dieses alles zu erlangen, suchte man neue Arten von Dünger zu erfinden, die Eigenschaften der verschiedenen Erdarten und die Wirkungen der atmosphärischen Einflüsse und der verschiedenen Bewässerungsmethoden zu erforschen. Der Conflict zwischen Religion und freier Forschung war daher schon frühzeitig da, so dass schon der zelo-

---

400) S. Ssabier II. p. 605 ff. § 3. vgl. ib p. 917.

tische Dhagrî́ in einer langen Rede — die ein Redacteur der conservativsten Kirchenzeitung
mit Vergnügen aufnehmen würde — sich gegen die Gottlosigkeit derjenigen ereifert, welche
glauben, dass man durch Anwendung eines gewissen natürlichen Mittels den todten Körper
eines Menschen vor Verwesung schützen könne[401]. Nicht durch natürliche Mittel, eifert Dhagrî́,
kann der Mensch seinen Körper nach dem Tode vor Verwesung und Auflösung bewahren,
sondern nur durch gute Handlungen, durch religiöse Uebungen, durch Darbringung von Opfern,
durch Anrufung der Götter mit deren schönen und grossen Namen, durch Gebet während der
Nacht und durch Fasten am Tage könne man allein durch die Gnade und Gunst der Götter
dieses erlangen. Und so fährt Dhagrî́ in seinem frommen Eifer weiter fort, zählt die Namen
verschiedener Heiligen des babylonischen Alterthums auf, deren Leichname sich lange unver-
west und unverändert erhalten haben, und sagt, dass diese Männer sich durch Frömmigkeit,
durch Enthaltsamkeit und durch ihre Lebensweise, welche der der edlen Engel glich —
deren Wandel dem des Mondes, und dessen Wandel wiederum dem der Sonne ähnelt —, sich
ausgezeichnet, und dass die Götter daher durch ihre Gnade die Körper jener Männer vor Verwesung geschützt hätten, damit die Nachwelt beim Anblick derselben zur Frömmigkeit und zur
Nachahmung jener frommen Lebensweise ermahnt werden. Qûʿâmî, der diese lange Rede des
Dhagrî́ mittheilt, führt auch die Meinung der Masse der Chaldäer an, nach der die Erhaltung der Körper jener heiligen Babylonier eine Folge der Wirkung von Seiten des Mondes und
des Jupiters sei. Qûʿâmî selbst, obgleich sonst so vorsichtig in Fällen, wo es sich um religiöse Fragen handelt, tritt hier ganz offen auf die Seite der Rationalisten hin und stützt sich
auf Ibrahîm, Janbûschâd und Feljâmâ-Neherî (oder Qelnâmâ-Neherî), welche gleichfalls
der Meinung waren, dass die Erhaltung des Körpers nach dem Tode durch die Anwendung
natürlicher Mittel — hauptsächlich durch den Genuss von Fenchel — erlangt werden könne. —
Vor 4000 Jahren wurde also schon, wie wir sehen, der Kampf gekämpft, der selbst in unsern
Tagen noch nicht zur Entscheidung gebracht wurde und dessen Ende wir nicht absehen können. — Und so wird unsere Weltgeschichte mit einer grossartigen, 3 — 4000 jährigen altsemitischen Culturepoche bereichert, die einer Zeit angehört. aus der nur einzelne dunkle Sagen
und Mythen sich erhalten haben. Durch diese neue alte Geschiche lernen wir auch den Ursprung
vieler fertigen Erscheinungen der sogenannten historischen Zeiten näher kennen, deren Entstehung uns bisher unbekannt war, und auch die Auffassung der Geschichte dieser Zeiten wird
in der Zukunft, wie ich es mit Bestimmheit voraussehen kann, nach Massgabe unserer neu
aufgefundenen Quellen vielfach modificirt werden.

Zum Schlusse erlaube ich mir noch die gelehrte Welt mit den mir zu Gebote stehenden handschriftlichen Mittel der erhaltenen altbabylonischen Literaturdenkmäler bekannt zu machen:

---

401) Wir erinnern hier an das, was wir oben (p. 158) bemerkt haben, dass die Babylonier die Erhaltung des
Körpers nach dem Tode als einen hohen Grad von Glückseligkeit angesehen haben.

A.

Von den Handschriften der «nabathäischen Landwirthschaft» sind von mir benutzt worden:

1. Die Codd. Nr. 303, *a*, (p. 1—552 u. p. 629—630) und Nr. 303, *b*, (p. 1—635) der Leidner Universitätsbibliothek, welche das ganze Werk enthalten mit Ausnahme der oben (p. 34 und 117) erwähnten Lücke.

2. Der Leidn. Cod. Nr. 303, *d*, entspricht dem Cod. L. Nr. 303, *a*, p. 313—478.

3. Der Leidn. Cod. Nr. 303, *c*, entspricht dem Cod. L. Nr. 303, *b*, p. 1—311, und enthält ausserdem noch einige Blätter aus der Lücke des Cod. 303, *a*, (vgl. oben p. 117).

4. Cod. Hunt. Nr. 340 der Bodlej., entspricht Cod. L. Nr. 303, *a*, p. 297—440.

5. Cod. Hunt. Nr. 326 daselbst, entspricht Cod. L. Nr. 303, *b*, p. 441—635, d. h. bis zu Ende des ganzen Werkes.

6. Cod. Upsalens. Nr. CCCXXXVIII (20), entspricht Cod. L. Nr. 303, *a*, p. 151—297.

7. Cod. Paris. Nr. 913, entspricht fol. 1, *b*. — 93, *a*, dem Cod. Up. und fol. 94, *b*. bis zu Ende (fol. 300, *b*.) dem Cod. L. Nr. 303 *c*.

B.

Von dem كتاب السموم besitze ich nur eine Copie des Leidn. Cod. Nr. 726; von dem oben (p. 121, Anmk. 243) erwähnten London. Cod. dieses Werkes habe ich noch keine nähere Kunde erhalten.

C.

Von dem كتاب تنكلوشا البابلي besitze ich eine Copie des Leidn. Cod. Nr. 891, und auch die oben (p. 130) erwähnte persische Uebersetzung dieses Werkes steht mir zu Gebote.

D.

Von den Fragmenten des كتاب اسرار الشمس والقمر besitze ich eine Copie aus dem Leidn. Cod. N. 219, die Hr. Prof. W. Wright mit dem Cod. Hunt. Nr. 349 zu collationiren die Güte hatte.

Hiermit richte ich auch an die Vorsteher von Sammlungen orientalischer Schriften und an die Privatbesitzer von orientalischen Handschriften die ergebenste Bitte, mich gütigst auf etwaige Handschriften der eben aufgezählten Werke oder anderer hier nicht erwähnten babylonischen Schriften aufmerksam machen zu wollen, wobei ich die dabei erwachsenden Unkosten mit Vergnügen tragen werde. Zugleich will ich die schon oben gemachte Bemerkung wiederholen, dass manche Handschrift den Namen Ibn-Wa'hschijjah's als Autor an der Spitze trägt, während derselbe oft nur der Uebersetzer des vorliegenden Werkes ist. Ich bitte daher, mich gütigst auf wirkliche und angebliche Werke dieses Uebersetzers gleichfalls aufmerksam machen zu wollen. Ueber die vier Ibn-Wa'hschijjah zugeschriebenen Werke der Bodlej. (Codd. Hunt. Nr. 75. 226. 348 u. 468, bei Uri Nr. 479. 494. 951 u. 973) hat Herr Prof. Will. Wright die Güte gehabt, mir nähere Auskunft zu ertheilen. Die beiden Werke Ibn-Wa'h-schijjah's كنز الحكمة und أصول الحكمة der Leidn. Biblioth. Nr. 796 kenne ich gleichfalls.

Zusätze und Verbesserungen.

Pag. 5, Z. 23 lies: Zeit hatten, statt: Zeit haben.

Pag. 6, Z. 13 lies: vorchristlichen, statt: vorchrislichen.

Pag. 7, Anmk. 3. Während des Druckes des vorliegenden Werkes ist die zweite Ausgabe von Renans hist. générale etc. erschienen und ich bemerkte zu meinem Bedauern, dass die in der ersten Ausgabe ausgesprochenen Ansichten über die Semiten, ungeachtet aller dagegen gemachten Einwendungen, fast wörtlich wiederabgedruckt wurden. Hr. Renan will diese ihm von verschiedenen Seiten gemachten Einwendungen in der Einleitung zum 2. Bande widerlegen. Wir wollen diese Widerlegungen abwarten, aber dann muss seine, meines Erachtens grundfalsche Charakteristik der Semiten ganz entschieden bekämpft werden.

Pag. 8, Anmk. 4, Z. 7. Vgl. oben p. 46. — Ib. Z. 14 ff. die Richtigkeit der von uns gemachten Veränderung von القسينى in القسينى wird durch den Leidn. Cod. Nr. 524 (vgl. oben p. 115, Anmk. 233) bestätigt, wo Ibn-Wa'hschijjah wirklich القسينى genannt wird.

Pag. 9, Anmk. 8 Vgl. auch Schahrastânî I. p. ٣٤٣ f. und Haarbückers Uebersetzung dieses Werkes I. p. 95.

Pag. 11, Z. 18 — p. 12, Z. 6. Dhagrî' nennt an einer Stelle (Cod. L. a, p. 381) ausdrücklich Babylonien, Syrien u. Mesopotamien بلدان النبط,

«Länder der Nabathäer». Ausser den Chaldäern rechnet auch Ibn-Wa'hschijjah in seiner Vorrede zum كتاب السموم (p. 13) die Syrer, die Kana'anäer, die Hebräer, die G'anbân, die Bewohner des (nördlichen) Mesopotamien[a], und die G'arâmiqah, die Bewohner von Bag'ermâ, d. h. die Assyrer[b], ausdrücklich zu den Nabathäern. Ja an einer andern Stelle dieser Vorrede (p. 4) scheint er sogar selbst die Araber für einen Zweig der Nabathäer zu halten. Der Begriff «Nabathäer» entspricht also bei ihm vollkommen unserm Begriff «Semiten». — Der Herzog von Luynes hat neulich in einem Art. der Revue Numism. (publ. par de Witte et Longpérier, nouvelle Série, t. III. an. 1858, p. 292—316 und 362—385), betitelt: Monnaies des Nabathéens, eine Anzahl von Münzen von Peträischen Fürsten erklärt, auf denen dieselben, nach seiner Lesung, sich נבטו, «Nabathäer» nennen sollen. Ewald stimmt dieser Lesung bei (s. dessen: bibl. Jahrbücher Bd. IX. 1857—1858, p. 130). Ich bin meinerseits nicht ganz überzeugt davon, dass das fragliche Wort wirklich נבטו zu lesen ist. Da ich aber für jetzt die von den Alten sogenannten Nabathäer nicht in

---

a) Im Cod. الحشانيين سكان الجزيرة; vgl. Ssabier II. p. 414. 607. 697, Anmk. 181; p. 780 f., Anmk. 18 u. p. 918.

b) Cod. الجرامقة سكان بلد باجرمى; vgl. ib. II. p. 697 f. Anmk. 181 und oben p. 31, Anmk. 46; p. 44, die Anmkn. 80 u. 81; p. 104 u. ib. Anmk. 208.

den Kreis meiner Untersuchung ziehe, so will ich auch die weitere Besprechung dieser Münzen hier unterlassen.

P. 12, Anmk. 12, Z. 1 f. Vgl. oben p. 129, Anmk. 270. — Ib. Z. 14 f. Cod. B. الى اصلاح فلاحتها. — Ib. Z. 15. Cod. B. ونقا ووسخ. — Ib. Z. 16. Cod. B. وبقماهه.

Pag. 14, Anmk. 15. Vgl. p. 119 Anmk. 237, wo gleichfalls Beispiele von Ibn-Wa'hschijjah's gewissenhaftem Verfahren bei seiner Uebersetzung angeführt sind. — Ib. Z. 1. العنّاب ist nach Meyer (l. c. III. p. 79) Ziziphus vulgaris. — Ib. Z. 2. Im Cod. steht انها محلوبة, der Zusammenhang aber verlangt وانها محلوبة.

Pag. 15, Z. 13 ff. Das p. 120 in Bezug auf die Interpolationen Ibn-Wa'hschijjah's im كتاب السموم Gesagte hat auch hier seine Anwendung, nämlich dass am Anfange verschiedener Abschnitte oft einige einleitende und erläuternde Worte zur Erklärung des in der Ueberschrift erwähnten Pflanzennamens sich finden, die von Ibn-Wa'hschijjah herrühren, ohne aber durch ein vorangehendes قال ابن وحشيّة, oder قال ابو بكر als von diesem herrührend bezeichnet zu sein. Auch kommt an einigen wenigen Stellen, nach Erwähnung eines chaldäischen Wortes des Originals die Phrase vor: الذى يقال بالعربيّة oder الذى يسمّى بالعربيّة so und so, die gleichfalls sicher vom Uebersetzer herrührt. Aber in allen diesen Fällen handelt es sich immer nur um einige Worte, die leicht als von Ibn-Wa'hschijjah herrührend erkannt werden können. Wo dies aber nicht der Fall ist, beeilt sich derselbe immer fast mit Aengstlichkeit seine Worte von denen des Verfassers zu unterscheiden und sie als die seinigen erkennbar zu machen.

Ib. Anmk. 19, Z. 3. lies: سنة. — Ib. Z. 4. lies: الهجرة statt الهجرة.

Pag. 16, letzte Zeile Text. En-Nedîm schrieb 377 (987); vgl. Ssabier II. p. xix. — Ib. Anmk.

21, Z. 3. Der Cod. hat احل, aber der Sprachgebrauch verlangt احل. — Ib. Z. 4. Das Zeichen ~ über dem zweiten ا in اشباء, das mehr einem Weçla als einem Meddah ähnlich ist, ist hier, wie auch sonst überall, ein verunglücktes Meddah und kein Weçla.

Pag. 17, Anmk. 22, Z. 2. lies: von diesem verfassten und übersetzten Bücher.

Ib. Anmk. 23. Es ist Aussicht vorhanden, dass diese kostbare Geographie, von der, so viel bis jetzt bekannt ist, sich nur ein einziges Exemplar in Europa befindet, nächstens in Leiden herausgegeben werden wird.

Ib. Anmk. 25, Z. 4. lies: يمّل statt يمّل. — Ib. vorl. Z. lies: ما statt هما.

Pag. 18, Z. 13 f. Vgl. oben p. 123, Anmk. 256.

Ib. Anmk. 25, Z. 2. lies: التبييض st. التبييص.

Ib. Anmk. 26, Z. 1. lies: نختلف statt تخلف. — Ib. letzte Z. Im Cod. steht عما, aber Hr. Prof. Fleischer — dem ich die Aushängebogen zugeschickt habe und der so gütig war mir verschiedene hier mitzutheilende Bemerkungen zuzuschicken, wofür ich ihm auch hier öffentlich aufrichtigst danke — meint, dass hier ممّا zu lesen, welches Wort als erklärendes مِن zu fassen sei. — Ib. Der Cod. hat deutlich كثرا, aber grammatisch richtiger wäre كثير.

Pag. 19, Anmk. 27, Z. 3. lies: للكسدانيين statt الكسدانيين. — Die unschätzbaren Collationen der beiden Codd. der Bodlej. Nr. 326 und 340 Hunt. (vgl. oben p. 177, A. 4 und 5), — die Hr. Prof. Will. Wright in Dublin zu collationiren die Güte hatte, wofür ich ihm gleichfalls aufrichtigst danke, — habe ich erst erhalten als die ersten 6 Bogen schon abgedruckt und die Bogen 7 und 8 schon gesetzt waren; ich werde daher die var. lectt. zu diesen Bogen aus jenen beiden Codd. hier nachträglich mittheilen. Anmk. 27, Z. 2 und 4. liest Cod. B. الكردانيون statt الكسدانيون und Z. 3. الكردانيين statt الكسدانيين.

statt للكساسانيين; vgl. oben p. 101, ib. Anmk. 202 und unten zu p. 54, Anmk. Z. 12. — Ib. Z. 2. Das zweite فى القديم fehlt mit Recht im Cod. B. — Ib. Z. 5 Cod. B. liest: للنخيل statt للنخل. — Ist vielleicht die Nachricht von der Einwanderung der Männer aus Ahwâz, d. h. aus Chûzistân, mit der medischen Dynastie des Berosus zu combiniren? Vgl. oben p. 69.

Pag. 21, Anmk. 29, Z. 3 und 4. lies: مُشَاقّه statt مشاقّة. — Ib. Z. 5. Der Sprachgebrauch verlangt ein Wort wie بكلام nach يتكلّم, das aber in allen Codd. fehlt. — Ib. Z. 7. جيدًا ist grammatisch richtiger als جيد, aber alle Cod. lesen جيد. — Ib. Z. 11. lies: واعجب امور nach Cod. Ups. oder وعجب الامور nach Cod. L. a. statt واعجب الامور. — Ib. vorl. Z. lies: منغلق statt متعلق.

Pag. 22, Anmk. 29, Z. 3. lies: مَقْفِيَّة statt مقفية.

Ib. Anmk. 30. An derselben Seite sagt auch Qûtâmî: وانا مقتد فى اتباع ذكر النبات بعض ‏‎.برای ادمی حاصّة لانه فى نفسى كبير الخ

Pag. 23. Z. 3. lies: خاتمة statt حاتمة.

Ib. Anmk. 31, Z. 8. lies nach den Codd. Up. u. P.: هذا اتّباعى statt هو اتّباعى des Cod. L. a. — Ib. Z. 9. Alle Codd. haben مقام, nach dem Zusammenhange aber wäre فقدم passender. — Ib. Z. 15 ist das ڛ in اليمانية zu tilgen.

Pag. 24, Anmk. 32, Z. 1. lies: والذرة والجوارس statt أَوْلَى. — Ib. Z. 2. lies: ‏‎.والذرة والجوارش (convenientius), statt أَوْلَى.

Pag. 25, Z. 16. lies: brachte dem Verständniss näher das, od.: machte leichter verständlich das, statt: las (?) das.

Ib. Anmk. 35, Z. 8. Alle Codd. haben اكثر ما, der Sprachgebrauch aber verlangt اكثر ممّا. — Ib. drittl. Z. Herr Prof. Fleischer stimmt meinem Vorschlag: hier وقرّبت statt وقريت zu lesen, bei und er meint, dass وقرّبت hier in dem Sinne الى الفهم, «ich habe dem Verständnisse näher gebracht, leichter verständlich gemacht», zu nehmen sei. — Ib. vorl. Z. lies تَقيّس statt تقيس. — Ib. l. Z. statt قول schlägt Hr. Prof. Fleischer vor فوز zu lesen, was hier unbedingt richtig ist.

Pag. 26, Anmk. 35, Z. 1. «Das الى Z. 1 ist die defective Schreibart von أُولى, Plur. von ذو. Allerdings ist die erste Sylbe dieses أُولُو أُولْو, kurz, und nur um Verwechslungen vorzubeugen, wird gewöhnlich jenes و eingesetzt». Fleischer. — Ib. Z. 1. Cod. L. a. hat deutlich بيتك, Cod. Ups. ستك, aber Fleischer schlägt vor, hier نيّتك, «deine Absicht», zu lesen. — Ib. Z. 2. Die Lesart des Cod. L. a. نياتنا, d. h. نيّاتنا, «unsere Absichten», ist richtig. — Ib. Z. 4. Alle Codd. haben يعينكم, aber der Zusammenhang und der Parallelismus mit برحوكم verlangt den Plural ينفعوكم — Ib. lies يعينوكم statt ‏‎.ينفعكم

Pag. 27, Z. 9. lies: war statt: ist. — Ib. Z. 26 ff. Vgl. oben p. 39 f. Anmk. 70 und p. 91, Anmk. 179.

Pag. 28, Z. 10 ff. von unten Text. Cod. L. a. p. 488 zählt Qûtâmî folgende Personen من قدماء النبط من اهل اقليم بابل والشام والجزيرة auf, die über den Ackerbau geschrieben haben, nämlich: Janbûschâd, Dhagrîⲥ, Anûⲥhâ, Mâsî der Sûrâner, Thamiⲥrî der Kana'anäer, Schefâhi der Gʽarmâqaner (vgl. Ssabier II. p. 914), Malkânâ der Syrer, Makramâhî el-Bâremmî, Adamî, den er höher als diese alle eben Genannten stellt, u. dgl. Andere. — Ib. vorl. Z. v. u. f. Text. Vgl. oben p. 176. — Ib. Anmk. 40. lies: unten p. 45 ff. — Ib. Anmk. 41. Vgl. oben p. 45 f., 48 f. u. 63.

Pag. 29, Z. 1 ff. Vgl. oben p. 43 und p. 142, Anmk. 308.

Pag. 30, Anmk. 44. Vgl. oben p. 149 f.

Pag. 32, Z. 9. lies: 'Hâg'î. — Ib. Z. 10. Vgl. oben p. 120, Anmk. 242. — Ib. Z. 21 ff. Vgl. oben p. 134.

Pag. 34, Anmk. 58, Z. 6 f. Auch in dem Buche des Babyloniers Tenkelûschâ ist (VI. 11, p. 45). von einem Lebensbaume, der von zwei Engeln bewacht wird, beiläufig die Rede.

Pag. 36, Anmk. 60. Cod. L. b, p. 6 erwähnt Qûatâmî auch den Marstempel in Babylon, in welchem er am grossen Festtage des Mars mit dem Zauberer Kesjâmî znsammengetroffen ist.

Pag. 38, Anmk. 67, Z. 15. lies: مُوَلَّف statt مُوَمَّلَف.

Pag. 39, Anmk. 69, Z. 2. lies: معانى statt معنى. — Ib. Z. 3 statt des offenbar unrichtigen وقسنا hat Cod. B. richtig وقفنا. — Ib. lies بالتَجرِبَة. — Ib. Z. 4, Cod. B. مَن لاَ يشكّ statt مِن لاَ شكّ des Cod. L. b. — Ib. Cod. B. ومعظمه هو على هذا البصر. — Ib. Z. 5. Cod. B. التقليد القليل statt — Ib. Z. 6, lies الثِقَة. — Ib. die Codd. haben كراهة لكثير, worauf dann Cod. B. بما statt مما hat; einen guten Sinn gäbe aber التَكثير. — Ib. Z. 11, Cod. B. hat unbedingt richtig بَلّ لَنا statt des sinnlosen يدلّنا des Cod. L. b.

Pag. 40, Anmk. 70, Z. 2, lies أَتْبَاع. — Ib. Z. 3, lies: شريعته statt شريعتة.

Ib. Anmk. 71, Z. 1 f. «زعرور, ein im vordern Orient allgemein bekannter Baum oder Strauch, der unserm Weissdorn ganz ähnlich ist, ist in der That

der «Crataegus Azarolus», eine Art wilder Mispelbaum. (S. Bochtor, Dict. franç. — arabe u. d. W Azérole, welches Wort übrigens aus زعرور entstanden ist»). Fleischer.

Pag. 41, Z. 6. S. oben p. 84 ff.

Pag. 42, Anmk. 73, Z. 3. lies: نراهم. Di parenthetische Bemerkung: يعنى اهل اقليم بابل gehört hinter من اهله.

Pag. 44, Anmk. 80, Z. 4. lies: بجزيرة un مدينة statt بجزيرة und مدينة.

Ib. Anmk. 81, Z. 4. lies: للكسدرانيين stat الكسدرانيين. — Ib. Der Cod. hat تَنَزَّال, aber grammatisch richtiger ist تنزل. — Ib. Z. 5 lies: كان statt فانّ. — Ib. Z. 7, Cod. يكون und اذ, richtiger ist تكون und اذًّا. — Ib. lies اسمًّا statt اسمآء — Ib. Z. 8, lies هذه statt هذا.

Pag. 46, Anmk. 84, Z. 1. lies: شرحه statt شرحة. — Ib. Anmk. 86 lies: Anmk. 211, p. 105. — Ib. die Worte: Auch — sein in der Anmk. 87 sind zu streichen.

Pag. 47, Z. 8. lies: die Laute statt: mit einem Aloëholz. — Ib. Anmk. 88, l. Z. Der Cod. hat من عطارد, der Sinn verlangt aber الى عطارد.

Pag. 48, Anmk. 88, Z. 1. Auch hier hat der Cod. من النظر statt des richtigen مع النظر. — Ib. Z. 2, lies: وانجح. — Ib. Z. 3, der Sinn verlangt على اعظم statt على ان اعطم. — Ib. Z. 4. Hr. Prof. Fleischer schlägt vor غيره statt عزه des Codex zu lesen, wofür allerdings der Zusammenhang spricht. — Ib. Z. 5, lies: التَجرِبة.

Pag. 50, Anmk. Z. 3. lies: المجلوبين. — Ib. Z. 8, lies: الشجر statt الشَجرة. — Ib. Z. 10, lies: شجرة statt شَجرة. In derselben Z. lies: يتبرّكون, wegen des Parallelismus mit يتشأمون in der folgenden Z.

Der Cod. hat وُلْدُ اثنين, aber es muss heissen ينبركوا. — Ib. Z. 13. Cod. وُلْدُ اثنتين. — Ib. Z. 16, lies: فيقولون. — Ib. drittl. Z., lies: عن غيرها statt عن غبرها.

Pag. 51, Z. 5. lies: Baumcultus statt: Bumcultus.

Pag. 52, Anmk. 92, Z. 1. lies: السراقات statt السراقاب.

Pag. 53, Anmk. 96, Z. 2. lies: لمعنى statt لمعانى.

Pag. 54, Anmk. Z. 9. Beide Codd. haben لن, aber Hr. Prof. Fleischer schlägt vor, statt dessen ان zu lesen und bemerkt darüber: «der Satz ist ein Beispiel der bekannten Ellipse des sich aus dem Zusammenhange von selbst verstehenden Nachsatzes des erstern von zwei entgegengesetzten Bedingungssätzen»: ««Wenn ihr ablasst Ränke gegen mich zu schmieden wie ihr gegen meinen Vater.... cabalirtet, (so ist es gut); oder (statt والّا, wo nicht) — ich tödte euch Alle»». — Ib. Z. 10. Cod. L. *b*. hat ايى نضره الله او, Cod. B. dagegen ابى نصره او. Allerdings erwartet man hier, nach dem gewöhnlichen arabischen Sprachgebrauch, نصره; da aber dieses so allgemein bekannte und so oft gebrauchte Wort in dem vortrefflichen Cod. B. ausdrücklich نضره punktirt ist, so habe ich es unverändert gelassen, besonders da der Sprecher hier ein Kana'anäer und kein Araber ist. — Ib. Cod. L. *b*. تصنعون und الصنع statt تصنعوا und الصنع des Cod. B. — Ib. Z. 11, Cod. B. بالادوآ statt بالاذى des Cod. L. *a*. — Ib. Cod. B. وما الصواب statt ولا الصواب des Cod. L. *b*. — Ib. Z. 12. Cod. B. الكردانيين statt الكسدانيين; vgl. oben p. 179, zu p. 19, Anmk. 27, Z. 2 ff. — Ib. Z. 14. Cod. B. يعلم statt نعلم. — Ib. Cod. B. ولكن statt ولكنى. — Ib. Z. 17. Cod. L. *a*.

Ib. Z. 19. — فقال له ساروقا statt فقال للملك. — Ib. Z. 20, lies: وانى لا statt ولن Cod. B. — Ib. Z. 22. Cod. L. *b*. فاخذ statt فاخذ. — Ib. vorl. Z. Cod. B. رحمونا, Cod. B. دسله زحمونا. — Ib. l. Z. Cod. B. السياسة statt des richtigen المساسة. — Ib. l. Z. Cod. L. *a*. المقارضة statt المفاوضة des Cod. B. Hr. Prof. Fleischer will hier المعارضة lesen, das allerdings einen guten Sinn giebt, aber المقارضة ist auch nicht unpassend; denn dieses Wort bedeutet nach Golius dasselbe wie مضاربة. Bei Freytag fehlt diese Bedeutung.

Pag. 55, Anmk. 96, Z. 1. Cod. L. *b*. hat الحسد فهم يحسدون statt des الحسد فيهم يحتسدون Cod. B. — Ib. Z. 2. «بثواب, bemerkt Fleischer, wäre ein merkwürdiges Beispiel des Gebrauchs von ثواب (s. S. 58, Anmk. Z. 11), statt مثاب, Kategorie, Classe, Art». — Ib. Cod. B. hat شاركون statt شاكرون.

Pag. 57, Z. 17. lies: «jüngere» statt: jüngere.

Pag. 58, Anmk. Z. 1. lies: العُرْجون. — Ib. Z. 2. lies: والحَرَق statt والحرق. Ueber den Sinn der Worte على الخيوط والحَرَق والإشراس واللصاق hat mich Hr. Prof. Fleischer auf folgende Weise belehrt: «الإشراس, bemerkt er, heisst Schusterkleister; اللِصاق ist eine ähnliche klebrige Substanz. Das على vor den vier Wörtern drückt die Art und Weise der Verfertigung dieser Thierbilder aus, gleichsam die Basis, auf der sie ruhen: ««vermittelst Fäden, Stücke Zeug, Kleister und Klebestoff»». — Ib. Z. 5. Cod. B. liest: وينبوشاد من اكثر هذا المذهب. — Ib. Z. 6. Cod. B. وكان من statt الحيوان. — Ib. Z. 8, lies: قرية. — Ib. Z. 9. Cod. B. كثير من المدن بهذا الأقليم. — Ib. die Worte باقليم بابل fehlen in Cod. B. — Ib. Z. 10, lies: وِيَجُودُون statt وِيَجَوَّدُون. — Ib. Z. 11. Cod. L.

— Ib. الآلِهة statt الصور. — Ib. الصورة statt b.

Ib. drittl. Z. Cod. B. مِمّا زرعه. — Ib. lies: اغترفه

statt اغراقه. — Ib. lies: وهو مَنْ افاضل.

Pag. 59, Z. 12. lies: der ersten statt: der
zweiten. — Ib. Anmk. 104. Vgl. oben p. 124 f.
Qûtâmî sagt auch (Cod. L. a, p. 284): وهذه التى

اسمها طلسمات انا هو اعمال اشيآء بحواصّها فاهل
الجزيرة والشام يسمّونها طلسمات» ونحن نسمّيها
حواصّ افعال والمعنى فيهما واحد وان اختلف الاسمان.

Pag. 60, Anmk. 106, Z. 2. Vgl. oben p. 90 f.

Pag. 61, Anmk. 107, Z. 4. lies: كتبها statt:
كتبه. — Ib. Z. 7, lies: فأجبت statt فأحببت.
Ib. Z. 11, lies: عزيزًا statt عزيرًا. — Ib. Z. 5 v.
u. lies: سنة. — Ib. Z. 4 v. u. lies: سنين. — Ib.
Z. 3 v. u. lies: فاستخرج statt فاسخرج. — Ib. vorl.
Z. lies: يكتلب statt تحلتب.

Pag. 62, Anmk. Z. 2. lies nach Fleischer's
Verbesserung: وارء انا statt وارى انا des Cod. L. b. —
Ib. Z. 3, lies: وهذا. — Ib. Z. 5, lies: فانظروا.
statt وهذا فان des Cod. L. b. — Ib. Z. 6,
lies: قدمت statt فدمت. — Ib. lies: تشبهه كثيرة;
danach ist auch يشبهه in der vorl. Z. in تشبهه zu
corrigiren. — Ib. Z. 11. Hr. Prof. Fleischer meint,
dass hier للآلهة statt الآلهة zu lesen ist; «denn, bemerkt er, der darauf folgende Qualificationssatz اذا

---

a) Damit ist aber nicht gesagt, dass die Bewohner von Mesopotamien und Syrien den Ausdruck طلسمات gebraucht haben, sondern sie gebrauchten dafür ein Wort, das Ibn-Wa'h-
schijjah durch طلسمات wiedergab.

دعيت بها اجابت الداعى وقضت حاجته verlangt
ein indeterminirtes موصوف : ««Namen der Götter»»; durch die Genitiv-Annexion aber würde es
determinirt werden: ««Die Namen der Götter»».
— Ib. Z. 15, lies: قبل statt وقبل des Cod. — Ib. Z.
16, lies: فَهَنِيًّا und وَهَنِيًّا. — Ib. Anmk. c. Vgl.
oben p. 95, Anmk. 185, e. und p. 99, Anmk.
198.

Pag. 63, Anmk. 109. «Die سليخة ist die Ge-
würz-Cassia, Cassia Laurus L. (franz. Casse aroma-
tique; s. Bochtor u. d. W. Casse»). Fleischer.

Pag. 64, Anmk. 112, Z. 3. lies: كان statt
كانت und Z. 4. مجمًّا statt مجنًّا.

P. 66, Anmk. 117, Z. 3. Nach Qûtâmî soll
schon Mâsî der Sûrâner auf die Trockenlegung der
südchaldäischen Sümpfe gedrungen haben.

P. 70, Z. 13 lies: bezeichnet statt: bezeichnst.
— Ib. Z. 24 lies: statt des der Kanaʿanäer, statt:
statt der der Kanaʿanäer.

P. 71, Anmk. 135. Vgl. das von mir oben p.
77 f. über die Chronologie einiger Aegyptologen
Gesagte. Nach dem dieser und auch der folgende
Bogen schon gegen vier Wochen gedruckt waren,
erhielt ich den Schluss der Abhandlung des Grafen
de Rougé, betitelt: Étude sur une stèle égyptienne
(Journ. Asiat. Série V. t. XII. 1858, p. 221—270),
und ich war höchst erfreut zu sehen, dass selbst
dieser Aegyptolog ersten Ranges sich gleichfalls ganz
entschieden gegen Bunsens und Lepsius' Chronologie ausspricht und über ihr ganzes chronologisches System den Stab bricht. Ich theile seine betreffenden Worte, welche die möglichst grösste Verbreitung verdienen, hier mit, und zwar deshalb: 1)
weil es in Deutschland unter den Theologen verhältnissmässig nur Wenige giebt, welche sich ein selbst-
ständiges Urtheil über jene chronologischen Systeme
bilden können; 2) weil die Träger dieser Systeme

mit solcher Sicherheit auftreten, so entschieden alle
diejenigen verdammen, welche ihnen nicht stumm
nachbeten wollen, dass man glauben müsste, sie
wären ihrer Sache vollkommen sicher; endlich 3)
weil Bunsen und Lepsius sich beständig auf Denkmäler berufen, über die der Laie nicht urtheilen
kann. Hören wir daher, wie ein so bedeutender Aegyptolog wie Rougé, dessen Verdienste in Bezug auf
die Entzifferung der Hieroglyphen wenigstens eben
so gross sind wie die von Bunsen und Lepsius,
und der eben so gut wie diese jene Denkmäler kennt
und versteht, sich über die chronologischen Systeme
dieser sonst so achtungswerthen Gelehrten ausspricht:
«J'ai exprimé, sagt er (l. c. p. 257 f.) plusieurs fois
mes doutes sur l'exactitude des chiffres proposés jus-
qu'ici pour la durée des Dynasties égyptiennes; je
ne puis me ranger à l'opinion d'aucun des savants qui croient avoir établi un canon chro-
nologique qui puisse servir de charpente à l'é-
difice historique que nous devons élever à
l'aide des monuments. Les textes de Manéthon
sont profondément altérés et la série des dates
monumentales est très-incomplète: voilà en
deux mots les raisons de mon scepticisme persévé-
rant». — Ich füge noch einen dritten Grund dazu:
da Lepsius selbst anerkennt, dass es unter den 30
Dynastieen des Manetho auch viele Nebendynastieen
giebt, die mit andern Dynastieen gleichzeitig regiert haben — was übrigens nicht im geringsten
zweifelhaft ist — und da wir grösstentheils gar keine
Mittel besitzen die gleichzeitigen von den auf einander folgenden Dynastieen zu sondern, so kann Manetho
nur in solchen Fällen als ein chronologisches Hülfsmittel — und zwar, wegen der corrumpirten Zahlen,
nur als untergeordnetes — dienen, wo es biblische
und dgl. andere sichere Gleichzeitigkeiten giebt.
Und dennoch soll Manetho ein untrügliches Orakel
sein, dessentwegen die biblischen Zahlen und die
Reihenfolge der biblischen Geschlechter geändert und

«wiederhergestellt» werden müssen! — Kehren
wir zu Rougé zurück. «Aucune conjecture, sagt
dieser eben so besonnene wie geistreiche Gelehrte,
aucun artifice de calcul ne peuvent remplacer ce qui
nous manque du côté des materiaux. M. Mariette,
par les dates trouvées au Sérapéum, a fourni récem-
ment des secours inappréciables à la chronologie des
derniers temps pharaoniques, mais ces dates nous
ont forcé en même temps de constater, dans
les textes de Manéthon, dès la XXVIe dynastie
(la dernière avant Cambyse), des erreurs si consi-
dérables qu'elles rendent absolument comme
non avenus tous les calculs établis par les
divers chronologistes avant l'apparition de ces
documents nouveaux. L'archéologie égyptienne a reçu,
dans ces découvertes, une leçon de prudence qu'elle
ne doit plus oublier». Etwas weiter widerlegt
Rougé die Beweiskraft der bekannten Stelle aus
Theon, auf welche Bunsen und Lepsius ihre Annahme, dass der Auszug der Israeliten erst gegen
1320 stattgefunden hat, vorzugsweise stützen, und
bemerkt darauf (l. c. p. 259 f.): «Il est utile d'in-
sister sur ces faits, de dégager la science de
systèmes ingénieusement établis, mais que
je crois sans bases solides, et de ramener les
études chronologiques à une critique plus
sévère, en ne demandant aux documents an-
tiques que ce qu'ils peuvent nous donner».
Es ist hier nicht der Ort alle Punkte anzuführen,
in denen Rougé als Gegner der chronologischen
Systeme von Lepsius und Bunsen auftritt; wir
wollen daher nur die Punkte berühren, welche auf
unsere Untersuchung hier Bezug haben. Bunsen
und Lepsius nehmen nämlich an, dass die Hyksos
nicht auf einmal und nicht durch einen König, sondern durch verschiedene Könige und in einem Zeitraum von 65 nach Bunsen, oder gar 93 Jahren
nach Lepsius, allmälig aus Aegypten verdrängt wurden, und zwar soll der Kampf gegen sie unter Amosis

(nach Bunsen im Jahre 1625, nach Lepsius im Jahre 1684) begonnen und erst etwa im 5. Jahre des Tuthmosis III. (nach B. 1540 u. n. L. 1591.) beendigt worden sein, wo die völlige Verdrängung der Hyksos nach ihnen stattgefunden haben soll. Ich — und wahrscheinlich auch viele Andere — war immer verwundert über diese Annahme, da es doch historisch feststeht, und selbst Bunsen und Lepsius es als eine ausgemachte gar nicht zu bezweifelnde Thatsache annehmen, dass die ägyptischen Könige der XVIII. Dynastie, welche zwischen Amosis und Tuthmosis — also vor der völligen Vertreibung der Hyksos — regierten, grossartige Feldzüge unternommen haben, die sich sogar bis nach Mesopotamien hinausdehnten. Abgesehen davon, dass die Hyksos, im Besitze von Avaris, den Ausgang aus Aegypten nach Vorderasien sperrten, so gebieten doch die allerersten Elemente der Staatsklugheit, — die man doch bei jenen grossen Pharaonen der XVIII. Dynastie wahrlich voraussetzen kann, — dass man zuerst den so fest eingenisteten Feind aus dem eigenen Lande verdrängt, bevor man zur Eroberung ferner Länder auszieht. Hätte es je einem König von Castilien einfallen können, einen Feldzug nach Marokko oder Fes zu unternehmen, so lange die südliche spanische Halbinsel noch im Besitze der Mohammedaner war! Und siehe da! Rougé hat in der That schon lange aus verschiedenen Denkmälern nachgewiesen, dass schon Amosis Avaris erobert und also selbst, ohne Hülfe seiner Nachfolger, Aegypten von den Hyksos völlig befreit hat (s. Journ. As. l. c. p. 267 f.). Weder Lepsius, noch Bunsen haben diese von Rougé aus sichern und bestimmten Denkmälern gezogenen Thatsachen in Frage gestellt. Wir registriren also ohne alle Bedenken die historische Thatsache ein, dass Amosis einzig und allein die Vertreibung der Hyksos begonnen und vollendet hat. Diese Annahme steht aber nicht destoweniger durchaus in keinem Widerspruch mit meiner Iden-tification der vertriebenen Hyksos mit der neuen kana'anäischen Dynastie in Babylonien, denn Amosis hat weder 1684 wie Lepsius, noch 1625 wie Bunsen behauptet, regiert, sondern er regierte gegen die Mitte des 16. Jahrhunderts, zu welcher Zeit auch die Vertreibung der Hyksos und der Beginn der arabischen, d. h. nach uns der kana'anäischen Dynastie in Babylonien stattfand; denn nicht nur Brugsch, sondern auch Rougé erklärt sich ganz entschieden (l. c p. 268) für die Richtigkeit des astronomischen Denkmals, nach dem Tuthmosis III., der vierte Nachfolger des Amosis, nach Biots (von Lepsius bekämpften) Berechnungen, 1444 (und nicht 1591 wie Lepsius und auch nicht 1545 wie Bunsen behauptet) regierte. Demnach regierte Amosis gegen die Mitte des 16. Jahrhunderts.

Pag. 71, Anmk. 136. Auch Rougé hat in verschiedenen Abhandlungen, die mir aber jetzt nicht mehr gegenwärtig sind, die Kämpfe der Könige der 18. und 19. Dynastie in Vorderasien ausführlich besprochen.

Pag. 72, Anmk. 138. Vgl. Car. Mueller in den Fragm. hist. Graec. III. p. 209, wo es noch sehr in Frage gestellt wird, ob selbst Al. Polyhistor den Berosus vor sich gehabt hat.

Ib. p. 73, Anmk. 139. Auch ein alter babylonischer König, Namens 'Harmâtî[a], aus dessen Schrift an seinen Nachfolger Qûtâmî ein ziemlich langes Fragment nach Janbûschâd mittheilt, spricht gleichfalls von Gold und Silber, welches von dem Boden Babyloniens gewonnen wird; aber es ist möglich, dass dies bildlich gemeint ist, womit nur

---

a) In Cod. L. a p. 308 lautet dieser Name an zwei Stellen حَرْمَاثى, in Cod B. dagegen lautet er an der erstern Stelle جرمانى und an der zweiten جرْثامى. Vielleicht ist جرماثى, G'armatî die richtige Lesart. Dieser König scheint der ersten babylonischen Dynastie anzugehören; vgl. oben p. 69 u. 111.

der Reichthum und die Fruchtbarkeit Babyloniens
angedeutet sein mag.

Pag. 77, Z. 9 ff. v. u. Text. Gegen den Hauptbeweis, auf den Bunsen und Lepsius das Datum
1320 für den Auszug gründen, hat sich nicht blos
Ewald (s. oben p. 78, Anmk. 149), sondern auch
Rougé (l. c. p. 259 und 268) ganz entschieden
ausgesprochen.

Pag. 78, Z. 17 f. Dass Rougé die Dauer der
Hyksoszeit auf gegen 2000 Zahre ausdehnt, erinnere ich mich irgendwo gelesen zu haben, weiss
aber nicht mehr wo. Vielleicht aber täuscht mich
mein Gedächtniss.

Pag. 80, Z. 4, v. u. Text. Ein Beispiel wie die
alterthümliche Sprache alter Schriften im Orient allmälig modernisirt wird, bietet die persische Uebersetzung des Thabarî, in der je neuer der Codex
desto moderner die Sprache ist; vgl. die Vorrede von
Dubeux zu seiner Uebersetzung des persischen Thabarî p. V. f.

Pag. 83, Z. 3 f. Nach dem hier Gesagten ist
Ideler (Handbuch der Chronologie) I. p. 356 f. zu
berichtigen.

Ib. Z. 10. lies: عيد راس السنة, das Neujahrsfest. — Ib. Z. 13. Das عيد ميلاد الشمس
wurde auch عيد ميلاد الزمان genannt.

Ib. 16 ff. Nach Qûtâmî (L. b. p. 476) fand
im ersten Teschrîn das تبريك الاصنام statt; es
ist aber nicht angegeben an welchem Tage dieses
Monats dieses stattfand und ob der Tag, an dem dieses
geschah, ein Festtag war.

Pag. 84, Z. 1 ff. Sehr wahrscheinlich sind viele
agronomische Lehren des Orients durch die Uebersetzung der agronomischen Schrift Magos im Occident verbreitet worden, woher wohl die von Meyer
gefundene Aehnlichkeit zwischen den agronomischen
Angaben und Vorschriften der griechischen und rö-

mischen Agronomen und denen der «nabathäischen
Landwirthschaft» herrühren mag.

Pag. 85, Anmk. 157, Z. 1. lies: Anzeige der
in der letzten Anmerkung erwähnten Abhandlung von E. Curtius über die Jonier in Jahns
etc. statt: Anzeige der gr. Gesch. von E. Curtius.

Pag. 88, Anmk. 168, Z. 1. Im Cod steht تسكنا
und nicht تسكينا. — Ib. Z. 2 ff. Alle oben p. 180,
in dem Nachtrag zu p. 28 erwähnten altnabathäischen
Agronomen kennen schon die Eintheilung der Pflanzen in kalte nnd warme; vgl. übrigens über den Sinn
dieser Eintheilung Meyer l. c. I. p. 103, Anmk. a.

Ib. Anmk. 171, Z. 2. Cod. L. d. hat واقتصوا
statt فاقتصه des Cod. L. a. — Ib. Z. 3. Cod. L.
d. hat بقرقيسا, welche Lesart meine Conjectur:
بقرقيسيا bestätigt. — Ib. l. Z. العجلة fehlt iu Cod.
L. d. und Hr. Prof. Fleischer will hier بالعجلة
lesen, das einen guten Sinn giebt. — Ib. statt des
deutlichen يقيله des Cod. L. a. hat Cod. L. d. richtig يقلبه (d. h. يقلّبه wie auch Fleischer zu lesen
mir vorschlug); der Sinn ist nun klar. — Ib. Cod.
L. d. ثم انحنر به في الفرات.

Pag. 89, Z. 15. lies: Aqsûs statt Aqsus. —
Ib. Anmk. 171, Z. 2. وبزر fehlt in Cod. L. d.
— Ib. Z. 3, lies: مجيئه statt مجئه. — Ib. Z. 4. Cod.
L. d. بعد ذلك في.

Pag. 90, Anmk. 177 Z. 2. lies: ارتجالا statt
ارتجللا. — Ib. Z. 6 ff. In dem von Jellenik her-
ausgegebenen Bet-ha-Midrasch (Leip. 1853—57)
findet sich (Bd. III. p. 155 ff.) ein Fragment eines
Noa'h-Buches (vgl. ib. p. xxx. ff.), worin es unter
Andern heisst, dass die Aegypter ein chaldäisches
Buch, verfasst von Kenger (קנגר) ben Ûr ben
Kesed, benutzt hätten u. s. w. Ist vielleicht der
Name קנגר aus كنكر, oder umgekehrt, corrumpirt
worden?

Die betreffende auch sonst merkwürdige Stelle lautet wie folgt: וחכמי ארם מצאו העשבים לכל ציניהם וזירועיהם לרפא ואת פשר דברי הספרים העתיקו ארמית . . . וחכמי מצרים החלו לחבר ולנחש במזרות ובכוכבים [ו]ללמד את מדרש הכשדים אשר העתיק קנגר בן אור בן כשד לכל מעשה החרטומים. Man sieht auch daraus, dass die Syrer zur Abfassungszeit dieses Midrasch eine eigne medicinische Literatur noch besessen haben. Dieses Noah-Buch scheint mir übrigens mit dem gleichnamigen Buche, von dem sich Fragmente im Buche Enoch erhalten haben, nicht identisch zu sein; vgl. Ewalds Abhandlung über das Buch Henokh, p. 56 ff. — Ib. Z. 6 und Anmk. 178, Z. 3, sind die Punkte über ذ in ذكره und über ت in فيحت حوادت undeutlich.

Pag. 91, Anmk. 179, Z. 13 ff. Es ist mir sehr wahrscheinlich, dass mit Ta-neter, d. h. «das heilige Land», das oft auf ägyptischen Denkmälern vorkommt, eher Babylonien als Phönikien gemeint ist, wie Brugsch (Geogr. Inschr. II. p. 17 f vgl. Rougé l. c. p. 254) annimmt. Jedenfalls zeigt die von Brugsch und Rougé (ll. cc.) mitgetheilte Inschrift Ramses IX., in der es von diesem König heisst: «er hat eröffnet die Strasse zum heiligen Lande, nicht war vorher dessen Strasse bekannt», dass unter diesem Lande viel eher Babylonien als Phönikien gemeint sein kann; denn dieses Land lag ja allzunahe zu Aegypten und war den Aegyptern allzubekannt, als dass es von einem Könige der 19. Dynastie gesagt werden könnte, dass vor ihm die Strasse dorthin unbekannt gewesen wäre.

Pag. 92, Anmk. 182, l. Z. lies: السنين.

Pag. 94, Anmk. 185, Z. 5 v. u. Herr Prof. Fleischer zieht die Lesart des Cod. B.: فيتنقّص vor. — Ib. vorl. Z. lies: الدم statt الد.

Pag. 95, Anmk. 185, Z. 9 v. u. lies: تاكيدا.

Pag. 97, Anmk. 191, Z. 1. lies: حضرنا statt خضرنا.

Ib. Anmk. 194, Z. 2. lies: تلاميذه statt تلميذه. — Ib. lies: يرى. — Ib. Z. 3. lies: ذلك statt دلك.

Pag. 99, Anmk. 198. Herr Prof. Fleischer will Zeile 4 und 5 تجلّل und وجلّلهم statt وجلّلهم und تجلّل lesen; aber in der «nabathäischen Landwirthschaft» ist wirklich von gewissen Frommen und Heiligen des babylonischen Alterthums die Rede, denen Gott sein Licht hat innewohnen lassen. — Ib. Z. 8 ff. v. u. Auch X. 15. p. 111 f. wird eine, wie es scheint, heilige Frau erwähnt, von der es daselbst heisst, dass sie in allen Sprachen und Zungen und auch «in unserer Sprache» هيلاثيا, Hîlâṯijâ heisse und seit 1000 Jahren auf ihrem Fusse sitze.

Pag. 101, Z. 4 ff. v. u. Text: Fr. Lenormant will zwar auf kyprischen Münzen den Namen des Tammûz gefunden haben (s. dessen Descript. des médailles et antiquités de M. le Baron Behr, Paris, 1857 p. 121 ff.); aber seine Lesung der betreffenden Legenden ist mehr als zweifelhaft, da man überhaupt über die Entzifferung jenes räthselhaften kyprischen Alphabets noch gar nicht im Reinen ist. Desgleichen ist es noch gar nicht ausgemacht, dass der von ihm (l. c. p. 121 unten) auf einer solchen Münze gefundene Adoniskopf, neben dem, wie er glaubt, die Legende תמז sich finden soll, wirklich ein Adoniskopf ist. — Ib. Anmk. 202. «Die Form كزدانيون statt كسدانيون beruht auf derselben Erweichung des س zu ز vor dem د, auf welcher z. B. die Form des Eigen- und Stammnamens أَزْد statt أَسد beruht». Fleischer.

Pag. 103, Anmk. 207, Z. 4. Alle Codd. haben بعل السنّة, aber Herr Prof. Fleischer will mit

*

Recht hier بعض statt بعل lesen. — Ib. Z. 3 v. u. lies: اُوْلَى. — Ib. vorl. Z. lies: واذ statt واذا.

Pag. 104, Anmk. 208, Z. 2. Hr. Prof. Fleischer schlägt vor, hier يكتمونها statt يحكمونها zu lesen. — Ib. Z. 5 lies سنين.

Pag. 105, Anmk. 211, Z. 7 lies: سنة. — Ib. Z. 8 lies: يذهب عليه اليه statt يذهب عليه der Codd. — Ib. Z. 9 lies: تداوُل statt تدروال.

Pag. 112, Anmk. 224, l. Z. Vgl. oben Anmk. 341, p. 151 f.

Pag. 118, Anmk. 236, Z. 2 lies: املاه. — Ib. Z. 4 lies: ورأيهم.

Pag. 119, Anmk. 237, Z. 1. Hr. Prof. Fleischer schlägt vor, الخطّ statt des unsinnigen الحسط des Cod. zu lesen, was jedenfalls richtiger und natürlicher ist als meine Conjectur. — Ib. Z. 6 ist das ء über ذكروها التى تقتل zu tilgen. — Ib. lies: statt الذى يقتل. — Ib. lies nach Fleischer's Verbesserung تدبير ما statt تدبيرها des Cod. — Ib. Z. 7. Fleischer vermuthet, das hier عويض statt عريض zu lesen sei.

Ib. Anmk. 238, Z. 1. lies: شبيه statt شبيها des Cod.

Ib. Anmk. 239, Z. 2. Der Sprachgebrauch verlangt hinter جرت das Wörtchen به, das im Cod. fehlt. — Ib. Z. 3 lies: مؤلّف statt مولّفى.

Pag. 120, l. Z. Text lies: 'Hâg'î.

Ib. Anmk. 242, Z. 4. 8. u. 10 sind die 'Hamzah's über واملا und املاه zu tilgen.

Pag. 123, Anmk. 256, Z. 3 lies: تنغل statt تنغل. — Ib. lies: قصيبًا statt قصيبّ des Cod.

Pag. 124, Anmk. 257, Z. 7, ist hinter دعاك das Wörtchen به zu suppliren. — Ib. Z. 8 lies: فرددتَه.

Pag. 127, Z. 2 f. Vgl. Spiegel, Avesta II. p. cxiii. — Ib. Anmk. 266, Z. 3 lies: واستخرجته statt واستخرجته.

Pag. 128 (456 statt 546), Anmk. 268, l. Z. lies: كلامًا statt كلام des Cod. — Ib. lies: ونحريره statt ونحديده.

Pag. 129, Anmk. 270, Z. 8 lies: المتوشّح statt المتوشّخ.

Pag. 130, Z. 7. Zu dem hier gegebenen Inhaltsverzeichniss ist noch Folgendes hinzuzufügen: Pag. 434—438 folgt der Epilog; darauf werden p. 438—443 die Thiere aufgezählt, welche die Anwesenheit von Giften schnell empfinden; mit allgemeinen Betrachtungen über Gifte (p. 443—449) schliesst das ganze Werk.

Pag. 133. Anmk. 284, vorl. u. l. Z. Hr. Prof. Fleischer belehrte mich, dass استنطق ein Kunstwort der Zauberei sei, und verweist dabei auf seinen Catal. libb mss. Bibl. Senat. Lips. p. 505, adn. 1.

Pag. 135, Anmk. 289, Z. 2 lies: فيها اخبار statt فيه احبار. — Ib. Anmk. 290, Z. 2 lies: يعنى statt يعتى. — Ib Z. 4. lies: ولحيته. — Ib. Z. 5 lies: بيضآء statt بيضاَء.

Pag. 136, Anmk. 290, Z. 1. Statt meiner Conjectur: جلل السواد, schlägt Hr. Prof. Fleischer vor حالك السواد od. احلك السواد zu lesen, welche Lesart jedenfalls der meinigen vorzuziehen ist. — Ib. Anmk. 291, Z. 1 lies: للآلهة statt الآلهة des Cod.

Pag. 137, Anmk. 294, Z. 1 lies: فيها. — Ib. Z. 7 lies: فرشتاده statt فرستاده.

Pag. 139, Z. 6 v. u. Text lies: des st. eines.

Pag. 140, Anmk. 303, Z. 1 lies: عظيمة statt عطيمة. — Ib. Anmk. 304, Z. 1 lies: فيها.

Pag. 143, Z. 13 v. u. Text lies: عظم عظيم statt
des Cod.

Pag. 144, Anmk. 316, vorl. Z. In einigen
Exemplaren ist der Punkt über dem ض in فضل ab-
gesprungen. — Ib. l. Z. lies: كثير und الدرج statt
الدوج und كثيرة.

Pag. 147, Anmk. 325 l. Z. lies: ثاى statt
ثانى.

Pag. 151, Anmk. 341, vorl. Z. Den schwierigen
Satz: كيف ما كان وكيف لم يكن وكيف كان بسبب
القبل وكيف يكون عاقبة العبد emendirt Hr. Prof.
Fleischer auf folgende höchst geistreiche Weise.
Er liest: كيف كان ماكان وكتف لم يكن (ما لم يكن)
وكيف كان مبتدأ القبل وكيف يكون عاقبة البعد.
Er bemerkt noch: «der Perser scheint statt لم يكن
gelesen zu haben لا يكون. Die folgenden Worte
hat er jedenfalls nicht genau übersetzt».

Pag. 152, Anmk. 343. lies: الحساب statt
الحسب.

Pag. 153, Anmk. 349, Z. 8. lies: ذرّاعتَا statt
ذرّاعتَا. — Ib. Z. 9 lies: جلد statt جلود des Cod.

Pag. 155, Anmk. 356, Z. 1 lies: يرتفع statt
يرتقع.

Pag. 156, Anmk. 359, Z. 3 lies: ملتحفًا (statt
حيانة und ملتحفًا).

Pag. 157, Anmk., Z. 3 lies: رسالاته رسالته st. ته
des Cod. — Ib. Anmk. d. Z. 6—9. «عمايم kann

nichts als Kopfbinde, womit irgend eine Kopfbe-
deckung umwunden wird, bedeuten, durchaus nicht
Mäntel, was auch دستار nicht bedeutet». Fleischer.

Pag. 158, Anmk. 362, Z. 2. lies: الجرأة
statt الجزأة.

— Pag. 160, Anmk. Z. 1 lies: كثير statt كثيرا.
Ib. drittl. Z. lies: الأولى statt الأوّلى الأولى.

Pag. 161, Anmk. Z. 5 lies: فهو مطرود statt
وهو مطرود, desgleichen ist vorl. Z. an beiden Stellen
فهو statt وهو zu lesen.

Pag. 163, Anmk. 372, Z. 2 lies: وافهام statt
وافهم. — Ib. Anmk. 378, Z. 1 lies: وملح statt
وملح.

— Pag. 164, Anmk. 384, lies: فيها statt قيها.
Ib. 387, Z. 1 lies: اشبه statt اشبة.

Pag. 169, Z. 17 f. In dem Cod. Hunt. Nr. 349
der Bodlej., (dessen Collation mit unsern Fragmenten ich von Hrn. Prof. Wright erst vor einigen
Tagen erhalten habe), wird unser Buch noch an einer
Stelle gleichfalls unter dem Titel كتاب اسرار القمر
فى التعافين citirt. Dieser Cod. hat überhaupt an
einigen Stellen كتاب التعافين statt كتاب اسرار
القمر des Leidn. Codex, woraus man gleichfalls die
Identität dieser beiden Schriften ersehen kann.

Pag. 170, Z. 4 f. Nach der ebenerwähnten Collation stellt es sich heraus, dass in dem Buche des
el-Katbî nicht 35, sondern 40 Fragmente enthalten sind.

Pag. 176, l. Z. Text lies: Mittel zur Heraus--
gabe der auf uns gekommenen etc.

Index.

For EU product safety concerns, contact us at Calle de José Abascal, 56–1°,
28003 Madrid, Spain or eugpsr@cambridge.org.